Johann Georg Batton

Örtliche Beschreibung der Stadt Frankfurt am Main

Die Beschreibung des übrigen Teils der Neustadt

Johann Georg Batton

Örtliche Beschreibung der Stadt Frankfurt am Main
Die Beschreibung des übrigen Teils der Neustadt

ISBN/EAN: 9783743602137

Hergestellt in Europa, USA, Kanada, Australien, Japan

Cover: Foto ©ninafisch / pixelio.de

Weitere Bücher finden Sie auf **www.hansebooks.com**

Oertliche Beschreibung

der

STADT FRANKFURT

AM MAIN,

von

Johann Georg Battonn,

gewesenem geistl. Rath, Custos und Canonicus des St. Bartholomäusstifts.

——— ———

Aus dessen Nachlasse

herausgegeben von dem

Vereine für Geschichte und Alterthumskunde
zu Frankfurt a. M.

durch den zeitigen Director desselben

Dr. jur. L. H. Euler.

——— ———

Sechstes Heft,

die Beschreibung des übrigen Theils der Neustadt enthaltend.

——— ———

FRANKFURT A. M.

Verlag des Vereins.

1871.

Inhalts-Verzeichniss.

Seite

Tanzplan (B. 237—243. Bornheimer Wede. Tanzplangässchen) . . . 1
Zwinger zwischen dem Allerheiligenthore und der Breitengasse
(B. 60—61. 65) 6
Rufflansgässchen (B. 62—64) 7
Breitegasse (B. 81—89. 97—100. 102—105. 115—139) 9
Auf dem Plätzchen (B. 90—96) 16
In der Almei (B. 101) 17
Plätzchen am Breitewall (B 106. Auf dem Wasen) 18
Kreutzgasse (B. 107—114. Am Brachtsthurm) 19
Litzengasse. An der Elkenbach. Almei 21
Rittergasse (B 145—164) 26
Holzhausisches Gässchen (B. 165—172) 29
Am Judenstalle (B. 184—190) 30
Kuhgasse (B. 194—202) 31
Stelzengasse (B. 205—216. 219—236) 34
Klapperfeld (B. 217. 21. 218 B. 218 A. An der Geispumpe) . . . 40
Hammelsgasse (C. 38—49) 52
Vilbelergasse (C. 32—35. 50—59. 61—74. 79—82) 55
Zwinger am Friedbergerthore (C. 60) 59
Elephantengasse (C. 75—78) 60
Allegasse (C. 83. 85—88. 93—95. 89—93. 96—100. 104. 108. 116.
121—123. 129—137. 145) 60
Nebengässchen von der Allengasse (Elephantengässchen C. 84. Vier
Stumpfgässchen C. 109—115. 117—120. 124—128. 138—144)
[Im Text ist 133 ein Druckfehler.] 64
Friedbergergasse (C. 1—17. 20—22. 29.—32. 185—217. Bieberbrunen.
Samaritanischer Brunnen) 67
Eberhardsgässchen (C. 18. 19.) 80
Biebergasse (C. 23—28) 80
Unter der Bornheimerpforte (St. Martha. — H. 13. 17—24. B. 1. 2) 83
Zimmergraben (H. 13—16) 91
Neue Hasengasse (D. 216—218) 94
Holzgraben (D. 218. F. 95.) 95
Zeile 101
Häuser auf der Nordseite (C. 218—230. D. 1—6. 13—29. 33—37) 105
„ „ „ Südseite (D. 186. Kathar. Kirche. 187. 188. 190.
191. 194—215. H. 1—12) 118
Brunnen auf der Zeile. Schidepfuhl. Wede auf dem Viehmarkt 129
Pfandhausgässchen (D. 189. 190) 132
Neu angelegte Gasse 133
Schäfergasse (Peterskirche. C. 146—184. Lämmerbrunnen) 133
Hinter der Rose (D. 7—12) 146
Hinter der Schlimmenmauer oder die Schlimmengasse (D. 87—99.
104—109. 76—86) 147
Radgasse (D. 100—103) 152
Weidengässchen (D. 30—32) 155
Gerlachsgässchen (D. 43—47) 158
Kleine Eschersheimergasse (D. 50—75. 109 B—135) 158

Seite

Hammelsgässchen (D. 138—141) 162
Mohrengässchen (D. 144—151) 162
Bogengässchen (D. 154—156.) 167

Der neuen Stadt unterer Theil.

Vicus dividens 169
Unter der Katharinenpforte (F. 83—97) 169
Grosse Eschersheimergasse 175
    Häuser auf der Ostseite (D. 38—50. 136. 137. 142—144. 152.
    153. 157—189) 176
        Thurm auf der Nordseite (D. 160) 181
        Häuser auf der Westseite (D. 161—178. 183—185) 181
        Brunnen und Zwinger 186
Siebmachersgässchen (D. 179—181. 182. [Im Text ist 183 ein Druck-
    fehler.] 188
Denengasse 189
Paradeplatz (E. 203—214. Die Hauptwacht. Brunnen) 190
Biebergasse (E. 195—201) 200
Gässchen am Rahmhofe. Der Rahmhof 203
Komödienplatz (E. 181. 181 A. 185—195) 207
Taubengasse (E. 182—184) 211
Auf dem Luginsland 212
Kalbächergasse (E. 156—176) 213
Meisengasse (E. 141—151. 140 B) 217
Säumarkt 218
Kastenhospitalgasse (E. 176. 181 B) 220
Bockenheimerpfuhl (Säuwede) *Säuallee* 220
Strohschnittergässchen (E. 153—155) 223
Gässchen beim Kaiserbrunnen (E. 136) 223
Bockenheimergasse (E. 63—65. 97—113. 119—135. 137—140. 152.
    155. 56—62) 225
Kaiserbrunnen 236
Auf dem Steinweg (E. 214—226) 237
Der südliche Zwinger neben dem Bockenheimer- und Mainzerthor
    (E. 95. 97. 98) 245
Im Luginsland (E. 73—76) 246
Dreifroschgasse (E. 69—72) 248
Brunnengasse (E. 68. 77—81. 86. 89—91. 94) 250
Kleine Bockenheimergasse (E. 68. 84—100) 251
Gasse nach dem rothen Hofe (E. 65—69. 82. 83) 252
Rossallee (E. 46—56. 232—244) 255
Töpfergasse 260
Auf dem Heumarkt (F. 98—103. 226—230). Stock. Trillerhäuschen . 260
Rossmarkt (E. 1. 2. 39—42. 231) Maternuskapelle. Rosswede . . 268
Am Junghofe (E. 43. 44. 67. 45) 282
Gasse zwischen dem Hirschgraben und Rossmarkt (F. 104—109) 286
Schlesingergasse (E. 30—38) 288
Kleine Galgengasse (E. 19—29) 291
Mainzergasse 292
Galgengasse (E. 3—18) 292
Zwinger neben dem Galgenthor. Im Günsegarten 300

Tanzplan.

Die untere und breitere Gegend der Allerheiligengasse gegen der Zeile über bis zur Windmühle wird von alten Zeiten her der *Tanzplan* genannt [1]. Im Eingange dieses Platzes stand

---

[1] S. G. P. 1445. H. by dem Dantzeplane. Auch 1461.

— 1452. H. in der Neuenstadt gen dem Dantzplan uber.

O. U. 1465. ein H. in der Nuwenstatt gen dem Tanzplan über.

— 1471. Orthus und Garten in der Nuwenstatt by dem Dantzeplan gen der Wede über uf dem Orte der Gassen, als man in Conrad Malterbroids Garten geht.

O. U. 1499. Huss mit 2 Swynställen darinnen innen der Nuwenstatt by dem Danzplan gein dem Pfule oder Wede uber, stosse an das Eckehuss gein Zincke Hennen Huss uber, stoisse an Johann v. Sultzbach Becken den Jungen etc.

Sdt.-Rchg. 1502. It. 6 ℔ 13 β 3 ₰ für 60 Tage, die weede vff dem Dantzplane zu fegen.

O. U. 1524. H. uff dem Dantzplan gelegen neben der Gertner Stoben und neben einem leeren Flecken.

O. U. 1586. H. auf dem Danzplan neben der Gärtnerstube.

O. U. 1594. Neuerbautes H. vor der Bornheimer Pforten gegen dem neuen Spitall über neben der Wede gelegen, stosse neben zu allerseits uff einen ledigen Platz.

O. U. 1601. Eckhaus vor der Bornheimer Pforten an der *Weeth* neben N. gelegen, stosse hinden uff die *Weeth*. Ebenso 1613.

Stdt.-Rchg. de 1604. Haus Henn Becken hat man — das Wachthäusslein am Eck an seinem Hauss vffm Dantzplan gegen dem Zeugkhaus über, darinnen vor diesem die Schaarwacht gehalten worden, uff ledig und eigen verkauft umb 30 fl.

Stdt.-Rchg. de 1615. Grundzins von einem andern Bawe vff der weedt vor der Bornheimer Pforten.

Stdtrchg. de 1613. Zins vom Eckhaus vff der Weeth am Dantzplan.

1659. ditto vffm Dantzplan au der Weeth.

ehemals ein Röhrbrunnen, dessen Wasser sich in einen langen
Sarg ergoss, um das Vieh daraus zu tränken, und zwischen
diesem Brunnen und dem Ecke zum Kastenmeister befand sich
die Bornheimerwede, von der ich unten reden werde. Beide
sind auf dem Belagerungsplane von 1552 noch sichtbar. Der
vorgedachte Belagerungsplan stellt uns den Tanzplan noch in
seiner ersten Grösse vor; er wurde aber nicht gar lange hernach durch die auf den Platz der alten Wede gesetzten Gebäude,
und noch später durch den Bau des neuen Brauhauses um vieles
geschmälert. Woher die Benennung des Platzes ihren Ursprung
genommen hat, darüber will ich meine Gedanken eröffnen. Das
Tanzen war ehemals in einem solchen Ansehen, dass man es
beinahe als eine Sache, daran dem gemeinen Wesen viel gelegen, betrachtete, und dass sogar ein Ritter, Heylmann von
Praunheim, ums J. 1489 der Stadt Frankfurt die Fehde anzu-
kündigen drohete, weil eine Jungfrau einem seiner Vettern,
der sein Helfer war, einen Tanz versagte. *Olenschlager* Erläuterung der G. Bulle S. 296. Man erbaute eigene Tanzhäuser,
auf welchen sich die angesehensten Bürger zu feierlichen Tänzen
versammelten, die damals noch nicht unter die künstlichen gehörten, wo man sich langsam oder geschwind im Takt bewegt,
sondern nur in einem willkürlichen Hupfen und Springen bestanden. Die geringe Volksklasse aber wählte öffentliche Plätze
zu diesen Lustbarkeiten, die daher in Frankfurt der *Tanzplan*,
und zu Sachsenhausen der *Tanzrain* genannt wurden. Den vor-
züglichsten Anlass zu solchen öffentlichen Volkstänzen gaben
ohne Zweifel die jährlichen Kirchweihfeste und ausser den Messen
auch die von Alters auf der Zeile, dem Tanzplane gegenüber,

O. U. 1652. Eckbehausung auf dem Tanzplan — stosse hinten uff
die Weht.

Stdt.-Allmdbch. de 1688. Allmend uff dem Tanzplan — das Eck
am Bronnen.

Stdt.-Allmdbch. de 1688. Allemey — gegen der alten Weed uff dem
Dantzplan uber und zieht bis uff den gulden Hirsch und bronnen.

Stdt.-R. 1697 verkauft der Rath einen bedeutenden Platz auf dem
Tanzplan vmb 3650 fl. an Joh. Georg Hoffmann Bierbrauer.

gehaltenen grossen Viehmärkte, bei denen sich öfters vieles Volk
von Fremden und Einheimischen versammelte. Etwas Aehn-
liches finde ich in den sogenannten *Tanzschiffen*, welche, aus dem
Oberlande kommend, sich zwischen dem Fischerpförtchen und
dem Metzgerthore aufhalten, und von Tanzliebhabern häufig
besucht werden. Der Tanzplan kommt sonst in den Zinsbüchern
nicht gar häufig vor. Dafür steht gemeiniglich die Rieder- oder
Allerheiligengasse. In dem Zinsbuche von 1405 f. 57 fand ich
zum erstenmal ein Haus beschrieben: „uff dem dantzeplanen vico
omnium Sanctorum". Seine Lage lässt sich aus der folgenden
Stelle noch deutlicher entwickeln: „1 ℔ hll. cum ij pullis — de curia
et domo in novo opido sitis by dem Dantzplan latere orientali
juxta vicum Clappergasz apud fontem Kuweborn". Das auf der
östlichen Seite des Tanzplans angezeigte Zinshaus war neben
der Klappergasse und bei dem Kuhborn, folglich zwischen der
Stelzengasse und der Kuhgasse gelegen. Die Worte latere
orientali müssen uns in obiger Beschreibung nicht fehlerhaft
scheinen. Der Augenschein gibts, dass die nördliche Seite der
Allerheiligengasse beim Tanzplane eine sehr merkliche Wendung
rückwärts nach Osten nimmt, und darum werden auch die Häuser
der Gegend in den Zinsbüchern unterschiedlich bald in latere
orientali, bald in latere occidentali beschrieben. Das Sch. G.
Protokoll von 1435 spricht von einem Hause: „uf dem plane,
als man zu allen heiligen get, gelegen." Der breite Platz ober
dem neuen Brauhause war sonst einer von den sogenannten
Freiplätzen, wo jedermann erlaubt war, den Unrath hinzuschütten,
und deren Säuberung das Bauamt zu besorgen hatte; bei ein-
geführter besserer Polizei aber wurden, ums J. 1770, diese
privilegirten Kehrselgruben abgeschafft. Von den Häusern,
welche auf dem Tanzplane gleichsam zwei Inseln bilden, sind
die auf der alten Wede die ältesten, die vermuthlich gegen das
Ende des XVI. Jahrhunderts erbauet wurden. Weit jünger
sind die übrigen, welche erst durch die Erbauung des neuen
Brauhauses im Jahr 1697 entstanden.

Häuser auf der alten Wede.

I.

Gegen der Zeile über.

Lit. B. No. 237. *Hirsch.* Das Eck beim Kastenmeister, wo man nach der Stelzengasse geht. Dasselbe wird in seinen Kaufbriefen *auf der alten Weed* beschrieben.
Lit. B. No. 238.
Lit. B. No. 239. Das Eck gegen der Konstablerwacht über.

II.

Auf der Seite nach der Allerheiligengasse.

Das Haus neben dem Ecke, welches zu Lit. B. No. 238 gehört, und deswegen mit dem nämlichen Numero bezeichnet ist.
Lit. B. No. 240.
Lit. B. No. 241. Das Eck am Tanzplangässchen.

Häuser mitten auf dem Tanzplane.

Lit. B. No. 242. Das neue *Brauhaus.* Das doppelte Eck gegen der Juden-Mauer über. Nachdem der Magistrat erlaubt hatte, ein Brauhaus auf den bisher noch frei gelegenen Platz zu setzen, so wurde mit dessen Erbauung 1697 im Julius der Anfang gemacht. Frf. Chr. I. 29. Das Gebäude wurde gegen Westen in das Wohnhaus und gegen Osten in das Brauhaus abgetheilt, und das Ganze wurde immer das neue Brauhaus genannt. Im J. 1798 kief Hr. Doctor Beyerbach die ganze Insel, veränderte das Brauhaus in ein Wohnhaus, und verkief diesen Theil wieder; führte auch in dem Hofe hinten bei der Stelzengasse einen neuen Bau auf. Die Braugerechtigkeit wurde inzwischen auf die kleine Eschersheimergasse verlegt.

Lit. B. No. 243. Das doppelte Eck, wo vorher das Brauhaus gestanden, dessen vorher gedacht wurde.

Bornheimer Wede.

Auf dem Tanzplane gegen der Zeile über befand sich ehemals eine Wede, die 1505 die Bornheimer Wede hiess. Frf. Chr. II. 23. Ihre Benennung rührte von der nah dabei gestandenen alten Stadtpforte her. Sie wird auf dem Belagerungsplane von 1552 noch bemerkt; und ihrer geschieht auch Meldung in besagter Chronik S. 537, wo dieselbe beim Jahr 1575 den Anfang des zweiten Quartiers von der (innern) Bornheimerpforte rechter Hand bei der Judengasse, *an der vor Zeiten gewesenen alten Wehdt vorbei*, in das Gässchen nach der guldenen Stelz etc. bestimmt. Diese Nachricht gibt zu erkennen, dass. die Wede damals schon eingegangen war, sie wurde folglich zwischen den Jahren 1552 und 1575 ausgefüllt, und die darauf erbauten Häuser wurden nachmals in den Kaufbriefen auf der alten Wede beschrieben. [2])

Tanzplangässchen.

Ist das kleine Gässchen, welches auf dem Tanzplane zwischen den Häusern auf der alten Wede und dem neuen Brauhause durchgehet. Es ist erst im Jahr 1697 durch die Erbauung des letzten entstanden.

---

[2]) O. U. 1452 in die Viti et Modesti verkauft hiesiger Rath an Thiis von Ransdorf Guden ux. einen Flecken einer Hindergasse das ein almende gewest ist gelegen in der nuwen stadt uhzwendig der Bornheimer Porten gein der Heckergassen uber zuschen W. u. N. und hinden an Thiis (Käufer) stossend *genannt die Busische Gosse.* etc.

O. U. 1486. II. gelegen by dem *nuwen Spitale* uff dem Pule vff dem Ort etc.

Zwinger

zwischen dem Allerheiligenthore und der Breitengasse.

Der Zwinger oder die innere Gegend bei der Stadtmauer zwischen dem gedachten Thore und der Breitengasse [3]) wird in einem Zinsbuche von 1450 f. 44. beschrieben: „retro murum Rieder gasz infra Brachtesztorn et Riedertorn", und in einer Urkunde von 1417 „by der Ryngmuren zuschen Barchtesthorne vnd Rieder thorne", dann wieder in einer andern von 1452 „by der Radtsmuren zwuschen Brachts thorn vnd Ryderthorn" wie unten bei dem Ruffiansgässchen zu ersehen ist. Die Riedergasse hiess in den folgenden Zeiten, und auch schon vorher, die Allerheiligengasse, der Riederthurn war der Thurm über dem Allerheiligenthore, und der Brachtesthurn (turris Alberti) ist der Thurm auf der Stadtmauer, welcher hinter der Kreutzgasse, und nächst bei der Breitegasse steht.

Häuser gegen der Stadtmauer über.

I.

Zwischen der Breitegasse und dem Ruffiansgässchen.

Lit. B. No. 60. Ein Haus und Garten auf der Breitengasse an der Almey.

Lit. B. No. 61. Dieses und das vorige Haus gehören zu dem Ecke No. 62 am Ruffiansgässchen.

II.

Zwischen dem Ruffiansgässchen und der Allerheiligengasse.

[Heft 5. S. 334.]

Das Eck am Gässchen gehört zu B. No. 69 auf der Allerheiligengasse.

---

[3]) Zwinger zwischen dem Allerheiligen Thor und der Schanz. S. *Schudt*, Jüd. Merkw. 4. Thl. 2 Contin. pag. 440.

Lit. B. No. 65.

Das Eck. S. B. No. [70] auf der Allerheiligengasse, zu dem es gehört.

Ruffiansgässchen.

Eine kleine Stumpfegasse, welche zwischen der Allerheiligengasse und der Breitegasse gegen der Stadtmauer über ihren Eingang hat. In dem Zinsbuche der h. h. Maria und Georgius von 1412 f. 7 lautet die Beschreibung eines Hauses: „in parvo vico qui pertransiri non potest transeundo ad portam Riederporte retro murum sinistro latere, qui vicus dicitur Riffehinsgasse". Und in einem jüngern Zinsbuche der nämlichen Kirche von 1536 liest man bei einem Hause: „vff der Ryffians gassen by der Ryder porten penes murum". Anno 1417 verliehen die drei hiesigen Stifter den beiden Eheleuten Wernher Kolting und Getze ein Haus zu Erbe gegen 2 ₰ jährlichen ewigen Zinses[4]). Die Urkunde in Lat. A. H. O. No. 3. A. gibt von dem Hause folgende Beschreibung: „Ein hus vnd gesesse mit syme begriffe vnd zugehorde gelegen zu francfurt in der Nuwenstadt in der Ridergassen by der Ryngmuren zuschen Barchtes thorne vnd Rieder thorne vnde ist dasselbe gesesse etwan peter Reffeans gewest vnd waren voreziten zwey huser." In einer andern Verleihurkunde von 1452 an vorigem Orte No. 3. B. wird das nämliche Haus beschrieben: „by der Radtsmuren zwuschen Brachts thorn vnd Ryderthorn dasselbe gesesse etwan gewesen ist peter Ryffans." Der Besitzer des Hauses wird in einer noch frühern Urkunde von 1391 in Lat. A. H. O. No. 2. Petrus Ruffern genannt[5]). Ob er zu selbiger noch lebte, oder auch damals

---

[4]) Lib. C. S. B. 1417. elocant trium Collegiatarum Capitula — domum in der Ridergasze prope murum opidi infra Brachtesturne et Riederturne, quae olim Ruffeans fuit, annue pro 2 libr. hall. perpetui census.

1452. desgleich. pro 2 libris und unter die 3 Stifter vertheilt.

[5]) G. Br. 1391. Zwei H. unter einem dach in der nuwenstadt zu F. gelegen by der ringmuren zuschen Brachtistorne und Riedertorne, die weren Peter Riffians.

schon verschieden war, darüber wird sich bei Ansicht der Urkunde wohl entscheiden lassen. Er war Zweifels ohne der Mann,
von dem das Gässchen noch den Namen trägt; den aber unsere
alten Vorfahren, weil sie in Rechtschreibung der Namen sehr
sorgenlos waren, öfters sehr verschieden ausdrückten. Auf solche
Weise findet man in den S. G. Protokollen von 1449 „H. by der
Ridderporten in der Riffigisgasse", von 1464 „H. in der Riffigsgasse by der Riederporten linker hand als mann hinder die
muren get" und von 1479 „die Ryffchinsgasse by allen heiligen".
In einem hiesigen Intelligenzblatt von 1799 in der Beilage zu
No. 36 erscheint der verderbte Name Rufinsgässchen dafür, wird
aber in dem Int.-Bl. von 1775 No. 40 die Rufiansgasse, und in
mehrern andern das Ruffiansgässchen gelesen [6]). Von dem gemeinen Manne, der den Ursprung des Namens gar nicht kennt,
wird öfters der lächerliche Name Rufgansgässchen gehört.
[In Heft 5. S. 334 ist Rustiansgässchen ein Druckfehler.]

Häuser auf der Nordseite.

Lit. B. No. 62. *Städelischer Hof.* Das Eck vom Gässchen.
„Der Städelische Hof am Allerheiligen-Thore hinter der Mauer
in der Rufiansgasse". Frf. Intell.-Bl. von 1775 No. 40. „Die
Behausung, der Städtliche Hof genannt, in dem Rufinsgässgen
zunächst am Allerheiligenthor gelegen". Dasselbe von 1799 in
der Beilage zu No. 36. Am 13. Nov. 1803 in der Nacht verlor
der Hof durch einen Brand mehrere seiner Hintergebäude. Das
Feuer war so stark, dass sich das Dach auf der Stadtmauer
und ein Thurm derselben entzündeten. Nach dem Brande wurde

---

[6]) S. G. P. 1393. H. gnt Riffians Hus.
— 1450. H. in der Riffigissgasse.
— 1464. H. in der riffigsgasse by der riederporten linker Hand als
mann hinder die muren get.
— 1479. H. by allen Heiligen in der Riffiginsgasse.
— 1481. H. in der Riffiansgasse hinter der Muren by allen Heiligen
Stdt.-Rehbch. de 1493. Der Rosenbergern Huss in der Riffians
Gassen by allen Heiligen.

ein Bleichgarten angelegt (1805). Der Hof hat hinten einen
Ausgang in die Breitegasse.

Lit. B. No. 63. Dieses und das folgende Haus gehören
zum Städelischen Hofe.

Lit. B. No. 64.

Häuser auf der Südseite.

[Hier fehlt der Text.]

Brunnen
im Ruffiansgässchen.

In der Mitte des Gässchens befindet sich ein offener Ziehe-
brunnen, dessen schon in dem Zinsbuche de 1452 fol. 49 gedacht
wird. Er möchte vielleicht in ältern Zeiten der Ruffiansborn
geheissen haben.

Breitegasse.

Die von *Baldemar* mitgetheilte Beschreibung der Bornheimergasse „vico Rydergazze quasi ex opposito vici judeorum
plus tamen ad occidentem" lässt sich nach den von der Allerheiligengasse und der Gegend Hinter der Judenmauer gegebenen
Nachrichten auf keine andere, als die Breitegasse beziehen [7]).

---

[7]) G. Br. 1414. H. Schure vnd garten gelegen in der nuwenstad
genant die Breidengasse als man gein Brachtsthorn uffhin geet.

O. U. 1473. Garten *und Thorn* darinn — genannt zu *S. Paulus*
uff dem Ort an der Breidengassen.

S. G. P. 1476. Wernher uff der Breydengasse.

O. U. 1487. Garten uff der Breydengassen uff dem Ort neben N.,
stosse hinden gein unserer Stedte Brachts Thorn zu.

O. U. 1590. 2 Behausgn. aneinander uff der Breidengassen, zum
Breiten Eck genannt.

— 1616. Wohnhaus *zur Wieden* (oder Weiden) genannt, samt dem
Baumgarten daran, uff der Breitengassen, stosse hinten uff den Stadt-Wall.

Mpt. XVII. Sec. Das *Ziegelhaus* auf der Breidengasse in der
Neustadt.

Diese hat also im XIV. Jahrhundert die Bornheimergasse geheissen, welcher Name auch noch aus einigen Beschreibungen der Häuser seine Bestätigung erhalten wird. Woher derselbe entstanden ist, gibt ein Eckhaus zu erkennen, dessen Lage in einem abgängigen Zinsbuche aus der Mitte des XIV. Jahrhunderts beschrieben wird: „versus Bornheimer brucke vico Burnheimer gazze latere occidentali in acie respiciente septentrionem et orientem prope murum opidi". Die Beschreibung des nämlichen Hauses, welches einem Namens Wicker Geist zugehörte, lautet 1405: „ex opposito porte quondam Burnheimer porten" und 1552: „in acie prope murum et Brachtstorn". Der alte Brachtsthurm steht noch auf der Stadtmauer schräg gegen der Breitegasse über, und in der Nähe desselben befanden sich auch das Bornheimer Thor und die Bornheimer Brücke, die von dem nahen Orte Bornheim also genannt wurden. Alle Strassen in Frankfurt, welche mit den Landthoren in Verbindung stehen, führten von jeher mit ihnen gleiche Namen; es muss demnach auch hier mit der Bornheimergasse das nämliche Verhältniss gehabt haben. Aber nun entsteht noch die Frage: wie mag dann wohl für die Bornheimergasse die Breitegasse aufgekommen sein, die sich schon in den ersten Zeiten des XV. Jahrhunderts erblicken lässt? Diese Frage wird sich aus den folgenden Nachrichten leicht entwickeln lassen. Ein Theil der Vilbelergasse, und die nun von derselben nach dem Klapperfeld ziehende Hammelsgasse trugen im Alterthume auch den Namen der Bornheimergasse. Wenn nun zwei Gassen einerlei Namen führten, so suchte man allem Irrthum dadurch zu steuern, dass man den Namen der andern mit einem entscheidenden Beiworte begleitete, und auf solche Weise entstand der Name der breiten Bornheimergasse, die nachmals in die Breitegasse abgekürzt wurde. Diesen abgekürzten Namen fand ich das erstemal in dem schon oft erwähnten Zinsbuche von 1412 f. 39. Ich hebe die ganze Stelle aus, weil sie in mancher Betrachtung verdient erhalten zu werden: „Item vna libra hallensium cedit de et super Curia domo et suis attinenciis sitis in nova ciuitate in vico dicto in der breidengassen dirigenti de curia hans von oppen prope omnes Sanctos sita versus murum quasi ex opposito curie et

ortus (horti) domini petri de Rossinga quondam plebani frank.
et nostri Canonici*. Die Worte „dirigenti de curia haus von
oppen prope omnes Sanctos" scheinen bedächtlich beigesetzt zu
sein, weil der abgekürzte Name Breitegasse damals erst aufgekommen, und noch nicht so allgemein bekannt war. Der Hof
des Haus von Oppen aber war das Eck auf der Allerheiligengasse, wo man hinter die Judenmauer geht.[8])

Häuser auf der Ostseite.

I.

Zwischen der Allerheiligengasse und dem Plätzchen.

Das Eck. S. B. 81. auf der Allerheiligengasse.
Lit. B. No. 82.
Lit. B. No. 83.
Lit. B. No. 84.
Lit. B. No. 85.
Lit. B. No. 86. Ein vorstehendes Eck.
Lit. B. No. 87. *Schultheissenhof,* derselbe hat vorne nur
ein Thor.
Lit. B. No. 88.
Lit. B. No. 89. Das Eck beim Plätzchen.

II.

Zwischen dem Plätzchen und der Almei.

Lit. B. No. 97.
Lit. B. No. 98.
Lit. B. No. 99.
Lit. B. No. 100. Das Eck an der Almei.

---

*) S. G. P. 1424. H. Hof und Schuren in der Nuwenstadt uf der
Breidengassen.
— 1432. H. uf der Breidengasse.
— 1465. H. in der Breydengasse by dem Born.
O. U. 1479. Garten uf dem Eck der Breidengasse darinn der Thurn
steht.

III. •

Zwischen der Almei und dem Zwinger.

Lit. B. No. 102. *Zum grossen Christophel.* [9]). Das Eck
an der Almei. Am Hause war vor wenigen Jahren noch ein
sehr altes den h. Christoph in Riesengrösse vorstellendes Gemälde
zu sehen. Es befanden sich auch zwei Wappen, das von
Rheinsche und das . . . . . daran eingemauert, und da in einem
Zinsregister der Allerheiligen Kapelle von 1475 bis 1533 f. 4.
ein Haus beschrieben wird: „uff' der breiden gassen uff einer
Syten neben her johan von Rein senger zu Sant Bartholomeus",
so muss das Eck eben dasjenige Haus sein, welches dem gedachten Sänger zugehörte, der, wie sein in unserer Kirche sich
befindliches Epitaphium bezeugt, im J. 153. verschied. Am 30.
Jänner 1722 entstand ein Brand in dem Hause, der aber bald
wieder gelöscht wurde. Frf. Chr. II. S. 812. (792.) [Vergl.
Heft 5. S. 338. dieselbe Nachricht, die also hier her gehört.]

Lit. B. No. 103.

Lit. B. No. 104.

Lit. B. No. 105. *Wormser Hof.* Das Eck bei der Stadtmauer. [10])

Häuser auf der Westseite.

Lit. B. No. 115. Domus Wickeri Geist. Das stumpfe Eck
beim Plätzchen am Breitewall, zu dem auch die kleinen nach

---

[9]) O. U. de 1554. Haus auf der Breitengassen daran vornenher *ein
grosser Christoffel* gemahlt.

Stdt.-Allmdbch. de 1688. Allemende neben dem grossen Christophel
auf der Breitengasse nach der Stadtmauer zu.

[10]) It. ij solid. hall. legauit Paulina ortulana de domo sita in nouo
opido frankenf. superiori parte, vico dicto Burnheimer Gasze latere orientali, proxime porte ibidem obstructe. — Reg. Cens. fabr.

It. 1 ferto cedit Nativit. Christi de curia Crafftonis prope Brachtsthorn quasi latere meridionali in der Breidengassen, quasi circa murum et
de pluribus domibus ad eandem pertinentibus, quae vocatur zu der Weyden. —
Liber Cens. B. M. V. sacc. XVI.

der Kreutzgasse gelegenen Häuser gehören [11]). „iij sol. hll. de
habitatione Wickeri dicti geist sita in nouo opido superiore parte
versus Burnheymer brucken et vico Burnheimer gasze in acie
respiciente septentrionem et orientem prope murum opidi vici
prenotati" L. C. de 1390. f. 87.

„Sita in latere occidentali ex opposito porte quondam Burnheimer porten etc." L. C. de 1405. f. 2.

„iij ♪ hll. de habitatione Wickeri Geyst versus Linthemmer
bruck in vico bornhemmer gasz" L. C. de 1423. f. 2.

Eben so lauten auch die Zinsbücher von 1428, ·1433 und
1438. „de habitatione Wickeri dicti Geist sita latere occidentali
in acie prope murum et Brachts torn respiciente septentrionem
et orientem vici predicti, modo est ortus (hortus)." L. C. de 1452.
f. 50. Laut dieses Zinsbuchs war das Haus des Wicker Geist
1452 in einen Garten verwandelt, aus dem späterhin mehrere
kleine Häuser entstanden.

Lit. B. No. 116. Zur *Oelmühle*. S. Frf. Intell.-Bl. von 1806
No. 31.

Lit. B. No. 117.

Lit. B. No. 118.

Lit. B. No. 119. *Grosser Ritter.*

Kleiner Ritter, wurde mit dem grossen Ritter vereiniget.

Lit. B. No. 120. Ein Zimmerplatz.

Lit. B. No. 121.

Lit. B. No. 122.

Lit. B. No. 123.

Lit. B. No. 124.

Lit. B. No. 125. Der *grosse Bleichgarten*, vormals der
Rohrbachsche Garten, der hinten auf die Rittergasse stösst und
daselbst einen Ausgang hat [12]). Johann von Rohrbach, ein reicher

---

[11]) 1 pullus vulgariter dictus Cappe — de domo dicta zum alden
Geyste sita in novo opido francof. superiori parte. — L. R. Baldemari de
1350. fol. 51.

[12]) O. U. 1470. H. Hoff und Schuern in der Bevergassen (Bener
oder Biever) Gassen zuschen des Raitzhuss, da der Pfarrer zu S. Peter
itzund inne wonnet, und Heinrich Rorbachs Hoffe. F. (S. Rorbach 5. 2.)

Patrizier, der 1401 lebte, kief einen Hof, Scheuer und Garten
auf dem Klapperfelde. Frf. Chr. II. 202. Mit diesem Garten
wurden nachmals die Lützengasse, und die beiden Gärten Schubenstuck und Hildeburg vereiniget (S. Lützengasse). Bernhard von
Rohrbach erzählt, er habe 1466, als er geheurathet, seine Hoch-
zeitsgäste in seinen Garten auf der Breitegasse geführt, daselbst
vor den Frauen und Jungfrauen Hasen gehätzet und eine Mahlzeit gegeben. Frf. Chr. I. 302. In dem Bleichgarten steht ein
altes Gebäude, darinn eine Stiege hoch in einem Zimmer, dessen
sich die Bleichleute zum Trocknen der Wäsche bedienen, noch
zwei turnierende Ritter und das Rorbachische Wappen auf der
Wand gemalt zu sehen sind. [Vgl. Bernh. Rohrbach's Familien-
Chronik, im Archiv für Frankf. Gesch. Neue Folge II. 406.
Gwinner Kunst und Künstler in Fr. S. 26.] Der Garten kam
nachmals von Henrich von Rohrbach an das Bartholomäus-Stift
und die Praesenz musste deswegen den darauf haftenden Grundzins an die Allerheiligenkirche entrichten, wie uns folgende
Stelle belehrt: „Item ix ₰ hlr. gebent die hern vff der pharre
von heinrich rorbachs garten der da liget in der breidengassen:
dat Camerarius Presentiarum." R. C. Capellae omnium Ss. de
1475 — 1533 f. 16. Zu den alten Gebräuchen des Stifts gehörte
das sogenannte *Urbansgelag*, eine Mahlzeit, die jährlich am 25.
Mai vom Kapitel gegeben wurde. Demselben wohnten alle
Canonici und Vicarii bei, und auch viele Herrn vom Römer
wurden dazu eingeladen. Diese Mahlzeit wurde nun im Ror-
bachischen Garten gehalten.

Der Herr von *Olenschlager* in seiner Erläuterung der G.
B. S. 19 war der Meinung, dass auf dem Platze des grossen
Bleichgartens der Hof der Tempelritter gestanden, und dass die
Rittergasse noch das Andenken ihrer ehemaligen Anwohner er-
halte. Allein diese Gasse machte anfänglich einen Theil der
Lützengasse aus, und als sie bei der Allerheiligengasse geöffnet
wurde, nahm sie von derselben den Namen der Riedergasse an,
aus der nachher als der Ursprung ihres Namens bereits in Vergessenheit gekommen war, die Rittergasse entstand. Der Orden
der Tempelritter wurde schon im Jahr 1312 aufgehoben, und
die im grossen Bleichgarten entdeckten unterirdischen Gewölbe

und Gefässe des Alterthums rührten ohne Zweifel aus späteren
Zeiten her, indem sich 1401 ein Hof, Scheuer und Garten auf
dem Platze befanden. Die ausgegrabenen Todtenbeine können
für die obige Meinung auch keinen Beweis abgeben. Der Platz
war ehehin ein freies Feld, und wer kann wissen, welcher Zu-
fall sie dahin gebracht hat. Wurden ja während dem siebenjährigen und dem noch fortdauernden französischen Kriege viele
tausend Soldaten auf der Bornheimer Haide begraben, die in
den hiesigen Lazarethen starben. Nach einem Verlaufe von
mehreren hundert Jahren findet man vielleicht noch ihre Gebeine und fragt, wie sind diese dahin gekommen? Eine sehr
alte, im Albaniterhofe entdeckte Handschrift lässt vermuthen,
dass dieser der Tempelhof gewesen ist. [13])

Lit. B. No. 126.
Lit. B. No. 127. Ein vorstehendes Eck.
Lit. B. No. 128.
Lit. B. No. 129.
Lit. B. No. 130.
Lit. B. No. 131.
Lit. B. No. 132.
Lit. B. No. 133.
Lit. B. No. 134.
Lit. B. No. 135.
Lit. B. No. 136.
Lit. B. No. 137.
Lit. B. No. 138. Domus Henrici Molner. Von diesem Hause
vermachte Johann von Eschbach ein Vicarius unserer Kirche
6 ₰ Pfennig zur Lampe vor S. Michaels Altare, die auf Joh.
Enthauptung fielen. „Sex sol. den. legatum Johannis de Esche-
bach infer. vicarii hujus ecclesie, de curia domo habitatione
tota Henrici dicti Molner sitis in novo oppido Fr., superiore
parte, vico Burnh. gazze latere occidentali, curia est secunda a
meridie" L. r. B. de 1350. f. 59.

---

[13]) *Curia Plebani Francof.* In dem Zinsbuche von 1405. fol. 10. wird
die Lyntzengassze apud hortum Plebani beschrieben. Der Hof war also
nahe bei dem grossen Bleichgarten, wo ehemals die Lützergasse durchging,
gelegen, und stiess hinten auf die heutige Rittergasse.

In einem kleinen Zinsbuche von 1464 wird der Zins bemerkt: „de domo sita vico Breydengasz latere occidentali habente tectum lapideum — dicta domus der gaffenern". Wie sehr müssen damals Stroh- und Schindeldächer noch Mode gewesen sein, indem das Zinsbuch von diesem Hause vorzugsweis sagt, dass es ein steinernes Dach habe.

Lit. B. No. 139. Das Haus, welches mit dem Hause der Allerheiligengasse Lit. B. No. 140 auf dem Ecke zusammenstösst. [Heft 5. S. 335.]

B r u n n e n.

Die Chron. II. 8. (1439) erwähnt eines Brunnens auf der Breitengasse.

———————

· Auf dem Plätzchen.

Eine Stumpfegasse auf der östlichen Seite der Breitegasse, welche die Nachbarn von dem vor ihrem Eingange liegenden Plätzchen nicht anders, als auf dem Plätzchen zu nennen wissen. Sie hat 1350 noch nicht existirt; sonst würde Baldemar ihrer gewiss auch, wie der folgenden, gedacht haben. Vermuthlich ist sie aus einem Hofe entstanden, der inwendig verbaut und endlich bei der Gasse geöffnet wurde, wodurch er das Ansehen einer Gasse erhielt. Wir zählen hier mehrere Höfe, die sich auf solche Weise in Gassen verwandelten.

Häuser auf der Südseite.

Lit. B. No. 90. Das vorstehende Eck hinter dem Ecke No. 89.

Lit. B. No. 91.

Lit. B. No. 92. Ein vorstehendes Eck.

Lit. B. No. 93. Wiederscheinisches Haus.

Auf der Nordseite.

Lit. B. No. 94.

Lit. B. No. 95.

Lit. B. No. 96. Das Eck an der Breitegasse, und zugleich ein vorstehendes Eck.

In der Almei.

Zwischen der vorher beschriebenen Gasse und dem Zwinger befindet sich noch eine Stumpfegasse von ziemlicher Tiefe. Sie ist den Breitegässern unter keinem andern Namen, als in der Almei bekannt. Erkundigen wir uns um sie im Alterthume, so nehmen wir wahr, dass sie eine Veränderung erlitten hat. Baldemar beschreibt sie als einen vicum impertransibilem auf der östlichen Seite der Bornheimergasse, und zugleich auch als einen vicum angularem, oder als eine Winkelgasse, was sie doch nicht mehr ist. Höchst wahrscheinlich war sie in frühern Zeiten hinten mit dem Ruffiansgässchen verbunden, und sie wandt sich durch dasselbe nach der Stadtmauer. Als nachmals der Theil nach der Mauer durch dazwischen gesetzte Gebäude von ihr getrennt wurde, hörte sie auch auf eine Winkelgasse zu sein. Man könnte hier die Einwendung machen: Baldemar gibt die Gasse für eine Stumpfegasse an, sie kann folglich mit dem Ruffiansgässchen nicht in Verbindung gestanden haben, weil sie sonst durch dasselbe einen Ausgang in den Zwinger gehabt hätte. Aber eben darum, weil Baldemar alle Gassen, die auf die Zwinger stiessen, als vicos impertransibiles beschrieb, so konnte er bei dieser auch nicht anders verfahren.

Haus.

Lit. B. No. 101. Steht auf der nördlichen Seite, und scheint vor Zeiten zu dem Ecke B. No. 100 gehört zu haben, weil sich das von Rheinische Wappen daran befindet.

VI. 2

Alter Brunnen.

Wider der südlichen Mauer der Gasse befand sich ehemals ein Brunnen, der nun ganz zugeschüttet ist. Nur das Brunnengestell ist von ihm noch übrig geblieben, und weiter lässt sich von ihm nichts sagen. [14])

—

Plätzchen am Breitewall.

Dieses Plätzchen ist zwischen der Breitengasse und der Kreutzgasse nächst bei der Stadtmauer gelegen. Es gehört zu der Gegend, die ehemals auf dem *Wasen* hiess. Seine Benennung rührt von dem ausserhalb der Mauer erbauten, nun demolirten Bollwerke, dem Breitenwalle her. [15]) Im J. 1810 wurden hier neue Remisen gebaut.

Häuser.

Lit. B. No. 106. Das doppelte Eck zwischen der Kreutzgasse und dem geschlossenen Zwinger.

Kleine Häuser zwischen der Kreutzgasse und der Breitegasse, die nicht bezeichnet sind, weil sie zu dem Ecke der letzteren Gasse Lit. B. No. 115 gehören.

———

[14]) In der Nuwenstadt. Riedergasse. Hus, Hof, Stele und Zugehör gelegen unden in der Breydengassen uf der Siten gen Ufgang der Sonnen gein dem understen Born der etwan hait geheiszen der *Boppenborn* vber. Wfrkl. Zb. von 1480.

[15]) Lt. Std.-Rehg. de 1563 theilen die Seiler als Pächter den Zwinger vom Friedberger Thor bis zum Breidenwall: Geben in Summa 9 fl.

Auf dem Wasen.

War eine zwischen dem Klapperfeld und der Breitegasse
bei der Stadtmauer gelegene Gegend. Das Zinsbuch von 1452
erwähnt ihrer, wo S. 51 folgende Stelle zu lesen ist: „Decolla-
tionis vj ₰ hll. de uno quartali ortorum (hortorum) sito vff dem
wasen dicta, modo est ortus prope murum Brachtstorn conti-
guus dem Clapperfelde".

Kreutzgasse.

Wir müssen uns diese Gasse und das nahe Klapperfeld als
eine Gegend vorstellen, die gegen Ende des XIV. Jahrhunderts
nur noch aus blossen Aeckern und Gärten bestand. Daher geschah es auch, dass Baldemar in seiner Beschreibung der
Strassen weder der Kreutzgasse, noch einer andern auf dem
Klapperfelde gedenken konnte. Das Zinsbuch von 1390 f. 90
setzt noch die zwei Gärten, das Schubenstuck und Hildenburg,
die nachmals Theile des grossen Bleichgartens wurden, zwischen
die Bornheimer-, Rieder- und Klappergasse, oder, wie man sie
heut zu Tage nennt, zwischen die Breite-, Allerheiligen- und
Stelzengasse, und dann zwischen die Stadtmauer. Hätte die
von der Breitegasse nach dem Klapperfelde ziehende Kreutzgasse damals schon existirt, so hätte auch dieser eher als der
weiter entfernten Stadtmauer gedacht werden müssen. Ohne
Zweifel wurde die Gegend bei der Stadtmauer nicht eher als
im Anfange des XV. Jahrhunderts mit Gebäulichkeiten versehen,
und älter kann also auch die Kreutzgasse nicht sein, die mir in
dem Zinsbuche von 1452 f. 51 das erstemal, aber noch namenlos vorkam: „in vico quo itur ad Clappergasz a porta Bornheymer". Dass die Bornheimerpforte, von der hier die Rede
ist, bei der Breitegasse gestanden hat, ist bei dem Hause des
Wicker Geist Lit. B. No. 115 zu ersehen. Man beschrieb auch
zu selbiger Zeit die Gegend bei der Kreutzgasse „inter campum

2*

Clapperfeldt et Brachtsthorn" R. C. de 1450. f. 45 et 46. Item
de 1452. f. 51. Und vorzüglich, was ihr gegen Norden an der
Seite lag: „prope murum Brachtstorn", auch nur „prope Brachtstorn", je nachdem sich die Gegend mehr oder weniger von diesem
Thurme entfernte. Die Veranlassung ihres Namens blieb mir
unbekannt. Das Meiste besteht noch aus Gärten, und die Häuser
sind ausser einem von weniger Bedeutung. [16])

Häuser und Gärten
auf der Nordseite.

Lit. B. No. 107. Das Haus hinter dem Brunnen.
Lit. B. No. 108.
Lit. B. No. 109.
Lit. B. No. 110. Ein Bleichgarten.
Lit. B. No. 111. Das Eck am Klapperfeld. Es war vor
kurzen Jahren noch ein Blumengarten; nun aber ist es ein
Bleichgarten.

Haus beim Brachtsthurm. „xj ₰ et iiij hll. modo v ₰ hell.
de habitacione et arcis coniacentibus prope Brachstorne in vico
quo itur ad Clappergasz a porta Bornheymer". L. C. de 1452.
f. 51. In dem Zinsbuche von 1499 f. 52 (46) wurden noch die
Worte beigesetzt: „que domus modo destructa est et edificatus
est murus novus habens adhuc introitum ibidem in cuius super-
liminare sculptum est 1495". Die Zeit hat Alles wieder geändert,

---

[16]) *Haus zu den sieben Stiel* ist das letzte Haus in der Kreutzgasse hinten mit einem grossen Garten, der dem Spital zugehört.
   Hospitalhof, beim Klapperfelde. Chron. II. 766. (1678) vermuthlich
das Brauhaus.
   Steinern Bank, Haus und Garten.

und wahrscheinlich ist das doppelte Eck Lit. B. No. 106, oder
das Haus darneben an die Stelle gekommen. [17])

Auf der Südseite.

Lit. B. No. 112. Der kleine Spitalgarten neben dem vor-
stehenden Ecke des grossen Hosp.-Gartens auf dem Klapperfelde.
Lit. B. No. 113.
Lit. B. No. 114.

L i n d e n b o r n.

[Steht dem Brachtesthurm gegenüber. Heft 1. S. 124.]

Litzengasse.

Der Name Lytzengasse zeigt sich in der Baldemar'schen
Beschreibung der Strassen von 1350, und in dem Zinsbuche von
1356. Aber in den Handschriften, welche sich dem XV. Jahrhundert nähern, kömmt schon der veränderte Name Lyntzen-
gasze zum Vorschein. Der erste Name scheint mir der ächte

-----

[17]) O. U. circa 1380. $\frac{1}{2}$ Morgen Kappus Gärtchen an der Burnheimer
Waasen gein Brachts Thorn über.

O. U. de 1391. Zins gelegen in der Nuwenstadt zu F. auf 2 Husern
unter einem Dache, bei der Ringmuren zuschin Brachtis Thorne und Rie-
derthorne.

Beedbuch. 1400 No. *Der Brachtsthorn* (dann:) lt. Bracht Ryffian
(als der erste in der Reihe von diesem Thurm an). [Sollte dieser Albracht
Ryffian wie dem Gässchen S. 7, so auch dem Thurme den Namen gegeben haben?]

O. U. 1414 Garten in der Nuwenstadt genannt die Breidengasse, als
man gein Brachts Thorn uff hin geet.

O. U. 1437. Ein Garten gelegen in dem Gassechin, als man geet von
dem Klapperfelde gein Brachtstorne, gein der Stedte Muren über zwischen
Bechtold Buchschrieber in der Nuwen gassen und Gissenhenne daby gesessen.

Mpt. XVII. Sec. *Brachtsecke.* Garten, Scheuer und Hof auf der
Breidengasse.

[Vgl. auch Heft 1, S. 124 über den Brachtesthurm.]

zu sein. Für ihn spricht wenigstens ein höheres Alterthum, das
mit Anzeige der Namen weit getreuer verfuhr, als die spätern
Zeiten. Wahrscheinlich rührte der Namen Litzengasse von dem
nun veralteten Lutz oder Lützel (Klein) her, das noch in den
Worten Litzkortel (Kleine Kortel) und Lützelburg (Kleinburg)
gehört wird. S. *Wachter* in Glossario. v. Luz, Litzel und Litze
S. 967. Ihre ehemalige Lage, Beschaffenheit, und wie sie endlich abgekommen ist, kann nur noch aus der Baldemar'schen
Beschreibung der Strassen und einigen Zinsbüchern erörtert
werden. In jener wird sie als eine Stumpfgasse (vicus inper-
transibilis) auf die Westseite der Bornheimer- oder Breitegasse
gesetzt. Noch genauer lässt sich ihre Lage aus dem Zinsbuche
von 1452 S. 50 bestimmen, wo ein Hof auf der Breitegasse,
der auf Johannis Enthauptung 2 fl. 15 kr Grundzins an unser
Stift entrichtete, „latere occidentali quasi in medio a dextro
habens vicum parvum versus meridiem dictum lintzengasz" beschrieben wird. Der Hof hatte gegen Süden, folglich gegen die
Allerheiligengasse, die kleine Litzen- oder Linsengasse neben
sich liegen, und er wurde nachher in vier Häuser abgetheilt.
Die Pflicht, den Zins zu entrichten, lag von der Zeit an auf den
vier Häusern, von welchen noch zwei, jedes 33 kr. 3 hl. be-
zahlten, die andern aber neben dem Thore des grossen Bleichgartens längstens befreiet waren. Aus solchen Nachrichten
lässt sich nicht misskennen, dass der Eingang des Gartens
ehemals der Eingang der Litzengasse gewesen ist. Diese lief
durch den Garten, und wandt sich am Ende desselben nach der
Allerheiligengasse, wo sie aber geschlossen war. Sie war also
eine Stumpfgasse und eine Winkelgasse zugleich, weswegen
sie auch Baldemar unter die vicos inpertransibiles setzte, und
sie mit noch zwei andern beschrieb: „ab oriente in occidentali
hy tres sunt siti: angulares". Noch eine weitere Aufklärung
gibt folgende für die Gasse merkwürdige Stelle aus dem Baldemar'schen Zinsbuche von 1356 f. 22. „Sex sol. den. et j pullus
de orto et domo sitis parte superiore (novi oppidi) in vico
Lytzengazze dicto de vico Burnheymergazze versus occidentem
descendente latere orientali Lytzen gazzen prefati, orto et domo
dictis una parte, videlicet orientali, tangentibus vicum Burnheymer

gazzen prenotatum". Wir müssen über diese Stelle eine kurze
Betrachtung anstellen. Die Litzengasse richtete ihren Lauf von
der Bornheimergasse gegen Sonnenniedergang, sie konnte folglich nur eine südliche und eine nördliche Seite haben. Dem
ungeachtet wird das Haus mit dem Garten auf der Ostseite der
Litzengasse beschrieben. Dass hier kein Versehen Statt haben
kann, ist aus dem Umstande klar abzunehmen, dass der östliche
oder hintere Theil desselben auf die Bornheimer- oder Breitegasse stiess. Es muss demnach der nähere Standort des Hauses
auf der östlichen Seite der heutigen Rittergasse gewesen sein,
die damals noch den untern Theil der Litzengasse ausmachte,
und ihr zugleich die Eigenschaft einer Winkelgasse verschaffte.
Der Unterschied der obern und untern Litzengasse veroffenbart
sich auch aus dem Zinsbuche von 1423 f. 44, wo ein anderes
Haus und Garten „in superiore vico Lintzengasz de vico Born-
hemergasz versus occidentem descendente" angezeigt werden.
Aus den Worten in superiore vico ist hier zu schliessen, dass
auch ein inferior vicus müsse gewesen sein, und dieser war
kein anderer, als die Rittergasse. Dass aber dieselbe anfänglich
bei der Allerheiligengasse geschlossen gewesen, ist daraus abzunehmen, weil Baldemar die Litzengasse unter die vicos inpertransibiles gesetzt hat, und in seiner Beschreibung der Strassen
auf der nördlichen Seite der Rieder- oder Allerheiligengasse
nur die einzige Klappergasse namhaft machte. Auch die alten
Zinsbücher nach ihm, wann sie die nördlichen Häuser der Allerheiligengasse beschrieben, gedachten ihrer nicht, und nannten
nur die Bornheimer-, Kuwer- und Klappergasse, die jetzt unter
den Namen Breitegasse, Kühgasse und Stelzengasse bekannt
sind. Durch die Vereinigung der Gärten Schubenstuck und
Hildeburg mit dem Rohrbachischen Garten, die zusammen nun
den grossen Bleichgarten ausmachen, war 1452 die obere Litzengasse bereits verschwunden, nachdem ihr unterer Theil bei der
Allerheiligengasse 1390 schon geöffnet war, und von derselben
den Namen der Riedergasse angenommen hatte. Was hier noch
mangelt, wird sich aus der Geschichte der Rittergasse vollens
ersetzen lassen. [S. auch Note 13.]

Au der Elkenbach.

Wir finden zuweilen in den alten Zinsbüchern Gegenden
„by der Elkinbach in novo opido" oder „apud ripam Elkinbach"
beschrieben, [16]) und ein Voltzo an der beche, dessen Jahrge-
dächtniss ehemals am 18. Dec. in unserer Kirche gehalten wurde,
scheint sich von dieser Bache also genannt zu haben. Von den
bei der Bache gelegenen Gärten haben sich zwei durch ihre besonderen Namen im Andenken erhalten: das *Schubenstuck* und
Hildeburg, die ehemals an die Patrizier von Rohrbach kamen,
und mit ihrem Garten vereiniget wurden. Folgende aus Zinsbüchern gehobene Stellen sollen mir zum Beweise dienen:

„j lib. hll. de j jugero ortorum in duabus peciis contiguis
longitudine ab oriente in occidentem fossa circumdatis sitis in
novo opido superiore parte in vico quondam dicto an der Elkenbach nunc autem infra vicos Burnheymer Rieder Clappergaszen
ac murum opidi prenotati, maiore pecia versus meridiem Schubis-,
Stocke, minore versus septentrionem Hildeburg nuncupatis".
R. C. de 1390. f. 90.

„Jacobi 1 lib. hll. de uno jugero ortorum in duabus peciis
contiguis, maior pecia versus meridiem Schuwenstuck nuncupata,
minor versus septentrionem Hyldeburch nuncupata etc. nunc
adiuncte sunt ortis Rorbach". R. C. de 1452. f. 51.

---

[16]) O. U. Cath. Clost. 1366. dry stucke garten gelegin innewendig
der nuwen Stadt zu F. by der *Elkinbach*, zwei Stucke desgl. gelegin
usswendig der mur by schwarzen Hermanns Bornen. Diese 5 Stücke wurden für ein verkauftes Simmern Oleygeldis dem Kath. Kloster zum Unterpfand gesetzt von *Heintze genannt Sones Son* Bürger zu F. Zelud ux.

G. Br. 1455. Garten in der nuwen stad *uf der bach* hinter der
clappergassen gelegen.

Wfrkl. Zb. von 1480. In der Nuwenstadt Riedergasze ein halber
Morgen Garten gelegen in der Riedergassen uf der Siten gen Mitternacht
und zucht uff die *Elckinbach* nahe bei Johannes *Bichelings* Gärtchen, der
ein Gerichtschreiber war, und gein dem Hoffe zu der gulden Lufft vber,
gibt Sipell Frosch zu dem Rebstock, modo Doctor Pfeffer.

Der vicus quondam dictus an der Elkenbach, oder die Gasse, die einstens an der Elkenbach hiess, war sicher diejenige, die in späteren Zeiten dén Namen der Litzengasse erhielt. Ihr lag das Schubenstuck unmittelbar an der Seite, und Hildeburg schloss sich nördlich an dasselbe. Diese Gärten erstreckten sich der Länge nach von Osten gegen Westen, und die Elkenbach, welche von Norden zwischen dem Klapperfelde und dem bei der Breitegasse stehenden Brachtsthurm herkam, floss über die Kreutzgasse durch den kleinen Spitalgarten und unter den gedachten Gärten vorbei bis an die Litzengasse, von wo sie ihren Lauf durch die sogenannte Almei und die Kuhgasse fortsetzte, und wahrscheinlich der Wede auf dem Tanzplan ihr Wasser mittheilte, ehe sie sich neben der Bornheimerpforte in den Stadtgraben ergoss. Noch eine Stelle aus dem obigen Zinsbuche von 1452 verdient vorzüglich hier aufgenommen zu werden; indem sie den Lauf der Elkenbach durch die Almei zu erkennen gibt: „Assumptionis viij β den. de uno jugero ortorum by der Elkinbach sito inter campum Clapperfeld et Brachtstorn. — Et nota quod ortus ille habet introitum in vico dicto ridder gasz (Rieder- oder Allerheiligengasse) quasi ex oposito curie dicte gulden lufft". Das Haus zur guldnen Luft auf der Allerheiligengasse, die vorher die Riedergasse hiess, ist jedermann bekannt, und wenn der Garten schräg gegen diesem Hause über seinen Eingang hatte, und hinten bei der Elkenbach gelegen war, so glaube ich allerdings berechtigt zu sein, die gedachte Almei für das längst ausgetrocknete Beet dieser Bach zu halten. Da wir zwischen dem Friedberger- und Allerheiligenthore ausserhalb der Stadt nur eine einzige kleine Bach wahrnehmen, die bei der Güntersburg unweit Bornheim entspringt, sich über die Bornheimer Haide, und durch die hiesigen Gärten schlängelt, bis sie ihr weniges Wasser bei dem Schwartzenhermannsborn in den vom Stadtgraben übrig gebliebenen Kanal ergiesst, so muss diese Bach oben diejenige sein, die vor mehreren hundert Jahren den Stadtboden befeuchtete, und die Elkenbach genannt wurde. So lange Frankfurt noch in seinen ersten Mauern und Gräben eingeschlossen war, war auch die Gegend zwischen der Fahrgasse und der Predigergasse ihr Beet, und der alte Stadtgraben,

nachmals die grosse Andaue, nahm gegen dem Ellenbogen-
Gässchen über ihr Wasser auf. Die Benennungen an dem Stege
und auf der Brücke, wie sie ehemals in der Gegend üblich
waren, mit noch besondern Umständen in Hinsicht auf die kleinen
Gassen und ihre Gebäude verknüpft, verleiteten mich zu diesem
Gedanken. Man sehe die Nachrichten beim Löwenplätzchen
und bei dem Stege. [Heft 2. S. 178. 183.]

Die Almei.

Ein schmales, sehr ungleiches, und wenig gangbares Gässchen, von dem man keinen besondern Namen weiss, und das
nur die Almei pflegt genannt zu werden. Es hat hinten am
Ende der Rittergasse gegen der Thüre des grossen Bleichgartens
über seinen Eingang, und verbindet sich gegen Westen mit der
Kuhgasse. Ehe die neue Stadt ihre Mauern und Gräben erhielt,
floss die Elkenbach, von der ich vorher gesprochen habe, durch
dieses Gässchen. Weil es eine sehr abgelegene Gegend ist,
und von Niemand bewohnt wird, so sind seine Eingänge mit
Thüren versehen, die alle Abend mit dem Schlusse der Stadt-
thoren von einem von der Konstablerwache abgehenden Soldaten
geschlossen werden.

Rittergasse.

Aus den von der Litzengasse gegebenen Nachrichten erhellet schon die Geschichte der Rittergasse. [19]) Beide machten

[19]) St.-Rehnbch. de 1491. It. — den Buwenmeistern zwen nuwe Buwe
zu besichtigen by des spitals hof in der Rittergassen uff beiden Orten.

O. U. 1612. Eckhaus in der Rittergassen *zum Hecker genannt.*

— 1633. Behausung in der Rittergass uff der Allerheiligen Gassen
stosst hinten uff die Stattmauer.

St.-Rehnbch. 1651. Fewersbrunst im Rittergässlein uff der Aller-
heiligengassen.

unter dem gemeinschaftlichen Namen der Litzengasse eine Winkelgasse, die in der Mitte des XIV. Jahrhunderts bei der Allerheiligengasse noch geschlossen war. Als sie daselbst geöffnet
wurde, nahm sie auch von dieser Gasse, die damals die Riedergasse hiess, den Namen der Riedergasse an. Die ersten Spuren
von ihres Namens Veränderung entdeckte ich in dem Zinsbuche
von 1390 f. 26, wo das Haus des Hartmann Landgraf, eines
Chorherrn des hiesigen Liebfraustifts, beschrieben wird: „vico
Riedergaszo latere occidentali ex opposito Curie Plebani Frank."
Unter der Riedergasse kann hier die Allerheiligengasse nicht
verstanden werden, weil diese keine Westseite hat; auch stand
das Haus gegen dem Hofe des frankf. Pfarrers über, dessen
Garten hinten auf die Breitegasse stiess. [Nota 13.] Es war
chehin nichts ungewöhnliches, den kleinen erst spät entstandenen
Gassen die Namen von den vorbeiziehenden Hauptstrassen bei-
zulegen. Hiervon überzeugen uns die Nachrichten von der
kleinen Eschersheimergasse, der kleinen Bockenheimergasse, der
kleinen Galgengasse, und noch von andern. Der Name Riedergasse ist also der ächte, der aber mit der Zeit in die Rittergasse
ausartete. Zum Beweise für den ersten ist noch zu bemerken,
dass man für die Allerheiligengasse zuweilen die alte Riedergasse findet. Das Beiwort Alt soll hier den Unterschied zwischen
den zwei Gassen eines Namens anzeigen. Die Hypothese des
Hrn. von Olenschlager, dass die Gasse ihren Namen von einem
in der Nähe gestandenen Hofe der im J. 1312 ausgerotteten
Tempelritter erhalten habe, rührt blos von dem Namen der
Gasse her. Ihren Ungrund zeigen die mitgetheilten Nachrichten
hier und bei der Litzengasse.

Häuser auf der Ostseite.

Das Eck. S. B. No. 145 auf der Allerheiligengasse.
Lit. B. No. 146.
Lit. B. No. 147.
Lit. B. No. 148.
Lit. B. No. 149.

Lit. B. No. 150. Das Haus unter dem Uebergange.[20])
Lit. B. No. 151.
Lit. B. No. 152.
Lit. B. No. 153.
Lit. B. No. 154.
Lit. B. No. 155.
Lit. B. No. 156.
Lit. B. No. 157.
Lit. B. No. 158.
Lit. B. No. 159. Das letzte Haus, neben welchem sich die
Thüre zum grossen Bleichgarten befindet.[21])

Curia Plebani Francofurtensis. 1390. S. unten beim Hause
des Hartmann Landgraf. Der Garten stiess auf die Breitegasse.
[Note 13.]

Häuser auf der Westseite.

Lit. B. No. 160.
Lit. B. No. 161. (Beide Häuser gehören dem Herrn von
Lit. B. No. 162.)   Holzhausen.
Lit. B. No. 163.
Lit. B. No. 164.
Das Eck. S. B. No. 165 auf der Allerheiligengasse. [Heft 5.
S. 336.]

---

[20]) Dieser Uebergang ist ein zuvor durch die Strasse ziehendes Haus,
durch welches unten der Strassengang oder Weg durchgeht. Wahrscheinlich ist dieses Haus als das Ende des Gartens oder Hofes anzusehen, von
welchem aus die Litzengasse durch das Durchbrechen nach der Allerheiligengasse verlängert wird, wodurch die heutige Rittergasse entstand,
bei welcher Gelegenheit dies alte ehmalige Porthaus stehen blieb. F.

[21]) H. zum grossen Ritter in der Rittergassen. Fr. N. Bltt. de 1760.
24. Juni.

Domus Hartmanni Landgraf Canonici Montis Mariae. „vj den. in anniversario Katharine legitime Foltzonis V. non. Julii de habitatione tota Hartmanni Landgravii Canonici Montis Marie sita parte superiore (novi oppidi) vico Riedergasze latere occidentali ex opposito Curie Plebani Franck." L. C. de 1390. f. 26.

Ritterbrunnen.

[Hier fehlt der Text.]

Holzhausisches Gässchen.

Ein kurzes nächst bei der Rittergasse gelegenes Stumpfegässchen. Soviel man aus dem Zinsregister von 1636 S. 53, 65 und 69 abnehmen kann, hat es zur selbigen Zeit das *Schulmeistergässchen* geheissen, weil vermuthlich ein Schulhalter darinn wohnte. Auf dem Ecke des Gässchens Eingangs linker Hand befindet sich das von Holzhausische alte Stammhaus, [dies ist es nicht, vgl. Heft 5. S. 336.] und da Georg von Holzhausen im Jahre 1716 zum Stadtschultheissen erwählet wurde, erhielt das Gässchen von dem Amte seines Anwohners den Namen des Stadtschultheissengässchens, den man 1700 von alten Leuten noch nennen hörte. Gegenwärtig heisst es das Holzhausische Gässchen, wie aus den hiesigen Intelligenzblättern von 1801, No. 50 und von 1804, No. 70 zu ersehen ist. Dass das Gässchen nicht gar alt sein müsse, lässt sich daher schliessen, weil nicht eine Spur davon weder in der Baldemar'schen Beschreibung, noch in einem der alten Zinsbücher zu finden ist.

Häuser auf der Ostseite.

Das Eck. S. B. No. 165 auf der Allerheiligengasse.
Lit. B. No. 166.
Lit. B. No. 167.
Lit. B. No. 168. Ist neu gebaut.

Auf der Nordseite.

Lit. B. No. 169. Schliesst das Gässchen.

Auf der Westseite.

Lit. B. No. 170.

Lit. B. No. 171. } Gehören dem Hrn. von Holzhausen.

Lit. B. No. 172.

Das Eck. S. B. No. 173 auf der Allerheiligengasse.

Am Judenstalle.

Diese Benennung kommt einer Stumpfegasse zu, die auf dem Tanzplane gegen den neuen Judenhäusern über, wo zuvor die Judenmauer gestanden, ihren Eingang hat. Baldemar nahm sie nicht in seine Beschreibung der Strassen auf; auch melden die Zinsbücher kein Wort von ihr, ich muss daher glauben, dass ihre Entstehung sich nicht gar weit von uns entferne. Ein alter Anwohner, bei dem ich mich um den Namen der Gasse erkundigte, gab mir die Versicherung, dass sie sonst das *Erbs-* oder *Erbesgässchen* geheissen habe; nachdem aber die Juden im Gasthause zum Riesen einen grossen Stall für Pferde zu ihrem alleinigen Gebrauche gemiethet hatten, sei der Name nach und nach in Vergessenheit gekommen, und man wisse nun die Gasse nicht anders, als am Judenstalle zu nennen. Ob der veraltete Name von einem Hause oder von einem ehemaligen Anwohner ursprünglich herrühre, weiss ich nicht zu entscheiden. Erp, Erpo oder Aribo war sonst bei den Alten ein bekannter Vorname.

Häuser auf der Ostseite.

Das Eck. S. B. No. 184 auf der Allerheiligengasse.

Lit. B. No. 184 hat das nämliche Nummer, wie das Eck.

Lit. B. No. 185.

Lit. B. No. 186.

Lit. B. No. 187.

Lit. B. No. 188. Das letzte Haus in der Ecke.

Auf der Nordseite.

Der von Holzhausische Garten, welcher die Gasse schliesst, und daselbst eine Thüre hat.

Auf der Westseite.

Das Eck. S. B. No. 1. auf der Allerheiligengasse.

Lit. B. No. 189. Gasthaus zum *Riesen*, sonst *im Judenstalle* genannt. Ein vorstehendes Eck. Am 26. Nov. 1803, Abends nach 5 Uhr entstand in den Hintergebäuden plötzlich ein heftiger Brand. Die Wuth der Flammen, welche mit der grössten Schnelligkeit um sich griffen, verzehrte die Ställe, Scheuer, Seitengebäude und das Dachwerk des Hauptgebäudes, mit einigem Vieh, das nicht zu retten war. S. D. der Fürst von Ysenburg liessen eine Spritze mit 6 Pferden aus seinem Marstalle bespannen und eilten selbst mit derselben in Begleitung S. D. des Fürsten von Reuss zur Brandstätte.

Lit. B. No. 190. Ein etwas zurückstehendes Haus.

Kuhgasse.

Diese hat vom Tanzplane nächst bei der Stelzengasse ihren Eingang. Sie verenget sich hinten in die Almei, die alle Abend, sobald die Stadtthore geschlossen werden, von einem von der Konstablerwache abgehenden Soldaten auch geschlossen wird. Baldemar meldet in seiner Beschreibung der Strassen von 1350 nichts von dieser Gasse und beschreibt sogar die Klapper- oder Stelzengasse noch als die einzige dieser Gegend; dennoch aber gedenket er in seinem Libro redituum S. 57, welchem die vorgedachte Beschreibung voransteht, der Kuwersgazze. Man darf sich hierüber nicht wundern. Das Stift erhielt seine Zinsen durch Käufe und Vermächtnisse; aber nicht auf einmal, sondern zu verschiedenen Zeiten. Die später erworbenen wurden auch später in das Zinsbuch eingetragen, und so verhält es sich mit der Stelle, wo der Kuwersgazze gedacht wird. Wir können demnach die Entstehung dieser Gasse zwischen die Jahre 1350 und 1383 setzen, wo Baldemar seine Lebenstage beschloss. Die Gasse wird in dem Zinsbuche von 1452 pag. 49 beschrieben: „Parvus vicus apud Kuwerz gesesse" d. h. die kleine Gasse bei des Kuwers Wohnung. Kuwer war der Name eines Mannes, der, wie ich vermuthe, bald nach der Mitte des XIV. Jahrhunderts die ersten Häuser in der Gegend aufbaute, und dadurch die Entstehung einer neuen Gasse beförderte. Man nannte die Gebäude nach seinem Namen die Kuwersgesesse, und daher auch die Gasse die Kuwersgasse. Kuwer aber ist ein abgekürzter Name, der aus Kuwehirten, wie die Alten sprachen, entstanden ist. Die Kuwersgasse (Kuhhirtengasse) hat sich zuletzt in die Kuhgasse verändert. [22])

Häuser auf der Südseite.

Das Eck. S. B. 1. auf der Allerheiligengasse.
Lit. B. No. 194.
Lit. B. No. 195.
Lit. B. No. 196.
Lit. B. No. 197.
Lit. B. No. 198, wo die Gasse sich verenget.

---

[22]) O. U. 1478. Eckhuss u. Schuren gelegen in der Nuwenstatt uff der Kuwegassen neben N. gein dem nuwen Spitale und gein Johannes zum gulden Haupt Schure uber.

— 1482. 2 H. under eym Dache gelegen in der Nuwenstatt in der Kuwegassen by dem Danzplane.

Lt. Stdt.-Allmendb. Notize de 1749. Eine Allmei in der Kuhgasse, zieht hinten auf das Ritter- oder Schulmeister-Gässlein.

Fr. X. Bllt. de 1793. No. 1. Haus in der Kuhgasse *im alten Salzmagazin.*

Auf der Nordseite.

Lit. B. No. 199.
Lit. B. No. 200.
Lit. B. No. 201.
Lit. B. No. 202.

———————

Domus dicti Kuwers. Kuhhirtens Gesesse. „x sol. den. de habitacione dicti Kuwers, sita in novo opido Frank., superiore parte, vico dicto Riedergazze, latere septentrionali, infra vicos dictos Burnheymer et Klappergazze, et sunt plures domus, in vico dicto Kuwersgazze“. L. r. B. de 1350. f. 57.

„Domus dicta Kuwers gesesse in novo civitate ante portam Burnheym“. L. C. de 1368. f. 32.

„ix ß de quadam domo dicta Kuhertersz gesessze latere orientali et est acialis parvi vici apud Kuwersz gesessze“. L. C. de 1452. f. 49. Aus diesen verschiedenen Stellen lässt sich bemerken, dass mehrere Häuser den Namen von ihrem ehemaligen Besitzer führten, und dass das Eck zu solchen gehörte. Die Ursache, warum in der einen Beschreibung das Haus in latere orientali, in der andern in latere occidentali angegeben wird, habe ich bei der Allerheiligengasse erörtert. In den Zinsbüchern von 1460, 1499 und 1538 kommen noch folgende verschiedene Schreibarten des Namens vor: Kuhirtz husz, gesesse, Kuwehirters gesesse, Kuhirts gesesse und Kewharts gesess. [Vgl. auch Heft 5. S. 337.]

Kuhbrunnen.

Ihn nennt das Vikariebuch von 1453 S. 149 in nachgesetzter Stelle den Kuweborn: „i ß hll. cum ij pullis — de curia et domo in novo opido sitis by dem Dantzplan latere orientali juxta vicum Clappergasz aput fontem Kuweborn“. In dem Zinsbuche von 1481 f. 150 heisst er der Kuwerborn. Was ich vorher bei der Kuhgasse von dem Worte Kuwern gesagt habe, findet auch

bei diesem Brunnen seine Anwendung. Es sollte demnach der
Kuwerbrunnen oder, ganz nach unserer Art zu reden, der Kuh-
hirtenbrunnen heissen.

Stelzengasse.

Ein den ältern Zeiten ganz unbekannter Name, den das
Haus zur goldnen Stelz vor nicht gar langer Zeit veranlasste.
In den stiftischen Handschriften des Alterthums wird ihr der
Name *Klappergasse* beigelegt, und dieser rührte von dem hinten
anstossenden Klapperfelde her. [23] Ich vermuthe deswegen, dass
sie anfänglich die Klapperfeldgasse hiess, bis man diesen Namen
in die Klappergasse abkürzte. Meine Vermuthung gründet sich
auf die häufigen Beispiele solcher Namens-Abkürzungen, und
das Zinsbuch von 1586 scheint dieselbe einigermassen zu begünstigen, indem es S. 79 für die Klappergasse die *Feldgasse*
setzt. Wahrscheinlich hörte man die Klapperfeldgasse zuweilen

[23] G. Br. 1338. Zwen morgen Garten und die Xuse die da uffe stent
in der Clappirgaszen.

— 1353. Gülte von zwein Morgen Garten und von dem buwe, der
druff ist gemacht gelegin obewendig der Clappergaszin.

— 1354. (sub ortulanis). It Herburd in der Clappirgassen.

Beedbuch. 1365. It. Henne in Heylmanns Hoffe von Holzhussen.

— 1365. It. Dielen Garten zu Ruwenberg.

— 1365. It. Hirbord in der *Clapper* in der Clappergassen.

— 1362. It. Johann von Holtzhussen Hoff (liegt in der Gegend der
Klappergassen).

— 1390. It. des Siefrieds von Holtzhusen Hoff (in der Clappergassen).

S. G. P. 1417. H. in der Nuwenstadt in der Clappergasse. Ebenso
O. U. 1423.

G. Br. 1428. census — super domibus, circa, horreo, ortis, in vico
dicto Kappergaszen (Klappergasse) nove civitatis seu suburbii.

S. G. P. 1439. Die Klappergasse in der Nuwenstadt. Ebenso 1444.

Stadtrechenb. von 1468. (Es brannte in der Klappergassen.)

noch nennen, und der Schreiber des Zinsbuches kürzte dieselbe
durch ein Versehen, oder auch willkürlich in die Feldgasse ab.
In dem Zinsbuche von 1390 f. 81. kömmt statt der Klappergasse die Kloppheimergass vor; weil ich aber diesen Namen
sonst nirgends wo entdeckte, so verdient er auch nicht, in weitere Betrachtung gezogen zu werden. 1749 liess das Hospital-
pflegeamt in No. 86 des Intelligenzblattes ankündigen, dass es
seine in der Porzellanhofgasse gelegene Haus und Garten an
den Meistbietenden bestandsweis zu überlassen gesonnen sei.
Hieraus ist zu ersehen, dass die Stelzengasse damals auch nach
dem Namen des Porzellanhofs genannt wurde. Sie ist übrigens
eine Winkelgasse, die anfänglich bei dem Ecke Lit. B. No. 1.
am Tanzplane ihren Anfang nahm, bis sich durch den Bau der
Häuser auf der alten Wede und des neuen Brauhauses von der
Friedbergergasse her eine neue Gasse bildete, die sich dem Namen
nach mit ihr vereinigte. Baldemar beschreibt die Klappergasse
als eine Winkelgasse, und zugleich auch als eine Stumpfegasse,
weil vielleicht zu seiner Zeit (1350) noch ein Acker oder Garten hinter ihr lag, der den freien Ausgang verhinderte, oder
weil er eine jede Gasse, die nach der Stadtmauer zog, für eine
Stumpfegasse hielt, und deswegen auch diese als eine solche
betrachtete, ohne Rücksicht auf den zwischen ihr und der Stadtmauer gelegenen grossen Raum des noch unbebauten Klapper-
felds zu nehmen.

Häuser

I. auf der Südseite.

Das Eck. S. B. No. 204 auf der Allerheiligengasse.
Lit. B. No. 205.

Domus acialis der Stelzengassen.

In dem Zinsbuche von 1390. fol. 111. wird dieses Haus kurz
beschrieben:

„in vico infra Rieder portam novam et Bornheymer anti-
quam in acie respiciente occid. et septentrionem ex opposito
torcularis huius eccl. S. Bartholom.

H. neben dem Huse *zum Affen* stozt hinten an ein H. uf dem Orte uff der Clappergassen. S. P. 1414.

xij ₰ den. quos dat Joh. dictus Schaub pistor de quadam domo ad ortos extra Burnheymer dor ex opposito torculari dominorum in acie. S. Barth. St. Archiv.

Lit. B. No. 206. Gab auf Martini an die Praesenz S. B. 20 kr. Grundzins.

Lit. B. No. 207. Gab auch dahin 20 kr.

Lit. B. No. 208.

Lit. B. No. 209. Musste auf Martini ebenfalls 20 kr. entrichten.

Lit. B. No. 210.

Lit. B. No. 211.

Lit. B. No. 212. Zur *Reitschule*. Das vorstehende Eck gegen der goldnen Stelze über bis zum Porzellanhofe.

II. auf der Ostseite.

Lit. B. No. 213. Der *Porzellanhof*. Am 19. Jänner 1713 fiel ein Porzellanmaler in diesem Hofe die Stiege herunter und blieb auf der Stelle todt. Chr. II. 825 (805).

Lit. B. No. 214.

Lit. B. No. 215.

Lit. B. No. 216. Das Eck, welches auf dem Klapperfelde ein Thor hat, und mit den vorigen zwei Häusern zum Porzellanhof gehört.

Rieneck. [24]) Scheint nach allen Umständen der eigentliche Name des Porzellanhofs zu sein.

„xxij ₰ hll. loco vnius marce de domo Reneck — de curia domo et orto sitis latere orientali vici predicti (Clappergasz)

---

[24]) O. U. 1575. Behausung *Reineckh* genant samt dem Garten — uff dem Klapperfeldt neben N. einer und dem *Klapperfeld* anderseits stosst hinten uff ein Gemein Gassen.

retro tangens Clapperfelt per longum passum". Am Rande steht:
modo 1 fl. 4 ♂ Jacobi Apost. L. C. de 1452. f. 51.

„ex opposito dess Spitals Speicher" L. C. de 1586 p. 79.
Das h. Geist-Hospital gab noch jährlich auf Jacobi unserer
Praesenz die 1 fl. und 4 ♂ oder 1 fl. 10 kr. Grundzins, woraus
ich schliesse, dass Reineck oder der Porzellanhof ehemals dem
gedachten Hospital gehörten.

III. auf der Westseite.

Lit. B. No. 219.   Das nächste Haus beim Klapperfeld.
Lit. B. No. 220. Am 23. Mai 1797 Vormittags um 10 Uhr
brach in diesem Hause bei einem ziemlich starken Winde ein
Feuer aus, welches durch gleiche und thätige Hülfe bis um
12 Uhr schon wieder gelöscht war. Dennoch brannte das Haus
ganz und von zwei andern das Dachwerk ab. Ein Maurergesell
kam dabei ums Leben.
Lit. B. No. 221.
Lit. B. No. 222. Dieses Haus steht hinter dem vorigen;
deswegen ist auch sein Nummero auf der Gasse nicht zu finden.

IV. auf der Nordseite.

Lit. B. No. 223. *Spitalbrauhaus.* Das Eck gegen dem
Porzellanhofe über, das ehemals dem h. Geistspitale gehörte,
und deswegen so genannt wird. Es hiess vorher der *Spital-
speicher.* S. Rieneck. Am 12. Febr. 1679, sagt die Chronik
I. 544, brannte das Hospitalbrauhaus durch Verwahrlosung des
Gesindes. [25])

---

25) S. G. P. 1471. II. in der Klappergasse gen des heil. Geists Hof.
— 1472. II. in der Klappergasse gen des Spitals Hof uber.
— 1678. Hospitalhof beim Klapperfelde.

Lit. B. No. 224. *Goldene Stelz.* [26]) Haus und Bleichgarten.

Lit. B. No. 225. Steht hinter dem vorigen Hause.

Lit. B. No. 226.

Lit. B. No. 227.

Lit. B. No. 228. Domus Emerchonis (Emerici) Hoppe.
„jx. sol. den. de domo Emerchonis Hoppe sita — in vico Klappergazze latere septentrionali propius vico Fridbergergazze" L. U. B.
Sacc. XIV. vic. Ss. Petri et Pauli. S. beim f. Hause.

Lit. B. No. 229. *Zur Kanne.* Sonst des Stifts *Kelterhaus.*
Domus torcularis Dominorum ecclesiae St. Bartholomaei oder
die Herrn Kelter. [27]) Im XIV. Jahrhundert hiessen die Canonici
der S. Barthol. Kirche vorzugsweis die Herren, und selbst der
Rath nannte sie öfters die Herren auf der Pfarre. Auf solche
Weise wird in dem Schöffen-Gerichts-Protokolle von 1382 ein
leerer Hausplatz beschrieben: „die Hofestad in der Clappergaszen gein der herren Kelter ubir".

„jx. sol. den. de torculari dicto zur Kannen, sito in novo
opido superiore parte, vico dicto Klappergazze, latere septentrionali propius vico Frideberger, contigua versus occidentem
domui Emerchonis Hoppen". L. U. B. Sacc. XIV. vic. VII.

„die Kelter des Barth. Stifts in der nuwenstad". S. G. P.
von 1407.

„Domus torcularis Dominorum ecclesio Sancti Bartholomei
sita in novo opido vico Klappergasz latere septentrionali". L. V.
de 1481. f. 68.

---

[26]) O. U. 1586. II. zur guldnen Stelzen (neben einem Kelterhause,
dem Bartholom. Stiffte gehörig einer- und des Raths Spital-Scheuer
anderseits).

— 1586. II. zur guldenen Stelzen genannt uff dem Tantz Plan
neben unserm des *Spitalhofes* uff einer und einem Hoff den Geistlichen
zu S. Bartholom. zustendig, andererseits, stosse hinten uff den Garten
zum *Hirsch* etc.

Std.-Allmdbuch de 1688. Allmend gegen der gulden Stelze über
nahe dem Spitalhofe gegen dem Bronnen über.

Mpt. XVII. Sec. II. *zur Klapper* bei der Gulden Stelzen.

[27]) 1362. Beedb. Klappergassen Abtheilung: Der Herrn Kelter zu
der Pfarre.

In diesem Hause stand die Kelter, auf welcher die von dem
Stifte erhobenen Zehntentrauben ausgepresst wurden.

Ziegelhof. [28]) „xj. sol. den. et iiijor pulli de Curia et habitatione dicta Zygilhof sita in novo opido franck. superiore parte,
vico dicto Klappergazze latere septentrionali, contigua versus
orientem torculari dicte zur Kannen". L. U. B. Sacc. VIV.
Vic. IX.

„de curia et habitacione dicta Ziegelhoff sita in novo opido
frangf. vico dicto Klappergasz latere septentrionali contigua
domui zum Kastenmeyster". L. U. de 1453. f. 16.

Aus den angeführten Stellen ist zu ersehen, dass der längst
abgegangene Ziegelhof einer Seits neben der Kanne oder dem
Stiftskelterhause, und anderer Seits neben dem Kastenmeister
gelegen war. Führte kein anderes Haus, als das Eck bei der
Friedbergergasse diesen Namen, so ist nicht daran zu zweifeln,
dass alle die folgenden Häuser als Theile des alten Ziegelhofs
anzusehen sind, von welchen auch eines seinen Namen beibehalten hat. Weil der Hof beim Eingange der Klappergasse
stand, so wurde er auch noch in dieser Gasse beschrieben, obschon er eigentlich zum Tanzplane gehörte. Der Grundzins
wurde zum Theile abgelöst, zum Theile blieb er auf dem folgenden Hause stehen.

Lit. B. No. 230. Zahlte an die Praesenz auf Martini 26 kr.
1 hll. und 1 Pull., welcher Zins vorher zur Vikarie Ss. Cosmae
et Damiani gehörte.

Lit. B. No. 231.

Lit. B. No. 232. *Zur Sonne.* Gab ehemals der Vikarie
B. M. V. II. institut. auf Mariae Geburt 45 kr., die zuletzt von
der Praesenz erhoben wurden.

Lit. B. No. 233. *Ziegelhof.* Dieses Haus hat den Namen
von dem alten Ziegelhof beibehalten. S. vorher.

Lit. B. No. 234.

Lit. B. No. 235.

---

[28]) S. G. P. 1355. Heinze in dem Ziegelhofe 1361 der Zegilhof.
1389 der Ziegelhof.

Mpt. XVII. Sec. 1484 der Ziegelhof in der Nuwenstadt.

Lit. B. No. 236. Musste der Praesenz 1 fl. 7 kr. 2 h. Grundzins bezahlen.

Das Eck S. Lit. C. No. 1. auf der Friedbergergasse.

Stelzengässerbrunnen.

Dieser Brunnen steht ·zur Hälfte in dem gewesenen Stifts-kelterhause. Seiner wird schon in einer Rechnung Officii Domi-norum vom J. 1446 gedacht, worinn sich folgende Stelle unter den Ausgaben befindet: „Item 1 ℔ hll. contribuenti ad fontem prope torcular dominorum versus campum Clapperfelt qui medius se extendit ad vicum".

Klapperfeld. [29])

Eine für Frankfurt sehr merkwürdige Gegend; denn in den ältern Zeiten der Monarchie, wo die Königswahlen gemeiniglich auf freiem Felde vorgenommen wurden, war sie der Ort solcher feierlichen Handlungen. Der Schwabenspiegel, welcher in der letzten Hälfte des XIII. Jahrhunderts verfertiget wurde, sagt

---

[29]) Std.-Rchnbch. de 1465. It. xvi ß vi hllr. han wir zur karunge wiedergebin als die Bedemeister vom Klapperfelde zu Bede vffgehoben hatten, und der von Babinhusen für gude nit bedehafftig gemacht wulde han.

S. G. P. 1409. Das Clapperfeld in der nuwen Stadt.

O. U. 1482. Garten mit einem Huss Batstoben und Sommerhuss darinne — gelegen uff dem Klapperfelde neben N. und einem gemeynen Weeg.

Stdt.-Rchnbch. de 1499. (Baubesichtigung mehrerer Neubauten am Klapperfelde bei benannten Gärten.)

— 1639. ist das Klapperfeld mit dem Wohnhaus vom Rath verpachtet.

— 1639. 1657. ist das Klapperfeld immer noch verpachtet und ver-miethet.

im XXX. Kapitel: „Als man den König erwelen wil, das sol
man thun zu Franckfurt oder *auff dem Plane vor der stat.*
Und lesst man die fürsten nit in dye stat so megent sy in mit
recht erwelen vor der stat." Senckenberg Corp. Juris Germ.
T. II. p. 40. In dem kurfürstlichen Berichtschreiben von der
Wahl Ludwig des Baiern an den Pabst wird der Ort, worauf
die Wahl geschah, locus ad electionem solitus et consuetus in
suburbio oppidi Regalis Frankenvordensis ausdrücklich angegeben. Herwart in Lud. IV. Imp. defenso p. 10. Auch gibt
die Wahlgeschichte Ludwigs, wie sie Burgundus in Hist. Bavar.
sub Lud. IV. Imp. p. 10 aus archivalischen Urkunden glaubhaft
vorgetragen hat, sichere Nachrichten von dem ausser der Stadt
gelegenen Wahlorte. Nach solchen war es „ein in der Frankfurter Vorstadt gelegener Platz, der vormals ein Feld gewesen,
und davon den Namen behalten hatte, ob er gleich von der
Stadt her schon ziemlich mit Häusern bebauet worden war, seit
dem die alte Stadt an Einwohnern so zugenommen, dass sie
solche nicht mehr in ihren Ringmauern begreifen können".

Nun kommen diese Beschreibungen mit der Lage und der
Eigenschaft des seit dem in die Stadt gezogenen Klapperfeldes
vollkommen überein. Denn ausserdem, dass solches noch jetzt
als eine fränkische Erde oder Grundstück des alten fränkischen
Staates vom Reiche zu Lehen geht, (S. die frankf. Privil.

— 1657. (17. Juni 1658 solut.) Wegen der zu München empfangenen
Lehen das Klapperfeld betreffend vor Lehentaxe zalt 26 fl. 18 ♩. — It.
Herrn Dr. Wolfang Mühlamern zu München wegen empfangenen Lehens und
geleisteten Pflichten 15 f.

— 1697. verkauft der Rath ein Stück Klapperfeld um 2500 fl. an
Herrn Dr. Conrad Hieronymus Eberhard (? genannt Schwind).

— und das übrige ganze Klapperfeld an Herrn Heinrich von Barckhausen vmb 2100 fl.

— den Ackergerichtsgeschworen, das Klapperfeld vnd den Garten
daselbst, wie auch die Bornheimer Heyd zu überschlagen 15 fl. F.

Vgl. Frankenstein. de 1775. pag. 18. Die Kaiserlichen Zinsen vom
Klapperfeld betreffend.

S. 437. 440. 444. 464. 465. und 523.)[30]), so ist auch besagter Platz noch heutiges Tages der einzige, welcher in der ehemaligen Vorstadt den Namen eines Feldes behalten hat. Warum aber der alte Wahlort das Klapperfeld genannt wurde, ist eine Frage, die ich nirgendswo erörtert fand. Ehe ich hierüber meine Meinung äussere, muss ich vorher bemerken, was Wachter in seinem Glossarium der deutschen Sprache dem Worte Klapf für einen Sinn beilegt. Er sagt von demselben, dass es einen Schlag, oder auch den Laut, der von dem Schlage herrührt, bedeute. Daher das veraltete Wort Donnerklapf für Donnerschlag. Auf eine ähnliche Weise übersetzt er auch das Zeitwort Klappen oder Klapfen mit Sonum edere pulsu, vel simili motu, und mit Händen Klapfen, plodere manibus. Wenn nun das auf dem Wahlfelde versammelte Volk die Wahl seines neuen Königs erfuhr, gab es durch ein freudiges Zurufen und Händeklapfen oder Klatschen den Wahlfürsten seinen Beifall zu erkennen, den die Vornehmern durch das Aneinanderschlagen ihrer Schilder zu verstehen gaben. Daher mag es auch gekommen sein, dass man den Wahlort von solchem Getöse oder Klapfen, und weil er ein freies Feld war, das Klapferfeld nannte. Die nach dem Klapferfeld ziehende Stelzengasse hat in alten Zeiten die Klapfergasse geheissen, und soll nicht auch die Klapfergasse in Sachsenhausen dem Wahlorte Friedrichs des Schönen von

---

[30]) Die von Wallbronn werden 1620 mit dem Klapperfelde von Kaiser Ferdinand belehnt. Priv. II. edit. pag. 435.

Der Landgraf von Hessen Ludwig Ib. II. p. 435.

Vergleich zwischen dem Landgrafen von Hessen Darmstadt und dem Rath mit der Kaiserl. Confirmation hierüber Ib. p. 440.

Lehenbriefe über das Klapperfeld de 1627. 38. 58. 59. 1715. Ib. p. 441—523 Act. res. pag. 3. *Ohlenschlagers* Staatsgeschichte p. 83.

Fr. N. Bllt. de 1788. No. 67. Die auf dem Klapperfelde gelegenen Häuser und Gärten, worunter ein Stück vom Klapperfelde ad 2²/₃ Morgen 11¹/₄ Ruthen und darauf befindliche Behausung ein *erbliches Afterlehen* ist und weshalb bei Einem EE. Rath nachgesucht werden muss bei jedesmaliger Veräusserung oder Sterbfall respec. die Lehensherrliche Erlaubniss oder Muthung, welches auch schuldigermassen itzo geschehen, und der Lehensherrliche Consens per ven. conclusum Senat. de 5 huj. erfolgt ist.

Oesterreich ihren Namen zu verdanken haben, der im J. 1313
gegen Ludwig den Baier in Sachsenhausen erwählt wurde?[31]

In unsern Tagen wird unter dem Klapperfeld diejenige
Gegend verstanden, welche zwischen der Stadtmauer, der Kreutzgasse, der Stelzengasse und der Hammelsgasse gelegen ist, die
aber in älteren Zeiten von einem weit grösseren Umfang war,
und sich gegen Osten über die Kreutzgasse, oder wenigstens
über einen Theil derselben, und gegen Süden und Westen bis
zu nächst der Allerheiligen- und Friedbergergasse erstreckte,
wie man aus verschiedenen alten Kaufbriefen ersieht.[32] Sonst
ist das heutige Klapperfeld grösstentheils noch unverbauet, und
besteht meistens aus Gärten. Dies ist auch die Ursache, warum
die um den Rechneigarten und den Lazarethgarten laufende
Gassen bisher namenlos geblieben sind.

Häuser und Gärten
in der Mitte des Klapperfeldes.

Der Rechneigarten.

Der Lazarethgarten. Dieser liegt nördlich, jener südlich.
Beide machen ein längliches Quadrat, und sind mit einer Mauer
umgeben. Im siebenjährigen Kriege dienten diese Gärten den
Franzosen zu einem Holzmagazin, bis sie 1763 wieder ab-
zogen.

Lit. B. No. 217. Das Garnisons-Lazareth, welches auf dem
Ecke des Lazarethgartens gegen dem Armenhause über steht.
In der Chronik II. Th. II. Bd. S. 53 wird dessen beim J. 1688
gedacht, dasselbe wurde 1784 durch einen neuen Bau ver-
grössert.

---

[31] Ludwig der Baier war der letzte, der auf dem alten Wahlplatze
vor der Stadt erwählt worden im Jahr 1313.

[32] Es wird 1627 eines Zinses, der Stadt gehörig, von einem Hause
hinter der Schlimmenmauer und der neuen (modo kleinen) Eschenheimer
Gasse erwähnt, als zum Klapperfeld gehörig. Sollte in den ältesten Zeiten
das Klapperfeld sich bis dahin ausgedehnt haben? F.

Häuser und Gärten

gegen der Mauer der vorigen Gärten über.

I.

Zwischen der Kreutzgasse und der Stelzengasse.

Der grosse Spitalgarten, welcher bei der Kreutzgasse ein vorstehendes Eck macht. 17.. führte der hessendarmstädtische Posthalter Herr Klees mit Bewilligung des h. Geisthospitals den langen Bau auf, der blos aus Ställen und einem grossen Heuboden besteht.

Lit. B. No. 21. Gehört zum Porzellanhofe in der Stelzengasse.

II.

Zwischen der Stelzengasse und der Hammelsgasse.

Lit. B. No. 218. B. Das Haus beim Eingange der Stelzengasse, worinn sich seit kurzen Jahren die sogenannte Musterschule befindet.

Der Garten neben dem vorigen Hause, den ehemals die Gansen von Wallbrunn, eine im J. 1582 hier erloschene Familie,[33]) vom Kaiser und Reiche zum Lehen trugen. Als Johann Gans von Wallbrunn dieses Stück Feld im J. 1501 verbauen wollte, liess es der Rath nicht zu, worauf die Familie mit Einwilligung des Kaisers das Lehen dem Landgrafen Ludwig von Hessen-Darmstadt überliess. Als dieser nachmals auch einen grossen Bau darauf setzen wollte, lehnte der Rath aus wichtigen Ursachen dieses Vorhaben ab, und verglich sich endlich mit demselben, dass er ihm gegen dieses Stück Feld das Overbeck'sche Haus auf der Zeile überliess, welches zuvor Claus Bromm gehörte. Dieser Tausch wurde 1626 am 12. Sept. vom Kaiser Ferdinand bestätiget, Chr. II. 205. und der Rath empfing nachmals von

---

[33]) Die Erlöschungs-Nachricht ist irrig. Die Gansen von Walbrunn waren nie hier sesshaft, sondern in der obern Grafschaft Katzenellnbogen und ihr Geschlecht blüht noch. F.

diesem und den folgenden Kaisern das Lehen. Im Jahr 1697 oder 98 verkief das Rechneiamt dieses Lehen um 5500 fl. Theils an den Doctor medicinae Conrad Hieronymus Eberhard genannt Schwind, Theils an Henrich und Johann von Barckhausen, als ein Eigenthum, welche letztere ihren Antheil a. 1699 am 21. Juli wieder an den Stadtschlosser Johann Luther um 2600 fl. verkiefen. Nach dessen Ableben kam er im J. 1700 käuflich an Peter Campoing Bürger und Handelsmann um 3035 fl. und der Rath gab ihm am 6. Juli g. J. einen Lehenbrief, worinn der Gehalt des Feldes zu 4 Morgen und ohngefähr 22 Ruthen angegeben wird, und dass ihm erlaubt sei, das Feld mit einer Mauer zu umfassen, auch einige Gebäude zu seiner Bequemlichkeit darauf zu setzen. Dem Lehenbriefe wurden noch folgende Bedingnisse einverleibt:

1) Dass solches Lehen bei sich ereignenden Sterbfällen nicht getheilt werde, und im Falle, wo mehrere Erben dasselbe unzertheilt besitzen und geniessen wollen, sollte doch nur einer von ihnen der Lehenträger sein, und solches benutzen. Dieser sollte auch dafür stehen, dass es im wesentlichen Baue und Besserung erhalten werde, und nicht in Abgang gerathen möge.

2) Wenn aber gedachtem Campoing oder dessen Erben gelegen wäre, sich der Ueberbesserung zu begeben, und solche zu veräussern, so sollten sie es dem Rathe anzeigen, um solche um den Preis, was ein anderer dafür geben will, anzunehmen oder aber den Käufer auf die eben verglichenen Bedingnisse zu erkennen, zu belehnen und zu investiren.

3) Soll dieses Afterlehen, so oft der Inhaber mit Tode abgehen wird, jedesmal in der gewöhnlichen Jahresfrist gebührlich vom Rathe wieder zu Afterlehen empfangen werden und soll für den neuen Lehenbrief und alles übrige mehr nicht als 1 fl. bezahlt, auch dieser Tax auf keinerlei Weise erhöhet werden.

4) Dafern aber gedachte Erben und Nachfolger in dem Empfange des Lehens saumselig würden, sollte dieses keine Caducität nach sich ziehen, noch ihnen sonst zum Nachtheile gereichen; es wäre dann, dass sie dreimal vom Rathe schriftlich, und zwar mit der Beobachtung einer jedesmaligen Zwischenzeit von wenigstens 4 Wochen, hierzu ermahnt worden.

5) Wenn über kurz oder lang gedachtes Stück Land in
Ansprache genommen, oder andere Beschwerden, als hierüber
ausgedrückt, darauf gelegt werden sollten, versprechen Bürgermeister und Rath für sich und ihre Nachkommen, die gebüh-
rende Wehrschaft zu leisten, und alle Beschwerden über sich
zu nehmen, und zu vertreten, oder aber, da dieses unmöglich
wäre, dem Inhaber des Lehens die Summe von 3025 fl. sammt
allen Ueberbesserungskosten und Schaden ohne Widerrede sogleich zu gestatten. Ex lit. subinfeudat. et actis inter cives et
Magistr. sub init. Saec. XVIII.

In der Mitte des Gartens ist noch ein altes Stück Mauer
zu sehen, bei welcher der Sage nach das Lehen seinen Anfang
nehmen soll; was ich aber aus guten Ursachen nicht glauben
kann. Dem Garten wurde mehrmal der Name von denjenigen
beigelegt, die Wein darinn zapften. Auf solche Weise hiess er
1760 der Richter'sche, nachdem der Noll'sche und endlich der
Glattbach'sche Garten.

Gebäude auf dem alten Wahlfelde.

Es war nicht zu hoffen, dass der Himmel die Wahlen im
freien Felde jedesmal durch angenehme Witterung begünstigen
werde, man kann demnach wohl vermuthen, dass sich Gebäude
in der Gegend befanden, welche die Wahlfürsten und den neu-
gewählten Monarchen gegen brennende Sonnenhitze, gegen
Regen und strenge Kälte in Schutz nahmen. Burgundus sagt
in seinen vom Wahlfelde gegebenen Nachrichten: Auf diesem
Platze stand das alte königliche Gebäude (vetus Regia), in
welchem sich die Kurfürsten zur Wahl versammelten, und
welches sie dem neu gewählten Kaiser (so lange er noch hier
blieb) zur Wohnung überliessen. Burgundus Hist. Bavar. sub
Lud. IV. Imp. p. 10. Vielleicht ist das alte Stück Mauer auf
dem vorher gemeldeten Lehen noch ein Ueberbleibsel dieses
königlichen Gebäudes, das vielleicht der grosse Römer hiess,
weil sich nah dabei der *kleine Römer* befand. Vermuthlich
waren diese Gebäude auch der Aufenthalts-Ort der Könige,
wenn sie Frankfurt, nach der damaligen Art zu reden, belagerten,

d. h. wann sie sich nach dem alten Herkommen 6 Wochen und
3 Tage mit ihrem Heere vor der Stadt lagerten, ehe ihnen die
Thoren geöffnet wurden. [34])

Garten vom goldnen Schwanen auf der Friedbergergasse,
welcher dem deutschen Orden gehörte. Er ist das Eck gegen
dem Garnisons-Lazareth über, und hat das Pestilenzhaus an der
Seite stehen.

III.

Wider der Stadtmauer.

Lit. B. No. 218. A.   Das *Armen- und Waisenhaus*. Vorher
kleiner Römer; das Pestilenzhaus, das englische Haus. [35]) Es
steht zum Theil in der Hammelsgasse, und ist daselbst das Eck
an einem geschlossenen Gässchen. Die Geschichte dieses Hauses
ist in der Chronik mit der Geschichte des gegenüber stehenden
Pestilenzhauses so irrig verwebt, dass man Mühe hat, das Wahre
von dem, was falsch ist, zu unterscheiden.

---

[34]) Diese ganze Vermuthung ist ohne allen historischen Grund. F.

[35]) O. U. 1490. f. 6a pt. vincula Petri verkauft Ambrosius v. Glauburg eine Gülte auf dem H. und Gesesse und Garten genant der *Cleine
Römer* uff dem Clapperfeld, neben Clasen Schyder dem alden, stosst hinten
an die Tewtschen Herrn.

O. U. 1491. heisst dasselbe Haus in Urkunden *der alte Römer*
genannt und Ambros Glauburger als Besitzer.

Stdt-Rehnbch. de 1492. It. umb 212 fl. von Ambrosio von Glauburg
die Husungen und ein Garten daran genannt zum cleynen Römer by dem
Klapperfelde gelegen, als er die Clasen Schyder darumb verkauft gehabt,
für eyn Pestelencia Huss, nachdem iss von den Luten gelegen were (i. e.
von der Stadt entfernt läge).

Bed R. von 1509. „Das Pestilenz Hus in der Klappergass."

Lt. Stdt.-Rchg. de 1518 wurde bereits 1516 beschlossen, da die Noth-
durft es erfordere, ein neues Pestilenzhuss zu erbauen und desshalb den
Baumeistern 1000 fl. geliehen werden sollten, und heuer dieser Bawe damit
uffgeführt.

O. U. 1528. 2 Garten aneinander gegen dem Pestilenzhaus und
Conradt Schyder sel. Wttwb. Garten über gelegen.

Um dem Fehler abzuhelfen, sah ich mich genöthigt, manche
Nachrichten dem einen Hause zu entziehen, und sie dem andern
zuzueignen; und nur auf solche Weise konnte die Geschichte
der beiden Häuser so ziemlich in Ordnung gebracht werden.
Nun zur Sache selbst. Im J. 1492 verkief Ambrosius von
Glauburg an den Rath die Behausung und Garten zum kleinen

— 1559. ein Garten im Klapperfeld sammt einem Haus darinn neben
N. einer- und dem neuen Pestilenzhuss anderseits gelegen, stosst hinten
uff unser Stadtmauer.

Stdt.-Rchnb. de 1622 den Brunnen im Pestilenzhaus zu fegen 2 fl.

— Auch wurden Kreutzerstücke im Pestilenzhaus gemünzt und desshalb darin gebaut.

— 1625. N. N. Weisbendern zalt man von kl. Gemachen in dem
grossen Pestilenzhause uffm Klapperfeld, so durch das Correspondenz-
Münzwesen verwüstet worden, zu weisen und zu renoviren 12 fl.

Dass sich wirklich 2 Pestilenz-Häuser hier befanden ist aus dem
Rathsschlusse de 1625 zu entnehmen, welcher bei damaliger Pestzeit ver-
ordnete, dass das grosse Pestilenzhaus zu säubern und zu eröffnen sei.
Frf. Chr. I, II, 57. und II, 56.

1495 wurde das Pestilenzhaus am Klapperfelde vom Rath erbaut,
und 1669 wieder renovirt. M. S. P. Cunibert. p. 118.

1669 wurde das neue Pestilenzhaus an dem Klapperfelde aufgerichtet.
Ibid. p. 186.

Als im Jahr 1496 die Blattern allhier sehr stark regierten, liess der
Rath am S. Lorenzentage ein Gutachten der Aerzte verkündigen und an
der Fahrporte anschlagen, worin das Volk ermahnt wurde, die Kranken von
sich abzusondern. Er befahl zugleich dem Spitalmeister, die Bettstatten
in dem Pestilenzhaus zur Aufnahme der Blatterkranken zuzurichten; daher
dasselbe auch das *Blatterhaus* genannt wurde. F. Chr. II, II, 36 und 56.

Und diese Benennung erhielte sich lange Zeit, massen in der Chronik
Lersners I, 524 erzählet wird, das Wetter habe 1586 am 19. August Nach-
mittags nach 1 Uhr in dem Speicher auf dem Klapperfelde, das *Blatterhaus* genannt, eingeschlagen und sei das Feuer bald gedämpft worden.
Weil sich im Jahr 1666 die Pest wieder geäussert hatte, befahl der Rath
im J. 1668 den Pflegern des Hospitals zum heil. Geist, das alte Pestilenzhaus niederreissen zu lassen und an dessen Stelle ein neues und viel
grösseres aufzubauen. Der Rath lieferte hierzu alle Materialien; das Hospital aber übernahm die Baukosten und so wurde am 4. März 1669 von
den Hospitalpflegern der erste Grundstein gelegt, in welchen die Namen
der Pfleger und 2 Flaschen mit rothem und weissem Wein sammt einer

Römer in der neuen Stadt bei dem Klapperfelde gelegen. S. von Olenschlager Erläuter. der G. B. S. 19. (5). Diese werden in einer andern gleichzeitigen Urkunde des Raths auf die deutschen Herren stossend beschrieben, die auch noch wirklich durch das Haus zum guldnen Schwan ihre Nachbarn sind. Weil Burgundus l. c. sagt, dass ein altes königliches Gebäude auf dem Wahlfelde gestanden, darinn die Kurfürsten die Königswahlen vorgenommen, so hielt H. von Olenschlager am a. O. das vorgedachte Haus zum kleinen Römer für das von Burgundus angezeigte Gebäude, und nannte es die Königliche Burg. [36]) Der Rath bestimmte dieses Gebäude zu einem Pestilenzhause, und Elisabeth von Heringen vermachte demselben 30 fl., wie aus ihrem Testamente von 1502 zu ersehen ist. Im J. 1515 wurde

---

silbernen und goldnen Münze gesetzt wurden. 1670 wurden die Wappen der Pfleger, so damals solche waren, in Stein gehauen, in der untersten grossen Stube eingemauert, und mitten in einem Kranze liesst man folgende Schrift:

D. O. M. S.

Huic scripti Curatores suadente Senatu sumptibus haud modicis hanc posuere domum perfugium miseris, sera quos contagio laesit heic Medicus via, quo relevaret ope. Da Deus, haec nunquam pertentet limina tristis lethalisque lues! exulet omne malum. Frf. Chr. I, II, 58.

Man nannte den neuen Bau das Lazareth-Haus oder das Lazareth, weil vorher schon die kranken Soldaten darinn waren aufgenommen worden. Und als 1638 viele Personen im Armenhaus mit der Ruhr behaftet waren, wurde beschlossen, die noch gesunden in das gegenüberstehende Lazareth zu bringen. Da nachmals im Jahr 1691 die Krankheiten im Armenhaus abermals sehr zunahmen, fasste man die Entschliessung, das Lazareth künftig zum Behuf der Kranken im Armenhause zu gebrauchen, und übertrug den Deputirten der 3 Aemter die Aufrichtung eines neuen Lazareths. Frf. Chr. II, II, 53. Um diese Zeit ist wahrscheinlich der geschlossene Gang über der Strasse, zwischen dem Armen- und Pestilenzhaus oder Lazareth erbauet.

[36]) Die ganze Olenschlagerische Hypothese gründet sich auf dessen Vermuthung, dass der Römer, das jetzige Rathhaus, der alte Palast Karls des Grossen gewesen und dass die Erinnerung davon sich durch das ganze Mittelalter fortgepflanzt habe, — eine Hypothese, deren Ungrund schon anderwärts von mir erwiesen wurde. F.

VI. 4

der Anfang mit einem neuen Gebäude gemacht, und im folgenden Jahre wurde dasselbe vollendet. Eine Schrift, die sich noch
im Anfange des letzt abgewichenen Jahrhunderts über der
Thüre des Armenhauses befand, bezeugte dieses. Sie lautete:
Benedictum sit nomen DNI. NRI IHESU XSt. Anno MDXVI.
completum est hoc opus.

Als Maria Königin von England im J. 1553 den Thron
bestieg, und die katholische Religion, die unter ihrem Bruder
Eduard VI. aufgehört hatte, wieder einführte, sahen sich viele
Engländer genöthigt das Reich zu verlassen. Ein Theil von
ihnen begab sich nach Frankfurt, und da ihnen der Magistrat
nicht allein den Schutz bewilligte, sondern auch ihnen noch
sein Haus auf dem Klapperfeld übergab, so vergrösserten sie
dasselbe durch neue Gebäude, und es war von der Zeit an ihr
Gewerbhaus, das daher den Namen des englischen Hauses erhielt. Da aber die Königin Maria 1558 starb, und ihre Nach-
folgerin Elisabeth statt der katholischen Religion die reformirte
in ganz England einführte, kehrten die meisten Ausgewanderten
im folgenden Jahre wieder zurück, und überliessen das Haus
der Stadt. Frf. Chr. 1. Th. II. Bd. S. 57 und im II. Th. II. Bd.
S. 56. Müller Beschr. von Frf. S. 224. Worauf das Hospital-
amt Besitz davon nahm, und es zu seinem Nutzen verwendete.
Am 27. Oct. 1647 wurde bei Rathe beschlossen, das englische
Haus zu einem Armen-, Waisen- und Arbeitshause einzurichten;
es wurde aber erst 1675 der Anfang damit gemacht, [37]) und
nachdem Alles in gehörige Ordnung gebracht war, wurde das
Haus 1679 in der Herbstmesse zur Aufnahme der Armen und
Waisen eröffnet; daher es auch im J. 1779 zum erstenmal sein
hundertjähriges Jubelfest feierte. [38])

Zucht- oder Besserungshaus, welches zum Armenhause gehört, gegen dem Rechneigraben über steht, und um das Jahr 1740

---

[37]) 1675 wurde das Armenhaus zu erbauen angefangen. Mspt. Cunibert. p. 189. Lersner I, II, 57 und II, II, 53.

[38]) [Vgl. auch *Fr. Schäffer* Gesch. des Frankf. Waisenhauses von
seiner Entstehung im Jahr 1679 bis zum Bezug des neuen Waisenhauses
im J. 1829. Fr. 1842.]

erbauet wurde. Es ist inwendig zu lauter Gefängnissen eingerichtet, und das lüderliche Gesindel wurde darin zur Arbeit
angehalten.

Das *neue Zucht-* oder *Verbesserungshaus*, an dessen Stelle
sich vorher ein Garten befand. Seine Königliche Hoheit der
Grossherzog und Fürst Primas hielten die Vereinigung eines
Armen- und Waisenhauses mit einem Zuchthause für ganz un-
schicklich. Höchst dieselben beschlossen daher, eines von dem
andern ganz abzusondern, und liessen . . . .

[Der weitere Text fehlt.]

IV.

Zwischen der Stadtmauer und der Kreutzgasse.

Der Bleichgarten, welcher von dem Ecke der Kreutzgasse
bis hinten an die Stadtmauer läuft. Man pflegt die Gegend
an der Geispump zu nennen.

Geisbrunnen.

. Der von der Zeit an, als er eine hölzerne Pumpe erhielt,
gemeiniglich die Geispumpe genannt wurde.

Er befindet sich hinten bei der Stadtmauer zwischen dem
ebengedachten Bleichgarten und dem Eckgarten der Kreutzgasse.
Er scheint nicht alt zu sein und ist von gar wenigem Gebrauche.
Hinter diesem Brunnen bemerkt man an der Stadtmauer zu
beiden Seiten des Bogens eingemauerte Ringe, die vermuthen
lassen, dass ehemals ein Thor in dieser Gegend gewesen. [39])

---

39) *an der Geispumpe* ist die Gegend von Lit. B. No. 82 bis nach
dem abgetragenen Walle hin. Vgl. auch *Beyerbach* Frfrtr. Verordnungen I, 51.

Hammelsgasse.

Zwei Gassen waren im XIV. und XV. Jahrhundert unter
dem Namen der Bornheimergasse bekannt. Ihn trugen die
Breitegasse, wie ihre Beschreibung lehrt, und ein Theil der
Vilbelergasse, mit der nach dem Klapperfelde sich wendenden
Hammelsgasse. [40]) Der Beweis ist in folgenden Nachrichten zu
finden. Baldemar beschreibt die vicos impertransibiles oder
Stumpfengassen des obern Theils der neuen Stadt, und sagt:
„Fredeberger (gazze) latere orientali unus, ex opposito vici
opilionum". Er bemerkt auch noch, dass diese Stumpfegasse
ihren Lauf von Osten gegen Westen nehme, und dabei ein vicus
angularis sei. Er konnte hier die Vilbelergasse, wie sie jetzt
beschaffen ist, nicht verstanden haben; weil diese kein vicus
angularis oder Winkelgasse ist, noch die Hammelsgasse für sich
allein; indem diese nicht auf die Friedbergergasse stösst. Ver-
binden wir aber die Hammelsgasse mit der westlichen, und der
Friedbergergasse zunächst gelegenen, Hälfte der Vilbelergasse,
so werden wir die Baldemar'sche Beschreibung ganz klar und
passend finden. Der beschriebene vicus hatte alsdann gegen
dem vicus Opilionum oder der Schäfergasse über seinen Eingang.
Er war durch den Winkel beim Essighause zugleich ein vicus
angularis, und nach den Begriffen des Baldemar auch ein vicus
impertransibilis oder Stumpfegasse; indem er sich hinten am
Klapperfelde, das damals noch aus blosen Aeckern und Gärten
bestand, und nah bei dem Zwinger endigte. Die Hammelsgasse
und ein Theil der Vilbelergasse mit einander verbunden führten
den Namen der *Bornheimergasse*. Es wird nicht schwer fallen,
auch dieses zu beweisen. Der goldne Schwan auf der Friedbergergasse wird in dem Vikariebuche von 1481 S. 63 noch als
ein Garten beschrieben: „in novo opido infra vicos Ridder
(Rieder) Bornheymer et Klappergasz ac murum opidi". Die

---

[40]) Lt. Stdt.-Almdbch. de 1688. Allment oben in der Hammelgassen —
zieht rechts bis auf den Grünauer-Hofgarten; zieht mit einem Hacken uff
die Altgasse.

Beschreibung steht unter der Rubrik: Fridbergergasz; es war also nöthig, dieser Gasse noch einmal zu gedenken, die übrigen dem Garten zunächst gelegenen Gassen aber waren die Rieder- oder die Allerheiligengasse, die Bornheimergasse, die nachmals ihren Namen ablegte, und sich eines Theils mit der Vilbeler- gasse vereinigte, andern Theils den Namen der Hammelsgasse annahm, und dann die Klappergasse, die heutiges Tags die Stelzengasse heisst. Endlich hatte der Garten, da er hinten auf das Klapperfeld stiess, die Stadtmauer gegen sich über stehen. Einen noch ältern Beweis für die Bornheimergasse liefert der Liber redituum des Baldemar von 1350. Die Stelle ist in der Beschreibung der Vilbelergasse nachzusehen. Weil ehe- mals die Gassen, welche nach den Feldpforten führten, von diesen auch ihre Benennungen erhielten, so erhielt auch diese Gasse den Namen der Bornheimergasse; weil man durch sie von der Friedbergergasse auf das Klapperfeld, und von da längst der Stadtmauer bis zur Bornheimerpforte kam, die sich gegen der Breitegasse über befand, und derselben ebenmässig ihren Namen mittheilte; die jedoch zum Unterschied die breite Bornheimergasse genannt wurde. Die späteren Zeiten entzogen der Gasse ihren alten Namen, und wählten die Hammelsgasse dafür. Sie zogen auch ihre Gränzen von der Friedbergergasse zurück, und betrachtet man die Hammelsgasse nach ihrer jetzigen Beschaffenheit, so nimmt sie bei dem Brunnen in der Vilbeler- gasse ihren Anfang, macht bei dem Essighause einen Winkel, und erreicht hinten beim Klapperfeld ihr Ende.

Häuser

I.

auf der Südseite.

Lit. C. No. 38. Neben dem Dielhof. [41])
Lit. C. No. 39. Ein Backhaus.
Lit. C. No. 40. *Hammelsgässerhof.* Ein Gasthaus.

---

[41]) C. 38 neben dem Dielhof am neuen Thor. Intellbl. von 1811 n. 102.

II.

Auf der Westseite.

Lit. C. No. 41.　Das Eck gegen dem Essighause über.
Lit. C. No. 42.
Lit. C. No. 43.
Lit. C. No. 41.

III.

Auf der Ostseite.

Lit. C. No. 45.　Das *Essighaus*, welches die ganze Seite bis an das geschlossene Gässchen beim Armenhause einnimmt. Es hat hinten in dem Zwinger neben dem Friedbergerthore einen Ausgang, und war vor Zeiten eine Essigsiederei, daher es auch noch das Essighaus genannt wird.

IV.

Auf der Nordseite.

Lit. C. No. 46.
Lit. C. No. 47.
Lit. C. No. 48.
Lit. C. No. 49.　Ein vorstehendes Eck.

Gässchen beim Armenhause.

Dieses Gässchen, welches bei seinem Eingange ziemlich breit ist, hat einer Seits das Armenhaus, anderer Seits das Essighaus neben sich stehen. Es stösst hinten auf den Zwinger, und ist durch den Bau des neuen Pesthauses im J. 1515 entstanden. Da es nun geschlossen ist, so hat auch kein Durchgang mehr Statt.

Vilbelergasse.

Die kurz vorher mitgetheilte Beschreibung der Hammelsgasse hat die Geschichte dieser Gasse zum Theile schon ent-
wickelt. [42]) Aus ihr werden wir überzeugt, dass die Vilbelergasse sich anfänglich nicht weiter, als von der Stadtmauer bis
zu dem gegen dem goldnen Pfau überstehenden Brunnen erstreckte, das Uebrige aber bis zur Friedbergergasse einen Theil
von der Bornheimergasse ausmachte. In der ersten Hälfte des
XV. Jahrhunderts nahm man dieser Gasse den Theil von dem
Brunnen bis zur Friedbergergasse wieder ab, und wandte ihn
der Vilbelergasse zu; daher auch in dem S. G. P. von 1443
ein Haus und Garten „in der nuwenstad by der wede in der
Vilbelergass" beschrieben werden. Die Wede befand sich auf
der Friedbergergasse beim Eingange der Vilbelergasse, [43]) und

---

[42]) O. U. 1438. Flecken- und Hofestatt in der Nuwenstatt in der
Vilveler Gassen.

S. G. P. 1451. Hof in der Vilbelergassen.

— 1460. H. in der Nuwenstadt an der Vilwilergassen.

Bed-Rolle de 1509. *Die Gärtner-Stube* uff der Vilbeler Gass. F.

Lt. Stdt.-Rchg. de 1534 wird die Wede by S. Peter bei einem Brande
erwähnt.

O. U. 1606. H. — uff der Filbeler Gassen neben dem *grünen Schilde*
einerseits etc.

Lt. Stdt.-Rchg de 1617. Die Behausung zu der alten Gärtnerstuben
genannt wird verkauft vom Rath als eingezogene Zunftstube.

[43]) Bürgerbuch 1372. Flecken in der nuwen stadt by der *nuwen
Wede* obwendig des biberbornes an Hermann Schotzen gelegin.

Zinsbuch de 1405. S. 30. „in novo oppido by der Wede an Frideberger Porten".

Wigelo ein Gärtner wohnte nach dem Zinsbuche de 1412 „by der
Wede, circa capellam Sancti Petri ad ortos".

Auch Zinsregister de 1428 sagt von Sypel Aldendorfer, einem Gärtner dass er wohne „in der nuwen Stad by der Wede an ffredeberger
Porten" und bestimmt die Wohnung eines andern Gärtners „by der Weede
in der ffredeberger Gazze."

S. P. 1481 die Wede by S. Peter in der Nuwenstad.

Nach diesen Zeugnissen zu urtheilen, befand sich die Weede in der
nördlichen Friedbergergasse nahe bei der Kapelle des h. Peter und wenn

das Haus mit dem Garten stand bei derselben; folglich in dem-
jenigen Theile der Vilbelergasse, der vorher zu der Bornheimergasse gehörte. Dass der Name der Vilbelergasse sehr alt sei,
und dass dieselbe eine Nachbarin der Bornheimergasse gewesen,
gibt die nachgesetzte Stelle aus dem Baldemar'schen Zinsbuche
von 1350 S. 13 zu erkennen: „Sex den. de Curia et habitacione
Conradi dicti kremer ortulani, sita in novo opido frank. superiore
parte vico dicto Velwilergazze latere meridionali prope murum
opidi propius vico dicto Burnheymergazze". Diese Beschreibung

wir den Belagerungsplan von 1552 zu Rath ziehen, so werden wir sie auch
gegen der Friedberger Gasse über im Eingange der Alten Gasse angemerkt
finden. Zu Bestrafung gewisser Verbrecher bediente man sich vor Zeiten
der Wipp- oder Schnelle-Galgen, womit die Schuldigen in die Höhe gezogen .
und dann in's Wasser geschnellt wurden. Ein solcher befand sich bei
dieser Weede, indem uns die Chron. II, 702 erzählt: 1604 d. 14. April
wird eine unzüchtige Dirne durch den Stöcker auf der neuen Schnell auf
der Friedberger Gasse in die Weede geschnellt.

Wann diese Weede wieder abgekommen, weiss ich nicht zu sagen;
sie wurde sonsten auch der *Pfuhl* genannt, wie folgende Stelle beweisst:
„iiij sol. Colon. — dat Hermann bart by dem Pule iuxta frydeberger Porten"
R. Cens. S. Leonardi Sec. XV. fol. 20.

Laut Stadtrechn. de 1562 kommt noch eine *Schnell mit Korp* (als
öffentliche Strafanstalt) bei St. Peters Weede vor.

In einer Stadt-Strassenordnung von 1675 heisst es: Vff der Friedeberger Gassen von dem Platz, da die Weeth bei der Peterskirche gewesen.
Beyerbach Verordnungen V, 1442.

Der *Röhrbrunnen* wurde 179. auf dem Platze errichtet, wo ehmals
die Weede gestanden.

S. G. P. 1397. H. by dem Pul, als man zum Friedberger Thor
uss geet.

— 1443. H. Schuer und Garten in der Nuwenstadt by der Wede
in der Vilbelergasse.

— 1449. H. by S. Peter by der Weede.

— 1452. H. by S. Peter gen der Wede über. So auch 1468.

— 1460. H. by S. Peter hinter der Wede.

G. Br. 1471. H. by S. Peter by der Wede.

S. G. P. 1477. H. bei Vilbilergassen by dem Pfule.

— 1480. H. by S. Peter in der Bibergasse in der Nuwenstadt,
obwendig der Wedt. F.

will so viel sagen, als dass das Haus auf der Südseite der Vilbelergasse nah bei der Stadtmauer, noch näher aber bei der
Bornheimergasse gelegen sei. Ich zweifle fast nicht daran, dass
an dem Orte, wo nun das Friedbergerthor steht, schon in den
ersten Zeiten eine kleine Pforte gestanden, die mit der Gasse
von dem nächstgelegenen Orte Vilbel den Namen erhalten hat.
Dass sich zwischen den grösseren Pforten zuweilen auch noch
kleinere, vielleicht nur zum Aus- und Eingehen, befanden, davon
gibt uns die Katzenpforte mit noch andern ein Beispiel.

Häuser auf der Südseite.

I.

Zwischen der Friedbergergasse und dem Brunnen bei der Hammelsgasse.

Das Eck. S. C. No. 32 auf der Friedbergergasse.
Lit. C. No. 33.
Lit. C. No. 34.
Lit. C. No. 35, *zum kleinen Braunfels.*
Thor und Hinterhaus von der Kanon oder den 3 schwedi-
schen Kronen.

II.

Zwischen dem Brunnen und dem Friedbergerthore.

Lit. C. No. 50. Das doppelte Eck hinter dem Brunnen bei
der Hammelsgasse.
Lit. C. No. 51.
Lit. C. No. 52.
Lit. C. No. 53.
Lit. C. No. 54.
Lit. C. No. 55.
Lit. C. No. 56.
Lit. C. No. 57.
Lit. C. No. 58.
Lit. C. No. 59. Das Eck am Friedbergerthore.

Häuser auf der Nordseite.

I.

Zwischen dem Friedbergerthore und der Elephantengasse.

Lit. C. No. 61. *Zitronenbaum.* Das Eck am Friedberger Thore. [43a] S. Frf. Intell.-Bl. von 1804 No. 27 und 106.

Lit. C. No. 62. Ein Backhaus.

Lit. C. No. 63.

Lit. C. No. 64.

Lit. C. No. 65. Zahlte auf Martini 45 kr. Grundzins an die Vikarie der h. Anna im S. Barthol. Stifte.

Lit. C. No. 66.

Lit. C. No. 67.

Lit. C. No. 68.

Lit. C. No. 69.

Lit. C. No. 70.

Lit. C. No. 71. Das Zollhaus.

Lit. C. No. 72. *Goldner Pfau,* ein Gasthaus. Dasselbe gab zur Vikarie S. Annae im Barthol. Stifte auf Martini 45 kr. Grundzins.

Lit. C. No. 73.

Lit. C. No. 74. *Zum Eisenhammer.* Das Eck an der Elephantengasse.

II.

Zwischen der Elephantengasse und der Altegasse.

Lit. C. No. 79. *Elephant.* Zum grossen Elephanten. Ein Gasthaus und das Eck an der Elephantengasse. Es war 1704 schon ein Gasthaus. S. Chr. I. 433. Am 22. Juni 1811 brach in dem Hause z. Elephanten eine grosse Feuersbrunst aus.

[43a] O. U. 1470. H. Hoff und Scheuer in der Nuwenstadt obewendig S. Peters Kirchen Porten by dem Friedeberger Torn (oder Thore) uff dem Ort, als man die Muren zu dem Clapperfelde hinder gee.

Lit. C. No. 80.

Lit. C. No. 81. *Im Treppchen.* Der Name kömmt in einem Intell.-Bl. von 1736 vor.

Lit. C. No. 82. Das Eck bei der Altegasse.

Brunnen

in der Vilbelergasse.

Laut der Chronik ist dieser Brunnen schon ziemlich alt; indem sie im II. Theile S. 8 sagt, er sei 1436 gesetzt worden. Des Borns in der Vilbelergasse wird auch in einem Insatzbriefe von 1447 gedacht. Sein Standort ist vor dem doppelten Ecke Lit. C. No. 50 nächst beim Eingange der Hammelsgasse.

Zwinger beim Friedbergerthore

Ausgangs rechter Hand.

Vorn nächst beim Thore ist noch ein kleiner Theil des Zwingers offen, weil das Essighaus Lit C. No. 47 in der Hammelsgasse das Ausgangsrecht in denselben hat. Seine Tiefe wird sich nicht über .. Schritt mehr erstrecken, und er wäre wohl nun ganz geschlossen, wenn das Essighaus nicht diesen Ausgang hätte. Der übrige Theil hinter dem gedachten Hause bis an das Gässchen beim Armenhause ist geschlossen, und wird von der Rechnei gegen einen jährlichen Zins vermiethet.

Ausgangs linker Hand.

Lit. C. No. 60.

Elephantengasse.

Eine Stumpfegasse, die auf der nördlichen Seite der Vilbelergasse ihren Eingang hat, und den Namen von dem Eckhause zum Elephanten erhielt. Sie ist wahrscheinlich erst im XVI. Jahrhundert, und vielleicht noch später aus einem grossen inwendig mit Häusern besetzten Hofe entstanden, als dieser bei der Gasse geöffnet wurde. Dies war bei den neuern Stumpfegassen gemeiniglich der Fall.

Häuser gegen Osten.

Lit. C. No. 75.

Gegen Norden.

Lit. C. No. 76. Ein Hof, welcher die Gasse schliesst, und der vor 40 Jahren noch ein Zimmerplatz war.

Gegen Westen.

Lit. C. No. 77. Das Haus in der Ecke.
Lit. C. No. 78.
Das Eck. S. C. No. 79 in der Vilbelergasse.

Altegasse.

Dieser Name zeigt nun die Gegend von dem alten Friedbergerthore bis zur Vilbelergasse an. Sie machte ursprünglich einen Theil der Friedbergergasse aus; da aber bei der Anlage der neuen Festungswerke im J. 1628 das Friedbergerthor geschlossen wurde, und von der Zeit alles Fuhrwesen von diesem Theile der Friedbergergasse abgeschnitten war, so entstunden dadurch die Benennungen des alten Friedbergerthors und der alten Friedbergergasse, bis dieselbe zuletzt in die Altegasse abgekürzt wurde. [44])

Häuser auf der Ostseite.

I.

Zwischen der Vilbelergasse und dem Elephantengässchen.

Das Eck. S. C. 82 bei der Vilbelergasse.

Ein Hinterhaus von C. 81. in der eben gedachten Gasse, steht zwischen den zwei Eckhäusern.

Lit. C. No. 83. Das Eck am Elephantengässchen.

II.

Zwischen dem Elephantengässchen und dem zweiten Gässchen.

Lit. C. No. 85. Das Eck am Elephantengässchen, welches hinten auch noch ein vorstehendes Eck macht.

Lit. C. No. 86.

Lit. C. No. 87.

Lit. C. No. 88. Das Eck am zweiten Gässchen.

---

[44]) Bürgerbuch 1357. Zins gelegin uff der Strasse in der nuwen Stadt da man gein Friedeberg uff uz vorit uff einer Hovestadt, die ist gelegin an Henn Erlbachir an dem Orte zuschen Vilviler Strasse und Friedeberger.

Beedbuch 1365. It. Agnes Heintze Snyders frauwe in Heylmann Lynunges Hoffe (nota directorii worinn die Friberger Gasse).

— It. Kontzechin Palmestörffers Ramhof (in demselben Directorio). [Vgl. auch Note 73.]

Lt. Stdtrchg. de 1660 war eine Giesshütte eines Glockengiesers vnder der alten Friedberger Pforte gegen Zins an den Rath.

O. U. 1664. Eckbehausung uff der *neuen* Friedbergergasse.

Lt. Stdt.-Allmdbch. de 1688. Allment uff der Altengasse, — zieht hinten nach dem Essighaus uff ein Zwerchallment.

— Fr. Chron. II, 805. (795.) ad 1715. Brand betr.

Ao. 1812 wurde der Thurm auf der alten Gasse abgebrochen. It. Nchrbltt. No. 38.

III.

Zwischen dem zweiten und dem dritten Gässchen.

Lit. C. No. 93. Das Eck am zweiten Gässchen.
Lit. C. No. 94.
Lit. C. No. 95.

IV.

Zwischen [dem dritten Gässchen] und dem *Zwinger*.

Lit. C. No. 89. Eingang rechter Hand.
Lit. C. No. 90 schliesst das Gässchen.
Lit. C. No. 91. Eingang linker Hand.
Lit. C. No. 92. Desgleichen.
Lit. C. No. 93. (Das Eck nach der Friedberger Pforte.)[45])

Auf der Nordseite.

Lit. C. No.   Die alte Friedberger Pforte. Unter der hoch-
fürstlichen Regierung wurde die alte Friedbergerpforte, welche
bisher geschlossen war, niedergerissen und weil die äussere
Gegend seit dem Festungsbaue sehr erhöht war, so konnte der
Ausgang nicht anders mehr, als durch einen aufsteigenden Weg
hergestellt werden.[46] [An deren Stelle sind die Häuser Lit. C.
No. 96—100 getreten.]

---

[45]) [Diese Angaben des Textes sind nicht richtig, die Häuser unter
III. und IV. scheinen zum Theil verwechselt.]

[46]) S. P. 1459. H. in der Nuwenstadt an der Friddeberger Porten an
dem Wenner (Wagner) gelegen.

— 1459. H. in der Nuwen Stadt an der Friedeberger Porten an
dem *Wenner* gelegen.

— 1461. Eckhuss by der Friedberger Porten by dem Borne über.

— 1472. H. by der Friedberger Porten by des *Rats Spicher* nbir.

Bed-R. von 1509 nennt das 2te Haus an der Ostseite von dem Friedberger Thore an zu rechnen „*Philips Schreken Hof*".

Lt. Stdtrehbch. de 1511 erkauft der Rat von Scheff Conrad Schiden
ein Haus neben des Rates Speicher by der Friedberger Pforte.

Lt. Stdt.-Allmdbch. de 1688. Allment am alten Friedbergerthor links,
hinten uff die Herren Scheuer.

Auf der Westseite.

I.

Zwischen dem Zwinger und dem ersten Sackgässchen.

Lit. C. No. 104. *Zum · alten Zoll.* [47]) Zum Zoll am alten Friedberger Thore bei dem Brunnen. Zinsbuch B. M. V. No. 131. Dann: „im alten Zoll auf der Friedberger Gasse". Reg. Cens. de 1636. fol. 63. [Hierbei war des Raths Speicher.] [48])

[Lit. C No. 105.]

[Lit. C. No. 106. *Wellenscheuer.*] [48a])

[Lit. C. No. 107.]

[Lit. C. No. 108.]

II.

Zwischen dem ersten und zweiten Stumpfgässchen.

[Lit. C. No. 116.]

III.

Zwischen dem zweiten und dritten Stumpf- oder Sackgässchen.

[Lit. C. No. 121—123.]

---

[47]) O. U. 1592. Haus sammt dessen Zugehörung, deren Grund und Boden nun dem Rath zuständig, in der Friedberger Gassen neben unserm des Raths Zollhaus gelegen stosst hinten uff unser des Raths Speicher.

— 1630. Behausung bei dem alten Friedberger Thor so vor diesem dieser *Statt Zollhaus* gewesen.

[48]) *Stdt.-Rchnbch. de 1482.* It. iiij ₰ hat bezahlt Wiegelhenne zu Zinse von dem Almende by sime Garten by des *Rades Spicher.*

— 1486. It. iiij ₰ — Wiegelhenne von einem flecken hinter sime Husse by *des Rats spicher.*

— 1489. (Habern uss dem Salchoffe uff des Rats spicher zu tragen.)

[48a]) Die sogenannte Wellenscheuer. Lit. C. No. 106 auf der alten Gasse gehört den Herren des Rathes.

Ein Haus auf der alten Gasse auf dem Stadt-Platz an der sogenannten Wellenscheuer. Fr. Nchr. de 1804. No. 4.

IV.

Zwischen dem dritten und vierten Stumpfgässchen.

[Lit. C. No. 129—137.]

V.

Zwischen der Petersgasse und der Schäfergasse.

[Lit. C. No. 145.]

Häuser ungewisser Lage. [49)

Domus Klingeler.

¹/₂ marca de habitatione sita in novo oppido — Clingeler de area 1 jugerum continente et aedificiis supra positis, contiguis propius vicus (vico) fredeberger gazze, modo ibi aedificata est nova capella. Lib. Cęns. de 1423. fol. 13.“ Im Zinsbuche von 1428 wird am Rande noch beigesetzt: „retro ecclesiam S. Petri“.

Haus *Schieferstein*, auf der alten Friedberger Gasse, dem Hospital gehörig. Fr. Nachr.-Blatt de 1749.

Neben-Gässchen von der Altengasse.

A. auf der Ostseite.

Elephanten-Gässchen.

Eine kleine Stumpfgasse auf der östlichen Seite der Altengasse, und die nächste der Vilbelergasse. Weil ein oder das andere Haus dieses Gässchens eine Gemeinschaft mit der hinten vorbeiziehenden Elephantengasse hat, so hat dieses wahrscheinlich die Gelegenheit gegeben, dasselbe das Elephantengässchen

---

[49) „Kathedra Petri iij solid. den. de dimidia curia et habitatione, sitis latere occidentali prope portam fredeberger Gasze, prope fontem et est acialis versus portam parvi vici.“ R. Cens. de 1452. fol. 54.

zu nennen. Von diesen und den folgenden 5 Sackgässchen hat
Baldemar gar keine Erwähnung gethan, sie scheinen also allererst
sich in spätern Zeiten aus Höfen gebildet zu haben.

Häuser.

Lit. C. No. 84 auf der Altegasse im kl. Elephanten-Gässchen. S. Fr. Nachrichts-Bltt. de 1800 No. 24 Beilage.

B. auf der Westseite.

Das erste Stumpfgässchen

bei der alten Friedberger Pforte [jetzt Sturzmahnengässchen]. [50]

Häuser.

[Lit. C. No. 109—115.]

Das zweite Stumpfgässchen

[jetzt Brunnengässchen].

Häuser.

[Lit. C. No. 117—120].

Das dritte Stumpfgässchen

[jetzt Bleichgartengässchen].

[Lit. C. No. 124—128].

---

[50] *Mohrengässchen.* „Auf der Altengasse im Mohrengässchen das Hs. des verst. Gärtners Mohr verkauft worden". Fr. N. Bltt. de 1756 No. 49 et. 50.

Das vierte Stumpfgässchen

ohnweit der Peterskirche.

[Petersgasse, [51]) auch Bienengasse, [52]) jetzt hinter der Peterskirche.] [53])

Häuser.

[Lit. C. No. 133—144.]

Friedbergergasse.

Die ältesten Gültbriefe und Zinsbücher belegten die Strassen
von der alten Friedbergerpforte bis zur Bornheimerpforte mit
dem Namen der Friedbergergasse, und mit ihnen stimmt auch
die Baldemar'sche Beschreibung von 1350 überein. Aber die

---

[51]) In dem Zinsregister der Allerheiligenkirche de 1475 und folg.
Jahre wird der Peters-Gasse folgendermaassen gedacht:

„Gelenhenn uff dem Knoblochshoffe gesessen und wonet darnach in
S. Peters Gassen 1480 etc."

Ob nun dazumalen durch die Petersgasse die ganze Schäfergasse
oder nur ihre hintere Gegend bei der Peterskirche zu verstehen war, oder
ob vielleicht diese Benennung dem auf der Alten-Gasse ohnfern dem Peterskirchhofe ziehenden Sackgässchen zukam, muss wegen Mangel weiterer
Nachrichten unbestimmt bleiben.

Brand im J. 1485. Fr. Chron. I, 539.

Brand hinter der Peterskirch Abends nach 9 Uhr im Gässchen den
28. May 1805.

[52]) Manusc. XVII. Sec. Der *Biengarten* sind 6 Häuser auf der Friedbergergasse.

[53]) *Haberbreygässchen* Frf. Nchr.-Bltt. de 1781. No. 55 im Anhang
wo es heisst: H. auf der alten Friedbergergasse hinten auf das Haberbreygässchen stossend und zwischen der Wittwe Bokinn und Büchnerinn gelegen, und weiland Anna Marg. Bauerinn vormal. Dielin gewesene Buch
gehörig. [Welchem der 4 Gässchen kam dieser Name zu?]

Anlage regulärer Festungswerke im XVII. Jahrhundert machte die Schliessung der Friedbergerpforte nothwendig, wodurch die sonst häufigen Durchzüge von Menschen und Fuhrwesen eine andere Richtung erhielten und der nördliche Theil der Friedbergergasse in eine abgelegene und weniger gangbare Gegend umgeschaffen wurde. Solche Veränderungen brachten ihr den Namen der alten Friedbergergasse zuwegen, aus dem zuletzt durch eine Abkürzung die Altegasse entstand. Die Gegend zwischen dieser und der Zeile macht demnach die heutige Friedbergergasse allein aus. Mit ihrem Namen hatte es die nämliche Bewandtniss wie mit dem Namen der übrigen Strassen, so den Feldpforten am nächsten gelegen sind.

Häuser auf der Ostseite.

I.

Zwischen der Stelzengasse und dem Eberhardsgässchen.

Lit. C. No. 1. *Kastenmeister*, auch *grosser Kastenmeister*. Das Eck an der Stelzengasse, vormals am Tanzplan.[54] Das Haus muss in ältern Zeiten von einem weit grössern Umfange gewesen sein; indem es in dem Zinsbuche von 1452 Curia (ein Hof) und in dem Zinsregister der Antoniter zu Höchst vom XV. Jahrh. zum grossen Kastenmeister genannt wird. S. Ullner bei der Zeile.

„Hus Kastenmeister fur der bornheimer porten". S. G. P. von 1470.

Lit. C. No. 2. [Kleiner Rahmhof?]

Lit. C. No. 3.

Lit. C. No. 4. Eine Schmiede,

Lit. C. No. 5.

Lit. C. No. 6.

---

[54] Beedbuch 1463. It. Hus zum kleinen Kastenmeister: (eines dazwischen, dann) It. das Hus zum Kastenmeister, (als das letzte in der Vilbelergasse).

Lit. C. No. 7.   Eine Schmiede. [55])

Lit. C. No. 8.   *Gelber Hirsch,* ein Gasthaus, daran vor 60 Jahren noch eine Reihe alter Schilder hing. Bei der Beschiessung der Stadt durch die Franzosen im J. 1796 gerieth der Hinterbau in Brand, wodurch viele in denselben geflüchteten Geräthschaften ein Raub der Flammen wurden. [56])

Lit. C. No. 9.   [Gärtner Zunftstube? Vgl. Not. 42].

Lit. C. No. 10. |Mit dem Textor'schen Wappen über der Thüre.]

Lit. C. No. 11.   [Textor'sches Haus.] [57])

Lit. C. No. 12.   Dieses und das folgende Haus wurden mit einander vereinigt.

Lit. C. No. 13.

Lit. C. No. 14.   Ein lutherisches Pfarrhaus. [58])

Lit. C. No. 15.

Lit. C. No. 16.   *Stadt Karlsruhe,* ein Gasthaus.

Lit. C. No. 17.   Das Eck am Eberhardsgässchen. [Vgl. S. 80.]

---

[55]) Lt. Stdt.-Rchg. de 1625 ein neues Schmiedrecht neben dem kleinen Hirsch auf der Friedberger Gassen vm 10 fl. vom Rath vergünstigt.

[56]) O. U. 1588. H. — uffm Dantzplan — stosst hinten uff den Garten der *Herberg zum Hirsch.*

O. U. 1597. Herberg zum Hirsch genannt, mit allen Ingebuen Garten etc. uff der Friedbergergassen neben der Behausung *zum kleinen Hirsch* und N. einer- und N. und der *Gärtner Zunfftstuben* anderseits etc.

[57]) [Vgl. über dieses Haus, das s. Z. der Stadtschultheiss Joh. Wolfgang Textor bewohnte und das von seinem grossen Enkel Goethe in Dichtung und Wahrheit so anschaulich beschrieben wird, den Aufsatz von Dr. theol. *Steitz* im Archiv für Fr. Gesch. Neue Folge II. 438. Die Häuser 11/13 bilden jetzt das Hôtel Drexel.]

[58]) [Das alte Pfarrhaus, mit seinem Hofe und Garten, existirt nicht mehr. An seiner Stelle und auf einem Theil der ehemals Textor'schen Behausung befindet sich jetzt der Eingang der kleinen Friedbergergasse und auf deren nördlicher Seite als Eckhaus ein neues nun auch mit Lit. C. No. 14 bezeichnetes Pfarrhaus, an welches sich dann ein zweites Pfarrhaus und ein anderes Haus mit den Nummern Lit. C. No. 14a und b anreihen.]

I.

Zwischen dem Eberhardsgässchen und der Bibergasse.

Lit. C. No. 20. Das Eck am Eberhardsgässchen und eine Schmiede. [59])

Lit. C. No. 21. *Goldner Schwan*, war 1704 [und früher] [60]) schon ein Gasthaus, s. Chr. I. 433, und gehörte dem deutschen Orden bis zu seiner Aufhebung im J. 18.. Sein Garten stösst hinten auf das Klapperfeld, und beträgt sammt dem Hofe und den Gebäulichkeiten drei Morgen, die 1481 noch aus blosen Gärten bestanden. In diesem Hause befindet sich schon seit langer Zeit die fahrende, vormals Kaiserliche Post, und wie aus einem Publicatum des deutschen Hauses vom 25. Mai 1745 in dem hiesigen Intelligenzblatte zu ersehen ist, sind dem Hofe 5 Huben (150 Morgen) 27 Morgen und 12 Viertel Ruthen Aecker, dann 34 Viertel Morgen Wiesen einverleibt, die alle vor der Stadt gelegen sind. [Das s. g. Schwanengut.] Der Hof wird auch im erwähnten Publicatum ein ganz Schatzungsfreies Gastwirthhaus genannt. 1782 erhielt dasselbe einen neuen Anstrich, und damals wurde ein vergoldeter Schwan in Lebensgrösse über das Thor gesetzt. [61])

---

[59]) O. U. 1600. Eckhaus — in der Friedbergergassen neben dem goldnen Schwan gelegen.

— 1624. Eckbehausung — uff der Friedberger Gassen neben der Herberge zum goldnen Schwan gelegen.

[60]) Lt. Stdt.-Rchg. de 1592 und 1594. Der Wirt zum goldnen Schwanen (zahlt Akzis).

[61]) O. U. 1293. de *horto* sito in campo *dutschenvelt* ante Bornheimer porten, quem tenet et possidet *Almarus*. [Cod. dipl. 278].

Im Jahr 1293, wo die Neustadt noch Garten und Ackerfeld war, hiess wahrscheinlich dieses dem deutschen Orden gehörige Feld das *Dutschenfeld*.

— 1433. H. mit Hofe, Garten, Scheuren und etc. gelegen in der nuwen Stadt in der Bifergassen zuschen der *deutschen Herrn Hofe* und Jung Blume.

„Sex sol. den. de tribus jugeribus ortorum Monasterii fratrum
Theutonicorum in Sassinhusin, sitis in novo opido superiore
parte infra vicos Ryder Burnheymer et Klapper gazzen, ac
murum opidi jam notati". L. V. B. Saec. XIV. Vic. I.

„vi ß den. de tribus jugeribus ortorum fratrum theutonicorum in Sassenhusen etc. L. V. de 1481. f. 63. Neben am
Rande des Buchs liest man:

„Est modo domus cum horto dicta zum gulden Schwan in
der Friedberger gassen 1560".

Libr. Cens. B. M. V. Saec. XVI. It. j marca iiij ß cedt.
Mp. de domo, horreo, curia et horto in der Bibergassen apud
curiam dominorum teuthonicorum *in dem Winkelhoff*, ex opposito domus, beneficium novum primissariae eiusdem sacelli.

Lit. C. No. 22. *Bieber*, ein Gasthaus und das Eck an der
Biebergasse. [62])

III.

Zwischen der Bibergasse und der Vilbelergasse.

Lit. C. No. 29. War das Eck an der Biebergasse, das zum
folgenden Hause gezogen, und mit ihm neu gebaut wurde.

Lit. C. No. 30. *Zur Kanone* Ein Gasthaus, welches vor
kurzen Jahren neu aufgebauet wurde, und nun durch das mit
ihm vereinigte Nebenhaus das Eck der Biebergasse ist.

Lit. C. No. 31.

Lit. C. No. 32. Das Eck an der Vilbelergasse.

— 1481. Hof und Garten mit zween nuwen Husern, darfur gelegen
in der Bibergassen zuschen der *Teutschenherrhof* und der Bleich und
stosse hinten uff daz Clapperfelt.

Lt. Std.-Allmendbuch de 1688 zwei Allemende uff der Friedberger
Gass in einem Nebengässlein bei dem Schwanen, gegeneinander über: dann
ein Allmend nächst dabei uff der Friedberger Gassen gleich am Bronnen,
und ein Allmend gleich gegenüber daselbst uff der Friedbergergasse.

L. C. B. M. V. Saec. XVI. Domus sita zwischen dem Biberborn
und der Wede bei S. Peter, lat. occid. quasi ex opposito curiae dominorum
teutonicorum.

[62]) Beedbuch 1460. It. das Hus mit dem Bewern, Contze Ackermann Juugen Son (in der Vilwilergassen).

Häuser auf der Westseite.

Lit. C. No. 185. Das Eck bei der Schäfergasse.

Lit. C. No. 186.

Lit. C. No. 187. Zwischen diesem und dem folgenden Hause ist eine kleine Almei.

Lit. C. No. 188.

Lit. C. No. 189.

Lit. C. No. 190. Dieses Haus steht hinter dem vorigen.

Lit. C. No. 191. *Reichsapfel.* Ein Gasthaus.

G. Br. 1436. 11. Hof und Schuer in der Nuwenstad *uf* der *bivergassen* ist nach Bemerkung auf der Urk. das Wirthshaus zum Reichsapfel; da dies der Biber- oder Bivergasse gegenüber liegt, so ist der Ausdruck *uf* hier und in andern gleichzeitigen Urkunden für gleichlautend mit in der Gegend oder gegenüber zu verstehen.

Lit. C. No. 192.

Lit. C. No. 193. Gab der Praesenz auf Jacobi 1 kr. 3. h. Grundzins.

Lit. C. No. 194.

Lit. C. No. 195.

Lit. C. No. 196. Ein Backhaus.

Lit. C. No. 197. *Stadt Kassel,* [63]) ein Gasthaus, das hinten auf die Schäfergasse stösst, und 1704 schon bekannt war. Chr I. 433. Am 14. Juni 1711 Morgens um 8 Uhr entstand hinten nach der Schäfergasse ein heftiger Brand, wodurch zwei Scheuern eingeäschert wurden. Chr. II. 784.

---

[63]) Stdtrchg. de 1592 und 1591. Der Wirt zur *Stadt Kassel.*

— 1596. Beckergerechtigkeit uff der Friedberger Gassen neben der Herberg zur Stadt Cassel, kostet 10 fl.

1636 fit accis Peter Aubin Gasthalter zur Stadt Cassel. Lt. Beyrbch.

O. U. 1596. II. — in der Schäffergassen — stosst hinten uff die *Stadt Cassel* und Philipp Schotten. (Der Verkäufer der Gülte war *Melchior de Fosse* Wirth zur *Stadt Cassel*.)

— 1622. Behausung und deren *Farbgerechtigkeit* uff der Schäffergassen neben N. einer- und der Herberge *Stadt Kassel* andererseits wie auch hinten gelegen.

Lit. C. No. 198.

Lit. C. No. 199. *Thiergarten*, ein Gasthaus, das hinten bis zur Schäfergasse reicht. Von ihm empfing die Praesenz auf Marie Geburt 1 fl. 15 kr. Grundzins. [64])

Lit. C. No. 200.

Lit. C. No. 201.

Lit. C. No. 202. *Zwei Schweitzer*, ein Gasthaus, das in der Chronik I. 433. beim J. 1704 schon vorkömmt. Es wurde 1798 neu gebaut. [65])

Lit. C. No. 203. *Kutscherhof*, der alte Kutscherhof, ein Gasthaus, was er 1704 schon war. Frf. Chr. l. c. Sein Gebäude wurde 1798 zu gleicher Zeit mit dem vorigen niedergerissen und wieder aufgebauet. [66])

Lit. C. No. 204.

Lit. C. No. 205.

Lit. C. No. 206. Ein Backhaus. [67])

Lit. C. No. 207.

Lit. C. No. 208.

Lit. C. No. 209. *Der fröhliche Mann*, ein Gasthaus, dessen schon 1569 in der Chronik II. 696, und beim folgenden Backhause 1667 gedacht wird. [68])

Lit. C. No. 210.

Lit. C. No. 211. Ein Backhaus, darinn 1667 am 17. Dec. durch Honigsieden ein Feuer ausbrach, welches in der Nachbarschaft, sonderlich am fröhlichen Mann, grossen Schaden anrich-

[64]) *Nuwestadt Friedebergergasse.* H. und Garten gelegen by dem *Bieferborn* uf der Siten gen Niedergang der Sonnen neben dem *Kalckhuse* zu dem Born zu (gibt Wicker Frosch der alte). Wfrkl. Z. B. von 1480.

Nuwestadt Friedebergergasse. H. und Hof genannt *zu dem Garten* gelegen hart an dem *Bieferborn* uf der Siten gen Niedergang der Sonnen. Ibid.

[65]) Nach Frfrt. Chron. I. 560 schon 1612 ein Gasthaus. Ibid. 203.

[66]) *Kutscherhof* auf der Friedberger Gasse. Fr. Nchr.-Bltt. de 1727. No. 11. auch im alten Kutscherhof auf der Schäfergasse.

[67]) L. G. P. 1415. Backhus by dem Bieverborn.

[68]) Lt. Stdtrchg. de 1633 und schon früher verungeltet der Wirth *zum fröhlichen Mann* sein Zapfgetränke. F.

tete. Chr. I. 543. Dasselbe gab der Praesenz auf Martini
2 fl. 7 kr. 2 h. nebst zwei Kapaunen, welcher Zins vorher der
Vikarie B. M. V. H. institut. abgereicht wurde.

Lit. C. No. 212. Dieses Haus wurde zur Reichskrone gezogen. Es gab der Praesenz 2 Kapaunen, für welche 30 kr.
bezahlt wurden, und die vor Zeiten der vorher gedachten Vikarie
gehörten.

Lit. C. No. 213. *Reichskrone,* ein Gasthaus, das aus mehreren zusammengekauften Häusern besteht, und hinten in die
Schäfergasse eine Ausfuhr hat. Es hiess sonst die alte Krone,
denn in der Chronik I. 432 wird von einer Bären- und Ochsen-
Hatze gemeldet, die 1701 von einigen Engländern auf der Friedbergergasse in der alten Krone gehalten wurde. Der Name
Reichskrone kömmt aber daselbst S. 433 beim J. 1704 schon
zum Vorschein. [69])

Lit. C. No. 214. Zahlte an die Praesenz auf Martini
1 fl. 30 kr. Grundzins.

Lit. C. No. 215. Gab derselben auf Walburgis 1 fl.
52 kr. 2 h.

Lit. C. No. 116. Gab ebenfalls auf Peter und Paul 31 kr. 1 h.
nebst einer Pulle oder jungen Hahne.

---

[9]) Beed-R. von 1509. Das fünfte H. auf der Friedberger Gass von
der Zeile an das H. zur Kron modo Reichskron.

Daselbst werden auf dieser Seite der Friedberger Gasse 44 H. gezählt
bis an das alte Friedberger Thor.

O. U. 1510. H. *zu der Crone* by dem neuen Spitale gelegen.

— 1514. H. vnd Gesess genannt das alt Backhuss mit samt den
nuwen Huserchin zur Kronen verbuwet in der Nuwenstatt neben der
Herbergk zur Kronen gelegen.

— 1515. H. und Gesesse in der Schäffergassen zwuschen dem Gesesse zur Crone und N. anderseits.

— 1535. H. Behausung zur Cronen in der Nuwen Stadt. Haus und
Schmiede neben itztgemelden H. zur Crone gelegen etc.

— 1543. 3 H. — an einander gegen dem newen Spital über — stossen
hinten uff die Herberg zur Krone genannt.

— 1574. H. und Gesess — in der Scheffergassen neben N. uff einer,
und dem Ausgangk der Behausung zur Crone auf der andern Seyten etc.

Lit. C. No. 217. *Zum Ullner.* Das Eck an der Zeile. [70])
„x. J hll. de duabus domibus contiguis sitis latere occidentali
quarum est acialis orientem et meridiem respiciens ex opposito
curie Kastenmeister dicto zum Ulner". L. C. de 1452 f. 53.
Das Haus gab gleich dem vorigen auf Peter und Paul 31 kr. 1 h.
und 1 Pull, woraus ich schliesse, dass beide Häuser vormals
ein Haus gewesen sind, und dass bei der Theilung des Hauses
auch der Zins getheilt wurde.

„Hus zum Ulner in der nuwenstadt uf dem orte gen dem
nuwen Spitale ubir, gen dem hus zum Castenmeister ubir".
S. G. P. von 1461.

---

[70]) O. U. 1373. H. und Gesesse gelegin in der Nuwenstadt, glich
geyn Crafft Ulner ubir, unde etzwanne waz der Herrn zu Sand Anthony.
— 1415. [Hus hart an dem Ulner vor der Bornheimer porten und
sy nu zu dem Ulner gebrochen.]

S. G. P. 1439. H. zum Ulner in der Nuwenstadt.

O. U. 1452. H. und G. genannt zum Ulner in der nuwen Stadt gein
der elendigen Herberg über.

O. U. 1478. H. genannt *zum cleinen Ulner,* daz eyn smythe sei,
mit einem Hoffe und Stallung daran gelegen in der Nuwenstadt in der
Biefergassen zuschen N. und N. stosse hinden an dem Gehöfe gen den
Husern uff' der Zeile.

G. Br. 1487. Das Orthus in der nuwen Stadt gein dem *nuwen
Spitale* über genannt zum Ulner.

G. Br. 1487. Die Smytte by dem Ulner in der Nuwenstadt.

O U. 1520. Orthuss genannt zum alten Ulner für Saukt Martha
gelegen.

[Von diesem Hause, welches zuletzt dem Dr. med. Senftleben gehörte
und 1870 wegen seiner Baufälligkeit abgerissen werden musste, handeln
noch folgende Urkunden:

Währbrief vom 21. Febr. 1670. Die Vormünder der Kinder Hierouymi
Augusti von Glauburg verkaufen und geben auf an Lorenz Hirsch Barbierer eine Eckbehausung auf der Zeil dem Zeughaus über neben Meister
Wentzel Hufschmied einer- und Joh. Wagners Wittwe anderseits gelegen,
gebe vorhin jährl. Zins 12 Schilling 5 Pfennig und ein Huhn, so mit

Häuser ungewisser Lage.

Eykemannshof. Curia dicti Egkemann.

„xv den. de curia et habitatione dicti Egkemann in novo opido superiore parte vico dicto frideberger gazze, latere orientali, infra aciem respicientem meridiem et occidentem eiusdem vici et vici dicti Klappergazze et oppositum fontis dicti Bienerburnen, propius tamen fonti iam notati". L. r. B. de 1550. f. 5.

Kleiner Rahmhof.[71] „der kleine ramhof in der friedebergergassen". S. G. P. von 1446. [Wohl Lit. C. No. 2].

- - - - - - - - -

9 Batzen bezahlt wird, ins Barthol. Stift, item 16 Schill. in dem Hospital, item 13 Schill. 6 Pfen. an des Hieronymi Ulrichs Neuhausens Schöffen und des Raths Wittwe, item 12 Schill. 6 Pfen. in das Prediger-Closter, und ist der Verkauf geschehen um 1800 Gulden guter unserer Stadt Wahrung.

Währbrief vom 17/7. Mai 1680. Joh. Lorenz Hirsch Barbierer verkauft dieselbe Behausung an Joh. Georg Ulrich, Eisenkrämer, um 2125 Gulden.

Währbrief vom 23. Oct. 1685. Joh. Georg Ulrich Eisenkrämer verkauft dieselbe Behausung an Simon Heusslin, Maler und Schreibemeister, um 2515 Gulden.

Währbrief vom 27. April 1696. Simon Heusslins Wittwe verkauft dieselbe Behausung an Peter Stoltz, Eisenhändler, um 4000 Gulden.

Der alte Name des Hauses zum Ullner wird hier nicht mehr genannt. Ueber dessen Bedeutung vgl. Mittheilungen des Vereins für Gesch. III. 479. S. auch hier Heft 4. S. 137. Ohne Zweifel erhielt das Haus diesen Namen, weil es einem Töpfer gehörte. Craft Ulner war 1382 sein Eigenthümer. Vgl. Note 96 hier.]

[71]) S. G. P. 1434. Der kleine Ramehof gen dem Bieferborne ubir.

O. U. 1443. Heilmann Lennungs und H. in der Bibergasse an dem kleinen Ramhof.

— 1445. Der cleine Ramhoff mit der Husunge, gelegen in der Nuwenstadt in der Biener Gassen neben dem Kastenmeister zu cyner syten vnd Clasen Ross.

— 1446. H. Hoffunge und Gesesse mit VIII. Ramen darin — genannt der kleine Ramehoff gelegen in der Nuwenstadt in der Bievergassen zuschen dem Gesesse zum *Kastenmeister* und N.

S. G. P. 1446. Der kleine Ramhof in der Friedebergergassen mit Husungen Ramen und aller Zugehörde.

Eiche. „vj ₰ den. den guden luden Martini vom kleinen hausze das man nennt die Euchin beym Kastmeister in der nuwen stadt". L. C. Antonit. in Höchst Sacc. XV.

Zur alten Bleiche, [72]) auf der Friedbergergasse. Intell.-Bl. von 1729. No. 1.

Kleiner Hirsch. Neben dem Gasthause zum Hirsch; vermuthlich neben dem gelben Hirsch. Ms. S. XVIII. [Vgl. Note 55 und 56.]

Hof des Wigelo Drude. 1 lib. den. de curia domo horreo et habitatione tota ac ortis circumiacentibus Wigelonis dicti Drude, sitis in novo oppido frank. super parvo vico der friedbergergazze latere occidentali opposito vico Velwilergasse. Lib. Vic. Baldem. Vicar. XXIII. Scr. I. No. 37. Wie es scheint, ein Feldhof, vielleicht in loco der Peterskirche? Ein Beweis, wie unbebaut noch die Friedberger Gasse damals in dieser Gegend gewesen.

Bieberbrunnen

hat 1350 schon gestanden; aber sein Standort war nicht immer der nämliche. [73]) Er stund ehemals ganz frei in der Strasse,

O. U. 1497. Hof mitsampt 4 Zinshäusern und eynem Garten gelegen in der Nuwenstadt by dem Bieberborn gein dem Borne über inn der Biebergassen, genannt der Ramchof zuschen den Anthonius Herren uff eyner, und uff der andern Syten an Joh. Demers Garten.

[Ueber die Rahmhöfe in Frankfurt und deren Bezug auf die Wollenweberei vgl. *Kriegk* in den Blättern aus dem Niedgau 1870. S. 49.]

[72]) Stdt.-Rchg. de 1521. — Huss vff der Bebergasse neben der Bleiche. (?)

O. U. 1591. Behausung auf *der Zeil* zur *alten Bleich* genannt.

[73]) — 1350. 2 H. und Hof gelegin zu den Gerten by Byber Burne. S. G. P. 1361. Der Bebirborn.

— 1366. Hennekin Palmisdorffers seel. Hof in der Nuwenstadt uff Friedberger Strasse by Biberbrunnen. (Vgl. auch Note 44 hier, das Sch. Prot. von 1472 erwähnt das Palmstorffers Gässchen; dies scheint ohnweit der Peterskirche gewesen zu sein und von dem obigen Hofe den Namen erhalten zu haben. F.)

weswegen der kurz vorher erwähnte Egkemannshof infra aciem vici dicti Klappergazze (zwischen dem Ecke der Stelzengasse) et *oppositum fontis* dicto Bieverburnen beschrieben wird, auch der Merian'sche Stadtplan von 1682 ihn noch als einen offenen und ganz frei stehenden Ziehbrunnen angezeigt hat. Seit ohngefähr 60 Jahren steht er wider der Hofmauer des Hauses Lit. C. No. .. und er erhielt bei seiner Veränderung eine Pumpe. Um seinen Namen bei der Nachwelt im Gedächtnisse zu erhalten, wurde ein Bieber in Lebensgrösse, und mit Farben nach der Natur bemalt, welcher den Vorübergehenden die Zähne blecket, auf den Pumpenstock gesetzt, mit der Unterschrift: zum Bieberbrunnen. Die Alten schrieben Bieverborne, Beferborn und Beyverborn.

Dieser Brunnen wurde auch der *Ackermannsborn* genannt [74])

S. G. P. 1372. Der Byverborn.

— 1388. Der Bieferburn. So auch 1397. 1400.

— 1402. H. by dem Bieverborn.

— 1411. H. in der Nuwenstadt by dem Bieverborn.

— 1417. H. in dor Nuwenstadt by dem Bieverborn.

Stdtrchnbuch de 1430. It. 6 ₰ han wir geben an des Portners Huse an Friedeberger Porthen nach dem der Dieferborn (Bieberborn) gebawet ist und die Nachgebure sovil uff dasselbe Huss darzu gebin gezahlt han.

— 1432. H. in der Friedberger Gasse by dem Bieferborn.

— 1445. H. in der friedbergergasse gen dem *Biefferborn* über.

— 1449. H. in der Friedbergergasse neben dem Smyde gen dem Biberborne uber (ob C. 21?)

— 1468. H. in der Friedeberger Gasse am Bieberborn.

Zinsb. des h. Geistspitals 1475. Das innere Hus by dem Bieferborn in der Nuwenstadt.

[74]) S. G. P. 1460. H. in der Nuwenstadt uf dem Ecke gen Ackermanns Borne über.

O. U. 1468. H. und Schure gelegen in der Nuwenstadt obendig S. Peters Kirchen by Ackermanns Borne zuschen N. N.

Wfr. Klstr, Zinsbch. de 1480. *Nuwestadt* Friedberger Gasse. Zwei H. eine Schner, Hof und Garten gelegen zuschen S. Peters Kirchen und der Friedberger Porthen uf der Siten gegen Nidergange der Sonnen in eyme clyne Gesschin by Ackermanns Born und gein Hellers Stallung hinden zu uber.

und es kommt auch die abgekürzte Benennung des *Ackerborns* [75])
vor. So wird in dem Zinsbuche de 1586 pag. 28 des Ackerborns gedacht und in demselben de 1636 fol. 59 kommt der
Ackerbrunn auf der Friedberger Gasse vor. [76]) Vgl. auch
Chr. II. 8. (1334 und 1447).

Samaritansche Brunnen.

Ist der andere Brunnen auf der Friedbergergasse wider
dem Haus Lit. C. No. 31.   Er gibt dem vorigen am Alter
nichts nach, indem ich ihn schon in dem Testamente der Sylie
Seltzern vom J. 1346 entdeckte, von welchem eine Abschrift in
Libro Testament. f. 92 zu finden ist.   Unter ihren Vermächt-
nissen wird ein Zins mit folgenden Worten bemerkt: „Item
septem solidi den. et septem den. leves de curia sita prope Hol-
dermansburnen" und ohne diese Stelle wäre uns der *Holder-
mannsborn* ganz unbekannt geblieben, welcher Namen sicher
von einem Anwohner herrührte, und nachmals in den *Holderborn* abgekürzt wurde. [77]) Es war ein Leichtes, diesen wieder
in den Hollerborn, und endlich in den Hellerborn zu verändern,
wovon sich Beispiele in dem Zinsbuche von 1586 und anderswo
zeigen. Dass aber der Holderborn kein anderer gewesen, als
derjenige, der heutigen Tages der Samaritansche Brunnen genannt wird, beweist das Zinsbuch von 1405. S. 10. durch die
Beschreibung eines Hauses auf der Friedbergergasse: „ex oppo-

---

[75]) O. U. 1530. H. und Schuwer — aneinander uff der Biebergassen
by dem Ackerbronn.

Lt. Stdt.-Rchg. de 1553. Von dem Friedberger *Thorne*, *Schnecken*
und Pforthaus zu Bronngelt ausgeben zu grundt bawe des Ackerbrunns.

— 1603. Peter Clawer Gertner zalt für 2 kleine Almenten uff der
Friedberger Gassen am Ackerbronnen 20 fl.

[76]) Dass dieser Bieberbronnen auch ehemals der *Ackerborn* genannt
worden, erweisst sich noch aus folgender Stelle: „H. — uff der Gärtner-
gassen beim Ackerborn (Brun) zwischen zweien Gassen gelegen", aus
welcher Stelle sich auch ergibt, dass unter dem Namen Gärtner Strasse
die Friedberger Strasse verstanden wird.

[77]) G. Br. 1455. H. und garten uf dem holderborne.

sito Sancti Petri prope fontem Holderborn"; noch mehr aber
das Zinsregister der Peterskirche vom J. 1476 S. 3 in Lat. R.
No. 27, wo man liest: „Item iij ₰ uff dem huse vnd hofe uff
dem Holderborne gnant, jn der bibergassen." Höchst wahrscheinlich befand sich damals noch ein leerer Platz hinter dem
Brunnen, der von ihm die Benennung auf dem Holderborne erhielt, wie es mit einer Gegend in der Fahrgasse auf dem Gra-
born, und dem Plätzchen in der Borngasse auf dem Luprands-
born geschah. Das Haus stand in der Biebergasse, und stiess
hinten auf das Plätzchen. Man wollte dasselbe von den übrigen
Häusern der Gasse dadurch vorzüglich unterscheiden, dass man
es das Haus auf dem Holderborn nannte. Ich hege keinen
Zweifel darüber, dass der Brunnen zuerst inwendig auf dem
Plätzchen gestanden, nachmals aber, als das Plätzchen überbaut
wurde, ausserhalb desselben wider das neu erbaute Haus zu
stehen kam. In dem Testamente der beiden Schwestern Lukard
und Katharine Stocker von 1393 in L. Testament. f. 113 wird
der Kapelle des H. Peters „in der Nuwin stad franck. zuschen
byeferborn vnd friddeberger porten" gedacht. Wollte man fra-
gen, warum hier nicht der Holderborn für den weiter entfernten Bieberborn aufgenommen wurde, so könnte man antworten,
weil derselbe damals noch nicht in der Friedbergergasse, sondern ausserhalb auf dem Plätzchen stand. Aber wenn ich noch
folgende Stelle aus den Ueberresten eines alten Zinsbuchs auf-
führe: „Item j phunt heller vnd fünfft halben Schilling heller
geltes by dem bieberborne gehen Sant peters Capellen vber vff
Luckart wigels frawen Husz vnd fallet Martini", so sieht man
sich genöthigt zu glauben, dass der Holderborn gleich dem vorigen auch eine Zeit lang der Bieberborn genannt wurde. In
den neuern Zeiten hiess er der *Mittelbrunnen*, weil der Brunnen
auf der Altegasse vormals auch zu der Friedbergergasse gehörte,
als sich diese noch von der Friedbergerpforte bis zur Bornheimerpforte erstreckte. Wir finden diesen Namen in der Brunnenrolle bei dem J. 1755 und 1756; 1777 oder 78 wurde die
Säule mit der Pumpe gesetzt, welche 223 fl. kostete, und wozu
der Magistrat 100 fl. steuerte. Wahrscheinlich legte man ihm
damals den Namen des samaritanischen Brunnens bei, wie er

auf den Feuerbütten zu lesen war. Statt der Bütten wurde am 12. Juli 1900 ein grosser aus Stein gehauener Sarg aufgestellt, welcher der Nachbarschaft einen Kosten-Aufwand von fl. 108 u. 51 kr. verursachte.

Eberhardsgässchen.

Ein kurzes Stumpfegässchen auf der östlichen Seite der Friedbergergasse. Hinter demselben liegt das kaiserliche Lehen, von welchem die Nachrichten bei dem Klapperfeld nachzusehen sind. Laut denselben empfing der Doctor med. C. H. Eberhard, genannt Schwind, vom Magistrat im J. 1697 oder 98 einen Theil des Lehens, und von ihm trägt das Gässchen noch den Namen, der aber schon vielen nicht mehr bekannt ist. (Dasselbe bildet jetzt den Eingang zur Musterschule, welche mit No. 17 u. 18 bezeichnet ist.)

Häuser.

Lit. C. No. 18. Zum grossen Garten. S. Frf. Intell. Bl. von 1798.

No. 69. Das Haus steht auf der mittägigen Seite.

Lit. C. No. 19. Das zwerge stehende Haus.

Biebergasse.

Eine Stumpfegasse, die auch auf der östlichen Seite der Friedbergasse zwischen dem goldenen Schwan und 'der Vilbe_ lergasse gelegen ist. Baldemar kannte sie nicht, sie war also 1350 noch nicht vorhanden.

Das Zinsbuch der hiesigen Peterskirche vom XV. Jahrhun-' dert S. 22 in Lat. R. No 28 liefert von ihr die erste Nach-

richt,[78]) indem darin xv ₰ bemerkt werden, die „Konraths hen
uff der bebergasszen by sant Peter" von einem Morgen Landes
in Leinenerde bezahlen musste. Dass ihr Name durch das Eckhaus Bieber entstanden ist, daran wird wohl Niemand zweifeln.[79]) In dem Zinsbuche von 1538 S. 49 ist von einem Hause
in der „Friedbergergass alias beybergass" die Rede. Man könnte
leicht glauben, dass die Friedbergergasse sonst auch die Biebergasse geheissen habe, diess war aber nicht der Fall. Weil die
alten Zinsbücher öfters die Namen der Nebengassen verschwiegen, und dafür die Namen der grösseren Gassen nannten, so
will das obige Zinsbuch so viel sagen, als dass das Haus in
Betracht der Hauptstrassen in der Friedbergergasse, sonst aber
in der Bibergasse gelegen sei. Das Gasthaus zu den drei schwedischen Kronen schliesst hinten die Gasse, und durch dieses

---

[78]) Schon in einer Urk. des 14. Seculi (circa 1380er Jahren) wird beschrieben ein Hus, Hof, Scheuer, Hofreyde und Garten, an eyn gelegen,
in der Biefergasse zuschen der dütschen Herren Hof und den Heyster
Kindern.

[79]) S. G. P. 1401. H. in der *Bienengasse* by dem Born gelegen.

— 1409. Die *Bienengasse* NB. zum Biengarten [S. S. 66.]

O. U. 1410. 2 H. Hof und Schur, u. Garten in der Nuwenstadt gelegen
in der Bienengasse.

S. G. P. 1414. H. Scheuer u. Garten in der *Bienengasse* obendig S.
Peterskirchen.

S. P. 1415. Backhus by dem Bienerborn.

S. P. G. 1426. Die Bienengasse bei S. Peterskirche.

— 1438. die Bifergasse.

O. U. 1462. H. in der Nuwestadt *uf der Bienergassen* an dem
Plane.

— 1469. H. *Vasant* in der *Bynergassen*, Husung, die vormals *Va-
santen* dem Snyder seel. gewesen, an Kloblauchs Hoffe etc.

S. G. P. 1473. H. in der Bieffergasse gen S. Peterskirche über.

O. U. 1491. H. u. Hof — genant *zu der Kronen* usgescheiden der
Schuwer in der Newenstat in der Biebergassen gelegen etc.

Lt. Stdtrchg de 1505 erkauft der Rath einen Flecken (Almei) von
Privaten zur Erweiterung des Weges in der Biefergassen by dem Borne by
der Friedberger Porten.

VI. G

entstand in den neuern Zeiten der Name des *Dreischwedischen-
kronengässchens*, wie er in dem Intell.-Blatt von 1781 im An-
hange zu lesen ist, oder abgekürzt: des Schwedischkronengäss-
chens. Doch wird die Biebergasse auch noch gehört.[60])

H. auf der Südseite.

Das Eck. S. Lit. C. No. 22 auf der Friedbergergasse.
Lit. C. No. 23.
Lit. C. No. 24.

Auf der Ostseite.

Lit C. No. 25. *Gasthaus zu den drei schwedischen Kronen.*
War 1704 schon ein solches, S. Chr. I 433 und hat in der Vilbelergasse einen Ausgang. Im August 1780 brach ein heftiges
Feuer aus, welches von 9 Uhr Morgens bis halb 1 Uhr Nach-
mittags dauerte, und hinten die Scheuer und Stallungen in
einen Aschenhaufen verwandelte. In dem S. G. P. von 1486 wird
ein Haus beschrieben: „in der biefergasz zuschen der deutschen
Hern hof und der bleich.“ Dieses Haus konnte kein anders als
die drei schwedischen Kronen sein, die neben wider den goldenen Schwan stossen, der dem deutschen Orden gehörte.[61])

H. auf der Nordseite.

Lit. C. No. 26.
Lit C. No. 27. Ist nun ein Stallhaus und hat keine Num-
mer mehr.
Lit. C. No. 28.
Das Eck. S. Lit. C. No. 29 auf der Friedbergergasse.

---

[60]) [In den Urk. kommt auch der Namen Bienen (Binen) und Biener-
gasse, sowie Binerborn vor, was wohl der älteste Namen gewesen
sein wird.]

[61]) Es scheint, dass dies Haus früher zum *Grünaffen* geheissen, wenigstens lag letzteres Haus in dieser Gegend.

„Hus in der biefergasse unter den Kistenern." S. G. P.
von 1430.

Unter der Bornheimerpforte.

Unter dieser Benennung erhielt sich bisher noch das Andenken einer alten Stadtpforte, die im J. 1765 niedergerissen
wurde. [Vgl. Heft 1 S. 83.] Sie begreift die Gegend, wo sich
vor Zeiten die Brücke über den Stadtgraben befand, die noch
wirklich unter dem Pflaster hinläuft und 1809, als man die Fun-
damente zu den neuen Judenhäusern grub, ihre mit Quaderstei-
nen eingefassten Bogen wieder sehen lies. [82]) Neben der Bornheimerpforte stand westlich noch eine kleine Pforte für die Fuss-
gänger, und vor derselben war ein schmaler Gang angebracht,
der 1589 oder 1590 von der Pforte bis zum Zimmergraben abgebrochen wurde, weil man damals die Häuser der Gegend erbaute. Chr. I. 25. Dass zwischen der Judengasse und der Allerheiligengasse gegen Ende des XV. Jahrh. wenigstens schon ein
Haus gestanden, ist aus dem Schreiben der Königin Blanca
Maria zu ersehen, darinn sie den Rath ersucht, er wolle Hansen
Refenberger und seinen Brüdern vergönnen, ihr Haus bei Sanct
Martha an einen Juden zu verkaufen; aber der Rath die Stadt-
Privilegia vorschützte, l. c. T. II. S. 44. Die Benennung bei
Sanct Martha zeigte immer die Gegend zwischen der innern
und der äussern Bornheimerpforte an. Seit dem Abbruche der
alten Stadtpforte ist die Gegend mit der Fahrgasse so genau
verbunden, dass nun beide als eine Gasse anzusehen sind, und
die Benennung „Unter der Bornheimerpforte" wird wahrschein-

Vgl. auch die Stellen in Note 12 hier. Laut Stdt.-Allmdbch de 1682.
Allment uff der Schöffergassen am Bronnen, so zur Krone gehört.

82) Beedbuch 1320. Syplo pistor ante portam. (Hierher gehörig.)
1322. Dietus Beyer ante portam (ebenso).

Sdt.-Rchbch. de 1463. It ij Gulden hat geben Hans Palmstorffer vom
Porthhuschin zuschen der Inner Bornheimer Porten von dem Jare.

6*

lich nicht lange mehr gehört werden; da wirklich schon viele Leute die Gegend nicht anders als an der Judengasse oder an der Konstablerwacht zu nennen pflegen.

H. auf der Westseite.

I.

Zwischen der Zeile und dem Zimmergraben.

Die *Konstablerwacht.* Sie steht neben dem Zeughause und gegen der Allerheiligengasse über. In der Chronik II. 712 wird ihrer beim J. 1709 gedacht. 1753 wurde das alte Gebäude niedergerissen, wie aus einem Bauamts-Publicatum vom 19. März g. J. zu ersehen ist, und ein neues trat an die Stelle des alten. Dasselbe besteht vorn aus einem Gange von Bogen, über welchem man das Stadtwappen, den Adler, mit verschiedenen Kriegs-Attributen umgeben erblickt. Ausser der Wachtstube sind die übrigen Plätze unten und oben zu Gefängnissen eingerichtet.

Zeughaus. Ein sehr altes und langes Gebäude,[63] das vor Zeiten die *elende Herberge* geheissen hat, weil es 1452 zur Aufnahme und Verpflegung der Findelkinder gewidmet war.[64] Ffr. Chron. I, 22. —

---

[63] 1777 gegen Ende des Jahres wurde der Thurm mit der Uhrglocke aufs Zeughaus gesetzt.

1778 den 1. Aug. wurde der Frankfurter Adler, 8 Schuh hoch, auf den Zeughausthurm gesteckt und hält der Bauch 1½ Ohm.

Fr. Chr. II, 444. (1545). — II, 700 (1595).

Stock bei der Elenden Herberge ibid. II, 681.

Am Zeughaus ibid. II, 700 (1595).

Orth's Anmerk. 3. Bd. 871. It. 872.

Von dem neuen Hospital. *Orth* Reform. I, 44.

Neues Spital vormals S. Martha (1504). F. Chr. II, 421 col. 2.

Das neue Spital. Chr. III, 4. von 1347.

Platz bei St. Martha. Chr. I, 484.

Zeughaus u. Giesserei bei der Bornheimer Pforte. Fr. Chr. II, 805. (785) J. 1719. Acta relig. 1712 p. 1 unten in margin.

[64] Die Stiftung zu St. Martha, der Elenden Herberg und vor Findlinge ist von Frau Konen zum Born, Wittwe im J. 1452 geschehen und zu

Bemerkungen von Fichards.

Die elende Herberge war keines Wegs eine Stiftung für Findelkinder, sondern für arme Durchreisende und Pilger, die daselbst für eine Nacht freie Herberge erhielten.

Diese angebliche Stiftung für Findelkinder und die elende Herberge durch Frau Kone zum Born von 1452 ist offenbar falsch, sieh Brunfels B. 3 und Brunfels Urkunde No. 3, deren Testament von 1454 enthaltend, worin sich dieses nicht findet. Die neue elende Herberge ist vielmehr auf Kosten der Stadt von 1442 an zu erbauen angefangen worden und zwar auf dem Platz, wo itzt das Zeughaus ist. Ohne Zweifel ward diese elende Herberge damals aus dem Spitale zum heil. Geist entfernt, um für Letzteres Platz zu gewinnen.

Vielleicht nannte man diese zu *St. Martha*, weil die h. Martha den Heiland bewirthete.

Laut Orig.-Urkunde von 1416 werden die Pfleger *der elenden Herberge hinter dem Geist gelegen* erwähnt. Der Stiftungsbrief der elenden Herberge von Henericus Criege de Spira de 1315 ist in dem Frankfurter Archive I. 223 abgedruckt, ohne dass der Herausgeber damals wusste, dass unter dieser Stiftung die *elende Herberge* verstanden sei. Diese Stiftung war anfangs auf dem Kirchhofe des Spitals zum heil. Geist gelegen und ward im 15. Seculo auf die Stelle des jetzigen Zeughauses auf der Zeil verlegt.

St. Martha benannt, gelegen an der Bornheimer Pforten; itzo zu der Stadt Zeughaus verwandelt, dahin ist auf Befehl des Raths ihr Wappen ao. 14— gemacht worden.

Ao. 1453 hat der Rath Frau Konen zum Born erlaubt, ihr Wappen in der Elenden Herberg zu S. Martha machen zu lassen. Chr. II. 22 ad 1452.

Ao. 1476 wurde Heile Hamberger zu Bomess die Herberg zu S. Martha gegonnet und wochentlich aus dem Spitale drei Ims und aus S. Nicolaus Almosen 2 Laib Brod zugetheilt.

Ao. 1456 sind die Almosen der Findlinge bereits in esse.

Ao. 1459 stiftet Ulrich von Buchen, Bürger zu Cöln, den 3ten Theil von 2620 fl. zur neuen Elenden Herberge.

Ao. 1473 legirt Jacob zu Schwanau 50 Achtel Korn in dieselbe. Ex Ms. R.

Ao. 1460 in die S. Laurentii legirt Hartmann Becker zur Elenden Herberg 175 fl. vid. Chr. II, 198.

Eine Orig.-Urkunde von 1439 (oder 1459) fer. 3. p. diem S. Lucae Evangelistae besagt:

Bürgermeister, Schöffen und Rath zu F. bekennen, dass sie zu ihrer Stadt Nutz und Nothdurfft erkauft haben der elenden Herberg genannt St. Martha in der Nuwenstatt zu F. 20 f. jährlicher Gilte um 500 fl., welche 500 fl. der elenden Herberg zukommen von *Ulrich v. Buchen*, Bürger zu Cöln, dem Gott genad, der sie ihr dargesetzt und beschieden.

Laut Orig.-Urkunde von 1455 f. 5. p. S. Catharine Virginis bekennt hiesiger Rath, dass er Gott dem allmächtigen zu Ehren und armen nothdürftigen Leuten zu Trost und Fördernisse und auch auf Bitten des erbaren Johann Leydermann unsers Bürgers hinter sich genommen, und empfangen 900 fl., welche dieser andelagt und geheischen, darum Korngülte und Weingülte zu kaufen, welches sie zu thun versprochen. Diese Gülten sollen ihm sein Lebtage aus gefallen, nach seinem Tode aber sollen sie gefallen „der *nuwen* elenden Herberge in der Nuwenstadt vor der Bornheymer Porten armen nottürftigen wandernden Leuten die darinn geherbergt werden zu andelagen damit zu speissen, zu tranken und zu troesten."

Weiter wird die elende Herberge an folgenden Stellen erwähnt:

Beedbuch 1400. It. die elende Herburge (in der Neustadt).

Stdt.-Rehbch. de 1448. It. ije gulden han wir bezald Wigand Void, als von der elendigin Herberge wegen, und derselben elend. Herberge domyde wieder abgekaufft soliche viij fl. und viij ₰ Geldes als der Rad jm järlich davon gab, dann Wygand solch Gelt an den Buw derselben elendigen Herberge gelecht und gewandt hat.

O. U. 1449. Sabb. ante dominic. Cantate wird in einem Testamente legirt: „It. zu der nuwen elendigen Herbergen in der Nuwenstadt C. gülden.„

— 1449. F. 6 pt. Kiliani legirt Cathar. Zwygen, wenn ihr Sohn und Enkel kinderlos sterben sollten, ihr Vermögen zu dem nuwen Buwe der Elendigen Herberge, damit helfen die zu buwen und arme elendige lude darmit zu speisen etc.

— 1449. F. 5 pt. Sanctorum Simon et Jud. legirt Kunzechin Niklesen: „Item in die elendige Herberge in der Nuwenstadt gelegen, die man itzunt machet und buwet zwei bette zwene pollen."

Stdt.-Rehnbch. de 1453. It. M. ciij c x ₰ han wir Rechenmeistern alleinzelinge vorandelaget und ussgemacht Wygand Voyd zum Bawe der neuwen Elendigen-Herberge by Inner-Bornheymer Porthen, so ferne die bis uff datum follenbracht und gebuwet ist vom Geheiss des Rades — als der Rath datzuzugeben die Muersteyne vnd auch etzliche Eychengeholtze uss iren Walden und sonst mancherley, uff dass der Rad danest mit Recht sin Frucht daruff geschodden moge, vnd ist vorschaulich, dass noch

eine gute Somma dartzu nothdorftig werde zu reichen, als in den nachfolgenden Rechnungen befunden mag werden.

Stdt-Rchbch.de 1454. It. iiij C. u. lxxix ₰ abermals zum Buwe der nuwen elendigen Herberge über die 1810 ₰ die bereits gezahlt waren. — (In diesen
Jare wurden des Raths Getreidefrüchte von den bisher gemietheten Korn-
bonen vff die Eleudigen Herberge übergeschafft.) Auch heisst die Elendige
Herberge hier mit unter auch schon *Neuwes spital.*

— 1455. (weiter zum Buwe der Elendigen Herberge 57 ₰).

O. U. 1456. ll. gelegen by Bornheimer Porten an N. und an dem
Wollengraben gen der Elenden Herberge ubir und stosst hinden uf den
Schiessgraben.

— 1457. Nuwes Huss vor der Bornheymer Porten neben N. gen St.
Marten über.

Beedbuch 1463. It. die elende Herberge.

— 1483. Orthuss und Schuren gelegen by dem Nuwen Spitale by dem
Pule etc.

Stdt.-Rchnb. 1484. kommt der Namen: by St. Martha bei einem ver-
mietheten Hüttchen vor.

Stdt.-Rchy. de 1510. It. 8 fl. dedit Margaretha Steffen Glocken-
giessers Wittwe von dem Husse neben dem nuwen Spitale gegen dem Jud-
denthorn ober, (als Zins von 2 Jahren).

O. U. 1521. St. Martha die elendige Herberge bei der Bornheimer
Pforte zu F.

Bereits 1553 war das neue Spital zu St. Martha in ein Zeughaus verwandelt. Eine Orig.-Urk. von 1557 sagt: ll. samt einer Hufschmidten
darzu — vor der Bornheimer Pforten gegen dem *Zeughause* über.

[Vgl. hier Heft 4 S. 56. Die Stiftungs-Urkunde von 1315. s. Cod. dipl.
415. S. auch Kriegk Bürgerthum S. 156.]

In Basel wurde 1423 von einem dasigen Bürger die *elende Herberg*
gestiftet. S. *Ochs* Geschichte von Basel Th. 3 p. 224. Daselbst wird bemerkt, dass hier das Wort *elend* fremd bedeute (daher der Ausdruck: in
das Elend verweisen i. e. in's Exil schicken) also elende Herberge eine
Herberge für Fremde i. e. arme Fremde. Der Zweck dieser Stiftung zu
Basel war armen Fremden und Pilgrimen eine unentgeltliche Beherbergung
zu verschaffen.

Elend (Ellend) regio extera — exilium — calamitas.

Elende Herberge Xenodochium vid. Scherz. Glossar.

[Vgl. *Hachelmann* die Elenden s. Elendae der Stadt Münster, in der
westfäl. Zeitschrift Band 27 S. 260. Die Elendsbruderschaften hiessen fra-
ternitates exulum.]

Lit. H. No. 13. Das Eck am Zimmergraben.

[Hierher gehören folgende Nachrichten über das Schützenhaus bei St. Martha oder die Schützenstube, später die Krä-
merstube dem Zeughaus gegenüber.]

1462 seynd 2 Schiessgesellschaften, eine auf dem Burggraben und eine
zu S. Marthen· auf dem Gänsegraben. Lersner II, 722.

Beedb. 1463. It. der Bussenmeister uff dem Grabin.

— 1463. It. das Schützen-Gesellschaftshus (liegt unweit dem Juden-
kirchhof).

Stdt.-Rchnbch. de 1469. It. xx ₰ iij IIIIr. umb IX buden Kollen uff
die *Kremerstoben*.. [Ob hierher?]

O. U. 1479. Nuwes Huss als das in seinen Wenden sy gelegen vor
der Bornheimer Porten zuschen der Schiessgesellen Trinkstoben und dem
Wollengraben gein der elenden Herberge über und stosse hinden uff den
Schiessgraben.

— 1491 verkaufen die Schützenmeistere der gemeynen Gesellschaft
des Schissgartens by Sant Marthen eine Gülte uff der Husunge und Gesesse
mit sampt dem Garten gein Sant Marten über neben Godfridt Armbrusters
sel. gelassen Wittwe.

— 1491 verkauft — Schützenmeistere der Schiessgesellen Gesellschaft
by Sankt Marthen in der Nuwenstadt eine Gülte auf der Schützen-Gesell-
schaft Husung — by Sant Marthen neben Gottfried Armbrusters seel. Erben
Huss und unsern des Raths Schiessgarten gein St. Marthen über
gelegen.

Sdt.-Rchn. 1493. It 1 fl. ddt. Gottfried Armbrosters Wittwe uff dem
Schüsshaus gein Sant Martha ober neben der Juddenporthen.

— 1499. (NB. das Schützenhaus der Schiessgesellen und das Haus des
Armbrosters lagen beisammen.)

— 1500. (die Schiessgesellen by sant Martha zinsen noch von dem
Schiessgarten.)

Bed-Rolle de 1509. Die Schützenstube am Judenbrückchen.

Lt. Stdt.-Rchg. de 1515 zinset der Schützen drinkstube (ehemals das
Schützenhaus) 1 fl. jährlich dem Rath.

— de 1539. Des Juden Symon von Swapach Huss, hart an der *Kremerstoben* zahlt Zins an den Rath.

— de 1539. It. iij fl. haben geliefert Hanns Braun Goltschmidt und
der jung Otweibel, als *Burggrafen der Kremer-Gesellschaft* von dem
Haus die *Schützstoben* genannt und dem Garten.

— 1541. It. 4 fl. zahlt Symon Kirchner von wegen der Kremergesell-
schaft von ihrer Stuben und dem Schiesgarten etwann die *Schützenstube*
genannt gewessen.

Stdt.-Rchg. 1545. 1t. 4 fl. haben geben die Burggraven der Kremer- und Schützen-Stubengesellschaft — von ihrer Stuben uff dem Schiessgarten.

O. U. 1546. II. — in der newen stadt in Allerheiligen Gassen neben Stephan Jungen Sackträgern uff eyner und der Schützen-Stuben, darin itzo Krämer und Schützen sammtlich ihr Stuben Gesellschaft haben uff der andern Seiten gelegen stosst hinten uff die Juden Schull.

— 1548 verkaufen Sebast Klee und Johann Hieckmann als Burggraven uff der Krämerstuben, etwann die Schützenstuben genannt, eine Gülte uff Kremer Stuben.

— 1548. Die Burgraven der Kremer und Schützen-Stuben-Gesellschaft haben von dem Haus und Garten by dem Zeughaus 4 fl. zu Zins geben.

— 1553 verkaufen Hironymus Loesch von Kreutzenach und Hans Zinck als Burggraven uff der Krämerstuben für sich und von wegen der ganzen Gesellschaft ein Gülte uff der Krämerstuben gegen dem Zeughaus über am Ecke neben der Judengassen gelegen, stosst hinten uff unsern *Schiessgraben*.

— 1561. II. — vor der Bornheimer Pforten, die Kremersub genannt, neben der *Judengassen* einer und der *gemeinen Gassen* anderseits gelegen, stosst hinten uff den alten Schiessgraben.

— 1576. II. — vor der Bornheimer Pforten neben David Juden *zur gülden Scheuern* uff einer und Hans Greis Becker anderseits, stosst hinten uff Seligmann Juden zur *weissen Rosen* etc.

— 1576. II. — vor der Bornheimer Pforten, das *alt Schützen Haus* genannt neben Peter Trinck und Schreiner — stosst hinten uff Seligmann Juden in der *weisen Rosen* etc. (NB. gehört dem vorbemeldeten Becker Hannsen Greisen.)

II.

Zwischen dem Zimmergraben und der alten Stadt.

Lit. H. No. 17. *Hirscheck.* Das andere Eck am Zimmergraben, welches ein Backhaus ist.[65] Auf einem Kragsteine ist ein unbekanntes Wappen, und dabei das Jahr 1590 wahrzunehmen.

----

[65] *Stadt-Rchnb.* de 1577 noch das gemeine Backhaus am Zeughaus verlehnt gegen Zins.

O. U. 1595. Behausung Hirscheck genannt vor der Bornheimer Pforten neben N. einer- und einer Ausfahrt anderseits gelegen stosst hinten uff die *Rossmühl*.

— 1645. Backbehausung Hirscheck genannt — vor der Bornheimer

Lit. II. No. 18.
Lit. II. No. 19.   *Hirschsprung.* [86])
Lit. II. No. 20.
Lit. II. No. 21.
Lit. II. No. 22.   *Zu den blauen Tauben.* Ein vorstehendes Eck bei der ehemaligen Bornheimerpforte.

Häuser auf der Ostseite.

I.

Zwischen der alten Stadt und der Judengasse.

Lit. II. No. 24.   Steht neben dem Ecke Lit. A. No. 1, wo sich die Bornheimerpforte befand.

Lit. II. No. 23.   *Zu den zwei Schwertern.* Von diesem Hause bis zum Thore der Judengasse standen wider der Mauer der Judenhäuser mehrere kleine Läden, die der Rechnei gehörten, und 1802 abgebrochen wurden. Rechneiamts-Publicatum vom 16. Dec. 1778

Von dem neu erbauten grossen Eckhause ist bei der Judengasse nachzusehen.

II.

Zwischen der Judengasse und der Allerheiligengasse.

Von der Gegend vom Thore der Judengasse bis zum Hause Lit B. No 1. ist das nämliche zu bemerken, was ich soeben gesagt habe. Das neue grosse Eckhaus gehört zu der Judengasse.

Lit, B. No. 1.
Lit. B. No. 2.   Das Eck bei der Allerheiligengasss.

Pforten neben N. als Verkäufer einer- und dem *Zimmergraben* anderseits gelegen stosst hinden an die *Rossmühl.*

86) O. U. 1601. Behausung — zum *Hirschsprung* genannt vor der Bornheimer Pforten — stosst hinten uff uns den Rath.

Zimmergraben.

Der obere Theil des im J. 1590 durch die Anlage der neuen Hasengasse getheilten Stadtgrabens hiess anfänglich[67] der *Gänsgraben*,[68] nachmals aber der Zimmergraben. Er hatte drei

---

[67] [Der alte Namen war der Schiessgraben, vgl. Heft 1 S. 90.]

[68] [Vgl. Heft 1 S. 89 flg.]

Stdt.-Rchnch. de 1377. It V Gulden vmb vierdtehalb Hauffin steyn zu furen in den Gensegarthen zur Muren.

— 1377. It. — zur Mure in dem Gensegarten.

— 1377. (Einnahme) It der Dreher zur Parre haid uns bezalet 3 Gulden die er uns schuldig waz von eyme Murichen in der Gensegarthen.

— 1378. It. 17½ ℔ Lotzen von Holzhausen und Rulmann Wyssin die sie schuldig warin Jeckel Lantzeln (Maurermeister) von dem Graben in dem Gensegarthen zu der Zyt als sie Buwenmeyster waren.

— 1382. It. Heintze Swertfeger haid V Gulden geben sinen einfarenden Zins von dem Husschin zuschen Bockenheimer Pforthen daz hinden in den Gensegarthen geed. (*Ausfahrender Zins* war Grundzins und *Infahrender Zins* Miethzins.)

O. U. 1446. zwey Husere aneinander in der nuwen Stadt gein dem Gensegraben über zuschen der Jungfrauen Hof zu S. Catharinen — und stösst hinden an denselben Hof.

1550 wurde den Holzhändlern befohlen, das Holz vnd die Diele-Archen von dem Mayn wegzuschaffen und sie bey den Gänsegraben zu bringen, wo ihnen vom Rechnei Amte Plätze angewiesen werden sollten. Chron. II, 25. 771.

Stdt.-Rchnb de 1473. It. iij ℔ x ₰ iij hllr. diese Woche XXXII stayn in den Gensegraben zu schleiffen.

1605 d. 1. Dez. wurde den Kaufherrn Macht gegeben, auf dem Gänsegraben einen Kornspeicher von Steinen und untengewölbt aufbauen zu lassen. Chr. II, 750.

Lt. Stdt.-Rchn. de 1607 zahlt der zeitliche Stadtschreiber immer noch Gänsgraben-Zins à 5 fl. p. Jahr. (hoc anno Pyrander.)

— 1686 wurde der Garten uff der Zeil, der Gänsegraben genannt, an sieben verschiedene Personen verkaufft um in Summa 4000 fl. Diese sieben waren:

1. Fr. Joh. Conr. Sondershausen mit fl. 600.
2. H. Lict. Phil. Nikl. Fleischbein des Raths mit 540 fl.
3. Hr. Phil. Wilh. Dieffenbach Stückhauptmann mit 465 fl.
4. Johann Thomas Dornheck, Bauschreiber mit 500 fl.

Thore, die zur Nachtzeit geschlossen wurden. Das Thor gegen
der Judengasse über wird im II. Theile der Chronik S. 712
beym J. 1709 das Oberthor genannt; das folgende war also das
Mittelthor, und das bei der Hasengasse das Unterthor. Zwischen
dem Oberthore und dem Mittelthore war der Zimmergraben
schon längstens durch Gebäude so sehr geenget, dass er daselbst einer Gasse ähnlich sah. Da das Oberthor im J. 1808
abgebrochen wurde, und folglich der Eingang der Gegend Tag
und Nacht geöffnet bleibt, so gehört nun dieselbe in die Reihe
der Stumpfegassen. Ihre Häuser werden unten angezeiget werden. Nach dem Mittelthore gegen die Hasengasse hin, und westlich bis an die alte Stadtmauer öffnete sich ein freier und grosser Platz, auf welchem das zu den Brücken und den öffentlichen Stadtgebäuden erforderliche Bauholz aufbewahrt wurde.
Dieser wird in der Chronik II. Th. S. 565 beim J. 1657 der
Zimmerhof und in einem Bauamts Publicatum von 1767 der
Bauhof genannt. Auf der nördlichen Seite befanden sich die
Werkstätte der magistratischen Zimmerleute und zwischen 'die-
ser und dem Unterthore mehrere Remisen. Bald nach der gros-
sen Veränderung Frankfurts wurde diese Werkstätte auch in
Remisen verwandelt, und auf dem freien Platze, wo vorher das
Bauholz lag, wurden 1809 und 1810 lange Lagerhäuser erbauet.
Damals 1809 wurde der grosse Thorbogen am Graben gegen
der Judengasse über abgebrochen und ein Tabaksmagazin auf
dem Graben nächst bei dem Reineckischen Garten erbaut.
Zur ältern Geschichte des Zimmergrabens gehört noch, dass der
Rath im J. 1709 eine Rossmühle [vgl. Note 85.] darauf errich-
ten liess, um dem Mehlmangel zu steuern, der durch die grosse
Kälte und das kleine Wasser verursacht wurde. Chr. II, 710.

---

5.   Joh. Adam Maus, Kornschreiber mit 560 fl.
6.   Joh. Lorenz Emmel, Becker mit 750 fl.
7.   Arnold Siegler, Zimmermann mit 535 fl.

[Statt Gänsegraben kommt auch der Name *Gänsegarthen* vor. Vgl. die
Stelle von 1359 auf S. . . und oben von 1377.]

Im J. 1719 befahl der Rath die Waschküche und die Bleiche auf dem Zimmergraben abzuschaffen. l. c. S. 808 (183).

Ich vermuthe, dass der von Reineckische Garten an ihre Stelle gekommen ist. Schudt hat im II. Theile seiner jüdischen Merkwürdigkeiten S. 254 angemerkt, dass vormals kein Jude über den Zimmergraben gehen durfte.

Röhrbrunnen

auf dem Zimmergraben.

Dieser Brunnen steht wider der östlichen Mauer des von Reineckischen Gartens nächst bei dem Ecke. Er wurde vermuthlich auf Befehl und Kosten des Bauamts angelegt, damit es den magistratischen Handwerksleuten der Gegend nicht an gesundem Wasser mangele.

Häuser

auf dem Zimmergraben.

I.

Auf der Nordseite.

Zwischen dem Ecke und dem folgenden Hause hangen die Feuerleitern des 8ten Quartiers.

Lit. H. No. 13. gehört zum Zeughause, und wird vom Glockengiesser bewohnt.

Lit. H. No. 14.

II.

Auf der Südseite.

Lit. H. No. 15. Das Haus neben dem Mittelthore.

Lit H. No. 16. War nach der vorigen Verfassung die Wohnung des Stadtschlossers.

Das Giesshaus allwo das Geschütze und die Glocken gegossen worden, sonst auch die Glockengiesserei genannt. Vgl. Müller Beschr. S. 41.

(Neue) Hasengasse.

Gegen Ende des XVI. Jahrhunderts wurden erst die mittägigen Häuser der Zeile erbaut, und älter kann also auch diese Gasse nicht sein. Sie trennt den Zimmergraben von dem Holzgraben, und da man im J. 1596 die alte Stadtmauer hinter ihr niederriss, vereinigte sie sich mit der Bengelgasse der alten Stadt, bis beide nachmals den gemeinschaftlichen Namen der Hasengasse annahmen.[89] Das in der Mitte vorstehende Eck scheidet den ältern Theil der Gasse von dem neuern, und die Häuser des ersten sind in der alten Stadt [Heft 2 S. 251 flg.] nachzusuchen, die Häuser des andern aber finden hier ihren Platz angewiesen.

I.

Auf der Ostseite.

Der von Reineck'sche Garten auf dem Zimmergraben, der zum Hause Lit. H. No. 178 in der alten Hasengasse gehört. [S. auch Mitth. IV. 51.]

Das untere Thor vom Zimmergraben.

Das Spritzenhaus des 4. Quartiers zwischen dem vorigen Thore und dem Ecke zum Türkenschuss.

II.

Das Eck. S. Lit. D. No. 215 auf der Zeile.

Lit. D. No. 216.

Lit. D. No. 217.

Bäckerladen. S. D. No. 218 auf dem Holzgraben.

---

[89] Lt. Stdt.-Rchng. de 1605. zalten Herrn Hanns Hecktors zum Jungen Erben Zins vom Platz hinter dem Aschaffenburger (modo Schönborner) Hofe. (also war die Hasengasse noch nicht durchbrochen?)

— 1627 verkauft der Rath einen Garten hinter dem Aschaffenburger (modo Schönborner) Hof an Jost von Querbecks seel. Wittwe für 600 fl.

1650. Zinss vom Hause (des Raths) in der Haassengassen am *Holzhoff* — per Jahr 18 ß.

Das Thor vom Holzgraben.

Ein Spenglerladen wider der Mauer des Holzgrabens.

Der *Schönbornerhof*. S. in der Töngesgasse Lit. G. No. 30.
An demselben hangen die Feuerleitern des 4 Quartiers.

Röhrbrunnen.

in der Hasengasse.

[Dazu fehlt der Text.]

Holzgraben.

Von dem alten Stadtgraben, welcher gegen Ende des XVI.
Jahrhunderts ausgefüllet, und durch die Hasengasse getrennt
wurde, heisst der untere Theil der *Holzgraben*. [90]) Derselbe hat
bei der Hasengasse und unter der Catharinenpforte seine Thore,
und ausser diesen noch zwei Mittelthore, die alle zur Nachtzeit
geschlossen werden. An beiden Enden geben die Gebäude dem
Graben das Ansehen einer kleinen Gasse. Der Platz zwischen

---

[90]) Dieser Graben wurde im 16ten Seculum auch der *Steingraben* genannt. Er wurde von der Catharinen- bis zur Bornheimer Pforte im 15ten
Seculo auch der *Hirschgraben* genannt, wie mehrere angeführte Stellen
aus Urkunden von Häusern unter der Catharinen-Pforte, dem Liebfrauen-
berge und der Töngesgasse beweisen. Er diente also damals zur Aufbe-
wahrung der Hirsche, sowie der westliche Theil des Grabens, der noch diesen Namen beibehalten hat. Mit den ersten Decennien des 16. Jahrhunderts
geschah wahrscheinlich der Durchbruch der jetzigen *Hasengasse*, der eine
Veränderung mit den beiden Stadtgräben nach sich zog, die zu beiden
Seiten derselben lagen. Der Holzgraben wird 1542 der *Steingraben* genannt, wahrscheinlich desshalb, weil er den Steinmetzen als Werkstätte
zur Behauung der Steine angewiesen ward, sowie er später von dem daselbst aufbewahrten Holze der *Holzgraben* hiess.

Doch findet sich der Namen *Steingraben* nur wenige Jahre hindurch
und der alte Name *Hirschgraben* ward wieder gewöhnlich, wie mehrere
Stellen von Häusern auf dem Liebfrauen-Berge und in der Töngesgasse
beweisen.

dem Mittelthore und ist der Länge nach durch eine Mauer getheilt. Der südliche Theil besteht nur aus Höfen und Gärten, die zu den Häusern der Töngesgasse gehören; hinter der Liebfrauenkirche aber hatten die Adelichen, die Doctores und vornehmen Kaufleute bis zum J. 1801 ihren Schiessplatz, wo sie mit Pfeilen nach der Scheibe schossen. In dem nördlichen Theile befinden sich auf der einen Seite nichts als Remisen, und zuletzt ein Gebäude, das nun zum Salzmagazin gehört. Auf der andern Seite bei der Mauer war der Holzplatz für die hiesige Garnison. Das Holz wurde weggeschafft, als die Franzosen 1796 die Stadt zum zweiten Male in Besitz nahmen, und um die Pferde alle unterzubringen, mussten Ställe auf dem Platze erbauet werden, die nachmals zu Remisen eingerichtet wurden. Gegenwärtig sind wider der Mauer folgende Gegenstände zu bemerken:

Das Holzhäuschen in der Ecke neben dem östlichen Mittelthore, welches 1707 am 9. Aug. Abends um 9 Uhr abbrannte, Chr. II, 777.

Die Feuerleitern des 4. Quartiers, welche vor dem J. 1801 in der Hasengasse wider der Grabenmauer und dem Schönbornerhofe hiengen.

Die aus den vorgedachten Ställen entstandenen Remisen.

Die Feuerleitern des 6. Quartiers, die im Jahr ... von dem kleinen Hirschgraben hierher gebracht wurden.

Die Feuerleitern des   Quartiers neben den vorigen.

Statt des Holzgrabens kommen zuweilen noch andere Benennungen vor. In der Chronik II, 724 ist beim J. 1405 die Rede von den Stahlschützen auf dem Herrn-Schiess-Graben. 1685 wird er der Schiessgraben unter der S. Catharinen-Pforte, da man mit Stahl schiesset genannt. L. c. S. 823 (803) Und das Kornamt bediente sich noch dieses Namens in einem Publicatum von 1795, darinn es den ferneren Verkauf des Rockenbrods auf dem Schiessgraben verkündigen liess. In den Jahren 1657 und 1682 legte man ihm auch den Namen des Holzhofs bei. Chr. l. c. S. 565 und 568. Und zu den seltener erscheinenden Namen gehören der Armbrustgraben und der Catharinengraben. Den ersten findet man beim J. 1720. (l. c. S. 715),

den andern zeigt das frankf. Staats-Ristretto von 1802 No. 58
an, wo eine Versteigerung von Gemälden in dem Vergantungshause auf dem Catharinengraben angekündigt wird. Die Benennungen Holzgraben und Schiessgraben sind die ältesten, denn in
einem Zinsbuche der Kartaus bei Mainz vom XV. Jahrhundert
wird von einer Schmiede am Liebfrauenberge gesagt, dass sie
hinten auf den Schiess- oder Holzgraben stosse. [91] Wenn üb-

---

[91] Stdt.-Rchnbch. de 1377. Einnahme. It. 10 Gulden 3 Groschen von
Busse von den Profeyen die by Bockenheimer Pforten in dem Grabin
stunden.

— 1455. (NB. zum erstenmal) It. iij fl. han geben die Schiessgesellen
vom Schiessgraben by der Bornheimer Pforten (per Jahr).

— 1463. It. iij ₰ hat geben Hofmanns Henne zu Zinsen von sime Allmend am Schiesgraben cathedr. Petri fällig.

— 1468. It. XX ₰ als der Rad befohlen hat zu sture zu geben zum
Buwe des Schiessberges und Huses zu buwen hinder dem Armbruster
Meister Peter uff dem Graben.

— 1469. (die Schiesgesellen zinsen noch ständig jährlich 3 fl. vom
Schiessgraben, *alibi Schiessgarten.*)

— 1470. (die Schiesgesellen vom Schiessgraben vor Bornheimer
Porten.)

— 1471. (die Schiesgesellen vor Bornheimer Porten, geben ständig
noch alljährlich bisher iij fl. vom Schiessgraben oder Garten und 1 fl. vom
Schiesshuse.)

— 1473. (die Schiessgesellen desgleichen.)

— 1474. (desgleichen.)

— 1478. (dieselben noch alljährlich 4 fl. vom Schiessgraben und
Huse.)

— 1482. It. iiij ₰ hat bezahlt Wiegelnhenne von der Almende hinter
sim Huse an dem nuwen *Schiessgange* (Schiessberge vid. alibi).

— 1484. It. iiij ₰ hat geben zu Zinsse Wiegelnhenne von einer Almende by der Schützen Schiessgarten.

— 1488. It. LXX fl. hat geben Arnolt Hirtze steynmetz, als er des
Rates Huss zuschen sant Katerinen Porten neben dem grossen Thore zu
der Steynhutten uff dem Graben (kaufte?)

— 1489. It. iij fl. XVI ₰ ddt. Heile Hofmanns Wittwe vss dem Huse
neben dem Dore und der steinhutten vff dem Graben.

— 1490. It. iiij fl. ddt. die Schiessgesellen vom Schiessgarten vnd
Huse *by sant Martha.*

rigens die Benennung auf dem Graben ohne weitere Anzeige
vorkömmt, so ist allemal der Holzgraben zu verstehen. Dass

— 1491. It. den Buwemeistern einen nuwen Buwe zu besichtigen an
der Schützenstoben by sant Martha.

— 1495. It iij fl. han geben die Schiessgesellen uff des Rades wiesen
uff dem Schiessgraben by sant Martha und von jrem Huse daselbst.

— 1498. Die Schiessgesellen zalen iij fl. vom Schiesgarten und 1 fl.
von der Schützenstoben.

— 1500. It. 1 fl. Wigeluhenne von der Almeyen hinder sine Huse by
dem Schiessgraben hinder den Juddenhusern.

— 1531. It. iij fl. von dem Grasse im Burgk- oder Stattgraben vom
Schiess Reyne an biss an Switzers Gärtechin (eins der gegen Grundzins
den Töngesgassháuser-Besitzern überlassenen Stücke des Hirsch- oder
Holzgrabens).

— 1552. am Thor bei der Rossmule off dem Holzgraben zu huten —
sieh pag. 92.

— 1557 werden die Plätze hinter den Häusern im Schiessgraben bei
S. Katharinen Pforten als erblich verliehen, zum erstenmal erwähnt —
an 9 Debenten.

— 1558. werden mehrere Bauplätze (resp.¹ Gartenbestandtheile) im
Schiessgraben bei Sanct Katharinen erblich gegen jährlichen Grundzins
verliehen; der höchste jährliche Grundzins ist 3 fl. 4 ₰ und der ge-
ringste 8 ₰.

— 1564. Den Armbrustschützen uft dem Junkherrngraben zum Haupt-
schiessen nach alter Gewohnheit 2 fl. jährlich Steuer.

O. U. 1579. H. — under S. Catharinen Pforten neben N. einer und
dem Holzgraben uns dem Rath zuständig anderseits, stosst hinden auch
auff uns den Rath.

— 1580. H. — an der Catharinen Pforte uff eyner und N. uff der
andern Siten gelegen, stosst hinten uff den Schiessgraben.

Stdt.-Rchnbch. de 1585. Der Steingraben bei St. Catharinen Pforten.

— 1593. Noch die Schützen uff dem Gänsegraben.

— 1597 wird N. N. vergünstigt, den Thurm, so in Eines Erbaren
Raths Holzgraben-Mauer steht, abzubrechen, doch daz er die Mauer vff
seine Kosten wieder machen lasse vnd jährlichs 4 ₰ Zins von demselben
Platz hinfüro gebe.

— 1598. Den Schützen vffm Herrn Schiessgraben zalt man für 7 Jahr
jedes Jahr 2 fl. zu ihren gewöhnlichen Schweinschiessen für die Jahre 1592
bis 1598 also 14 fl.

O. U. 1651. Behausung zwischen der Catharinen Pforten neben N.
einer — stosst hinten an *Diehlgraben.*

sonst keinem Juden erlaubt war, darüber zu gehen, hat Schudt im II. Theile der jüdischen Merkw. S. 254 behauptet. Am 2. Oct. 1685 brach um Mitternacht ein heftiges Feuer auf dem Holzgraben aus, welches 6 Häuser auf der Zeile in die Asche legte. Auch sollen durch dasselbe viele Herrndiele und bei 3000 Stecken Holz verzehrt worden sein. Frkf. Chr. I. 544.

Gebäude

zwischen den beiden Thoren bei der Hasengasse.

Lit. D. No. 213. Das *Stadtbackhaus*, die Stadtbäckerei oder das Commisbackhaus, welches 1674 seinen Anfang nahm. Denn als sich bei den damaligen Kriegszeiten Theuerung und Brodmangel einstellten, und die Bäcker immer um die Erhöhung des Brodpreises ansuchten, liess der Rath 6 Backöfen auf dem Holzgraben erbauen, und darinn Brod für die Soldaten backen, den Laib um 1 Kreuzer wohlfeiler, als ihn die Bäcker gaben. Chr. II, 758. In der Zeitfolge liess der Rath auch die ärmere Volksklasse an dieser wohlthätigen Anstalt öfters Theil nehmen. S. K. H. der Fürst Primas fanden für gut, die Stadtbäckerei aufzuheben und die Lieferung des Commis-Brods den Bäckern in der Stadt zu überlassen, dem Commis-Bäcker aber wurde die Backgerechtigkeit für sich gestattet, und ein Laden in der Hasengasse errichtet.

Auf der andern Seite steht wider dem Schönbornerhofe die Wohnung des Bäckers, und zwischen dieser und dem Mittelthore befinden sich die Holzbehälter.

Gebäude

zwischen den Thoren bei der Catharinenpforte.

Das *Salzmagazin*, vorher das Vergantungshaus, sonst aber

Lt. Stdt.-Allmdbch de 1688. Allemende hinterm Schiessgraben, (ehemals von Steindeckern zum Steinhauen benutzt.)

[Diese Stellen beziehen sich zum Theil auf den Zimmergraben, vgl. Note 87 und 92.]

das *Schiesshaus.* [92]) Dasselbe steht wider dem Mittelthore auf der
mittägigen Seite des Holzgrabens. Es war von langen Zeiten
her das Schiesshaus der Stahl- oder Armbrustschützen,[93]) die
ihren Scheibenstand hinter der Liebfrauenkirche hatten, und blos
aus einer Gesellschaft von Adelichen, Doctores und vornehmen
Kaufleuten bestanden. Im J. 1801 hörte die Schiessgesellschaft
auf, und das Gebäude wurde zu einem Vergantungshause eingerichtet, um die öffentlichen Verkaufungen in Zukunft beque-
mer als bisher darin halten zu können. Am 1. Febr. 1802 war
alles in vollkommenem Stande, und von diesem Tage an konn-
ten alle Personen, welche die vorzunehmenden Ausrufe nicht in
ihren Häusern wollten gehalten haben, sich der Zimmer
im Vergantungshause gegen einen billigen Zins bedienen. S.
Rechnei-Amts Publ. vom 25. Jun. 1802 im Intell.-Bl. q. J. No.
12. Aber 18 . . hörte die an diesem Orte getroffene Anstalt
wieder auf, und man wählte einen Platz in dem Barfüsserkreutz-
gange dazu.

Lit. F. No. 95 steht neben dem Salzmagazin.

Auf der Nordseite.

Die Spritzenhäuser des 6. und 10. Quartiers neben dem
Mittelthore.

Der Eingang zum Hofe des Catharinenklosters.

Ein altes steinernes Gebäude, welches zu Gefängnissen eingerichtet ist.

---

[92]) Die Schiessgesellschaft bei St. Martha, welche später mit der Krä-
merstube vereinigt ward, lag demnach unten bei der Bornheimer Pforte.
Von ihr verschieden ist das Schiesshaus der Stahl- oder Armbrustschützen,
unten auf dem Graben bei der Catharinen Pforte. Letzteres scheint mir
neueren Ursprungs und dann erst angefangen zu haben, wie die ältere Gesellschaft aufgehört hatte. F.

[93]) *Hackenschützen* 1573. Chr. II, 532.
Armbrust- und Büchsenschützen 1503. Chr. II, 722.
Krautschützen 1520, 1524, 1525, 1546, 1556 auf dem Hirschgraben.
Chr. II, 723.

Brunnen

auf dem Holzgraben.

[Hierzu fehlt der Text.]

. --

Zeile.

Frankfurt war schon längstens ein zu grossem Gewerbe ge-
eigenschafteter Ort. Ausser seinen berühmten Messen hatte es
auch noch ansehnliche Viehmärkte,[94]) die anfänglich vor der
Stadt, nach ihrer Erweiterung aber in derselben gehalten wurden. Um gute Ordnung zu erhalten, wies man einer jeden Gattung Viehes ihre besondere Gegend an, und der Viehmarkt,
der Rossmarkt, die Sauweide, ja selbst die Schäfergasse, der
Thiergarten und der Lämmergarten sind Benennungen, welche
durch die in alten Zeiten gehaltenen Viehmärkte veranlasst
wurden. Damit das Vieh keinen Mangel an Wasser litt, befanden sich allenthalben Brunnen und Weden, deren Anzahl uns von
der Bedeutenheit dieser Märkte einigermassen überzeugen wird
Die Gegend, welche dem Rindviehe zu seinem Standorte angewiesen war, wurde in den Zinsbüchern Forum pecudum oder
vicus pecudum genannt, weil das Rindvieh immer den grössten
Theil ausmachte. Mit mehreren Veränderungen erscheint der
deutsche Name, der nach dem Volkstone des XIV. Jahrhundert der Fieemertig und der femert ; späterhin aber der
Vihemert, Feemard, Fehemargt oder uff dem Fehemart u. s. w.
geschrieben wurde. Die Baldemar'sche Beschreibung von 1350

---

94) nämlich 2, einen Ochsenmarkt und einen Schweinemarkt. Der
erste fängt sich an Galli an und endigt sich auf Martini, alsdann nimmt
der Schweinemarkt seinen Anfang und währt bis Fastnachten. S. Ludovici
Handlgs.-Lexicon voce Frankfurt. Der Ochsenmarkt wurde im Jahr 1792
auf den Rossmarkt verlegt. S. Raths.-Verordg. vom 20. Aug. 1792.

gibt zu erkennen, dass sich der Viehmarkt (Forum pecudum)
von der Bornheimer Pforte und der Friedbergergasse bis zum
Bockenheimerthore (nachmals Catharinenpforte) und der Eschenheimergasse erstreckte, und dass also die Grenzen des alten
Viehmarktes mit den Grenzen unserer heutigen Zeile genau
übereinstimmen. [95]) Gegen Ende des XIV. Jahrhunderts wurde

---

[95]) O. U. 1332. tota habitatio domus et curie *ad ortos* sitae in
foro pecorum.
— 1348. Hus, Hob und Gesesse zu dem Garten uff dem Vehemerkete.
Beedb. 1365. It. Gypeln Hoff zum Schildknechte (liegt zwischen
der Svebin Hoffe und der Schäfergasse.)
O. U. 1367. Hof und Haus in der Nuwenstadt uf dem Fiehemerkete.
— 1371. H. in der Nuwenstadt uf dem Fihemerkt.
— 1388. Backhus und Gesesse da Katrine Wilnburgern jetzt inne
wonnet in der Nuwenstadt an Herrn Wanner uf dem Vichmart gen S·
Katrinen über.
S. G. P. 1395. H. uf dem Vehemarte.
O. U. 1419. H. u. Hoff — gelegin in der Nuwenstadt uff dem Fehe-
mergkte, genannt Hermann Leffels Hoff.
S. P. 1467. Der Stallburger Huss uffm Rossmarte.
NB. Dieses Haus, denen Stallburgern gehörig, scheint an der Stelle
gewesen zu sein, wo der Viehmarkt und der Rossmarkt an einander grenz-
ten d. i. auf der nördlichen Seite der Zeile, der Katharinen-Kirche
gegenüber. F.
— 1468. H. und Hof uff dem Fihemerckt an den *Stallbergern.*
S. *Stallburg* 6, S. 4. — 7, S. 1. und 10, S. 3. F.
O. U. 1468. Garten mit einem Hüssechin darin in der Nuwenstatt
uff dem Fehemerkte in dem Drutmanns Gessechin.
— S. P. 1470. H. zum Eichhorn uff dem Fehemerte.
— 1475. Hoff *zum Russenberge* uff dem Vehemerkte.
S. Brief. 1477. H. uff dem Fehemert.
S. G. P. 1488. H. uff dem Fehemarkt neben den Jungfern zu S.
Catrinen.
Bed-Rolle von 1509 zählt auf dem *Fiemarck* 73 Häuser.
O. U. 1538. Catharine Wiegil Steinmetzen Wittwe legirte 2 be-
nannten Töchtern ihre *Brennhütte* auf dem Vichmarkte neben Wilhelm
Weinbrenner gelegen.

die Reihe Häuser zwischen der Friedbergergasse und der Schäfergasse erbauet, und von ihr beschrieb man nun die Gegend
uff dem Fehemart an der Zyle, oder in foro pecudum an der
zyle, in novo oppido an der czyle, und endlich an der zyle,
ohne was weiter beizusetzen.[96]) Die Bedeutung des Wortes
zyle oder Czyle gibt das Sacristei-Inventarium unsrer Kirche
von 1460 Scr. V. No. 43 in nachgesetzter Stelle zu erkennen:
„Item eyn rode syden belcken (Antipendium) vor den elter
(Altar) darin gesprenget grüne gelebtze vnd gewese (grünes
Laubwerk und Wasen) mit golden fogelchin ye eyn czyle bra-
cken (eine Art Jagdhunde) vnd gulden hunden ye eyn czyle etc."

---

[96]) O. U. 1382. H. u. Gesess by der Bornheimer Porthen in der Zyle-
by Craffte Uher gein dem Vehemarkte gelegin.

Die Seite der Zeile längs dem Graben ist die jüngste und die Seite,
woran das rothe Haus stosst, bei weitem die ältere.

G. G. P. 1405. die Zile in der Nuwenstadt.

— 1417. H. uf dem Fehemerte an der Zyle.

— 1433. H. und graben — gelegen in der Nuwenstatt an der czyle.

— 1434. eine Hofstatt in der Nuwenstadt an der Ziel bei der Schäfergasse.

— 1435. H. an der Ziele in der Nuwenstadt uff dem Orte an der
Scheffergasse.

— 1464. H. uf dem Fyhemerte an der Zyle. F.

O. U. 1568. H. uff der Zeil *an der Schnell.*

Lt. Stdt.-Rchg. de 1591 zahlten 11 Besitzer von Gebäuden als Neubauten zum erstenmal Grundzins *uff der Zeil.*

— 1593 zahlte Peter Uffsteiner und Consorten den 3. und letzten
Termin der Kaufsumme für die ihnen verkaufte Behausung am Viehmarkt.
2833 fl. 8 ß.

— 1615 kommen viele neue Grundzinse von newen Bauten uff der
Zeil vor. F.

Mpt. XVII Sec. H. zur Neustadt auf der Zeil neben dem weissen
Ochsen.

It. j marca cedit Nativ. Xte de domo quam edificavit Johann de Butzbach apud domum Carthusiensem est haec domus et quasi acialis a latere
fontis ibidem uff dem Fichemarkt. (Vorher war die Rede de curia Claren
Stralnberger retro domum Henrici dicti Kalen uff dem Vehemert). Lib.
cens. B. M. V. Sacc. XVI.

Neue Häuser auf dem Gänsegraben betreffend, Chron. II. 26 (1686).

Niemand wird es bezweifeln, dass hier das Wort czyle eben so viel als Reihe bedeute, und noch heutigen Tages werden die Reihen von Weinstöcken in den Weinbergen die Zeilen genannt. Es hat demnach der obere Theil des Viehmarktes von der Zeile oder Reihe der neu erbauten Häuser zuerst den Namen der Zeile erhalten, der nachmals, als die Viehmärkte grössten Theils in Abgang geriethen, auch dem unteren Theile des Viehmarktes beigelegt wurde. Folgende Auszüge aus verschiedenen Zinsbüchern werden meine Meinung noch vollens bestätigen. „xxiiij ₰ hll. de domo et habitatione in vico forum pecudum infra vicos Fridebergergasz et Opilionum etc." Neben am Rande steht: an der langen Zil. L. C. Saec. XV.

„Item j ₰ hll. de curia domo horreo habitatione Hartmodi Stockers in superiore parte vici foro pecudum et Friedebergergasze et Opilionum." Neben ist zu lesen: „an der langen ziel huser." L. C. de 1405 f. 2.

„iij ₰ den. de habitatione Edelindis Distelern in novo opido in lynea domorum retro Crafft Vlner." Ueber die Worte in lynea domorum schrieb eine andere alte Hand: an der tzyle. L. C. de 1438. f. 7.

„i marca den. de domo — in novo opido loco dicto fehemart retro domum Crafft Ulner versus occidentem et est domus linearis quinta ab acie Crafftonis etc." L. V. de 1453. f. 127. Das Eck des Craffto Vlner war das Eck an der Friedbergergasse. [vgl. Note 70.]

„It. ½ marc. cedit Martini de domo 4ta ab acie an der Zeil ex opposito novi hospitalis." Lib. Cens. B. M. V. Saec. XVI.

Bis zum Jahre 1582 waren auf der mittägigen Seite der Zeile noch keine anderen Gebäude als das Zeughaus und einige Häuschen bei dem Katharinenkloster wahrzunehmen, aber in gedachtem Jahre wurden die Häuser von dem Katharinenkloster bis zur Hasengasse, und 1586 die übrigen bis zum Zeughause erbauet. Chr. I, 28. Im Jahre 1596 erhielt die Zeile ihr erstes Pflaster von Kieselsteinen, wie die zum Jungischen Annalen bezeugen. In der Chronik l. c. S. 484 wird des Platzes vor der Bornheimerpforte bei S. Martha erwähnt, und dieser

zeigte die Gegend der Zeile nächst beim Zeughause an, das
vorher ein Findelhaus [97]) war und zu S. Martha hiess.

Die Zeile ist ohne Widerrede die schönste Strasse der ganzen Stadt, sie hat ihre seltene Breite den Viehmärkten zu verdanken, die Raum erforderten und nicht zuliessen, dass sie der
alte Baugeschmack in engere Gränzen brachte. Ihre prachtvollen
Gebäude ziehen die Bewunderung der Fremden an sich, und
überzeugen sie von dem Reichthum der hiesigen Bürger. [98])

Häuser auf der Nordseite.

I.

Zwischen der Friedbergergasse und der Schäfergasse.

Das Eck. S. Lit. C. No. 21 auf der Friedbergergasse.
Lit. C. No. 218.

---

[97]) irrig, s. oben S. 81. F.

[98]) Die Zeil war der Communikations-Weg, der vor Entstehung der
Neustadt von der Bornheimer Pforte an die Bockenheimer (die jetzige
Catharinen) Pforte führte und der Ochsen-Markt mag schon damals da gehal-
ten worden sein. Wenn die erste Umgränzung der Stadt und die zweite, die
beide zusammen die Altstadt ausmachen, so genau zusammen verbauet
sind, dass an den meisten Orten diese nicht mehr kennbar werden, so ist
diess dem hohen Alter zuzuschreiben, dass seit der Vereinigung beider
Theile diesen Unterschied aufhob. Bei der viel späteren Vereinigung der
Neustadt oder der ehemaligen *Gärten* zunächst um die Altstadt her mit der
Letztern zu einem Stadt-Umfang haben sich viel deutlichere Spuren dieses
ehemaligen Unterschieds erhalten. Lange noch dienten Mauern und Graben
der Altstadt zu einer innern Verschanzung, wie noch der Plan von 1552
deutlich zeigt; daher kommt es, dass die auf die Altstadt stossenden Plätze
und Strassen der Neustadt in weiterer Entfernung von dieser inneren Stadtmauer standen und dass die Gebäude, die nun auf der Südseite an der
Stelle der alten ehemaligen Stadt-Mauer, die erst im 16. Saeculo niedergerissen ward, stehen, und die jetzige Zeile, sowie den Rossmarkt als Strasse
und Platz bilden, viel jünger sind, wie die auf der Nordseite. Sich die Entstehung der Neustadt in der Vor-Abhandlung von Battonn. [Heft 1,
S. 93.] F.

Lit. C. No. 219.

Lit. C. No. 220.

Lit. C. No. 221. *Sonne. Goldne Sonne.* War 1792 noch eine Fussherberge. [99])

Lit. C. No. 222. *Sonne, Goldne Sonne,* eine Schmiede. Dieselbe gab dem Stifte zu S. Leonhard auf Martini 2 fl. 2 kr. 2 h. Grundzins, in dessen Zinsbuche von 1644 aber heisst es: „4 fl. 1 ₰ zins de duabus domibus uff der Zeyl dicte zur Sonnen." Ich glaube deswegen, dass die beiden Häuser zur Sonne ehemals ein Haus gewesen sind, und dass nach der Theilung des Hauses auch der Zins getheilt wurde.

Lit. C. No. 223. *Schepfenstein.* [100])

1359. „Item ij ₰ hll. Sneppinstein loco gense garthe fossat." L. C. Fabricae Sacc. XIV in 12 Ser. V. No. 43. Der alte Stadtgraben gegen dem Hause Schnepfenstein über hiess der Gänsegraben; weil er aber damals schon ausgefüllt und zu einem Garten angelegt war, so wurde er hier der Gänsegarten genannt. [101]) „j marca den. — de domo habitatione et orto dictis Sneppinstein sitis in novo opido loco dicto fehemart retro domum Crafft Ulner versus occidentem et est domus linearis quinta ab acie Crafftonis acie non computata." L. V. de 1453 f. 127. Die Praesenz erhielt von diesem Hause auf Martini 1 fl. 30 kr., welchen Zins Henrich von Solzbach der Vikarie des h. Stephanus, dessen Besitzer er war, vermachte.

Lit. C. No. 224. *Pflug.* Auch zum *Pflüger.* [102]) Gab der

---

99) O. U. 1577. 2 H. aneinander uff der Zeill *zur Sonnen* genannt neben N. und N. stosst hinden uff die Behausung zur *Kronen.*

100) It. ij solid. hall. legavit Georgius et Katharina *Sneppinstein* do pecia ortorum sita infra fossam antiqui opidi Fr. loco dicto in deme Gensegarthin. Reg. cens. fabr.

101) Lt. Sdt.-Rchg. de 1649—1666 hiess dieser Grabentheil immer noch der Gänsegarten. (Ob nicht ein Besoldungsstück des zeitlichen Stadtschreibers?) F. [Vgl. S. 92.]

102) O. U. 1609. Behausung *zum Pflüger* genannt, sammt einem Hoff daran uff der Zeill — stosst hinten uff die Crone.

Fabrik S. Barthol. auf Martini 20 kr. Grundzins, und eben so
viel auch der Praesenz. „domus dicta zum Pfluger uff der Zeil —
gegen dem Zeughaus über." R. C. S. Leonardi de 1644.

Lit. C. No. 225.

Lit. C. No. 226 zahlte an die Praesenz auf Martini 1 fl.
30 kr. nebst 4 Kapaunen.

Lit. C. No. 227.

Lit. C. No. 228.

Lit. C. No. 229. *Weisser Löwe.* Gab der Praesenz auf
Jacobi 50 kr. Grundzins. [103])

Weisser Löw. War ein Stiftshaus, das zu dem folgenden
gezogen wurde. Sein Name erhellet aus einem Glaser-Zettel
zur Praesenz-Rechnung von 1701, darinn eine Forderung für
drei neue Fenster im Weissen Löwen auf der Zeile gemacht
wird.

Lit. C. No. 230. Das Eck an der Schäfergasse, welches
der Praesenz des h. S. Barthol. Stifts gehörte, und 1734 mit
dem vorigen neu gebauet und vereiniget wurde. Es wurde
nach der Aufhebung des Stifts von der Administration 1805
verkauft.

„iij marce den. de duabus domibus contiguis sitis in novo
opido superiore parte vico infra portas antiquas Burenheymer
et Buckenheymer latere septentrionali in acie vici proprioris vico
Frydeberger versus occidentem respiciente meridiem et occidentem ex opposito fossati circumdantis antiquum opidum". L. C.
de 1390. f. 82.

O. U. 1363. H. u. Gesesse zum Pflüger (Pfluger) gein *Falkenberg* ubir
gelegin (NB. Ob hierher gehörig oder zu Falkenberg in der Fahrgasse?)

Lt. Stdt.-Rchg de 1616 gehörte dem Aechter Konrad Gerngross seel.
das Haus zum Pfluger benannt uff der Zeilen, dass der Rath einzog und
zum Stadtbesten verwendet, sowie ein anderes Haus benannt zum halben Mond.

O. U. 1625. Behausung — zum Pflug genannt oben an der Zeil —
stosst hinten an die Herberg zur Krone. F.

[103]) O. U. 1588. H. in der Schäffergassen — stosst hinten uff das
Haus zum weisen Löwen.

II.

Lit. D. No. 1. *Römischer Kaiser.* Ein vornehmer Gasthof und das Eck an der Schäfergasse. [104])

Waisenhaus. In dem Intell.-Bl. von 1725. No. 52 wurde ein Haus auf der Zeile zwischen der goldnen Gans und dem sogenannten Waisenhaus zum Verkaufe angeboten. Ich vermuthe, dass das Waisenhaus kein anderes, als der Römische Kaiser sei. [105])

Lit. D. No. 2. 3. 4. Waren drei sehr schmale Häuschen, aus welchen 1796 ein hohes steinernes Gebäude entstand, das seinem Bauherrn Herrn von Leonhardi Ehre macht.

Lit. D. No. 5. *Goldne Gans.* War ein Gasthaus, bis sie ums J. 1795 mit der Rose vereiniget wurde. [105a])

Lit. D. No. 6. *Zur Rose.* Das Eck an der Gasse hinter der Rose, welches gleich der vorigen 1704 schon ein Gasthaus war. S. Chr. I. 433. H. Joh. Friedrich Schmidt kief die beiden Gasthäuser, und verwandelte ums J. 1795 die alten Nester in ein prächtiges steinernes Gebäude. [Jetzt der Familie *Mumm* gehörig.] Anno 1758 in der Nacht vom 6. Nov. starb Henrich Fürst von Schwarzburg-Sondershausen in dem Gasthause zur Rose an einem Schlage, nachdem er sich einige Wochen hier aufgehalten hatte. Frf. Postzeitung g. J. No. 178.

----

[104]) S. *Münden's* Jubelfeierpredigt der Buchdruckerkunst. S. 195. Es logirten darinn: Karl VII. — 1740. Maria Theresia vid. Acta rel. p. 2. — 17.. Der König von Dänemark — 17.. Kaiser Joseph II.

[105]) G. Br. 1413. Hof, Scheuer und Garten in der Nuwenstadt, als man von dem Fehemerte geet gen S. Peter zu der linken Hand, der da waz vor Ziten *Grede Thronen Hof.* (Ob hieher gehörig?) F.

Manspt. XVII. Sec. *Winterhof,* der *Holtzhoff* auf der Zeil, die Rose und was dahinten.

Ibid. — der *Holtzhoff* auf dem *Mehl-Markt.*

[105a]) Lt. Stdt.-Almdbch. de 1688. Allment in der gulden Gans, auf die Nachbar-Häuser stossen.

III.

Zwischen den Gassen: Hinter der Rose und Hinter der schlimmen Mauer.

Lit. D. No. 13. Das Eck bei der Rose.

Lit. D. No. 14. *Weisser Falke.* Das Eck an der Gasse: Hinter der schlimmen Mauer, wenn nicht das Eck gegenüber diesen Namen führt. In dem hiesigen Intelligenz-Blatte vom 21. Oct. 1732 wird der weisse Falk auf der Zeile gegen dem Türkenschusse über an der Schlimmenmauer angegeben. [106])

IV.

Zwischen der Gasse: Hinter der Schlimmenmauer und dem Weidengässchen.

Lit. D. No. 15. Das Eck hinter der Schlimmenmauer.

Lit. D. No. 16. [Zum Hollerbaum]. [107])

Lit. D. No. 17. *Weisser Greif.* [108]) Ein Brauhaus. S. Frf. Intell.-Blatt von 1787 No. 85.

Lit. D. No. 18. Der *Darmstädter Hof*; vorher das *Overbeck'sche* Haus [früher der Sandhof]. [109]) Claus Bromm, ein

---

[106]) S. G. P. 1465. Ortehus gelegen uf dem Fihemerte uff dem Orte der Slymengassen.

O. U. 1630. Eckbehausung *zum weisen Falken* genannt uff der Zeile.

[107]) O. U. 1526. Die Bleich genannt zum Hollerbaum mit 5 Zins Huserchen vff der Zyl gelegen neben Clasen Stralenbergers Wittwe und N. — stosst hinten an Hansen Brommen Schöffen.

[108]) Der weise Greyff wurde 1788 von den Cäsarischen Erben verkauft. Fr. N.-Bltt. de 1788 No. 26.

[109]) Beedbuch 1400. It. Herrn Bernharts Hoff uff. dem fehemerte.

O. U. 1479. H. Hoff und Schuwer — gelegen uff dem Fehemert an einem Orte zwischen dem Sandthoffe und dem Ecke, als man in die Slymengasse gehen etc.

O. U. 1480. H. Hoff und Schuren uff dem Fehemert neben an dem Santhofe.

Patrizier, war im Anfange des XVII. Jahrhunderts der Besitzer
des sogenannten Overbeck'schen Hauses auf der Zeile, weil er
aber zu dem mannsfeldischen Bergwerke gerieth, worüber die
Stadt grossen Schaden litt, so zog der Rath das Haus an sich,
und überliess es nachmals dem Herrn Landgrafen Georg von
Hessen-Darmstadt, welcher ihm dagegen das kais. Lehen auf
dem Klapperfelde abtrat, und dazu noch 4000 fl. baar Geld er-
legte. [110]) Kaiser Ferdinand bestätigte den Tausch am 21.

—— — —— ———

O. U. 1480. II. gelegen in der Slymmen Gassen neben N. und N.
und hinden zu am Santhoffs Garten.

O. U. 1482. Hoff, Garten, Schure, Stall und VII. Zinshusere daran
— genannt der *Santhof* gelegen uff dem Vehemarkt zuschen Hannsen vom
Ryne Schöpen und N. stosse mit den Zinshusern hinden uff die Slymengassen — dann ein Flecken in demselben Garten, daruff die Slymengasse stosse.

Der 1400 genannte Bernhard war Bernhard Nygebaur, der 1393 starb
(s. Nygebur A. 3.) oder einer seiner beiden gleichnamigen Söhne. Der
Titel *Herr* lässt auf ersteres schliessen, da es gewöhnlich war, diese Häuser
und Höfe oft noch mehrere Jahre lang nach ihren verstorbenen Besitzern
zu nennen. Vermuthlich nannte man diesen Hof in der Neustadt nach
seinem Hofe in der Altstadt worin er wohnte. Dieser Sandhof ist allen
Umständen nach zu schliessen der jetzige Darmstädter Hof. F.

[110]) Hier herrscht eine Verwirrung, die einer Berichtigung bedarf.
Der jetzige Darmstädter Hof ist nach allen Nachrichten der ehemals dem
Claus Bromm gehörig gewesene Hof auf der Zeil (s. Bromm E. 6.) Dieser
Claus starb 1587. Nach seinem Tod verglich sich die Stadt mit seiner
kinderlosen Wittwe über die Anforderungen der Stadt an diesen Claus, den
Saigerhandel betreffend, und es wurde der Stadt der grösste Theil des
Vermögens dieses Claus abgetreten, wozu auch der hier erwähnte Hof ge-
hörte. Vor dem Jahre 1587 konnte also dieser Hof nicht den Namen des
Overbeckischen Hauses führen. Ich habe die Akten des Vergleichs der
Stadt mit der Brommischen Wittwe nicht eingesehen, kann mich aber auf
die Wahrheit des erwähnten Auszugs verlassen. Die Stadt muss nach
diesem abgeschlossenen Vertrag das Haus an einen hiesigen Bürger Namens
Overbeck verkauft haben; 1612 gehörte dieses Haus dem Peter Overbeck;
1626—1627 erkaufte die Stadt das Overbeckische Haus und trat so wieder
von Neuem in den Besitz desselben und 1627 ward dieses Haus an Darmstadt gegen das Klapperfeld umgetauscht, zu welchem Zweck die Stadt
dieses Haus ohne Zweifel erkauft hatte. Der Vertrag zwischen Darmstadt

Jänner 1627. Chr. II. 205—208, und die Frf. Privil. S. 437
und 442. [Vgl. oben S. 44]. [111]) Das alte Gebäude vorn bei
der Strasse war 1747 bereits niedergerissen, aber erst 1754 am
20. Mai Vormittags wurde von dem Prinzen Georg von Hessen-

und dem Rath, diesen Umtausch betreffend, benennt diesen Hof ausdrücklich nach seinem ganzen Begriff, also dem Flächeninhalt gemäss, den Darmstadt jetzt besitzt, das Overbeck'sche Haus. Zwischen 1587 und 1627 muss
dieser Hof also im Besitz einer Familie Overbeck gewesen sein, von welcher er damals den Namen hatte. Dass die Stadt nach 1587 wirklich im
Besitz dieses Hofes gewesen und dass solcher der *Sandhof* genannt worden,
beweisen die Stadtrechnungs-Auszüge (Bogen Finanzsache etc. Brommiana)
von den Jahren 1588—1591. Später fehlen viele Jahrgänge aus denen mir
zur Einsicht gekommenen Stadtrechnungen, ich kann also nicht bestimmen,
in welchem Jahre die Stadt den Brommischen Hof in Bürgerhände verkaufte, aus dem sie 1626 ihn wieder käuflich an sich brachte. F.
[Vgl. *Dr. Steitz* die Melanchtons und Lutherherbergen zu Frankfurt am
Main. Frankf. 1861. (Neujahrsblatt des Vereins für Geschichte für 1861),
in welcher Schrift ausführlich von Claus Brommen Haus gehandelt wird. An
der Stelle dieses Hauses befand sich der Garten des Schöffen Sebastian
Schmidt, der am 8. Sept. 1532 als der Letzte seines Geschlechts starb.
Von dessen Erben haben ihn Johann Frosch und seine Ehefrau Ursula
Bromm wohl durch Kauf erworben. Johann Frosch starb 1541 kinderlos
und seine Wittwe verschaffte in ihrem Testamente diesen Garten an dem
Viehhofe ihrem Bruder Claus Bromm. Letzterer hat dann darauf das ansehnliche Gebäude errichtet, welches der Stadtplan von 1552 zeigt, in
welchem häufig fürstliche Personen ihre Herberge nahmen und in welchem
auch Melanchthon 1557 gastfreundliche Aufnahme fand. Der westliche
Seitenflügel im Hofe ist noch ein Theil des Bromm'schen Baues.]
[111]) Laut Stadtrchng. de 1634 wird den Baumann'schen Erben erlaubt,
ihre Behausung in der Schlimmengasse, neben Petri von Overbecks Erben
zur grünen Hand zu nennen. (Die Overbeck'sche Behausung hatte einen
Ausgang nach der Schlimmengasse.)
P. Oberbeck's Behausung auf der Zeil betreffend. 1612. Chr. I, 197.
Lt. Stdtrchg. de 1626 erkauft der Rath das Overbeck'sche Haus auf
der Zeil für 12000 Rchsthlr., welches er an den Landgrafen v. Hessen-
Darmstadt gegen das Klapperfeld nebst *Zug·hör* vertauschte. — (Die
Zahlung geschah den 24. Mai 1627.)
Laut Bürgerbuchs. 1676. fit civis Johann Wolfgang Rohr, Verwalter
im *Landgräflichen Hofe* allhier.
Vgl. Orth's Reichs-Messen. S. 129. Geleide betreff.

Darmstadt der Grundstein zu dem neuen Palaste mit der grössten Feierlichkeit gelegt. Eine ansehnliche Deputation des Raths war dabei gegenwärtig; auch paradierte eine Compagnie Grenadiere, und Paucken und Trompeten nebst anderer Musik liessen sich abwechselnd dabei hören. Mittags war im Hofe grosse Tafel. Frf. Postzeit. von g. J. No. 81. Dass der Hof unter die *Freihöfe* gehörte, hat Orth in der 3. Forts. der Anmerkungen über die Frf. Reformation S. 136 bemerkt. [112])

Lit. D. No. 19. Der *Viehhof.* War ein Gasthaus, [jetzt wieder, genannt der russische Hof] und zugleich der Ort, wo sich die Stallungen für das an den Markttägen hieher gebrachte Vieh befanden. Im J. 1784 wurde der Viehmarkt von der Zeile verlegt, wie aus einem Publicatum des Rechneiamtes vom 9. Febr. g. J. zu ersehen ist; und der Viehhof wurde 1786 an den katholischen Kaufmann Herrn Schweitzer verkauft, der auch noch das Nebenhaus an sich brachte, und bald darauf an ihre Stellen ein prächtiges Gebäude mit einem grossen auf vier Säulen ruhenden Altan setzte, dessen majestätische Bauart das Auge jedes Vorübergehenden auf sich zieht, und der Zeile eine vorzügliche Zierde verschafft. Dass der Viehhof 1704 schon ein Gasthaus gewesen, bezeugt die Chronik im I. 433. Am 9. Sept. 1778 Morgens um halb 9 Uhr brannte der Schornstein darinn. [113])

------

[112]) Vermuthlich erst ein Freihof, seitdem es an Darmstadt gekommen war, weil es sich früher in Bürgerhänden befand. F.

[113]) O. U. 1529. Der Viehhof mit Stallen etc. neben Sebastian Schmitten Scheffe einer- und den Jungfrauen S. Catharinen anderseits.

— 1545. H. und Hof der *Viehehoff* genannt uf dem Viehmarkt neben Wicker Brommen einer- und einem Haus den Jungfrauen St. Catharinae zuständig anderseits.

Lt. Stdt.-Rchg. de 1592 und 1594. Der Wirt zum Viehhof.

— 1613. Philipps Offenbacher Malern zahlt man für eine newe (Markt-) Fahne, mit Ochsen vndt Schweinen zu mahlen, welche vff die gewöhnliche Viehmarkttagen aus dem Viehhofe ausgesteckt werden solle, dazu er das Tuch geben = 4 fl. 12 β.

Laut Bürgerbuchs 1630. fit civis N. N. Wirth im Viehhofe.

Lit. D. No. 20. Das Haus, welches mit dem vorigen nun ein Gebäude ist.

· Lit. D. No. 21. War ein weit vorstehendes Eck.

Lit. D. No. 22.

Lit. D. No. 23.

Lit. D. No. 24. *Schwarzes Lamm.* War ein vorstehendes Eck. Die vier kleinen Häuser von No. 21 bis 24. kief der Gastwirth H. Dick im Rothenhause, riss sie nieder, und setzte das neue von Stein erbaute Haus in eine gerade Linie mit dem Seinigen. Dadurch wurde dem grossen Missstande auf einmal abgeholfen, welchen der weite Vorstand dieser kleinen Nester bisher verursacht hatte.

Lit. D. No. 25. Das *rothe Haus,* oder das grosse rothe Haus.[114] Es war im XVII. Jahrhundert schon ein berühmter Gasthof. An seiner Stelle stunden vorher 6 kleine Häuser, die ein Bürger Johann Porsch für 6000 fl. kaufte und statt ihrer im J. 1631 ein grosses steinernes Gebäude aufführte, das ihn über 32000 fl. gekostet haben soll. Der nachmalige Besitzer, Namens Günter, machte sich des Verbrechens, falsches Geld gemünzet zu haben, verdächtig und gerieth darüber in einen schweren Prozess. Sein Haus und Gut wurde indessen mit Arrest belegt, und das Haus blieb lange Jahre unbewohnt, bis es zuletzt verkauft wurde. Der Käufer Herr Dick liess die ganze vordere Seite im J. 1769 abbrechen und sie nach dem Baugeschmacke seiner Zeit zurichten. Oben über der Altane wurde Statt des Schildes eine genaue Abbildung des Hauses, wie es vor seiner Veränderung ausgesehen, angebracht, mit einer goldnen Unterschrift. Im folgenden Jahre wurden auch die zwei grossen Statuen neben der Thüre gesetzt, um dem schönen Gebäude dadurch eine neue Zierde zu verschaffen, und von der Zeit an war dasselbe einer der berühmtesten Gasthöfe, welcher von den

---

[114] O. U. 1329. Curia et tota habitatio dicto des *Roden hob* sita prope curie dicte der Schweben hob.

Herbordus dictus Tronre versetzt dieses Haus laut dem ältesten Insatz-Buch dem Happloni de Alsfeld Hed. uxori etc.

vornehmsten Herrschaften besucht wurde. 18.. wurde das
Haus für ... fl. verkauft, und hörte auf ein Gasthaus zu sein:
1810 wurde es um ein Stockwerk erhöht. Aus den älteren
Zeiten ist zu bemerken, dass 1647 am 9. Oct. der Kurfürst Anselm Casimir von Mainz sein Leben darinn beschloss, dessen
Leichnam zuerst in der S. Barthol. Kirche beigesetzt, und nachmals in einem Trauerschiffe nach Mainz geführt wurde. Chr.
I. Th. 2. Bd. S. 41. [Jetzt ist dies Haus abgerissen und an
dessen Stelle steht das grosse Postgebäude.]

    Lit. D. No. 26. Ein schönes Gebäude von Stein, das 1809
einen neuen Aufsatz erhielt, und dadurch ein vierstöckiges
Haus wurde. [115]) [Das Dörr'sche, jetzt Böhler'sche Haus.]

    Lit. D. No. 27.

    Lit. D. No. 28.

    Lit. D. No. 29. Das Eck am Weidengässchen. [116])

Ackermanns Hof. [117]) Curia Wernheri Ackermann. „vj ß de
curia wernheri dicti ackermann superiore parte vico pecudum
vulgariter femert infra vicum dictum Froisch et Escherszheimer-
gasz et infra curiam eidem contiguam videlicet Heyldebechers

---

[115]) Dieses Haus gehörte dem berühmten Gelehrten von Uffenbach, der
es bauen liess. Es hatte einen 2 Stock durchlaufenden Saal, in welchem
dessen berühmte Bibliothek aufgestellt war. Herr Handelsmann Arbauer,
der es erkauft hatte, liess 1809 einen Stock darauf setzen. F.

[116]) S. G. P. 1417. Das Orthus uf dem Fehemerte, da ein Güsschen
hein geet.

[117]) Reg. cens. fabr. It. sex solid. hall. legavit Culmannus Wins-
eroderer et Guda coniuges de curia, domo, horreo ac tota habitatione
Wernheri dicti Agkermann, sitis in novo oppido Fr. superiori parte, vico
dicto fienertig latere septentrionali infra curias — Heylbechers et dicti
Wiszen.

Ibid — It. 19 sol. colon. legavit Elyzabeth Lowenere — de curia
in foro pecorum sita extra muros — Heylbecher de Horheim dat.

O. U. 1354. Hof gelegin in der Nuwenstadt uff dem Vehemerkete
der etzwanne was Wernher Erkermanns seelig.

(in L. C. de 1423. Heydelbergers) versus orientem, et Wiszen ex opposito quasi vici Kaldebechergasz". L. C. de 1428 f. 49. In dem Zinsbuche von 1423 f. 43 heisst es: „ex opposito quasi vici Kal. gasz". Wer diese Stelle liest, muss glauben, dass sich gegen dem gedachten Hofe über, und folglich auf der mittägigen Seite der Zeile, eine Gasse befand, die aber da nie existirte, denn da zu selbiger Zeit der alte Stadtgraben in der Gegend noch nicht ausgefüllt war, und die Häuser daselbst nicht eher, als in der letzten Hülfte des XVI. Jahrhunderts erbauet wurden, so widerlegt sich die Existenz einer solchen Gasse von selbst. Das Zinsbuch (Portatile Baldemari) von 1356 S. 21. beschreibt den nämlichen Hof auf folgende Art: Sex sol. Hall. de curia — sita in novo opido Frank. superiore parte vico dicto forum pecudum vulgariter Fiee Mertig latere septentrionali infra vicos dictos Froschis et Eschersheymer gazzen — opposito quasi vico dicto Kothingazze antiquo opido Frank. prenotata". Baldemar nennt hier die Gasse, welcher der Hof schräg gegenüber stand, mit ihrem wahren Namen die Kothengasse, und zeigt zugleich ihre Lage in der alten Stadt an. Die Kothengasse aber hatte ihren Eingang in der Töngesgasse und stösst hinten auf die Stadtmauer. Ihre über die Mauer hervorragenden Häuser machten dem Viehmarkte ihre Lage kenntlich, und man nahm sie deswegen in der Beschreibung des obigen Hofes zu Hülfe. Die Namen Kaldebechergasz und Kalgasz sind hier als unächte Namen zu betrachten, die der Kothengasse nie zukamen. [Sollte aber das Zinsbuch von 1423 nicht die Kalgasse, d. h. das Weidengüsschen gemeint haben?]

V.

Zwischen dem Weidengüsschen und der Eschersheimergasse.

Lit. D. No. 33. War das Eck am Weidengüsschen, welches zu dem Weidenhof gezogen, und ihm gleich gebauet wurde.

Beyrbch. de 1358. Werner Ackirmanns Hob gelegin uff dem Vehemarkte mit Namen an Heylm. Wissen Hob dem Gott gnade. (Der Wyssen Hof wahrscheinlich der jetzige Weidenhof? F.)

8*

Man pflegte es das Batzenhäuschen zu nennen. Batzen war ein doppelter Albus oder die Vierkreuzerstücke; durch den Reichsschluss von 17.. hörten diese Münzen auf.

Lit. D. No. 34. *Weidenhof*, ein Gasthaus, vorher *zur Weide*[118]) und seit kurzen Jahren das Eck am Weidengässchen. Es gehörte vor Zeiten der Familie von Holzhausen; denn 1446 Feria 3 post Decollat. Sti Joh. verkaufte Johann Eckelmann mit noch andern an Gypel von Holzhausen für 28 fl. „Eyn husz vnd stellechin mit siner zugehorunge gelegen in der Nuwenstad geyn dem Closter zu Sant Kathrine uber an Gippel von Holtzhusen vorgenannt hoffe den man nennet zur Wyden vnd stosse vff den *wege*[119]) (Viehmarkt) zuschen demselben hoffe

---

[118]) G. Br. 1414. H. in der Nuwenstadt an dem fehemarkt genant zur Wyden zuschen Engel Weisse und Wigand Smydts H. (Weiss v. L. 36, 1.) F.

— 1429. H. zur Wyden in der Nuwenstadt gen S. Cathrinen über·

— 1429. H. und Hof zuschen der Wyden und dem Baghuse.

O. U. 1438. Hof Huss Schure und $\frac{1}{2}$ Garten — gelegen in der Nuwenstadt uff dem rossmarkt uff dem Orthe genant Witchoff.

G. Br. 1439. H. uf dem Fehemart in der nuwenstadt zu F. gen S. Cathrinencloster uber, das nu *zur Wieden* heiszet gelegen an dem H. *zur alten Smytten* das etzwan geheiszen *Closemans gesesse.*

O. U. 1528. Ein leerer Flecken darauf hievor eine alte Behausung gestanden auf dem Dantzplan bei dem Rossenmarkt. (Der freie Platz, der jetzt den Paradeplatz ausmacht, und damals weit grösser war, wird nirgends wie hier der Tanzplan genannt. Dieser Ausdruck also scheint mehr irrthümlich von dem Schreiber angenommen, als allgemein üblich gewesen zu sein. F.)

— 1572. Behausung der Weidenhoff genannt vor S. Cathrinen-Pforte uff der Zeill.

1 fl. 16 β vom Haus, Hof und Scheuer auf der Zeil zwischen dem Weidenhoffe und dem Rothen Hause. Zsbch. B. M. V. No. 190. Lit. D. No. 31. modo Vogelhuber im Weidenhofe.

Vgl. auch Chron. III, 1. (1439)

Lt. Stdtrchg. de 1610. Die Wirtin im Weidenhofe zahlt bedeutendes Vngelt resp. Accis.

[119]) Alle Strassen der Neustadt waren früher *Wege*, die theils um die Altstadt herum, theils zwischen den einzelnen Gärten und Meierhöfen zur Communication dienten. Hier scheint sich der Name *Weg* für Strasse noch spät erhalten zu haben. F.

vnd dem Kalenwege (Weidengässchen)." Aus der Urk. im
Frank. Arch. Am 28. Sept. 1628 Abends zwischen 7 und 8 Uhr
stürzte dem Wirthe im Weidenhofe sein neuer Bau von 3 Stockwerken, welcher auf das Gässchen stiess, zusammen, ehe er noch
ganz fertig war. Die 2 Maurermeister hatten die Mauern im
Keller nicht genug verwahret, also dass sie von der Last des
Baues niedergedrückt wurden. Die Meister mussten deswegen
ein neues Gewölbe machen, und den Bau auf ihre Kosten wieder
herstellen, welches sie über 2000 fl. kostete. C. Kitsch geschr.
Chronik von Frf. S. 6. [Der Weidenhof, in dem auch einst
Goethe's Grossvater die Gastwirthschaft betrieb, (vgl. über ihn
und die späteren Wirthe die Mittheilungen des Vereins III, 456)
ist jetzt niedergerissen gleich dem Hause Lit. D. No. 35 und
an deren Stelle steht jetzt das ansehnliche „Haus Mozart".]

Lit. D. No. 35. [Zur alten Schmiede, früher Closemanns
Gesesse vgl. Note 118.]

Lit. D. No. 36. Eine Schmiede. [120])

Lit. D. No. 37. *Zu den drei Königen.* [121]). Frf. Intell.-Blatt
von 1741.

Das Eck. S. D. No. 38 auf der Eschersheimergasse.

----

[120]) Dieses scheint das alte Backhaus gewesen zu sein.

[121]) Im alten Mpt.: Haus zum *haarigen Ranzen.*

O. U. 1409. Haus Hoffchin Stall — gelegen in der Nuwenstadt
gein sant Katharinen über zuschen der Schmitten und Gelen Sweben
Gesesse.

Lt. Stdtrchg. de 1650 waren vorzüglich die Raths-Gastereien für
Fremde in diesen Zeiten im Gasthaus zu den 3 Königen.

[Die kleinen Häuschen 36 und 37, welche noch bis zuletzt eine
Schmiede und ein Bierhaus waren, sind im J. 1813 vom Schlossermeister
Laubinger erkauft und abgebrochen worden, an ihrer Stelle steht jetzt
ein grosses Haus.]

Backhaus. [122]) „Baghus gen S. Catrinen uber ufme vihmerte" S. G. P. von 1430.

Bleichgarten. „Hus und bleiche in der Nuwenstadt uf dem fihemert gen S. Katrinen garten ubir." S. G. P. von 1467.

Beide, das Backhaus und der Garten, haben längstens aufgehört.

Häuser auf der Südseite.

I.

Zwischen der Gasse: Unter der Katharinenpforte und der westlichen neuen Gasse.

Lit. D. No. 186. *Katharinenkirche und Kloster* auf der Ecke. [123])

(Hierzu gibt Battonn keinen Text, aber folgende Nachrichten de claustro monialium S. Catharinae.)

---

[122]) G. Br. 1400 backhus in der nuwenstad vf dem vehemerkt gen S. Katrinen uber.

O. U. 1418. *Backh. in der Nuwenstadt* by dem fehemerte.

— 1434. Back-H. in der Nuwenstadt gen S. Katrinen über, *an der Wyden.*

S. G. P. 1445. Bakhus in der Nuwenstadt uf der Ecken gen S. Catrinen über.

[123]) G. Br. 1347 der nuwe spedal der da stet vor Bockenheimer dor. Stdt-Rehnbuch de 1350. It. Meyster Wycker Froyschin von des nuwen Spidals wegen zum Garten 50 ℔.

— It. 1 ℔ ddt. Der Lepper (Altrusse, modo Schuhflicker) by sant Katrinen vff der Lepperhutten by sant Katrinen.

O. U. 1354. (sub Ortulanis) für den nuwen Spital vor Bockenheimer dor.

S. G. P. 1370 daz nuwe closter.

— 1367. Das Spedal zu Katrinen.

— 1392. Die Jungfrauen zum nuwen Cloister in Fr.

O. U. 1512. H. — zwuschen der Sant Katherinen Porten neben N. stosst hinden ans Spital zu Sant Katharinen.

R. C. S. Leonh. de 1536. Coenobium monialium d. Katherine vff dem vyhemarckt.

Reservatum sibi jus patronatus fiel nachdem die Familie Frosch ausgestorben den Herrn von Holzhausen als Erben anheim, welches ihnen im XVII. Seculo endlich abhanden gekommen ist.

Die Translation der Kirchweihe geschah 1490 zufolge der Annal. R. F.

Ao 1353 auf S. Katharinen-Tag sind 8 Jungfrauen, dann die Meisterin Catharine von Wannbach, und sonst fast alle Catharinen geheissen, hineingethan worden. Ist auch keine, die nicht Catharine geheissen zur Musterung forder genommen worden.

Ao. 1355 Octava Epiphaniae nach dem Ampt der Messe, daselbst gehalten hat der Prior im deutschen Hans 4 (alibi 8) Jungfrauen nach dem deutschen Ordenshabit in Weicheln und Kappen zum ersten angezogen und bekleidet.

Ao. 1355. 14 et 15 kalend. Maij. hat Herr Albrecht von Beuchlingen 2 Altäre und 2 Kirchhöfe darinnen geweihet. (Schurg. Coll. II, 217).

Lt. Stadt-Rechnung de 1539 — das Kremchin unter der Rustwehr by St. Katharinen Kirchen.

— 1540. Das Krämlein unter der Stegen für sant Catharinen.

— 1541. Zins vom Haus zusehen Sanct Cathrinen Pforten neben dem Thornpfort, dem Steyngraben gehet gelegen.

Lt. Stdtrchg. de 1652. Zins von einem Kram gegen dem *Pannitzerloch* über.

Lt. Stdt-Rchg. de 1664. Kram neben der Mitterhutten an der Cathrinenkirchenmauer.

— 1678/1681 werden bedeutende Summen zum Kirchenbau der Catharinen-Kirche an die Pfleger derselben vom Rath gezahlt, namentlich für Glockenspeis circa 500 fl., aber auch baar Tausende.

— 1680/1683 (worin viele Vorschüsse vom Rath an die Pfleger sub rubro *zum Kirchenbau* vorkommen, heisst es:) an die Pfeiffer, so vff dem Catharinenkirchenthurm geblasen verehrt 4 fl. 12 ₰.

— 1684 — für ein gemachte newe Fahne vff dem Catharinenthurn fl. 2. 12 ₰.

Der auf der Zeile nächst der Catharinen-Kirche liegende Bauplatz — der 9350 ☐Fuss — gegen die Strasse à 91 Fuss und eine Tiefe à 108 Sch. hat und an keine Gebäulichkeiten gränzet, sondern vorn und hinten wie auf beiden Seiten mittels der anzulegenden Strassen davon befreit bleibt — soll verkauft werden — nebst Vorlegung des Planes über die Anlegung der neuen Strasse zu deren baldigste Eröffnung von der Zeil einstweilen auf den Holzgraben bereits die nöthigen Vorkehrungen getroffen sind etc. Bau-Amt 28. März 1803 im Nachr.-Blatt.

Die Meisterin hat unter sich eine Priorin und zum Vormunder den ältesten Froschen de linea fundatoris gehabt, wie sonderlich im Jahr 1382 H. Johann Frosch und der älteste Schöff Herr Jacob Knobloch solche gewesen.

Aus dem Siegel, so die Meisterin oder Aptissin geführet, ist abzunehmen, dass die erste eine von Breidenbach gewesen sei, denn die Froschen und Breidenbacher Schilder stehen in demselben neben S. Catharinen-Bildniss. (Mpt. Rühl.)

Ao. 1462. in der Kirchen an dem Stuhl unterm Schwanauer Wappen stehet also: „Zu diesen Zeiten stund es wild."

Ao. 1477 hat Ulrich von Buchen eine Messe darinn gestiftet.

In diesem Closter hat die Aptissin und der Pfleger den Altar S. Stephani, Laurentii, 11000 Virginum, S.S. Petri et Pauli und des H. Kreuzes Altar (?) zu vergeben.

Ao. 1521 ist ein fremder Prediger im Cathar.-Closter aufgestanden. 1522 prima concio in eccl. S. Cath. sieh *Ritter* 39 u. ff. 150, 62, 105.

Ao. 1526 ist das Kloster leer worden und sind 10 Jungfrauen darausgegangen zu ihren Eltern und Freunden und hat man ihnen die Hälfte der Angift mitgeben; welche aber darinn bleiben wollten, denen hat es freigestanden und hat der Rath das Kloster zu sich genommen und durch seine verordnete Pfleger versorgen lassen. Heut zu Tage werden alte abgelebte Weiber darinn gehalten und von dem Einkommen versorget, wie auch etliche Prediger davon besoldet.

Ao. 1591 im Febr. hat man die Kirch mit neuen Fenstern, Bunen und schönen Säulen herausgeputzt, weil obiges alles sehr baufällig gewesen, in dem Kloster in der obersten Stuben so grün gemahlet, stund eine gar alte Schrift in der getäfelten Wand: Soli Christo Servo fidem, ipsi soli tota devotione me comitto. Und darbei noch folgende Reimerei:

> Seelig ist, der Niemand übel spricht,
> Mehr seelig ist, der grosse Krieg verricht,
> Viel seeliger ist, der wider die Sünde ficht,
> Aller seeligst ist, der seinen eignen Willen bricht.

Meisterinnen des Klosters.

(Der Titel Magistra und nicht Abtissin kommt einzig in den Päpstlichen und Erzbischöflichen Bestätigungs-Urkunden vor.)

1353. Catharina von Breidenbach (alias Wannbach) kommt vor Urkunde 1371 et 1373. Senckenberg. Sel. I, 150.

1382. Lysa von Speyer, auch 1394. (Lersner II, 187) (Andere zwischen fehlen — ?)

1405. Margarethe Fielgin.

1426. Margarethe Weinrich. (Grede Winrich 1425 in Docum.)

1430. Anna von Glauburg.

1451. Kuntzge Schwarzenbergerin. 1455. (Senckenberg. sel. I, 173.)
1459. Gretchen Reichenbachin.
1470—1476. Anna Schildknechtin. (Lersner II, 179.)
1471. Katharina Seltzern.
1494. Gretge Schneppensteinin.
1501. Margareta Frilgen genannt Nussbaumin.
1532. Elisabeth . . . . .
      (Zu vergleichen mit Lersner II, 11, 84.)

Priorissae.

1373. Subit Greda priorissa lt. Urkde.
— Elysabeth?
1394. Meckel zum Paradies. Lersner II, 187.
1426. Ryle Weysin (aliis Rylchen Wyssen 1426.)
1455. Agnes Zingeln in Lit. Kuntze Schwartzenbergerin de eodem anno.
1445. Gela von Glauburg. Lersner II, 175.
Laut Original-Urk. kommen vor:
1364. Am heil. Kindleins-Tag Catarine Meisterin.
1414. Frau Grede Winrichen, Meisterin, Frau Meckel zum Paradies Priorissin, Drude Clobelauchen, Else Golzsteinen und Else Ratgebern Conventjungfrauen.
1418. Grede Monis Meisterin.
1426. Margarethe Weynrichin, Rilchen Wissen, Priorin und Convent des Cath.-Closters stellen eine Urkunde aus.
1450. Konne zum Burggraven, Meisterin; ebenso 1452.
1472. Gela Glauburgerin Priorin.
1489. Gude Snepstein Meisterin — Anna Humbrachtin Priorin.
1501. Margaretha Filgen genannt Nussbaumin Meisterin.
1540. Anna Breidenbach magistra Cenobii S. Cathar.
1548. Ela de Spangenberg do.   do.

Altaria S. Catharinae erant:

Altare S.S. Mariae et Elisabethae.
— S. Barbarae.
— S. Elogii.
— S.S. Stephani, Laurentii et 11000 Virg.
— S.S. Petri et Pauli Apostolor.
— S. Crucis.

Ao. 1359 stiftet Frau Elsa, Seifried Froschen Wittwe zu dem Altar S.S. Mariae et Elizabethae eine ewige Mess, dazu behielt sie sich und ihren Erben das Recht bevor, solches Einkommen anderswohin zu kehren, wenn es nicht recht versehen würde, auch das jus collationis vorbehaltlich.

Ao. 1365 am 22. Aug. hat Ammelung von Wolfsheim Capellanus S. Catharinae novi oppidi dem Kloster ein Instrument durch Conrad Wysse von Treiss aufrichten lassen, dass das Kloster *nit* des Stifters Willen erfülle. Ist eine Appellation wider des Testators Freund mit Hülfe der Truwenhänder.

Ao. 1420. 1 Juli Chron. II, 769 (ob nicht Senckenberg. selecta?) et II, 549.

Ao. 1461 hat der junge Reiffenberger ein Beneficium und Altar zu St. Catharinen zu stiften im Willen und soll der Rath dasselbe verleihen (ex Mpt. Rühl)l.

Ao. 1470 streitet Engel Frosch mit dem Rathe, wegen des Juris patronatus. Er will allein die Jungfrauen-Pfründe verleihen, und versiegeln, lässt doch endlich zu, salvo jure suo, dass der Vormunder im Namen des Rathes und die Meisterin und Convent solche Pfründen mit ihm verleihen (ex Mpt. Rühl).

Ao. 1476. Endres Mersch benefic. altaris S. Laurentii.

Ao. 1495. D. Georg Pfeffer wegen uxoris Gilbrecht v. Holtzhusen Wittwe als Engel Frosch Erben, präsentirt mit der Meisterin, Johann Knorven von Diepurg zum Beneficium, das Herrmann Schneider von Diepurg gestiftet.

Ao. 1638 12. Septbr. ist zu S. Catharine begraben worden, Dorothea, geborne Gräfin zu Hanau, des Grafen von Gleichen Wittib im Alter von 85 Jahren, starb den 5. ejusd. nachdem sie sich über 29 Jahre allhier aufgehalten hatte.

Ao. 1641. 22. Oct. starb Graf Henrich Volrad von Stollberg und wurde im S. Cathar.-Closter bei seiner hievor verstorbenen Fräulein beigesetzt. Haben die verheirathet und älteste Juncker zum Grab, die Fahnen aber und Fackeln die jungen Geschlechter vorgetragen. (Ex Mpt. Rühl.)

Der Altar der neuen Kirche ist 1681 durch Meister Hans Martin Sattler, Steinhauer von Itzstein (der auch die Kantzel gemacht) verfertiget und den 19. Febr. völlig aufgesetzt und folgenden Tages am Sonntag Invocavit wurde die erste Kirche gehalten.

Ueber die Stockerischen Altaristen apud S. Catharinam.

Altaris S. Crucis. Joannes *in der Wüste* obiit. 1505.

Fridericus Martorff Praepositus in Wilburg et Canon. eccl. S. Bartholomaei praesentatus per Magistram Coenobii Catharinam Frosch relictam Gilberti de Holtzhausen et Elisabetham ejus sororem, relictam Georgii de Hele, alias Pfeffer, ab officiali investitur ao. 1505 die 9[o] mensis Juny obiit 24. Septbr. 1527.

Henricus *Fabri* Vicarius S. Leonardi et Altarista altaris S. Crucis
in coenobio S. Cathar. praesentatus per Magistram coenobii S. Cath. et
Jacobum Stralinberg et Henricum Herdan administratores eiusdem Coenobii·
(Ex processu Johann Kempe de 1410.)

Die 2 Stockerischen Stiftungen sollten anfänglich nach S. Peter gelegt werden, weil man aber nicht einig werden konnte, wurden sie in die
Catharinenkirche auf 2 Altäre gelegt, auf welchen schon vorher Altaristen
gestiftet waren.

(Da diese Altaristen noch bis in das 17. Saeculum praesentirt wurden,
also lange nachdem der lutherische Gottesdienst in dieser St. Catharinen-
Kirche schon eingeführt war; so muss das Bartholomäus-Stift in dem Besitze der Stiftungsbriefe und Einkünften dieser Altäre sich befunden und
die Altaristen selbst den Gottesdienst in anderen Kirchen gehalten haben. F.)

Ad Altare S. Barbarae et Elysabethae.

1567. Hieronymus *Klihorn* Canon. S. Victor Mogunt. praesentatus
ad hoc Altare, ipsa die S. Laurentii a praeposito Reinhards comite in Solms
fuit investitus. Obiit 1590 d. 16. July.

1591. Carolus *Wildthelm* Can. S. Victor Mog. praesentatus a Phi-
lippo Cratz de Scharpfenstein Metrop. Mog. decano qua Praeposito S. Bar-
tholomai Fr. 8 Januarii; in possessionem vero missas mesue Februarii 1591.
(Ex litteris cui Subscr.: ad Joannem Latomum qua officialem Praepositurae:
Mercurius Wildthelm, Cantor S. Victor; Christoph Faber, Johann Carl
Fichardt Lts., Johann Koltz à Schweppenhausen.

Ad annum 1400 1501 vid. *Orth's* Anm. 3 Forts. S. 179.

Johis Gotschalci Altaristae altaris S.S. Mariae et Elisabethae in
coenobio S. Catharinae — cujus jus praesentandi tunc pertinuit ad Joannem
Frosch Scabinum, quod altare nunc (1410) habet D. Jacobus Herdan per
viam permutationis praebendae suae in S.S. Mariae et Georgii ecclesia.
(Ex Processu Joañ Kempe 1410.)

1461. Heinrich Oberodt Altarista zu S. Katrinen.

1469. Altarista Henr. Hirbst, ad S. Cathar. ex fundation. mis.
pag. 1.

1488. Visitationem monasterii S. Cathar. concern. vid. *Guden* cod.
dipl. II, 75. Johannes de Orba altarista altaris S.S. apost. Petri et Pauli
in coenobio S. Catharinae.

· Ad altare S. Elogii post obitum Joh. Grunau Conradus Crutzberger
instituitur. (Ex docum. famil. de Holtzhusen.)

Altaristae S. Cathar. verkaufen dem Capitel S. Barthol. 1509 um
100 fl. 4 fl. Gold lt. Stfts.-Archiv.

Ad annum 1743 vid. Mpt. in 8", wo die Stelle Intra 1 et 2 Aprilis
de nocte horribilis Ejulatus etc.

Altare S.S Stephani et Laurentii concern.

Joannes *Apothecarii* altarista altaris S.S. Stephani et Laurentii et 11000 Virginum in coenobio S. Cath. praesentatus per Dominam Lysam Magistram ejusd. coenobii et Prolium Knobelauch Seniorem. (Ex Processu Joannis Kempe 1410.)

Joh. *Stoecker* (alias Zöllner) altarista altaris S.S. Stephani et Laur. in coenobio S. Cathar. praesentatus per manufideles dictarum der Stockarn.

Joannes *Brandt* Vicar. S. Barthol. hujus altaris altarista, obiit 1599 17. Julij.

Magister Michael *Weberus*, Canon. Aschaffenburg. praesentatus per Andream Weberum Decanum S. Bartholomaei, Eliam Deublinger Decanum B. Mar. Virg. in Monte; Philippum Museler et Conradum Klenck cives Francof. tanquam patronos et collatores ao. 1599 et investitus ultimo mensis Octobris ab officiali.

Joannes Itstein altarista altaris S. Loij (Elogii) in coenob. S. Cathar. ad quod praesentatus a Magistra coenobii et haeredes quondam Wickeri Frosch fundatoris Coenobii. Idem quoque Altarista Altaris O.O. S.S. ad Poenitentes fuit. (Ex processu Jann. Kempe. de 1410.)

Joannes Schott Altarista Stoeckerian. fundationis, nec non S. Leonhardi Canonicus et in Moxstatt beneficiatus 1616.

N. N. Curt. 1638.

Ao. 1616 ab ecclesia nominatus fuit *Martinus N.*, Vicarius S. Bartholqmaci, ab Laicis vero *Johannes Schott* qui accedens tamen Ecclesiam optinet. (Stiftsarchiv.)

Anniversarium Conradi Bart, Sacerdotis et Altaristae ad S. Cathar et ejus parentum (vide in Annivers. de 24. August).

Ao. 1524. Der Rath liess, nachdem die erste Luther. Predigt im Catharinen-Kloster gehalten worden, diese Kirche ausser der Zeit zuschliessen, damit die Altaristen ihre Messen nicht lesen möchten, wesshalb auch etliche Altare abgebrochen wurden. (Ex Mpt. Adami Diel. Carmelit.)

Vom Kloster und Spital überhaupt s. Chron. I, II, 70 und II, II, 169. Buri pag. 183. Florian S. 245. Müller Beschr. pag. 70 flg.

Ueber die Katharinen-Kirche siehe Z. Jungen Mpt. und (Dr. Rühl's) Frankf. Beiträge zur Ausbreitung nützlicher Künste und Wissenschaften, II, 599 und II, 710. ferner Ritters evangel. Denkmal. S. 105.

Ueber die Kathrinen-Kirche siehe das Leben Weiker Frosch's ihres Stifters in der Geschichte dieses Mannes B. 3. und Senckenberg's Selecta iuris et histor. ibidem citat. F.

[Die für die Stiftung des St. Kathar.-Klosters wichtigsten Urkunden, — das Urtheil des Schöffengerichts über die von Catharina zum Rebstock an Wicker Frosch gemachte Schenkung von 1342, der Stadt Schenkung eines Bauplatzes an Wicker Frosch von 1343, die Schenkung des W. Frosch

an das neue Spital zum H. Kreutz von 1346, die Schenkung desselben an
das Kathar.-Kloster von 1353, desgleichen an das Spital zum H. Kreutz
von 1353, desselben zweite Dotations-Urk. für das Kathar.-Kloster von 1354
und dessen Testament von 1363 — sind jetzt im Archiv für Frankf. Gesch.
Neue Folge, Band 4, S. 299 flg. abgedruckt.]

Lit. D. No. 187.   Gehört dem Katharinenkloster.

Lit. D. No. 188.   Auch ein Klosterhaus, das vor Kurzem
noch ein Backhaus war, und in einem Intell.-Blatte von 1728
das Bannbackes genannt wird. Es ist seit dem J. 1806 ein Eck
geworden.

II.

Zwischen den beiden neu angelegten Gassen.

Lit. D. No. 190 und 191 waren zwei lutherische Pfarrhäuser,
die ums J. 1803 verkauft wurden. An ihre Stellen kam ein
grosses steinernes Gebäude von vier Stockwerken zu stehen,
das aber inwendig in zwei Häuser abgetheilt ist.

III.

Zwischen der östlichen neuen Gasse und der Hasengasse.

Lit. D. No. 194.   Das vorstehende Eck und Backhaus an
der neu angelegten Gasse. [124]

Lit. D. No. 195.
Lit. D. No. 196.
Lit. D. No. 197.
Lit. D. No. 198.
Lit. D. No. 199.
Lit. D. No. 200.
Lit. D. No. 201.
Lit. D. No. 202
Lit. D. No. 203.

---

[124] Lt. Stdtrchg. de 1627 erhielt das nun abgebrochene (ehemals
Kitzische) Backhaus die Gerechtigkeit als Haus auff der Zeilen beim Katharinen-Kloster. F.

Lit. D. No. 204.

Lit. D. No. 205.

Lit. D. No. 206. *Hirsch-Apotheke.* Hat vorher auf dem Markte auf einem Hause geruht, von wo sie 17.. auf die Zeile verlegt wurde.

Lit. D. No. 207. *Zum niedrigen Hause.* Am 27. Jänner 1708 fiel ein Bürger und Schneider, welcher darinn getrunken hatte, im Herausgehen in den Brunnen, da ihn die dabei gewesenen Bürger und Handwerksleute todt herauszogen. Chron. II, 824. (804.)

Lit. D. No. 208.

Lit. D. No. 209. *Der grüne Hof.* [125])

Lit. D. No. 210. Das von *Barkhausische* Haus, welches Kaiser Carl VII. während seinem hiesigen Aufenthalte in dem J. 17.. bewohnte. [Vgl. Mittheil. IV. 123.]

Lit D. No. 211. Das von *Lersner'sche* Haus.

Lit. D. No. 212. Die grossherzogliche, vorher die Kaiserliche *Briefpost.* [126])

Lit. D. No. 213.

Lit. D. No. 214 wurde mit dem Ecke vereinigt.

Lit. D. No. 215. *Neueneck.* Das Eck an der Hasengasse, welches 1780 mit dem vorigen Hause neu gebaut wurde. Es war vor Zeiten eine Fussherberge und Gastwirthschaft *zum neuen Eck,* (Chr. I, 433) die der gemeine Mann spottweis die Lausherberg zu nennen pflegte.

----

[125]) O. U. 1592. Behausung *zum grünen Hof* genannt uff dem Viehmarkt — stosst hinten uff unsern des Raths Holzgraben.

[126]) Das Privathaus des ehemaligen Ober-Postmeisters Herrn von Berberich, das nun seinem Schwiegersohn, dem Herrn General-Postdirector von Vrintz gehört. Für die darin befindliche Post zahlt der Fürst Taxis die Miethe. F.

IV.

Zwischen der Hasengasse und der Gegend: Unter der Bornheimerpforte.

Lit. II. No. 1. *Türkenschuss.*[127]) Das Eck bei der Hasengasse. Am 9. März 1730 wurde ein preusischer Korporal ohne
einigen Wortwechsel von einem Kerl mit einem Hirschfänger
in dem Wirthshause zum Türkenschusse erstochen. Chr. II, 721.

Lit. II. No. 2.

Lit. II. No. 3. Das Haus, in welchem am 19. Sept. 1801
der Königlich Dänische Hauptmann Henckel von einem Juden
David Joachim aus Prag früh Morgens mit vielen Messerstichen
so sehr verwundet wurde, dass er in wenigen Minuten darauf
verschied. Die Schlossergesellen im Hause, als sie den Lärmen
hörten, eilten herbei, und verwischten den Mörder noch auf der
Stiege. Da derselbe nicht mehr entfliehen konnte, und sich
schon von Soldaten umrungen sah, brachte er sich mit einem
im Rockermel verborgenen Messer mehrere bedeutende Wunden
bei, woran er ebenfalls noch an dem nämlichen Tage in der
Mittagsstunde starb. Weil jedoch derselbe noch vor seinem
Ende gerichtlich vernommen worden war, und er seine be-
gangene Missethat bekannt hatte, auch ausserdem noch alle
Umstände dieselbe unbezweifelt bestätigten, so wurde am
22. Sept. folgende Verfügung getroffen: sein Körper wurde von
den Henkersknechten zum Fenster des h. Geistspitals herausge-
worfen, und auf einer Kuhhaut zum Schindanger unten am
Main geschleift. Der Körper wurde aufs Rad geflochten, der
Kopf auf einen Pfahl gesteckt, und die Hände wurden neben
an das Rad genagelt, dabei stand die Schrift David Joachim,
Mörder.

Lit. II. No. 4.

Lit. II. No. 5.

Lit. II. No. 6.

---

[127]) Lt. Stdtrchg. de 1641 zinset zum erstenmal das Haus *zum Türkenschuss* Grundzins an die Stadt für 9 Jahr 18 fl. 3 ß 6 ₰ — und zwar
zahlen solchen Nicolaus Noell seel. Erben.

Lit. II. No. 7.

Lit. II. No. 8 war der Familie v. Holzhausen gehörig.

Lit. II. No. 9.

` Lit. II. No. 10. Das *Sondershausen'sche* Stiftungshaus.

Lit. II. No. 11.

Lit. II. No. 12. Der *Zeughaushof*, welcher den Tag über
zum Durchgehen für Jedermann offen steht, und ausser dem
Zeughause noch verschiedene kleine Gebäude enthält. Die im
Hofe in Reihen übereinander liegenden ungemein grossen Kugeln
von Stein sind nicht mit Stillschweigen zu übergehen. Die
grössten messen im Durchschnitte :.. Schuh, und sie paradiren
hier als ein Denkmal der alten Art zu kriegen. Man bediente
sich ihrer bei Belagerungen, wo man sie mit Hülfe der Wurf-
maschinen in die Städte schleuderte, um ihre Häuser durch
solche schwere Massen zu zerstören. Vom Zeughause ist Unter
der Bornheimerpforte nachzusehen. [128])

Konstablerwacht. Sie steht neben dem Zeughause im Eingange der Zeile. [Vgl. S. 84.]

Clemenhof. „Der Clemenhof und Schure gelegen vf dem
fehemert". S. G. P. von 1415.

Behausung zur *grünen Lünnen* genannt — uff der Zeil
neben Christoph Wilden einer- und Mathias Gassten, Gutscher
anderseits, stosst hinten uff unser des Raths Holzgraben. O. U. 1596.

Behausung zu der *neuen Burgk* genannt, uff der Zeil stosst
hinten uff die Stattmauer. O. U. 1609.

Behausung zum *halben Thurn* genannt uff der Zeil stosst
hinten uff den Holzgraben. O. U. 1617.

Behausung — auf der Zeile neben dem Haus zum India-
nischen König einer-, und Henrich Schilden anderseits gelegen,
stosst hinten an den Holzgraben. O. U. 1619.

Riemensprang auf der Zeile. Intell.-Bl. von 1739.

---

[116]) 1545 ward das neue Zeughaus gemacht. Chron. II, 444.

Brunnen
bei der Konstablerwacht.

Sonst der Brunnen am Zeughause. Die Chronik sagt I, 25
und II, 8., er sei im J. 1589 erbauet worden; allein da derselbe
auf dem Belagerungsplane von 1552 schon erscheint, so kann
obige Nachricht nicht anders, als von einer blosen Reparatur
oder auch von einer gänzlichen Erneuerung des alten Brunnens
verstanden werden. Obschon übrigens an dem letzt gemeldeten
Orte beim J. 1424 eines Borns auf dem Viehmarkte gedacht
wird, so lässt sich doch nicht entscheiden, ob dieser oder der
folgende Brunnen gemeinet sei. (S. Behrends S. 166.)

Brunnen
beim Weidenhofe.

Wie der Belagerungsplan von 1552 zu erkennen gibt,
stand dieser Brunnen in der untern Gegend der Zeile, und zwar
ober dem Schiedepfuhle, ohngefähr gegen dem Weidenhofe über.

Die erste Nachricht von ihm war in dem Zinsbuche von
1405 zu finden, wo das Haus des Nicolaus Schuchus beschrieben
wird: „in novo oppido prope Bockenhemmer porten ex opposito
dem pule" wofür aber eine andere Hand neben auf den Rand
schrieb: „Ex opposito putei prope Buckenhemmer porten". Dass
die Bockenheimerpforte, von der hier die Rede ist, keine andere,
als die Catharinenpforte war, bedarf kaum einer Erinnerung.
Vielleicht war dieser Brunnen der nämliche, von welchem die
Chronik II, 7. spricht: „1405 wird der Born uffm Viehmarkt
gemacht"; aber alsdann wird diese Stelle wohl nichts anders, als
eine blose Ausbesserung des Brunnens anzeigen sollen. Denn
ausserdem, dass die Chronik in Betreff der Brunnen öfters dun-
kele und sehr unrichtige Nachrichten mitgetheilt hat, so ist es
auch noch höchst wahrscheinlich, dass dieser Brunnen und der
Brunnen beim Zeughause zum Behufe der Viehmärkte angelegt
waren, und folglich ihre Entstehung in weit frühere Zeiten
fallen muss.

Im J. 1582 wurden die Häuser vom Katharinen-Kloster bis zur Hasengasse erbauet, und die Zeile erhielt dadurch das Ansehen einer ordentlichen Strasse, aber der Schiedepfuhl und der Brunnen verursachten noch einen Missstand in ihrem Eingange, welcher endlich durch ihre Abschaffung gehoben wurde.

Rosenbrunnen.

Zwei Weden und ein Brunnen waren seit dem J. 1582 den Viehmärkten entzogen worden, und damit das Vieh keinen Mangel mehr an Wasser litt, liess der Rath im J. 1596 zwei neue Brunnen graben. Chr. I, 26. Mit den Nachrichten der Chronik stimmen auch die zum Jungischen Annalen überein, wenn sie sagen: A. 1596 vicus die Zeile silicibus sternitur, et novis 'puteis augetur duobus. Der Rosenbrunnen ist auf dem Belagerungsplane von 1552 nicht zu sehen; er ist folglich einer der später gegrabenen Brunnen. In den Handschriften wurde er gewöhnlich der Brunnen auf der Zeil unweit der Schlimmengasse beschrieben, bis er in neueren Zeiten den Namen von dem nahen und nun eingegangenen Gasthause zur Rose annahm. Er war sonst ein offener Ziehbrunnen, aber 17.. wurde er bei der Erde gedeckt, und erhielt eine Pumpe. Ein auf dem Pumpenstocke glänzender Blumentopf mit einer vergoldeten Rose verherrlicht das Ansehen des Brunnens.

Rothehausbrunnen.

Dieser ist auf dem Belagerungsplane von 1552 noch nicht wahrzunehmen; er ist demnach der andere von den zwei im J. 1596 auf der Zeile gegrabenen Brunnen. S. vorher. Weil er dem Rothenhause gegenüber steht, so veranlasste dieses seinen Namen. Er hörte 17.. auf ein offener Ziehbrunnen zu sein, und erhielt einen zierlichen Pumpenstock von Stein mit einer aufgesetzten Urne.

Der Schidepfuhl.

Dass Pfuhl und Wede öfters als gleichbedeutende Worte
mit einander verwechselt wurden, geben die Nachrichten von
den übrigen Weden hinlänglich zu erkennen. Gegen dem
Katharinen-Kloster über in dem mitten Eingange der Zeile befand sich ehemals eine grosse ummauerte Wede, über welcher
eine Laterne an einem langen schräg in die Höhe steigenden
Balken hing. In diesem Zustande erscheint sie auf dem Belagerungsplane von 1552. Die Alten liesen die Eschersheimergasse
bei der Bockenheimer oder Katharinenpforte ihren Anfang nehmen,
und sie war der vicus dividens oder die Scheidegasse der neuen
Stadt. Diese Gasse zog also bei der Wede vorbei, und die
Wede erhielt von ihr im alten Volkstone den Namen des Schide-
pfuhls. In dem S. G. P. von 1404 kömmt „der Schidepul in
der Nuwenstadt" vor; [129]) sonst aber wird er namenlos der Pfuhl
bei oder auser der Bockenheimerpforte beschrieben, wie das
Zinsbuch von 1405 und die hiesige Chronik II, 675 beim J. 1409
bezeugen. Mit dem J. 1582 nahmen die Gebäulichkeiten von
dem Katharinenkloster bis zur Bornheimerpforte ihren Anfang,
und nun erst erhielt die Zeile das Ansehen einer ordentlichen
Strasse; aber der Schidepfuhl in ihrem Eingange verursachte
einen Missstand, der nicht anders, als durch seine Abschaffung
zu heben war, die dann auch bald nach dem J. 1582, wie es
scheint, erfolgte. [130])

Die Wede auf dem Viehmarkte.

Nach dem Berichte der Chronik II, 25 befand sich eine
grosse Schwemme oder Wede gegen dem Viehhofe (Lit. D.
No. 19.) über, folglich auf der südlichen Seite der Zeile, und

---

[129]) S. P. P. 1404. II. in der Nuwenstadt by dem Schidepule.

[130]) *Stdt.-Rchg. de 1490* It. — den Buwenmeistern ein (nuwen)
Buwe zu besichtigen — gein der Wede über by sant Katrinen.
— 1512. Die Wede by sant Kathrinen wird durch Kercher gefegt. F.

9*

ohngefähr in der Gegend, wo das Haus Lit. ... steht. Sie
wurde 1582 zum Behufe der neu anzulegenden Gebäude ausgefüllet. Wo übrigens der Wede auf dem Viehmarkte ohne weitere Beisätze gedacht wird, da ist allemal diese Wede zu verstehen. [131])

Pfandhausgässchen.

Ein stumpfes Nebengässchen der Zeile, das wahrscheinlich
nicht früher, als gegen Ende des XVI. Jahrhunderts durch die
Verbauung des Klostergartens entstand. Des S. Katharinen-
gartens in dieser Gegend gedenkt das S. G. P. von 1467. S.
Bleichgarten zwischen dem Weidengässchen und der Eschersheimergasse. Der Name dieses Gässchens wird nur selten gehört. Ihn veranlasste das hinten im Kloster befindliche Pfandhaus. Sein Alter kann demnach das J. 1739 nicht übersteigen.

Häuser.

Lit. D. No. 189. Ein grosses Gebäude des Katharinen-
klosters hinten im Gässchen, darin sich das Pfandhaus befindet,
welches 1739 am 20. Jänner angeordnet, und worin am 13.
April g. J. die erste Amts-Session gehalten wurde. Beyerbachs
Samml. II, 218. und 224.

Lit. D. No. 190. War ein lutherisches Pfarrhaus, das sonst
zum Katharinenkloster gehörte; aber 1803 verkauft, und darauf
mit dem neu erbauten Ecke vereiniget wurde.

---

131) Alle Stellen überzeugen mich, dass diese *zweite* angebliche
Weede eine und dieselbe Weede mit dem Schidepfuhle gewesen. Die Beschreibung *dem Viehhof gegenüber* kann nur so viel sagen, dass sie ohngefähr bis dahin gereicht. Nirgends in der Stadt standen 2 Weeden so
nahe beisammen, wie dieses in dem von Battonn angenommenen Falle gewesen sein müsste. Der Belagerungs-Plan von 1552 ist hier nachzusehen. F.

Neu angelegte Gasse.

Weil die Hasengasse und die Gegend: Unter der Katharinenpforte, zu weit von einander entfernt sind, so hatte man
schon längstens den Wunsch geäussert, noch eine Zwischen-
gasse von dem Liebfrauberg nach der Zeile angelegt zu sehen.
Der Rath liess deswegen einige kleine und alte Häuser, welche
dem Katharinenkloster gehörten, niederreissen, verkief 1803 den
leeren Platz, um ihn nach dem vorgelegten Plane zu verbauen,
[oben Note 123] und auf solche Weise entstand mit dem Baue
der neuen Häuser zugleich auch die neue Gasse, welche einstens
durch Niederreissung des daneben stehenden Eck- und Back-
hauses ansehnlich erweitert werden soll. Auf der andern Seite
beim Liebfrauberge hat man das Stockische Haus dicht neben
der Kirche in Vorschlag gebracht, um seinen Platz und einen
Theil des Zimmergrabens ebenfalls zu einer Gasse zu verwen-
den. Geschieht dieses, so hat der vom Rathe gefasste Plan,
zwischen der Zeile und dem Liebfrauberge noch eine Gasse
herzustellen, seine Vollkommenheit erreicht. [Es dauerte aber
noch lange Zeit, bis dieser Durchbruch geschah und die jetzige
Liebfrauenstrasse entstand.]

Schäfergasse.

Wird in den lateinischen Handschriften vicus Opilionum
genannt. Sie wendet sich von der Zeile in einem Bogen nach
der Friedbergergasse, und wird deswegen in der Baldemar'schen
Beschreibung der Strassen als ein vicus angularis (Winkelgasse)
angegeben; in seinem Vikariebuche aber wird bei der Vikarie
der h. Maria zweiter Stiftung ein Haus beschrieben: „in vico
opilionum latere occidentali infra vicum pecudum et partem
huius lateris ad vicum frideberg seu orientem se curvantem“.
Der Ursprung ihres Namens ist wahrscheinlich bei den grossen

Viehmärkten zu suchen, die ehemals auf der Zeile, und in den
angränzenden Gegenden gehalten wurden. Jeder Gattung Vieh
war ein besonderer Platz angewiesen, und die Schäfergasse [132]
war ohne Zweifel die Gegend, wo sich an den Markttagen die
Schäfer mit ihren Schafen einzufinden pflegten. [133] Einige
Häuser, als der Schäferhof, der Schäfergarten und der Lämmergarten führen von ihnen noch den Namen. Anno 1519. Fer. 5.
post Barthol. vergönnte der Rath den Anwohnern der Schäfergasse, sie zu pflastern. Chron. II, 23.

Häuser

auf der Westseite.

Die *Peterskirche.* Das Eck bei der alten Friedbergergasse. [134]

---

[132] S. G. P. 1370. Die Schefirgazse. Ebenso 1396.
— 1426. H. in der Nuwenstadt uff dem Eck an der Scheffergasse.
— 1475. Die Scheffergasse in der Nuwenstadt.
Stdt-Rchnbuch de 1454. It. x fl. hat geben Johann Dorfeldern vnd
eyn Theil der Gemeynde, zu sime Buwe vorn an dem Orth der Scheffergassen.
— 1469. Brand in der Scheffergassen.
— 1491. It. — den Buwenmeistern ein nuwe Buwe zu besichtigen
by dem Spital in der Schäfergassen.
— 1524 ein Thor an dem Hause zur Kronen in der Scheffergassen.
[133] Diese Strasse hat auch die *Kirchengasse* und ihr Plan vor dem
Kirchhofe der *Kernerplan* geheissen. Vgl. hier Note 134.
[134] O. U. 1406. H. Hof u. Garten in der Nuwenstatt in der Schäffergassen, der etzwann was Bechtolds zum Sassenstein seel.
— 1453 erkaufen die Pleger der Kirch zu Peter zur Erwydunge
derselben Kirch, Kirchhoffe und Umbgangs ein Haus hart an derselben gelegen. fer. in festo S. Mathei apostoli.
S. G. P. 1466. H. bei S. Peter in der Scheffergassen.
O. U. 1468. H. in der Nuwenstatt in der Scheffergassen uff dem
Kerners Plane an Heilen Heppen Garten etc. (Der *Kerners-Plan* ist ohne
Zweifel der gevierte Theil der Schäferstrasse vor der Peterskirche und Kirchhof, welcher von dem auf letzterem stehenden Kerner (carnarium, Bein-
haus) den Namen erhielt.

[Hierzu und zu dem anstossenden Peterskirchhofe gibt Battonn keinen Text, sondern nur nachstehende Collectaneen.]

Ecclesia S. Petri in novo oppido priscis temporibus fuit sacellum exiguum, sive oratorium nullis altaribus ornatum aut notabilibus redditibus dotatum. Quare tandem ruinae proximum desolatum aliquamdiu fuit, donec circa annum domini 1417 auctoritate et consensu Archiepiscopi Moguntini, Johannis Nassoviensis, erecta et dedicata est in hanc formam, quam nunc videmus; opera vero et aliqua ex parte impensis et cura Johannis Ockstatt Scabini et Jacobi Humbrecht, civium Francof. (teste littera Archiep. Mogi. dd. Francfort 3 post Michael 1417, cujus copia in libro Jur. Canon. fol. 135. habetur.)

— 1473. II. und Garten und Schuer by St. Peter an der Brommen-Hoff uff eyner Syten und N. anderseits.

Stdt.-Rchnbch. de 1478. It. CLXXX fl. han wir empfangen von Caspar Komans seel. Truwenhändern vmb solcich Hoff, Huss und schure und Zugehore, als der Rat vormals vmb Vasant Wittwe gekauft hat vnd die Truwenhender vmb den Rat gekauft han dienende zu einem beneficio einer frumessen zu Sant Peter nach Lude der Briefe. [Vgl. auch Würdtwein D. M. II, 802. 809. 811.]

— 1488. It. viij fl. han geben Clas Offsteyner vnd Hammann Rohrbach von eyner Aluende by Sant Peter zuschen irren beiden Husungen.

— 1491. It. — den Buwenmeistern einen nuwen Buwe zu besichtigen by sant Peter *uff dem Brande.*

— 1503. Der Platz zum S. Peters Kirchhofe ist um fünfthalbhundert Gulden von den beiden Gebrüdern Conrad und Clas Schide an Häusern, Scheuern, Höfen und Gärten an St. Peters Kirchen in der Scheffergassen gelegen verkauft worden.

Lt. Stdt.-Rchg. de 1505. It. viij Gulden dedit Jacob Heller von der Almey in der Nuwenstatt by S. Peter, stoist uff eyner siten uff Buwerhennes Huss vnd hinden vnd neben uff Jacobs Garten, stoisst vorne uff die gemeyn gassen.

— 1508 wird der zu erkaufende Kirchhof vermög Testaments des Hansen Felbers desshalb acquirirt auf dessen Kosten, dass — „damit die lebendigen Menschen des schedelichen Gesmacks der Doten vnbeswert pliben mogen".

— 1508. Die Testamentarien des Hanns Felber von Nordlingen kaufen von den dazu vermachten 1500 fl. a. einen Kirchhof by S. Peters Kirchen inne der Nuwenstadt, und b. eyen *Flecken zu Sassenhausen* by den h. dreyen Königen. Sie lassen beyde Gottesäcker befrydden und wy-

In littera Arch. Mog. dicitur Joh. Ockstatt scabinus et Jacobus Humbrecht, piae ac sincerae devotionis moti affectu collabenti sacello occurrere decreverunt, supplicaruntque Archiepiscopum pro consensu ad ulteriorem erectionem, reformationem, consecrationem et dotationem ejusdem basilicae atque altarium constructionem in eadem.

Eaedem litterae Archiepiscopi dicunt porro : Quia igitur dicta basilica tantum ab eccl. parochiali distabat, ut populi circumcirca habitantes et propediti laboribus non facile possent ipsam ecclesiam parochialem (S. Barthol.) adire, Archiep. Joannes indulsit dictisque Johanni et Jacobo commissit, ut prefatam basilicam reformarent, restaurarent atque aedificarent, altaria 3a in ea fieri et erigi, ipsamque basilicam in honorem S.S. Petri, et Pauli Apost. (competente prius dote eidem assignata atque redditibus pro luminaribus ejusdem ordinatis) dedicari et hujus modi altaria consecrari procurarent. — Concessit quoque facultatem truncum erigendi pro imponendis oblationibus, quae ad fabricam cederent, simulque omnibus vere poenitentibus, confessis et contritis, qui dicto loco pias suas eleimosynas ex charitate praebuerint modis indulgentiarum de injunctis poenitenciis relaxavit.

---

hen und geben dem Rate den Ueberschuss à 328 fl. 2 β 5 Hllr. zurück — dessen sie nicht durften.

O. U. 1523. Garten der *Peters Gart* genannt mit sampt V Zinshussern daran bey S. Peter in der Friedberger Gassen gelegen neben N.

— 1543. Ein Garten sammt zweien Zinshäusern daran — in der Newenstatt, in der *Kirchgassen* neben *S. Peters Kirchhoff* uff eyner und Bernharten Kuhhorne uff der andern Seyten.

Lt. Stdt.-Rchg de 1552. — Holz von der Schud (dem Wall) bei die Peters Schawr (eine Holz- und Heuscheuer des Rats bei S. Peterskirch) zu furen, furlohn etc.

O. U. 1579. Eckhaus, das *Glockhaus* genannt sampt einem Gertlin dagegen über — neben dem *Pfarrhaus* zu S. Peter gelegen, stosst hinten sampt dem Gertlin uff den ehrenhaften Bernhard Kuhorn.

— 1585. Zwei Häuser an einander uff der Gärtner Gassen neben dem *Fruehause* uff einer und N. anderseits, stossen hinden auch uff das *Fruehauss*.

— 1641 ward ein Garten-Stück um 1500 fl. zur Vergrösserung des St. Peters-Kirchhofs erkauft.

Lt. Stdt.-Allmdbch. de 1688. Allmend uff der Schäffergassen zwischen dem rothen Ochsen und dem Todtengräber-Häuschen. F.

Manuscpt. XVII Sec. H. zur *Frühmess* auf der Friedberger Gassen neben *S. Peter*.

Iniunxit nimirum saepedictis Johanni et Jacobo, ut singulis annis Decano eccl. S. Bartholomaei et Seniori Scabino oppidi computationem facerent legalem de levatis et oblationibus trunci, omnibusque aliis et singulis ad praedictam ecclesiam datis et dandis in futurum. — Volens idem Archiepiscopus ut competens in eadem basilica honor ecclesiae matrici servaretur, statuit ut ipsi ecclesiae parochiali competentem annum censum emerent vel saltem annuatim aliquid eidem praestaretur ex redditibus dicte basilice seu dotis ejusdem.

Litterae erectionis capellae S. Petri in parochiam vidi (Privilegia fol. 108). Magister Johannes *Lupi* primus fuit plebanus anno 1454 (teste Chron. II, II, 67) qui obiit 1468, ut epitaphium testatur.

Omnes oblationes de summo altari pertinebant ad plebanum S. Barth Secundus altarista praestabat pro isto jure oblationum annuatim ij floren. Tertius erat exemptus a fundatore, reluitione per 40 florenos, de quibus cedebant plebano S. Barthol. ij fl. annuatim de domo Oppenheimer. — Senatus vero praestavit plebano novo S. Petri competentiam annuam 75 flor. ubi in subsidium habuit antiquos redditus capellae. Collatio et praesentatio ecclesiae pertinebat ab antiquo ad Senatum, tamen post sublimationem in ecclesiam pariochialem translata est ad capitulum S. Barthol., hac tamen condicione, ut senatus habeat ius conferendi duas Vicarias in eccl. S. Barthol. titulo S. X. et S. Mariae 3tte institut.

Lego in quibusdam litteris, Tres altaristas et plebanum hic fuisse: quorum primus fuit S.S. Petri et Martini, redditus sequuntur infra. Caeteri (duo altarista) quid habuerunt, ignoro. Nunc demolitae domus ac venditae et altera in der Fridberger gassen empta pro parocho è regione des Biberborns. Vera domus tamen parochialis in coemeterio sita est, quae nunc ab aedituo occupatur; estque adhuc in bona structura. (Joan. Latom.)

Altare S. Martini in hac capella seu parochia habuit in redditibus 48 aureos in auro, cedentes in Gelnhusen empti cum mille ducentis aureis ao. 1477; literas habet senatus.

Collatores perpetui sunt familiae duae dic Commessen et quidam dicti de Gelnhausen alternatim. Ultimus possessor fuit Balthasar de Gelnhausen Cantor S. Bartholomäi. Hodie illis familiis magna fit injuria (Latomus in libro privil.)

Uterque parochus (S. Petri et 3 regum in Sachs.) praestabat juramentum Decano et Capitulo S. Bartholomaei (ut in statutis habetur) et omnia sua officia faciebat ad nutum et voluntatem capituli S. B. ad quod in omni dubio recursum habebat. L. J. C. f. 137. Fabricae rationes merito scire debuit Decanus S. Barth. quia per erectionem parochiae non est derogatum litteris Archiept. Joannis supra memoratis. Verum Senatus illam longo tempore solus administravit et ornamenta, calices et clenodia cum sacris pallis et utensilia vilissimo pretio vendidit ac partim diripi permisit circa annum 1533, cum divina officia suspenderentur.

Ultimus catholicus pastor fuit Joannes Raw et post illum Joannes Kirchberg, viri pii et docti.

Coemeterium ecclesiae S. Petri aliquoties ampliatum est, imprimis tam per egregium et pium virum *Jacob Heller* civem Francof. et post tumultum rusticum, factum est communis sepultura omnium civium divitum, pauperum Catholicorum et haereticorum. Accesit ultimo magnus et spatiosus hortus circa annum 1550 sine ulla consecratione tamen.

Anno 1508 Coemiterium S. Petri extenditur a testamentariis cujusdem Mercatoris Johannes Vbel dicti, (alias Vilbel oder Wehl bei Phil. Schurg.) quod postea ita fuit conservatum (Annal. R. F.).

Anno 1592 Coemeterium S. Petri ut capacius reddatur, a Magistratu horto sive agro confini adempto ampliatum est. (Joann. Latomus).

Plebani S. Petri.

Ao. 1452. M. Johnes Lupi alias Wolf (1468).

1471.   Joannes Usingen: ob 1473.

1474.   Joannes Haimbertus de Vach.

1475.   Henricus Wedekind 1486.

1480.   — Westenborner ob. 1488. Joannes Ruwe Capellanus S. Petri ao. 1486.

1496.   Henricus Pistoris.

1507.   Johannes Riche.

1512.   Henricus Winther.

1516.   Johannes Raw ob. 1531. Da ist die Kirche verschlossen worden.

1530.   Johannes Kirchberg, der letzte Katholische Pfarrer.

1530.   Johannes Walbecher.

1531.   Johannes Bernhardi Algesheimer der erste lutherische Prediger. (Ed. Cod. Mpto. Rühl.)

Altaristae.

S. Martini, Balsar zu der Schmitten (oder v. Gelnhausen) 1524—1526.

S.S. Petri et Andreae. Georgius Hell (alias Pfeffer) 1505—1526.

Joannes Lange, nunc N. Sponheymer de altari suo in eccl. S. Petri in novo oppido 1467 (nunc dat Petrus Dromersheymer: recentiori manu).

Ryffenberg de beneficio ad S. Petrum. Eod.

Vicaria altaris S.S. Petri et Andreae Appost. et S. Barbarae V. in capella S. Petri novi Oppidi, quam nunc habet *Joannes Grimauer* est de jure praesentandi duarum personarum, senioris de Stipitibus quondam Yrmele im Saale et zum Burggreven oppidan. Francof. (Ex processu Joan. Kempe de 1410.)

Vicaria Summi Altaris in Ecclesia S. Petri, quam habuit Simon de Ryffenberg est de praesentatione Consulum Francof. (ibidem).

Der hohe Altar war in honorem S. Martini consecrirt. (Mpt. Cuniberti. fol. 107.)

Ex codice Mpt. Rühl: Bald nach 1417 haben in dieser S. Petri-Kirche Frau Irmel im Saal und Frau Kone zum Burggraven, Wittwe, zwei beneficia et altaria, den einen S.S. Petro et Andrea Apostolis, den andern aber S. Barbarae gestiftet und bewidmet. — So hat auch einen andern Altar S. Martini (alias Matern) zu Ehren ein Kaufmann gestiftet, genannt Commenis.

Ao. 1452 ward zu Rath befohlen, 2 Häuser zu der neuen Pfarre zu S. Peter und eines zu einem Kirchhofe zu kaufen.

Ao. 1453 hat Diemar von Lüneburg Patritius ein Haus darbei erkauft, abbrechen und den Platz zum Kirchhof geben und weihen lassen. Solchen hat Johann Falber von Nürnberg ein Kaufmann 1504 mit einem schönen dazu erkauften Garten sehr erweitert (Chr. I, 99) und ein Capellchen darauf vor sein Begräbniss gesetzet no. 1508, wie dasselbe gegen Westen inmitten in derselbigen Kirchhofs-Mauer zu sehen.

Ao. 1454 wird die Reifenberger Capell (jetzo der von Glauburg Erbbegräbniss) der S. Peters-Kirchen angebauet.

Ao. 1471 stiftet Johannes von dem nuwen Haine, den man nennt von Ryffenberg ein Anniversar zu S. Peter für Nicolas Hemingis Dechant zu U. L. Fr. und seine Freunde seel.

Ao. 1479 befiehlt der Rath Herrn Weiker Froschen dem alten und Johann Reutlinger, dass sie S. Peters Ornamenta als Truwenhänder zu des Rathes Handen sollen verwahren.

Wann die Schul dazu gebaut wurde, ist unbekannt; doch bekannt, dass 1492 der Pfarrer die Erlaubniss erhielt, sie zu bewohnen.

Ao. 1508 d. 20. Aug. ward der Kirchhof geweihet und erweitert auf Kosten des Kaufmanns Vbel (Hans Wahl hat Latomus.)

Ao. 1510 ist das kunstreiche Crucifix auf dem Kirchhof durch Hart-muth Neutern einen reichen Gärtner und Ackermann zu seiner und zweier Ehefrauen Gedächtniss gestellt worden, wie deren Schild und Bildniss noch beweisen. (1509 nach Cuniberts Mpt.) [Vgl. Mittheil. IV. 115].

Ao. 1510 ward verordnet, dass die Todten, die nicht besonders Begräbnissrecht haben, zu S. Peter und 3 Königen zu S. nur begraben werden sollen.

Ao. 1592 ward durch die Kastenpfleger ein Garten zur Erweiterung des Kirchhofs erkauft auf Befehl des Rathes.

Ao. 1638 ist ein grosses Stück vom Rossischen Garten zum Kirchhof erkauft und dazu gebraucht.

Vgl. Chron. I, 439. Epitaphium Egenolfi, primi impressoris. I, 525 ad Annum 1658. II, II, 36 ad annum 1507. II. 211, Hans Hector Bromm de 1680 betrfd. Von der S. Peterskirche überhaupt Chron. II, II, 97 und I, II, 80. Vom Kirchhof ib. I, II, 99. II, 115. II, 180. Behrends 128. (Rühl) Frankf. Beitr. II. 810. Müller Beschr. 78.

Ex testamento Luck. et Cathar. Stockarn de 1393 in libro Testam. fol. 118.

„Auch sollen die andern 2 Vicarien gelacht werden uf 2 Altar in der Capellen, die Peter Apothekers seeligen Truwenhender gebuuet han in der Nuwin stad frank. zuschen Biefferborn und frieddeberger porten, ob dieselbe Capelle gewihet wird. Wers aber, daz derselben Capellen Vormunder umb die Belegunge der zweyer Vicarie'n zu viel haben wulden, so mogen unser Truwenhender die 2 Vicarien legen in ein ander gewihet Gotshus in der alden oder in der nuwen Stadt frank., wo sie daz allirbest bedunket.

Bulle Pabst Nicolaus V. Rom 1457 [rectius 1450] 7 Kal. Martii. Ao. pontif. 4to erlaubt die Capellen zu S. Peter und drei König in Parochial-Kirchen zu verwandeln. (Ex orig. des Kasten-Amts.)

Verordnung des Raths desshalb de 1453 sich Würdtwein Dioec. Mog. II, 518.

[Vgl. jedoch Würdtwein D. M. 507. Pabst Nicolaus befiehlt 1450, 7 Kal. Mart. dem Cardinal Nicolaus die beiden Capellen Drei König und St. Peter in parochiales ecclesias zu verwandeln. Dieses geschieht durch den genannten Cardinal am 14. März 1452, ib. 414.]

Lit. C. No 146. *Zum Schäfergarten.* Frf. Intell.-Bl. von 1804 No. 55. Das Haus steht neben dem Kirchhofthore [135] und sein Namen scheint mit aus den Zeiten der alten Viehmärkte herzurühren. Das Wort Garten zeigt eigentlich einen umschlossenen Ort an. Vermuthlich befand sich in der Gegend ein solcher Ort für die Schäfer, um ihre Schafe darin aufzubehalten, und derselbe hiess deswegen der Schäfergarten. Der Name ging nachmals an eines der dabei erbauten Häuser über.

Lit. C. No. 147. Haus und Bleichgarten, welche der Praesenz S. B. auf Martini 1 fl. 16 kr. 1 hll. Grundzins entrichteten.

---

[135] Hier vergisst Hr. Battonn seel. das Todtengräberhaus, das nah am Kirchhof liegt. F.

Lit. C. No. 148.

Lit. C. No. 149.

Lit. C. No. 150. *Rother Ochs.* Vorher Domus Gisonis de Vilbel. War ein Gasthaus[136]) und zugleich das kaiserliche Werbhaus.

„Martini j lib. hll. de habitatione Gysonis de Vilwil sita latere occidentali ex opposito putci." L. C. de 1452 f. 55.

1 Pfund Häller machte nach unserm Geld 50 kr., welche von der Praesenz noch jährlich auf Martini erhoben wurden. Am 28. Januar 1773 in der Nacht gegen 3 Uhr entstand im oberen Theile des Hauses ein fürchterlicher Brand, welcher bis Morgens halb 8 Uhr währte. Auf die Vorstellung des Eigenthümers, dass das Feuer durch die Soldaten entstanden sei, liess endlich Kaiser Joseph unter gewissen Bedingungen ein neues Gebäude ganz von Stein aufführen. Ueber dem Thore stand ein ziemlich grosser Ochse von Stein ausgehauen, der vermuthlich wegen der Franzosen 1807 wieder weggenommen wurde.

Lit. C. No. 151. Das *grosse Farbhaus.* Am 11. Juli 1730 um die Mittagszeit zog ein schweres Gewitter von Westen her über die Stadt, welches an 6 Orten in dieses Haus schlug, ohne jedoch einen grossen Schaden zu verursachen. Chr. II, 770. Bei dem grossen Brande im rothen Ochsen entzündete sich auch dieses Haus, und litt einen beträchtlichen Schaden. Es hörte später auf eine Färberei zu sein. Die Praesenz erhielt von ihm auf Joh. Bapt. 1 fl. 50 kr. Grundzins.

Lit. C. No. 152. *Schäferhof.* Curia vulgariter dicta zum Schepphofe in Testamento Lukardis et Cathar. Stockarn de 1410. In dem Kaufbriefe von 1752 *zur Schäferey.*[137]) Ein

---

136) ist wieder ein Wirthshaus und nennt sich jetzo der *Sächsische Hof.* F.

137) O. U. 1443. Zwo Häuser, Hoff, zwo Schuren und ein Garten darhinden in einander gelegen in der Slymmen Gassen genannt der *Schaffenhof* zuschen Henne Breidenbachs seel. Kinder uff einer Syten, und Catherinchen Adolfs Clobelauchs Hussfrawen dargein uber.

O. U. 1450. It. ein Hoffe mit Brauwegenne, Kessel und andern Gereitschaften, die dazu gehoret, genannt der *Schaffhoffe* gelegen in der

Brauhaus. Vermuthlich war dieser Hof in den ältern Zeiten der
Viehmärkte der vorzüglichste Aufenthaltsort der Schäfer und
worin sie auch einen Theil ihrer Schafe aufbewahrten. Vergl.
oben Lit C. No. 146.

Lit. C. No. 153 } ein Haus. [138])
Lit. C. No. 154 {

Lit. C. No. 155. *Stadt Ulm*, ein Gasthaus.
Lit. C. No. 156. *Tannenhirsch.* 1590.
Lit. C. No. 157.
Lit. C. No. 158. *Tannenhirsch.* Frfr. Intell.-Bl. von 1797
No. 23.
Lit. C. No. 159.
Lit. C. No. 160.
Das Eck. S. Lit. D. No. 1. auf der Zeile. [139])

Nuwenstadt zuschen Friedeberger und Eschersheimer Porten gein unserer
Stedte Muren über unden und neben uff Engel von Ergersheim und geu
Johann Stralberg unseres Ratgesellen Garten über.

— 1450. Garten und Scheuer mit iren Zugehörungen genannt der
Schaffhoff neben der Eschersheimer Gassen zuschen Engel von Ergersheim
zu beiden Seiten und vornzu an Stralenberger Garten.

S. P. 1451. Garten genannt der Schafhof fur der Eschersheimer
Porten hinter der Muer.

Lib. C. de 1452 fol. 55. Curia et habitatio Katherine Dylonis (nomen
mariti) Scheffern contiqua curie et orto quondam Elisabeth zum Saltzhuss
sita latere orientali habens puteum ante se.

O. U. 1559. Hof — Speicher — Scheuer und Garten — der Schäfer-
hoff genannt in der Schäfergassen neben N. Hufschmidt — und — Stral-
bergers Erben einerseits und N. N. andererseits stosst hinten an Hr. Doctor
Hieronymus Glauburg.

Mpt. XVII. Sec. Schaffhof auf der Schäfergasse.

Dieser *Schaf-* oder *Schäferhof* hatte also hinten auf die Schlimmmauer einen Ausgang und dieser hintere Theil ist in den Stellen der Jahre
1450 und 1451 gemeint. F.

[138]) S. G. P. 1483 Huschin am Schefferhof.
[139]) Eckhaus an der Schäfergasse. Chron. II, 439. (1571).

Häuser

auf der Ostseite.

Das Eck. S. Lit. C. No. 230 auf der Zeile.

Lit. C. No. 161. *Seehafen.* Gab der Praesenz auf Martini 1 fl. 30 kr. Grundzins.

Lit. C. No. 162. Gab den Zins gleich dem vorigen, und scheinen beide Häuser vormals ein Haus gewesen zu sein.

Lit. C. No. 163.

Lit. C. No. 164.

Die Mauer und das Hintergebäude der Reichskrone auf der Friedbergergasse.

Der hintere Theil des fröhlichen Mannes auf gedachter Gasse.

Lit. C. No. 165. *Lämmergarten.* Der Name stand an dem alten Hause, das bei dem grossen Brande im J. 176. einzig durch seine Brandmauern unversehrt erhalten wurde, ohngeachtet die Flammen von dreien Seiten gegen dasselbe wütheten.

Ueber des Hauses Namen ist die bei Lit. C. No. 146 gemachte Bemerkung nachzusehen.

Lit. C. No. 166. Das Hinterhaus vom alten Kutscherhof auf der Friedbergergasse. Es wurde durch den Brand im J. 176. zu Grunde gerichtet.

Lit. C. No. 167. War vor ohngefähr 40 Jahren noch ein Backhaus.

Lit. C. No. 168. *Thiergarten.* 1368. Unter diesem Hause befindet sich die Einfahrt vom Thiergarten auf der Friedbergergasse.

Nach der Wachter'schen Erklärung zeigte das Wort Garten eigentlich einen umschlossenen Ort an. Der Thiergarten war ursprünglich, wie ich vermuthe, ein solcher Ort, in welchem das vor den grossen Markttägen hicher gebrachte Rindvieh übernachtete. Dass unter den Thieren vorzüglich das Rindvieh verstanden wurde, ist aus der Benennung eines Platzes in Mainz abzunehmen, der von alten Zeiten her der Thiermarkt heisst, und im Lateinischen Forum boarium genannt wird. [140])

Lit. C. No. 169.

Lit. C. No. 170 gegen dem rothen Ochsen über, zahlte der Fabrik S. B. auf Cathedra Petri fl. 1. 40 kr. Grundzins.

Lit. C. No. 171 hinter dem Brunnen.

Lit. C. No. 172.

Lit. C. No. 173.

Lit. C. No. 174.

Lit. C. No. 175.

Lit. C. No. 176.

Lit. C. No. 177. *Zur Glocke.* [141])

Lit. C. No. 178.

Lit. C. No. 179.

Lit. C. No. 180.

Lit. C No. 181. Das Hinterhaus von der Stadt Kassel auf der Friedbergergasse.

Lit. C. No. 182.

Lit. C. No. 183.

Lit. C. No. 184.

Das Eck. S. Lit. C. No. 185 bei der Friedbergergasse.

H. Geist. „Hus zum heiligen Geist in der Scheffergasse" S. G. P. von 1476.

[*Zur Kuh.*] [142])

---

[140]) Thiergarten kann eben so gut Wollenvieh wie Rindvieh zum Ursprung haben. Dass der Viehmarkt in Mainz ursprünglich der *Dietmarkt, forum gentilium*, geheissen, ist bekannt und dieses Allegat hat also keinen Werth.

[141]) O. U. 1613. Behausung — zur Glocken genannt uff der Schäfergassen, stosse hinten uff die Herberg zur Stadt Cassel.

[142]) O. U. 1624. Behausung uff der Scheffergassen neben der Behausung zur Kuhe.

Haus die Kuhe auf der Schäfergassen. Fr. Nachr.-Bltt. de 1728. No. 36.

Nentwinhof. Wird in dem S. G. P. von 1468 in die Schäfergasse gesetzt. [143])

Spital. „Hus in der Scheffergasse stosst hinten uf das Spital“. S. G. P. von 1454. Ohne diese Nachricht wüsste man
nichts mehr von einem Spitale, das sich ehemals in dieser Gegend
befand.

Lämmerbrunnen.

Die erste sichere Nachricht von dem Alter dieses Brunnens,
der vor dem Hause Lit. C. No. 171 steht, liefert das Zinsbuch
von 1452, wo es das Haus des Giso von Vilbel, oder den rothen
Ochsen, gegen dem Brunnen über beschreibt. Die Chronik II,
8. gedenkt zwar schon bei dem J. 1439 eines Borns in der
Schäfergasse; aber da sich zwei Brunnen in der Gasse befinden,
so lässt sich nicht entscheiden, welchen von den beiden sie anzeigen wollte.

In der Brunnenrolle wird er bei dem J. 1715, 1718, 1782
und folgendes der Mittelbrunnen auf der Schäfergasse genannt.
Es scheint also, dass sich vor Zeiten noch ein anderer Brunnen
zwischen diesem und der Friedbergergasse befand. Beim J. 1764
erhielt er in der Brunnenrolle zum erstenmal den Namen des
Oberlämmerbrunnens, und 1765 gab man ihm eine Pumpe. Die
Kosten betrugen 270 fl. 15 kr., zu welchen die Rechnei einen
Beitrag von 50 Thlr. verwilligte; 1793 wurde von einem Heu-
wagen eines Bauern der Schwengel mitgezogen und dadurch
die Brunnensäule zerbrochen. Die Kosten, um alles wieder herzustellen, beliefen sich auf 193 fl.

Unter-Lämmerbrunnen.

Wenn der vorige Brunnen der Oberlämmer genannt wurde,
so scheint dieser der Unterlämmer-Brunnen zu heissen.

Das Rothische Haus auf der Schäfergassen gegen dem rothen Ochsen
über, neben dem steinern Haus und der *Kuhe* ein und anderseits gelegen.
Fr. Nchrcht. de 1793.

In der Kuhe auf der Schäfergassen. 1740.

[143]) S. G. P. 1468. H. in der Scheffergassen an der Nentwyn hofe.

Hinter der Rose.

Eine auf der Zeile zwischen der Schäfergasse und der Schlimmen Mauer gelegene Stumpfgasse, die bei ihrer Mündung ziemlich schmal ist, hinten aber sich sehr erweitert. Auf dem Belagerungs-Plane von 1552 ist die Gegend als Gasse noch nicht sichtbar und ein breiter unbebauter Raum an ihrer Stelle war damals noch von Häusern auf der Zeile geschlossen. Ihre Entstehung ist demnach in die jüngern Zeiten zu setzen und zwar gegen das Ende des XVI. oder Anfang des XVII. Saec., wie ich aus der Bauart ihres *Eckhauses zur alten Rose* nicht ohne Grund schliessen kann, von dem auch die Benennung *hinter der Rose* ihren Ursprung nahm. [Dies ist also vor dem Umbau dieses Eckhauses im Jahre 1795 geschrieben.] Im XVI. Jahrhundert war diese Gasse noch durch ein Thor geschlossen, welches zu den dahinter liegenden Gärten führte.

Lib. cens. B. M. V. Saec. XVI. It. j ferto cedit Nativitat. Joh. B. de duabus domibus vff dem Fihemert, contiguis domui aciali in der Schlimmengassen: modo est vna nova domus cum attinentiis ab vno latere contigua magnae valvae, qua patet communis introitus ad hortum dess Wurz Borgers et alios plures hortos.

Später also wurde dieser Thoreingang niedergerissen und es entstand daraus die Strasse hinter der Rose, woher es sich auch erklärt, dass ihr Eingang so schmal ist. [Diese zu Lit. D. No. 9 gehörenden sich bis zur Stadtmauer hinziehenden Gärten, in denen sich in den zwanziger Jahren dieses Jahrhunderts die besuchte Gartenwirthschaft zum Vauxhall befand, haben in den Jahren 1850 und 1851 einer neuen Strasse, der Brönnerstrasse, Platz gemacht, und es hat sich dieser Name auch auf den vorderen alten Theil der Strasse ausgedehnt, so dass die Bezeichnung „hinter der Rose" nicht mehr besteht.]

Häuser auf der Morgenseite.

Lit. D. No. 7 wurde 1795 zum Ecke zur alten Rose gezogen. [Wohl nicht richtig, wenigstens ist jetzt mit dieser Nummer ein besonderes Haus bezeichnet.]

Lit. D. No. 8. Hinten im Ecke auf der mitternächtigen Seite.

Lit. D. No. 9 schliesst die Gasse.

Häuser auf der Westseite.

Lit. D. No. 10. Das vorstehende Eck.

Lit. D. No. 11.

Lit. D. No. 12.

Hinter der Schlimmenmauer oder die Schlimmengasse.

Wie aus der Baldemar'schen Beschreibung von 1350 und auch aus den Zinsbüchern bis zum J. 1460 erwiesen werden kann, hat diese Gasse zuerst den Namen der *Froschgasse* oder des vicus Ranae geführt.

Ob der Syfrid Rana, dessen unten bei dem J. 1368 und 1390 gedacht wird, ein Abkömmling des alten Patrizial-Geschlechts der Froschen gewesen, ist leichter zu vermuthen, als mit Gewissheit zu behaupten; und obschon die Chronik II, 178 sagt, dass diese Familie ihr Stammhaus in der Sandgasse gehabt habe, so war es doch möglich, dass sie in mehrere Aeste getheilt auch mehrere Häuser bewohnte, wie es ehemals bei den Herren von Holzhausen, den Weissen von Limpurg, und noch andern der Fall war. [144]) Höchst wahrscheinlich befand sich der

---

[144]) Da der Name *Syfrid* allerdings der Geschlechter-Familie Frosch eigen ist, und Individuen dieses Namens um diese Zeit lebten (siehe meine Genealogie derer Froische), so ist kein Zweifel, dass der erwähnte Syfrid einer von diesen gewesen. Vermuthlich hatte er hier in der Neustadt seinen Oeconomiehof (curiam) wie dieses bei vielen Geschlechterfamilien jener Zeit der Fall war, wohnte aber selbst in der Altstadt, wie oben zum Hause *zur wissen Katz* bereits bemerkt worden. Von seinem Hofe als dem bedeutendsten der Strasse erhielt letztere ihren Namen. Dieser Hof scheint später Einem Namens Slymme zugehört zu haben, was auch zur Veränderung des Strassen-Namens den Anlass gegeben haben mag. F.

Syfrid Rana in den obgemeldten Jahren nicht mehr bei Leben,
und sein Haus war damals schon in andere Hände gekommen,
weil in dem Zinsbuche von 1368. S. 33 statt der Froschgasse
die *Slymmengasze* bereits zum Vorschein kommt. [145]) Es war
in den Zinsbüchern nichts Seltenes, die Beschreibungen der
Häuser aus den ältern in die neuern wörtlich zu übertragen,
und auf solche Weise blieben öfters die Namen derjenigen stehen,
deren Beine schon 100 und mehrere Jahre unter der Erde
moderten. Im XV. und XVI. Jahrhundert schrieb man Schlym-
gasze, Schlimmengass und zuweilen auch die Schlummengass.
Der Name rührte von einem Anwohner her, der sich Schlimm
nannte, und vielleicht das nämliche Haus besass, das zuvor dem

----

[145]) Beedbuch 1382 kommt zuerst die Slymengasse vor.

S. G. P. 1384. H. in der Slymmengassen. Ebenso 1396. 1402.

— 1416. H. in der Nuwenstadt in der Slymmengassen.

— 1421. Die Slymengasse. Ebenso 1429. 1436. 1440. 1459. 1481.

— 1463. Hermann Slymene. Auch 1465. 1471.

O. U. 1470 verkauft Hermann Slymme und Otilie ux. eine Gülte
auf eynem Garten, Huss und Hoff und Schuwern gelegen in der Nuwenstadt in der Slymmengasse.

Wssfr.-Kloster Zinsbch. de 1480. Slymmengasse. H., Hoff, Schuwer
mit eynem Garten gelegen in der Slymmengassen nahe mitten in der
Gassen uff der Siten gen Ufgang der Sonnen, neben der Bossenmeistern
Wohnung.

Stadt-Rchnbch. de 1495 den Buwemeistern einen nuwen Bauc zu
beschen Johann Froschen in der Schlymmengassen.

O. U. 1604. 2 Zinshäuser sampt einem Eckgarten — hinter der
Schlimmen-Mauer. (Bis zu diesem Jahr kommt immer der Name Schlimmengasse vor.)

Stadt-Rchnbuch. de 1608. Die *Schlimmengasse* immer noch statt:
hinter der Schlimmen Mauer.

O. U. 1609. Eckbehausung zum *Schlimmen Eck* genannt in der
Schlimmengassen.

Stdtrchg. de 1627. Ludwig Frank Kupferdrucker zahlt ½ jährigen
Zins aus einer Behausung vff der newen (kleinen) Eschenheimer Gassen
zum Klapperfelde gehörig 30 fl. Später aber lautet derselbe Posten —
hinter der *Schlimmen Mauer* zum Klapperfelde gehörig. 30 fl.

Stadt-Rchg. de 1628. Kommt noch die Schlimmengasse vor.

Syfried Rana oder seinen Erben gehörte. In diesem Falle war
die Namensveränderung der Gasse desto geschwinder veranlasst und weil sich neben dem Schlimmenhause eine lange Hof-
oder Gartenmauer befand, so entstand dadurch die Benennung:
Hinter der Schlimmenmauer; anfänglich zwar nur für die hinter
der Mauer gelegene Gegend, zuletzt aber auch für die ganze
Gasse.[146]) Man trifft den Namen Schlimmengasse noch beim
Jahr 1705 in der Chronik II, 536 an. Baldemar beschrieb übrigens die Froschgasse [vicus dictus Froisch, vgl. S. 156] als
einen vicus angularis von dem Foro pecudum (der Zeile) bis
zu der Eschersheinergasse, und hieraus ist abzunehmen, dass
sie mit der neben dem Senckenbergischen Bürgerhospitale gelegenen Radgasse in keiner Verbindung stand.

Häuser
auf der Ostseite.

Das Eck. S. Lit. D. No. 14. auf der Zeile.
Lit. D. No. 87.
Lit. D. No. 88.
Lit. D. No. 89.   Ein vorstehendes Eck.
Lit. D. No. 90.
Lit. D. No. 91.
Lit. D. No. 92.   Des Wagners Haus.
Lit. D. No. 93.
Lit. D. No. 94.
Lit. D. No. 95.
Lit. D. No. 96.
Lit. D. No. 97.
Lit. D. No. 98.
Lit. D. No. 99.   Des Bürger-Hospitals Bleichgarten.

---

[146]) [Jetzt ist dieser durch Goethe's Erzählung allgemein bekannt
gewesene Name ohne Noth durch die Bezeichnung *Stiftsstrasse* verdrängt
worden.]

H. auf der Nordseite.

Lit. D. No. 104. Das *Senckenberg'sche Bürger-Hospital,* vorher das Eck und der Bleichgarten zum *Rade* an der Radgasse. [147])

H. auf der Südseite.

Ein Haus ohne Nummer.

Lit. D. No. 105. Bleichgarten gegen dem Senckenbergischen Hospital über.

Lit. D. No. 106. Hat einen Durchgang nach der kleinen Eschersheimergasse. (Neuer Bau 1809.)

H. auf der Westseite.

I.

Zwischen dem Ecke und der kleinen Eschersheimergasse.

Die Feuerleitern des 4. Quartiers zwischen dem Eck und dem folgenden Hause.

Ein 1809 erbautes Haus, das vorher ein Garten war.

Lit. D. No. 107.

---

147) Das Hospital zum h. Geist ist eigentlich für Fremde eingerichtet. Burger wurden darin entweder gar nicht oder nur selten aufgenommen. Es fehlte also noch ein Burger-Hospital etc. *Behrends* S. 241.

„Nachdem durch die Wohlthaten des Publikums die Einkünfte zum neuen Bürger-Hospital so angewachsen, dass die Administration den Anfang zur Aufnahme einiger Kranken ohne Unterschied der drei christlichen Confessionen, gleich beim beginnenden 1779 Jahre, nunmehr festsetzen kann, so etc."

Senckenberg. Stiftgs.-Administration 17. Sept. 1778.

[Vgl. Geschichte der Dr. Senckenberg'schen Stiftshäuser von Seb. Alex. Scheidel, mit 5 Tafeln. Frankf. 1867, als Neujahrsblatt des Vereins für 1867 erschienen. S. auch: die Brüder Senckenberg, eine biographische Darstellung von G. L. Kriegk. Frkf. 1869.]

Lit. D. No. 108. Ein {Brauhaus, welches zu dem folgen-den Hause gehört; es war vorher eine Färberei, bis die Brau-gerechtigkeit von dem sogenannten neuen Brauhause auf der Allerheiligengasse auf dieses Haus verlegt wurde.

Lit. D. No. 109. Das Eck an der kleinen Eschersheimer gasse.

II.

Zwischen der kleinen Eschersheimergasse und der Zeile.

Lit. D. No. 76. *Blaue Tauben. Drei blaue Tauben.* Das Eck an der kleinen Eschersheimergasse. Im J. 1720 am 3. August gegen Abend um 6 Uhr schlug das Gewitter in das Haus. Chr. II, 769.

Lit. D. No. 77.

Lit. D. No. 78.

Grüne Hand. [148]) Dieses Haus wurde 1678 niedergerissen und in mehrere Häuser vertheilt. Chr. II, 26.

Lit. D. No. 79. *Gelbes Haus.* Grosses gelbes Haus, ein Färbhaus. Frfr. Intell.-Blatt von 1792 No. 19 und von 1804 No. 4.

Lit. D. No. 80. *Gelbes Haus.* Frfr. Intell.-Blatt von 1726 No. 102 und von 1784 No. 93.

Lit. D. No. 81.

Lit. D. No. 82.

Lit. D. No. 83.

------

[148]) Lt. Stdtrchg. de 1634 ward Caspar Baumann's Erben vnd Mattheo Lebleu'en Weidtferbern erlaubt, an seiner Behausung vff der Schlimmen-gassen neben Petri von Querbecks Erben einen Schildt auszuhenken vndt *zur grünen Handt* zu nennen. Dessen 3 Kessel kosten 30 fl. Gerechtig-keitsgebühr.

Herr Battonn seel. vergisst hier zu bemerken, dass (bei den Nummern 77 und 78) der Darmstädter Hof hier ein Ausgangsthor auf die Schlimme Mauer besitzt. In der oben angeführten Urkunde de 1634 wird dieser Aus-gang erwähnt. F.

Lit. D. No. 84.
Lit. D. No. 85.
Lit. D. No. 86.
Das Eck. S. D. No. 15. auf der Zeile.

Curia Syfridi Ranae (Frosch).

Rohrbrunnen in der Mauer des Senckenbergischen Kräutergartens.

Als der Rohrbrunnen auf der Eschersheimergasse im J. 1803 abgeschafft wurde, und doch der Nachbarschaft sein Wasser nicht entzogen werden sollte, musste anderswo in der Nähe ein schicklicher Ort dazu gewählet werden. Das Senckenbergische Stift gab so viel Platz von seinem Garten her, als dazu nöthig war, und geniesst dafür die Wohlthat, dass sich das Wasser sowohl dem Hospitale, als dem in der Mitte des Gartens neu angelegten, und mit einer Springröhre versehenen Bassin mittheilt; auswendig aber bei der Gasse läuft das Wasser durch einen Krahn, sobald derselbe aufgedreht wird.

Radgasse.

Eine Stumpfegasse, die hinter der Schlimmenmauer neben dem Senckenbergischen Hospital ihren Eingang hat, und sich hinten bei der Stadtmauer endiget. Sie hiess im XIV. und XV. Jahrhundert von der Pforte, die sich daselbst befand, die *Katzenpfortengasse.* In dem Liber Testamentorum S. 154 ist ein Gültbrief von 1369 zu lesen, laut dessen Inhalt Sifrid Stangendreger und Catharina seine Frau Herrn Jacob zum Gelthus einem Priester 24 ß Häller verkiefen. Der Verkäufer Wohnort wird

darin beschrieben: „die da wonende sint in der nuwenstad zu
franck. hinden an Heinrich von Holtzhuszyn Wolff genant in
der Katzenporten gaszen." [149]) Die Familie von Holzhausen
besass noch vor ohngefähr 30 Jahren ein Haus mit einem Garten
nächst beim Eingange der Gasse, und neben demselben hinten
in der Gasse wohnten einstens die oben gedachten Personen. [150])
Ueber den Standort der ehemaligen Katzenpforte ist in [Heft 1.
S. 111] nachzusehen. Den neuen Namen der Gasse veranlassten
das Eckhaus und der Bleichgarten zum Rade. Man darf also
nicht Rathgasse schreiben, wie in dem Intell.-Blatte von 1799
No. 75 zu lesen ist.

[Später wurde die Radgasse mittelst einer vielstufigen Treppe
an der Bleichstrasse geöffnet und 1851 wurde sie ganz in den
Hospitalsgarten eingezogen, als die neue Brönnerstrasse bis auf
die Bleichstrasse geführt wurde.]

H. auf der Ostseite.

Lit. D. No. 100.   Haus und Bleichgarten, welche dem
Senckenbergischen Hospital gehören. [151])   Frf. Intell.-Bl. von
1801. No. 21.

---

[149]) *Katzenpfortengasse* bey der Eschenheimer Gasse ao. 1369 vid
in vicaria St. Jodoci.

[150]) Es besitzt davon das von Holzhausische Archiv auch noch eine
Urkunde de 1397, worin die Katzenpforte auf (bei) der Eschenheimergasse
erwähnt wird. Aus diesem Nachrichten-Vergleich ziehe ich den Schluss,
dass die *Katzenpfortengasse* keine andere als die jetzige *Radgasse* gewesen, die auch nicht weit von der Eschenheimergasse entfernt ist. Hinten
an der Stadtmauer sind auch noch die Spuren einer daselbst gewesenen
Pforte sichtbar.

[151]) Im J. 1797 kaufte die Senckenbergische Administration den Koh-
lerischen Bleichgarten in der Radgasse sammt den Gebäuden um die Summe
von 36,000 fl. 1803 liess die Administration das Wohnhaus abbrechen und
neu erbauen. Im J. 1799 wurde durch ein Raths-Conclusum vom 9. März
der Senck. Administration erlaubt, die Mauer zwischen dem Zwinger und
dem botanischen Garten abzubrechen und dadurch den Garten zu ver-
grössern. Der grosse Bogen in der Stadtmauer, wo der alte Thurm gestanden, wurde 1801 zu einem kleinen Treibhause für besondere auslän-
dische Gewächse eingerichtet.

Lit. D. No. 101. Gehört auch demselben.
Lit. D. No. 102. Haus und Bleichgarten.
Lit. D. No. 103. Der grosse Bleichgarten bei der Stadt-
mauer.

H. auf der Westseite.

Von dem Ecke, wo das Haus zum Rade gestanden, bis
hinten wider die Stadtmauer ist alles ein Eigenthum des Senckenbergischen Hospitals.

S. Lit. D. No. 99 hinter der Schlimmenmauer.

1804 wurde die von dem Gewächshause nach dem Todtenhaus hin-
ziehende Mauer abgebrochen.

Nach Fertigung des zum Besten der Arzneikunde und der Kranken-
pflege geschehenen und gedruckten Stiftungsbriefes de 1770 wurde der
Bau des Hospitals noch in demselben Jahre angefangen und der Stifter
Herr Hofrath und Medic. Dr. Senckenberg freute sich über den guten Fort-
gang seines Werkes, aber am 15. Novbr. 1772 hatte er das Unglück, inwendig in dem neuen Baue durch ein Loch, das er im Gehen nicht bemerkte herabzustürzen und der harte Fall beförderte in wenigen Stunden
darauf seinen Tod. Nun nahm die im Stiftungsbriefe ernannte Administration die Baufrage über sich und der Hospitalbau wurde endlich im J. 1777
vollendet. Der Stifter hinterliess ausser dem Stiftswohnhause (für Bürger
und Beisassen von den drei christlichen Religionen) den medizinischen Garten, das Gemüschaus, die Anatomie und das Laboratorium chymicum noch
nicht ganz fertig; 1775 wurde die Uhr auf den Spitalthurm gesetzt, zu
welcher die Nachbarschaft des 4. Quartiers eine neue Glocke von 452 Pfund
verehrte. Im J. 1779 wurden die ersten Kranken ins Hospital aufgenommen. Im J. 1803 gewährte der Rath auf Ansuchen der Administration unter
einigen Bedingungen die Verlegung des am ehemals von Günderodischen,
nun Mühlens'schen Eckhause gestandenen Röhrbrunnens an die Mauer des
botanischen Gartens auf Kosten der Stiftung zu vergünstigen, und aus dem
Rohre des Brunnens eine weitere Ableitung des Wassers durch kleinere
Röhren sowohl in das Bürgerhospital, als auch in das zu errichtende Bassin des botanischen Gartens zu bequemerer Begiessung der Pflanzen, auch
auf Kosten der Stiftung zu bewilligen. Die Vollziehung und Vollendung
geschah 1804 bis 1806.

Weidengässchen.

Ein kurzes Stumpfegässchen auf der Zeile zwischen der Eschersheimergasse und der Schlimmengasse gelegen. Sein Eingang ist schmal, hinten aber sieht es einem Plätzchen ähnlich, weswegen ich vermuthe, dass es aus einem vorher geschlossenen Hofe entstanden ist, zu welchem einstens auch das Gässchen auf der Eschersheimergasse, in welches der Weidenhof ein Thor hat, gehört haben mag. Seinen Namen hat das dabeistehende Gasthaus, der Weidenhof, veranlasst, und es wird darum in dem hiesigen Iutell.·Blatte von 1736 No. 43 auch das Weidenhof-gässchen auf der Zeil genannt. Vor mehreren Hundert Jahren legte man ihm ganz andere Namen bei. Es hiess 1444 die *Kalengasse*, und diesen Namen entdeckte ich aus dem städtischen Insatzbuche. Laut einer darin eingetragenen Urkunde von g. J. versetzte Scheferhenne an Agnesen Wolff Blumen secl. Wittwe ein Haus, Hof und Garten, die beschrieben werden „in der nuwenstad in der Kalengassen gein sant Kath.-Kirchen über zuschen Gipel Holtzhusen vnd an dem langen Herlin vnd hinden an Contzen zum buwemeistern". Für die Kalengasse [deren Name von dem Besitzer eines Hauses sich herleitet][152]) aber wird in einer andern Urkunde von 1446 der *Kalenweg* gesetzt. [S. Note 119.] Um die nämliche Zeit scheinen diese Namen in Abgang gerathen zu sein, weil 1450 schon die *Froschgasse* statt ihrer genannt wird. Ich nehme den Beweis aus dem Zinsbuche desselben Jahres, wo S. 51 die Beschreibung eines Hauses und einer Scheuer lautet: „in vico pecudum in der Froschgasse", und gleich darunter gesagt wird, dass diese Gasse ein vicus parvus impertransibilis sei. Die Schlimmengasse, die damals in den Zinsbüchern auch noch den Namen der Froschgasse führte, konnte hier nicht verstanden werden, weil sie nie eine kleine Stumpfengasse war. Es werden auch die vorher erwähnten

---

[152]) It. i marca iiij ₰ cedt. nativit. Christi de curia, domo, horreo et tota habitatione Claren zu Stralnberg, retro domum Henrici dicti *Kalen* uff dem Fehemert, ex opposito horti virginum coenobii S. Catharinae in parvo vico et plano, latere septemtrionali in angulo. Lib. cens. B. M. V. Saec. XVI.

Haus und Scheuer in dem Zinsregister von 1581. S. 57. „infra vicos Froesgass" (zwischen die Froschgassen) gesetzt, zum deutlichsten Beweise, dass die zwei Gassen gleiche Namen führten. Wenn man sich über dies auch noch erinnert, dass die Scheuer des Hail Frosch hinten im Gässchen, und vorne sein Haus gestanden, so hat man keine gegründete Ursache, den Namen der Froschgasse bei ihr in Zweifel zu ziehen; vielmehr ist zu glauben, dass gedachter Frosch als Anwohner diesen Namen veranlasst hat.

H. auf der Nordseite.

Lit. D. No. 30.
Lit. D. No. 31.

Auf der Westseite.

Lit. D. No. 32.   Wurde mit dem Weidenhofe vereinigt.

Gebäude der alten Vorzeit.

Horreum Heilmanni Frosch de Siegen. „20 ₰ hllr. olim 2 ℔ de horreo contiguo (domui et horreo Monialium) Hail dicte frosch de Siegen sito in parvo vico impertransibili latere orientali" R. C. de 1581. f. 57. S. noch Lit. D. No. 34 auf der Zeile.

Curia Nicolai Schuchus. „j florenus de curia quondam Nicolai dicti Schuchus retro Curiam Heylle froysch in novo opido prope Bockenhemer porten ex opposito dem pule" L. C. de 1405 f. 10. Eine neuere Hand schrieb auf den Rand: „Ex opposito putei prope Bockenhemer porten", weil der Brunnen dem Gässchen etwas näher stand, als der Pfuhl. Dass aber der Hof in dem Gässchen stand, ist sicher daraus abzunehmen, weil er in dem Zinsbuche unter die Rubrik: in foro pecudum gebracht, und dann retro curiam Heylle froysch beschrieben wurde, welcher Hof das Eck beim Gässchen ausmachte.

Domus Monialium S. Catharinae.

„vj ₰ hll. de domo et horreo sita latere septentrionali infra vicos dictos froisch et Escherszheymergasz" L. C. de 1460. f. 57. „6 ₰ hllr. de domo et horreo sita latere septentrionali infra vicos

Froesgass. dat procurator Monialium S. Catharinae" R. C. de
1581. f. 57. Das Klosterhaus konnte an keinem andern Orte
als in Gässchen stehen, indem es der Scheuer des H. Frosch an
der Seite lag, neben dem Ecke auf der Zeile aber sich die
Häuser des Diezelo Dene befanden. [153])

Weidenbrunnen.

Ist der Brunnen in dem vorher beschriebenen Weidengässchen. Er war ein offener Ziehbrunnen, und stand zur Hälfte
im Weidenhofe; 1781 nahm man ihm seine Schaalen ab, deckte
ihn bei der Erde, und versah ihn mit einer Pumpe. Er scheint
mir ursprünglich ein Hofbrunnen gewesen zu sein. [154])

Namenloses Stumpfengässchen.

Auf der Ostseite der grossen Eschersheimergasse befindet
sich zwischen den Häusern Lit. D. No. 40 und 41 ein ganz
kurzes, schmales und überhaupt so unbedeutendes Gässchen, dass
nicht einmal ein Namen von ihm ausfindig gemacht werden
konnte. Ich glaube, dass dasselbe in ältern Zeiten mit dem
Weidengässchen auf der Zeile verbunden gewesen, und dieses
zwar um so mehr, weil das Thor vom Weidenhofe das Gässchen
schliesst.

---

[153]) Diese letzte Anmerkung ist irrig. Die Häuser des Wigelo Dene
gehören in die Denengasse (vom Rahmhofe bis zum Theater), wo auch
ein Haus, aber keine Gasse zum gr. Frosch. F.

[154]) Der Hr. Verfasser Battonn seel. nimmt die ganze Eschenheiner
Gasse zusammen und bringt solche bei der niedern Neustadt vor, obgleich
die östliche Seite derselben zur obern Neustadt gehört. Da aber die kleinen und Stumpfengassen von dieser Ostseite in die obere Stadt hinein-
gehen, so werden diese hier vorgebracht. F.

Gerlachsgässchen.

Auch der *Gerlachshof*. Sein Eingang ist unter dem Hause Lit. D. No. 45 zwischen dem vorher beschriebenen Gässchen und dem Fürsttaxischen Hofe. Der Name rührt von einem Kutscher her, der sich Gerlach nannte, und hinten in dem Hofe des Gässchens wohnte. Ein sehr bejahrter Mann versicherte mich einstens, dass er als Knabe diesen Gerlach noch wohl gekannt und ihn auch einigemal in dem Hofe besucht habe. In dem hiesigen Intelligenz-Blatte von 1785 No. 73 werden die Häuser Lit. D. No. 46 und 47 im Gerlachsgässchen angezeigt. So wird auch des Gerlachsgässchens in dem Intell.-Bl. von 1787 No. 16 gedacht, und in einem andern von 1791 No. 97 wird der öffentliche Verkauf des Hauses Lit. D. No. 43 auf der grossen Eschersheimergasse im Gerlachshof angekündigt. Hieraus sehen wir, dass beide Namen gleichgültig gebraucht wurden.

H. auf der Südseite.

Lit. D. No. 43.
Lit. D. No. 44.

Auf der Ostseite.

Lit. D. No. 45. Der Hof mit dem Thorbogen. (Der Gerlachshof.)

Auf der Nordseite.

Lit. D. No. 46. }
Lit. D. No. 47. } Die beiden Häuser gehören zusammen.

Kleine Eschersheimergasse.

Kein einziges unserer Zinsbücher, das älter als das XVII. Jahrhundert ist, gedenket dieser Gasse, und aus ihrem Stillschweigen lässt sich schliessen, dass dieselbe noch nicht gar alt sein müsse. Zieht man den grossen Belagerungsplan von 1552

zu Rathe, so veroffenbaret sich daraus, dass die Gegend damals
noch aus geschlossenen Höfen und Gärten bestand. Ihre Anlage
scheint also erst gegen Ende des XVI. oder im Anfange des
XVII. Jahrhunderts Statt gehabt zu haben. [155]) In einem Ver-
trage zwischen dem II. Landgrafen von Hessen-Darmstadt und
dem Magistrat vom J. 1626 geschieht eines Zinshäuschens, in
die *Neue Eschenheimer Gasse* gehend, bereits Erwähnung. S.
Chr. II. 206. Und in dem Zinsbuche von 1636 S. 77 erscheint
zum erstenmal die *Neu Eschenheimer Gasse*, die in einem Mpt.
der Pfarrei S. Barth. von 1646 *vicus novus Eschernheimianus*
genannt wird. Noch wird in gedachter Chronik S. 537 beim
J. 1705 der Unterschied der *alten* und der *neuen* Eschersheimergasse wahrgenommen, aber späterhin unterschied man diese
Gassen durch die Beiwörter Gross und Klein. Wenn in neuern
Zeiten Höfe durchbrochen oder Gärten abgeschafft und zu
Gassen angelegt wurden, so erhielten dieselben gemeiniglich von
den vorbeiziehenden grösseren Strassen ihre Benennung und
dieses war auch bei der kleinen Eschersheimer Gasse der Fall.

Häuser auf der Südseite.

Das Eck. S. Lit. D. No. 50 auf der gr. Eschersheimergasse.
Lit. D. No. 51.
Lit. D. No. 52.

---

[155]) O. U. 1605. Platz in der klein *Eschersheimer Gassen* 2½ Rut
breit und 4¼ Rut lang darauf ins künftig ein Haus erbaut wird.
  — 1607. Behausung — uff der kleinen Eschenheimer Gassen *zum
alten Kaiser* genannt; sammt 2 Hoflin daran.
  — 1609. *Neu-Eschenheimer Gassen.*
  — 1617. H. *zum alten Kaiser* auf der Eschenheimer Gasse.
[Stadtrehng. de 1627, vgl. Note 144.]
Lt. Sdt.-Rehg. de 1635 neue Eschenheimer Gasse (ob diese kleine?)
      „   de 1653   „   „   „ (und zwar eine
Feuersbrunst im April 1654 darin.)
  O. U. 1658. H. auf der *Neu* Eschenheimer Gasse stosst hinten an
den Darmstädter Hof.
  In diesem und nächstfolgenden Jahr werden mehrere nach Ruthen
abgemessene Bau-Plätze in der kleinen Eschenheimer Gassen erwähut, die
also damals verbaut werden.

Lit. D. No. 53.
Lit. D. No. 54.
Lit. D. No. 55. -
Lit. D. No. 56.
Der Seitenbau des Fürsttaxischen Palais.
Lit. D. No. 57.
Lit. D. No. 58.
Lit. D. No. 59.
Lit. D. No. 60.
Lit. D. No. 61.
Lit. D. No. 62.
Lit. D. No. 63.
Lit. D. No. 64.
Lit. D. No. 65.
Lit. D. No. 66.
Lit. D. No. 67.
Lit. D. No. 68.
Lit. D. No. 69.
Lit. D. No. 70.
Lit. D. No. 71.
Lit. D. No. 72.
Lit. D. No. 73.   *Komet,* auch *Kometstern.*
Lit. D. No. 74.
Lit. D. No. 75.

Drei blaue Tauben. Das Haus hinter dem Brunnen ohne
Numero, weil es zu dem Ecke gleiches Namens gehöret. In
einer Handschrift von 1742 kommen die drei blauen Tauben
auf der kleinen Eschersheimergasse vor.

Das Eck. S. D. No. 76 hinter der Schlimmenmauer.

Auf der Nordseite.

Das Eck. S. D. No. 109 hinter der Schlimmenmauer.
Lit. D. No. 109. B.
Lit. D. No. 110.
Lit. D. No. 111.
Lit. D. No. 112.

Lit. D. No. 113. *Kleiner Pelican.*

Lit. D. No. 114.

Lit. D. No. 115. *Wallfisch.*

Lit. D. No. 116.

Lit. D. No. 117.

Lit. D. No. 118.

Lit. D. No. 119.

Lit. D. No. 120.

Lit. D. No. 121. Hat hinten einen Durchgang in die schlimme Mauer gegen dem Senckenbergischen Hospital über.

Lit. D. No. 122.

Lit. D. No. 123.

Lit. D. No. 124.

Lit. D. No. 125.

Lit. D. No. 126.

Lit. D. No. 127.

Lit. D. No. 128. Das Eck neben dem Brunnen.

Lit. D. No. 129. Das andere Eck allda.

Lit. D. No. 130.

Lit. D. No. 131.

Lit. D. No. 132.

Lit. D. No. 133.

Lit. D. No. 134.

Lit. D. No. 135.

Das Eck. S. Lit. D. No. 136 auf der gr. Eschersheimergasse.

Greifenbrunnen.

[Hierzu fehlt der Text.]

Felsenbrunnen.

[Ebenso.]

Hammelsgässchen.

Ein nicht tiefes Stumpfgässchen auf der grossen Eschersheimergasse, welches nächst bei der kleinen Eschersheimergasse
seinen Eingang hat. Es ist nach meiner Vermuthung aus einem
Hofe entstanden, als dieser bei der Gasse geöffnet wurde.

Häuser auf der Südseite.

Lit. D. No. 138.

Haus ohne Numero, welches zu Lit. D. No. 133 in der Kl.
Eschersheimergasse gehöret.

Auf der Ostseite.

Lit. D. No. 139.   An dem Thorbogen steht die Jahres-
zahl 1488.

Dieses und das folgende Haus schliessen hinten an das
Gässchen.

Lit. D. No. 140.

Auf der Nordseite.

Lit. D. No. 141.
Ein Hinterhaus.

Mohrengässchen.

Auf das vorher beschriebene Hammelsgässchen folgt nord-
wärts das Mohrengässchen, welches auch nur einen Eingang,
aber keinen Ausgang hat, indem es hinten von dem Custoshofe
geschlossen wird. Es war die *Spiessgasse* der Alten, die ich in
den Zinsbüchern von 1356 und 1368, S. 22 und 23 zum erstenmal entdeckte. [156] Man liest in dem letztern: „j marca den. de

---

[156] Beedb. 1354 (Sub ortulanis) It. Beyger in *Spissesgassen.*

— 1365. Herrn Folgwins Hoff in der Spissgassen (das 5te Haus
in der Reihenfolge).

Bürgerbuch 1369 Huss und Gesesse gelegiu in der nuwen Stadt in der
Spisgassen by Hrn. Volckwin dem Prister.

domo vff der Spiezgaszen in der Eschersheimergaszen sita latere
orientali". Und diesen Namen bestätiget auch das S. G. P.
von 1433, indem darin „die Spiessgasse in der Eschersheimergassen" vorkommt. Die jüngeren Zinsbücher schrieben Spiszes-
gasze, Spysgasze und Spisgass. In dem Zinsbuche von 1450
heisst es „vff der Speyssgassen", diese Schreibart ist aber offenbar fehlerhaft. Da sich mehrere kleine Gassen in der Gegend
befinden, so fiel es mir Anfangs schwer, mit Gewissheit zu entscheiden, welche von ihnen die eigentliche Spiessgasse sei. Der
Name des Henno Spies, eines ehemaligen Anwohners, dessen
unten beim J. 1412 gedacht wird, veranlasste zuerst die Vermuthung für ihre Lage, die nachmals in Gewissheit überging,
als ich in dem liebfraustiftischen Zinsbuche das Haus Spietz
(Spiess) in die Spiessergasse gesetzt, und mit Lit. D. No. 150
bezeichnet fand. Um die Geschichte dieser Gasse noch weiter
aufzuklären, finde ich für nöthig, einige Stellen aus dem Zinsbuche der Kirche der h. Maria und Georgius vom J. 1412, S. 3
und 4 auszuheben: „Item duo floreni cedunt de duabus domibus
et area cum suis attinenciis sitis in vico Eschersheimergassen in
acie parvi vici dirigentis in curiam dictam des Custors hoff dextro
latere, ex opposito curie et ortus (horti) domini Brunonis zu
Brunenfels: dedit dictus Flersheym et Conradus Meyenrisz
modo Henno Spiesz". — „Item duo floreni cedunt de et super
duabus domibus contiguis et earum fundis sitis in vico Eschersheimergassen supradicto in acie parvi vici in des custorshoff
dirigentis sinistro latere ex opposito Curie domini Brunonis iam
dicti." [Dieser Hof ist Lit. D. No. 166.]

Die kleine Gasse, durch die man in den Custorshof ging,
war keine andere, als die Spiessgasse. Henno Spies besass 1412
das Eck Eingangs rechter Hand mit dem Nebenhause, und ihm
gehörten auch die zwei Häuser gegen den vorigen über. Er

O. U. Wfr. Kl. 1371 auf den zwein H. in der Nuwenstatt zu F. in
der Eschersheimer Gassen *gein Brunnen Hof ubir*, in dem Gesszechin
an Johan Spiess.

S. G. P. 1396. Die Spiesgasse. Ebenso 1397.

— 1472.. Garten in der Eschersheimer Gassen an der Spiesgasse.

führte den Namen von seinem Hause, welches zu selbiger Zeit
nichts ungewöhnliches war, und ohne Zweifel hat auch die Gasse
von dem Hause zum Spiess den Namen angenommen. Der
Henno Spiess gab jährlich dem Stifte der h. Marie und Georg-
gius, oder des h. Leonhards, von den beiden Häusern Eingangs
rechter Hand 2 fl. Grundzins und hinter denselben in des Custors Hofe befand sich eine Hofstatt, oder ein unverbauter Platz,
von welchem des Henno Sohn oder Enkel noch einen besonderen Zins entrichtete. Das Zinsbuch von der letzten Hülfte des
XV. Jahrhunderts hat denselben mit folgenden Worten bemerkt:
„VI ₰ hl. de vna area sita in der Eschersheimer gaszen in
curia dicta des Custershofe retro domum dicti Spiesz, dat idem
Spiesz." Nun war das Leonhardsstift bei seiner Aufhebung noch
wirklich im Besitze dieser alten Zinsen und obschon dieselben
nicht mehr von dem Ecke Eingangs des Custorshofes rechter
Hand, sondern von dem Ecke daneben am Hammelsgässchen
erhoben wurden, so lauteten dennoch die beim Empfange der
Zinsen abgegebenen Grundzinsscheine noch immer: „von einem
Hauss in dem Custers Höfgen." Wir müssen uns also nicht
irreführen lassen, das Hammelsgässchen für den ehemaligen
Custershof anzusehen; denn das Haus des Henno Spies, welches
den Zins vorher gab, war das Eck Eingangs rechter Hand,
folglich das Eck der Spiessgasse. Dieses Haus kam endlich an
das Leonhardsstift, wurde von ihm neu gebauet, und bald darauf
wieder verkauft. Ein Manuscr. dieser Kirche sagt: „1526 Domus
nova in vico Eschersh. gass vendita in acie Kostershofgen."
Höchst wahrscheinlich wurde das alte Gebäude bei seiner Erneuerung in zwei Häuser abgetheilt, und die Zinsen, weil man
sie nicht gern vertheilte, wurden auf das Eck vom Hammelsgässchen verlegt, und das Eck vom Custershöfchen war von
der Zeit an befreiet. Entweder aus einem Versehen, oder weil
man wegen der Documente nicht leicht eine Abänderung in den
Zinsbüchern zuliess, wurde die alte Beschreibung von einem
Hause im Custershöfchen beibehalten. Aus den bisher mitgetheilten Nachrichten ist noch wahrzunehmen, dass der Name Custershof sich nicht immer auf den hinten gelegenen Hof allein ein-
schränkte, sondern von ihm auch auf das vorliegende Gässchen

übertragen wurde; dass daher am Ende auch die *Custers-* oder *Costersgasse* genannt wurde, und den älteren Namen der Spiessgasse in völlige Vergessenheit brachte. In dem S. G. P. kömmt bereits „das nebengesehen, genant Custorsgasse in der Escheimergassen" vor. In den neueren Zeiten erhielt das Gässchen noch verschiedene andere Namen. Solche sind das *Mohrengässchen*, das *Holzmüllersgässchen* und das *Schumpengässchen*. Das Mohrengässchen erscheint schon in dem Intell. Blatte von 1741, und in dem nämlichen Blatte von 1804 No. 51 wird das Haus im Mohrengässchen auf der Eschersheimergasse Lit. D. No. 150 zur öffentlichen Versteigerung angekündigt. Die Leute pflegten diesen Namen von einem Lohnkutscher Namens Mohr herzuleiten, der gegen die Mitte des letzt abgewichenen Jahrhunderts hinten in dem Hofe des Gässchens Lit. D. No. 150 wohnte. Ich hätte gegen eine Sache, die viele Wahrscheinlichkeit für sich hat, nichts zu erinnern, wenn nicht ein Haus zum Mohren in dem Gässchen stünde. Sicher aber hat die zweite Benennung des Gässchens von des Mohrs Nachfolger im Hofe, dem Lohnkutscher Holzmüller, ihren Ursprung genommen, der 1795 darin starb. Das Schumpengässchen wurde wenig gehört. Im Intelligenzblatte, dessen Jahr und Nummer aus Vergessenheit nicht bemerkt wurde, wird von Lit. D. No. 150 auf der grossen Eschersheimergasse im Holzmüllers- oder Schumpengässchen eine Anzeige gemacht. Wie ich aus einem Intell. Blatt von 1741 ersah, besass der Bierbrauer Schumm in der Neugasse ein Haus im Mohrengässchen, welches hinten in der kl. Eschersheimergasse einen Ausgang hatte. Die Nachbarn nannten dieses Haus das Schumpenhaus, und von demselben rührte der Name des Schumpengässchens her. Endlich habe ich noch anzuzeigen, dass das Intell. Blatt von 1804 No. 3 von der Eck-Behausung Lit. D. No. 144 sagt, dass sie auf der grossen Eschersheimergasse in dem *Winkelgässchen* gelegen sei. Ob hier ein wirklicher Name des Gässchens oder nur seine Beschaffenheit angezeigt werden sollte, getraue ich mir nicht zu entscheiden.

Häuser auf der Südseite.

Das Eck. S. Lit. D. No. 144 auf der Eschersheimergasse.
Lit. D. No. 145.

Lit. D. No. 146. Stösst hinten auf das Hammelsgässchen.
Lit. D. No. 147.

Auf der Ostseite.

Lit. D. No. 148. Der ehemalige *Custors-* oder *Custershof*,
dessen oben bei dem Mohrengässchen schon gedacht wurde. „der
Custorshof in der Eschersheimergassen." S. G. P. von 1464.
„Hus in der Eschersheimergasse am ecke an des Custers'gartin."
Idem von 1466. Der Hof gehörte vor Zeiten einem Canonicus
und Custos (Kuster) der Kirche der h. Marie und Georgius,
von dem er nachmals ganz oder zum Theil an das Stift kam,
das ihn zuletzt wieder verkief. Von einem Verkaufe überzeugt
uns folgender Auszug: „Item vna marca cedit in Hoinstat —
et est comparata de novem marcis ex trunco oblacionum et de
pecuniis de vendita area in curia dicta des Custors hoff in vico
Eschersheimergassen contigua orto dicti Ditz vom holtz —
quam idem Ditzo a nobis comparavit et dicto suo orto coap-
tavit." L. C. S.S. M. et G. de 1412 f. 28. Von einem jüngeren Verkaufe ist vorher schon Meldung geschehen. Der Hof
hat neben einen Ausgang in die kleine Eschersheimergasse.

Auf der Nordseite.

Lit. D. No. 149.
Lit. D. No. 150. *Spiess. (Hausspitz.)*
7 β vom Hauss Spietz (Spiess) genand in der Spiessgass.
War vor diesem 3 Häuser: dat 30. Georg Bender Wollen Packer
auf der grosen Eschenheimer Gass im Mohrengässgen, modo
Caspar Schatz. Z. B. des Liebfraustifts. Lib. cens. B. M.
V. Saec. XVI. It. i ferto cedit 8° Epiphan. de tribus domibus
dictis *Spiess* in parvo vico inpertransibili dicto Spiessgassen,
lat. orientali ex opposito *Brunnenhoffs.* [137]) In dem Frf. Intell.
Blatte von 1797 No. 88, wo die öffentliche Feiltragung dieses
Hauses angekündigt wurde, heisst es: „die auf der grossen Eschen-

---

[137]) It. i marca von einem Hause in der Eschersheimergassen vff dem
Ort gegen *Braunen Garten* vber. In demselben Zinsbuch.

heimergass gelegene, zum Hausspitz genannte, denen Intestat-
Erben von weiland Marien Elisabethen Benderin Packers Wittib ex post verehelichter Schatzin zugehörige Behausung." Aus
der Beschreibung des Mohrengässchens ersehen wir, dass die
Alten Spicz oder Spisz für Spiess schrieben. Die Schreiber der
neuen Zinsbücher, die dieses nicht wussten, schrieben also Spitz.
Durch eine Zusammenziehung der Wörter Hauss Spisz, wie die
Alten schrieben, entstand schliesslich der verhunzte Name Hauss-
spitz, wie er oben vorkömmt.

Lit. D. No. 151. In dem Liebfraustiftischen Z. B. wird
bemerkt, dass das Haus vormals eine Scheuer gewesen.

Das Eck. S. Lit. D. No. 152 auf der Eschersheimergasse.

Häringshaus. „Heringshus in der Spiesgassen in der nuwenstadt." S. G. P. von 1406.

Bogengässchen.

Ist das Stumpfegässchen auf der grossen Eschenheimergasse
zwischen dem Mohrengässchen und der Gasse: Hinter der Schlimmenmauer. Seine Nachbarn legten ihm den Namen von dem
Bogen des Hauses Lit. D. No. 153 bei, weil es unter demselben
seinen Eingang hat. Nach der Aussage eines alten Mannes soll
es sonst das Münchsgässchen geheissen haben; vermuthlich von
einem ehemaligen Anwohner, der sich Münch nannte.

H. auf der Südseite.

Lit. D. No. 154.
Lit. D. No. 155.

Auf der Ostseite.

Lit. D. No. 156. Ein Thor, welches das Gässchen schliesst.

Auf der Nordseite.

Daselbst nimmt das Haus der gr. Eschersheimergasse Lit. D. No. 157 die ganze Seite ein.

Zwinger zwischen dem Eschersheimer Thore und der Radgasse.

[Hierzu fehlt der Text.] [156])

---

[156]) Das ist die Strasse, die von dem Ecke des Senckenbergischen und Mühlens'schen Hauses hinter die Schlimmmauer führt. F.

IV. Abschnitt

oder die Beschreibung des untern Theils
der neuen Stadt.

Vicus dividens.

Die Strasse, welche zwischen dem oberen Theile der neuen Stadt und dem untern die Scheidungslinie macht, hiess in den Zinsbüchern vicus dividens, und in der alten Volkssprache die Schiedegasse. (S. Schiedepfuhl.) Man liest zuweilen novum dividens, und dies will eben so viel sagen, als vicus novum oppidum dividens. Welche Gasse aber der vicus dividens der neuen Stadt gewesen, und wie weit sich derselbe erstreckte, ist bei der grossen Eschersheimergasse zu ersehen.

Unter der Katharinenpforte.

Wir haben unter dieser Benennung diejenige Gegend zu betrachten, wo sich ehemals die Brücke über den alten Stadtgraben zwischen der innern und äussern Bockenheimerpforte befand, die nachmals den Namen von der Katharinenkirche annahm. [155a] Kaum war die neue Stadt durch eigene Mauern und

---

[155a] S. G. P. 1405. H. zwischen den zwei Porten bei S. Katrinen.

O. U. 1505. H. — gelegen zuschen St. Catherinen Pforten, genannt *Lufftenburg*.

— 1567. H. u. Gesess und Garten gelegin zuschen den *zweien* Bockenheymer Porten.

Gräben gegen feindliche Anfälle gesichert, so sah man auch schon die Entbehrlichkeit der alten Stadtgräben ein. Der Graben zwischen den beiden Pforten wurde ausgefüllet, und auch bei den Seiten der Brücke wurden Häuser erbauet. Wahrscheinlich war die Brücke von Stein und ihre Bögen werden alsdann das Pflaster, wie jene unter der Bornheimerpforte noch auf ihrem Rücken tragen. Die neu angelegte Strasse wurde anfänglich vicus S. Catharinae (die Katharinengasse) genannt; weil das Katharinenkloster auf dieselbe stiess. Ich führe aus den Zinsbüchern von 1390 S. 102 eine Stelle zum Beweise an: „j marca den. de curia et orto jugerum continentibus ad stratam Eschersheim tendentibus sitis vico Esch. latere orientali infra vicas Sancte Katherine et Froschgasze.“ Mit dieser Stelle stimmt auch das Zinsbuch von 1405 S. 10 überein. Die Eschersheimergasse, als vicus dividens betrachtet, erstreckte sich von der alten Bockenheimer- bis an die Eschersheimerpforte. Wenn also der Hof und der Garten, von welchen die eine Mark Pfennig gegeben wurde, auf der Ostseite der Eschersheimergasse lagen, die Froschgasse aber diejenige war, die heut zu Tage hinter der Schlimmemmauer genannt wird, so kann der vicus S. Catharinae keine andere Gasse gewesen sein, als eben diejenige Gegend, die man nun Unter der Katharinenpforte nennen hört. Denn die Zeile war der vicus pecudum oder der Viehmarkt, die nie unter einer andern Benennung vorkommt. Ueber die alten Stadtpforten, wenn sie in der Gegend niedergerissen wurden, wird der § hinlängliche Auskunft geben.

[Vgl. Heft I S. 85.]

Herr von *Fichard* hat hierzu folgende Stellen aus den Stadtrechenbüchern beigefügt.

1409. Sabb. Ambrosii haben wir dazu gegeben 25 fl. Meister Hanns der Stedte Zymmermann von dem neuwen Heyssenstein zu bauwen, als yme die Baumeistere den also virdinget haben.

1410. — Hauszins von dem Orthuss vnd dem mittelsten Huse unter dem Heisenstein — (Ob nun Belli's Haus?)

1410. It. — Henne von Steinheim gegebin zu vssfarendem Zinse von Michahel nest waz, von dem Orthuse vnder dem Heissenstein.

1412. It. iij fl. hat Henne von Steinheim gegebin von dem Huse vnder dem Heisensteyn an dem Dore des Grabins zu uzfarendem Zinse. —

(alibi auch: von dem Huse an dem Ende an der Pforten vnder dem Heissenstein und alibi wieder: an dem Orthe an dem Dore.)

1416. It. iij Gulden hat geben Henrich Wysse zum Wyssen vmb das Graz im Graben hinder dem Heissenstein bys zu den Wissenfrauen von diesen zukommenden Jare.

1417. It. 229 fl. 10 ₰ han wir entpfangen vber koste von der nesten fasten Messe vom spiele vff dem Heissenstein.

1418. It. iij ℔ hat Reinhard Sodeler zu Zinse gegeben von dem Huse vnder dem Heissenstein an der Dore als man vff den Grabin geet. It. von dem Mittelhuse vndern Heissenstein. It. vom andern Huse an der Stegin.

1423. It. iii Cxiij Gulden xij hllr. sin gefallin von dem Spiele vff dem Heissenstein diese vergangeno Fasten Messen vber diese hernach geschriebenen Kosten vnd Vzgebungen als mit Namen worden sin Lxxxij Gulden ij ₰ vi hllr. nemelich den Knechten ij ℔ 23 ₰ vmb Lichte — xxvi ₰ vi hllr. vmb Erwin (Ehrenwein) und dann viij fl. als man jn itzunt sonderlich geschenket hat, als sie meynen, daz sie sunderlichen grossen Kosten gehabt han mit Spise vnd Win vff daz die Lute desto me des spieles gewarten mögen vnd dann xij Gulden vmb würfel etc.

It. xiij ₰ ij hllr., die stemme in dem Burggraben hinder dem Heisensteine zu proffen.

It. xi ₰ han wir me vssgeben, dann ingenommen, als man die Graben hinder dem Heisensteine vnd weiter biss zum Wollengrabin uzgehauwen vnd gewellet hat vnd noch etzwyvil Wellin vnd Holtzes da liget zu verbornen.

1427. It. Sabb. ante Urbani xij ℔ xviij ₰ sin gefallen als man itzunt zwei Tage des Spiels vff dem Heisenstein hatte lassen warten, als die Herrn waren zu tetingen zuschen dem Bischof von Mentze vnd dem Landgrawen von Hessen. (Auch in früheren Jahren kommen Einnahmen von Extra Spiel vff dem Heissenstein vor ausser der Messzeit.)

1430. (Wegen dem Spiel vff dem Heissensteine geschah die Ausgabe à 18 fl. vmb 14,000 Wurfel vnd nochmals à 16 ₰ für 2400 Wurfel.)

1432. It. xij ℔ han wir ussgebin vmb viij M. (8000) Wurffel zum Spiele vff dem Heissenstein zu der nestvergangen fasten Messen vnd der Rad den Heissenstein zu derselben Messe abedet vnd vorder meint liegen zu lassen, die noch da liegen.

1433. It. 1 fl. hat geben Heintz Löher von dem Graben hinder dem Heissenstein von diesem Jahre.

1434. It. ij Gulden hat gegeben Henrich Gottschalck zu Zinsen von dem Hause unter dem Heissenstein.

It. 7 ₰ iij hllr. in der Huser eyme hinter dem Heysenstein zu claiben (auch wurde dazu wysser Lehm gefahren).

1435. It. Sabb. Dorotheae ij ℔ 8 ₰ hllr. diese Woche 30 Tagelone vff dem Burggraben hinder dem Heissenstein zu roden.

1435. It. x *ß* 4 *₰* 8 hllr. hat der Zune gekostet, den man gemacht hat für die Propfrysser in dem Graben hinter dem Heyssenstein.

1438. It. — den Burggraben zu rupen vnd etliche wilde Stemme darin zu setzen.

It. ij *₰* vj hllr. einen Tagelohn vff dem Burggraben die Reysser zu propfen.

1442. It. iiij fl. hat geben Henrich Gottschalk zu Zinse von eym Jare vss syme Huss vnder dem Heyssenstein.

1489. It. iiij Gulden geben den *Goldgrebern* (Nachtkönigen, Abtrittsfegern) die profeyen zu reinigen an Heile Sattelers Huss vnd dem Huss *zum Marstall* dienende zuschen den *Pforten*.

1498. It. L fl. ddt. Thomas Henne Glaser für das Husschin zuschen St. Catherinenporten dass zweite Huss vff der lingten Hand als man zu den Porten zu der Neuwenstedt vssen geet, als der Rat jme dafür verkaufft um ij fl. gelt ewiger järlicher Gülte erstis zinses (Pfingsten fällig mit dem gedinge nie holer zu buwen denn das Nebenhaus).

1501. It. — 100 fl. nebst 2 fl. ewiger Gülte zu zahlen für das Huss zuschen sant Catherinen Porten vff der lingten siten alss man hynusse geet neben dem *Grabenthore* vnd Hansen von Soden duchscherer.

1505. Zinss vss dem Husschin neben sant Catherinensnecken vnd dem Krame und Habernkasten dargeyn über zahlt die Ennechen Leistenmachern zuschen den porten.

1517. Der Rath verkauft ein Haus zwischen den zwey CatherinenPforten auf dem Graben mit einem Hoflein stossende an Hermann den Armbruster (ob nicht früher dessen Besoldungshaus, das er verzinsset) und hatte zum Nebenlieger das Haus eines Steinmetzen.

1560. Kram zwischen S. Katherinen Pforten gegen dem Schuldgefängniss über.

1563 — noch die Swibbogen bei S. Catharinen-Pforten.

1584. Hauss Hanns (?) *Lufftenberg* vuder der Catherinen-Pforten zinset an den Rath järlichen Zins à 3 fl. (ob Miethzins?)

[Ueber das Spiel auf dem Heissenstein vgl. Kriegk, eine Frankfurter Spielbank im Mittelalter, in den Mittheil. des Vereins II, 78, und in seinem Werke „Frankf. Bürgerzwiste und Zustände" S. 344. Dieses Spiel wurde in dem Hause zum Heissenstein betrieben, welches später mit dem Gasthaus zum Schwanen Lit. E. No. 221 vereinigt wurde. Der Rath beschloss 1409 ein eigenes Haus für das Spiel zu erbauen und dies geschah 1410 an dem Platze nächst der Katharinenpforte, wo jetzt das Haus Lit. F. No. 98 steht. Auch dies neue Spielhaus wurde *zum Heissen-*

stein genannt und das ältere erhielt nun den Namen „zum alten Heissenstein."]

Häuser auf der Westseite.

Lit. F. No. 83. Das Eck gegen dem kleinen Kornmarkte über, welches mit dem folgenden Hause äusserlich ein Haus zu sein scheint, inwendig aber in zwei Häuser abgetheilt ist. Es war vorher ein niedriges Haus, darin sich die Thurmstiege und des Thürmers Wohnung befanden; und da es inwendig wider der Stadtmauer stand, so gehörte es auch noch unter die Gebäude der alten Stadt. [159])

NB. Die folgenden Häuser gehören in den untern Theil der neuen Stadt. [160])

Lit. F. No. 84. War das erste Haus vor der Katharinenpforte, das nachmals einen Theil von ihr zu seiner Vergrösserung erhielt, und mit dem vorigen unter einem Dache neu erbauet wurde.

---

[159]) An dem Barbierers-Haus unter der Cath. Pforte (welches 1717 der Barb. Richter bewohnte) steht über den Fenstern der Stube im andern Stockwerke die Schrift mit goldnen Buchstaben eingehauen: „Gottes Wort bleibt ewig." Weil nun diese Worte das Symbolum Lutheri gewesen, als ist daher die irrige Meinung entstanden, Luther habe 1521 bei seinem Aufenthalt dahier darin logirt, welcher denn in *Orth's* Anmerkg. z. Reformation — und in *Schudts* jüd. Merkw. 4 Thl. 2 Contin. pag. 26 widersprochen worden. Es finden sich mehr Häuser, die solches Symbolum haben, z. B. ein Bendershaus auf dem Hirschgraben und das letzte Haus beim Galgen-Thor, wo der Zöllner inwohnet. Sieh Schudt l. c.

[160]) O. U. 1499. II. — nemlich das zweite von S. Caterinen Thore uff der *lingten* hant als man zu der Nuwenstatt hinussen geet, stosst hinden uff unserer Stadt Burggraben.

Die Bedrolle von 1509 giebt das zweite Haus von aussen an dieser Seite „unter den Doren" am Kathrinenthurm als „des Marstallers" an.

O. U. 1510. H. u. Gesess — zwischen S. Cathrinen Porten neben dem Dore als man uff den Schutzengraben geet.

Lit. F. No. 85.
Lit. F. No. 86.
Lit. F. No. 87.
Lit. F. No. 88.
Lit. F. No. 89.
Lit. F. No. 90.
Das Eck. S. Lit. F. No. 98 auf dem Heumarkte.

Häuser auf der Ostseite.

NB. Diese sind Häuser des obern Theils der neuen Stadt. [161])

---

[161]) In testam. Alb. zu der Hoffestatt von 1322. Zins à 8 ℔ heller
gelegen uff: eyme husze das stect tzwieschen den ezwoin porten tzwischen
der Altenstatt vnd Nuwenstad am Bockenheimer Porten, mit namen, tzwischen Heintzen sedelers huse vnd dem husze das da ist des Clostirs tzu
sente Katharine. Das vorgenante husz ist geteilet, vnd sind tzwei huszere
darus gemachit.

Lib. Vicar. S. Barth. de 1453. fol. 120. It. vi libre hlr. cedunt Martini
de domo sita infra duas portas S. Katherinae lat. orient., modo est domus
nova ibi aedificata.

O. U. 1464. II. — vor S. Catharinen Porten zwischen N. Sedeler
und des *Rades husse*, da der Stedte Armbruster inne wone, als man uff
den Schiessgraben gee.

— 1531. II. — zwuschen S. Catherinen Pforten neben der Kirch-
thore uff einer uud unser des Raths huss uff der andern Syten, stosst hinten uff das Kloster zu St. Catherinen.

— 1541. II. — zwischen der St. Catharinen Porten neben der Einfahrt unseres Steingrabens uff einer und Hermann Armbrustern uff anderer
Seits gelegen stosst hinten uff den Steingraben.

— 1538. II. bei der Catharinen Pforten zum Hirschkopf genannt.

— 1589. II. zum Hirschlauf genannt — uff dem Rossenmarkt neben
N. einer, und unserm Steingraben uff der andern Seiten stosst hinten uff
die Behausung zum Hirtzkopff.

Mespt. XVII. Sec. II. zum Hirschlauf auf dem Rossenmarkt neben
dem Steingraben.

NB. Diesen Beschreibungen zufolge gehörten die Häuser zum *Hirschlauf* und *Hirschkopf* auf die Ostseite der Strasse zwischen den beiden Pforten.
Diese Namen beweisen, dass die Hirsche durch die Brücke der Bockenheimer Pforte durch ihren freien Lauf bis an die Bornheimer Pforte hatten. F.

Lit. F. No. 91 neben der Katharinenkirche.
Lit. F. No. 92.
Lit. F. No. 93.
Lit. F. No. 94, das Eck am Holzgraben.
Lit. F. No. 96, das andere Eck am Graben.
Lit. F. No. 97.

Grosse Eschersheimergasse.

Zur Zeit der fürstlichen Regierung die *Karlsstrasse.* Dass
der eine Stunde von hier gelegene Ort Eschersheim ihren Namen veranlasste, bedarf keines Beweises. Sie war übrigens
der vicus dividens oder die Schiedegasse der neuen Stadt, und
erstreckte sich in dieser Eigenschaft von der Eschersheimerpforte bis an die alte Bockenheimerpforte, die nachmals die
Katharinenpforte hiess. [162] Ausser der Baldemar'schen Beschrei-

[162] Beedbuch 1362. It. Frauwe Kuntzel Kollingin Huss, uff der
Eschersheimer Gassen nahe an der Porte, (auf der Westseite).
— 1365. It. Hr. Arnold Gissvbels sel. Hoff. — It. Gilbrechts Hoff
zu Virneburg — (liegen zunächst dem Swebenhof auf der Ostseite).
O. U. 1367. Census de quadam domo conjugum Johannis Dytz hin-
bechir et Irmengardis uxoris sita in nova civitate Fr. retro domum sive
horreum dicti Frawensteyn in parvo vico quo itur de platea que ducit ad
portam Eschirsheim, ad curiam que nunc est Sifridi dicti Echir civis Franco-
vordensis, ubi dominus Fulewinus Sacerdos domum eciam habet et ortum.
— 1373. H. gelegen uff der Eschenheimer strassen uff dem Orte, da
man hinder ginget in den Garthin der etzwannen Cullmann Scheffein wasz.
S. G. P. 1387. die Eschirsheimer Gasse in der Nuwenstadt. Ebenso 1399.
O. U. 1394. H. in der Nuwenstadt in der Escherheimer Gasse *hinter der deutschen Herren Gesesse.*
— 1397. H. zur *Katzenpote* auf der Eschenheimer Gassen.
G. Bn. de 1445. Zwei Huser in der Nuwenstatt in der Eschersheimer Gassen, die man zu zyten genant des *Hoppeners Hoff.*
Laut Beedbuch de 1463 wohnen von dem *Swebenhoffe* an den Vich
markt hinauf viele auf einander in der Reihe folgende Barchenweber.
O. U. 1470. Hauss Scheuer und Gesess genannt zu dem *Schane* (?)
gelegen in der Nuwenstatt in der Eschersheimer Gassen zuschen N. u. N.

bung bezeugt es auch noch der Liber vicariarum vom **XIV.**
Jahrhundert, worin S. 12 folgende Stelle zu lesen ist: „Sex sol.
den. de curia in novo opido Frankf. inferiore parte (soll superiore parte heissen) vico dicto Esch. gazze seu dividente latere
orientali infra vicos Pecudum et dictum Froschgazze." Der
vicus Pecudum ist die Zeile, und die Froschgasse diejenige,
welche nun unter der Benennung: hinter der Schlimmenmauer
bekannt ist. In der Chronik II. 537 wird beim J. 1705 der
Unterschied der alten und neuen Eschersheimergasse bemerkt,
für die aber nachmals die grosse und die kleine Echersheimergasse aufkamen. Die grosse Veränderung des deutschen Reichs
hatte für Frankfurt die Folge, dass die republikanische Regierung in eine monarchische überging, und man wollte seinem
ersten Fürsten Carl dadurch ein ewiges Denkmal stiften, dass
man dem Eschersheimer Thore im J. 1810 den Namen Karls-
thor beilegte, und die Eschersheimergasse, worin sich Seine
Königl. Hoheit aufzuhalten pflegen, in die Karlsstrasse umtaufte.

Häuser auf der Ostseite.

Nota. Die Häuser der östlichen Seite gehören alle zum
oberen Theile der neuen Stadt.

     — 1486. Garten und Schuren genannt der *Berner Garten* in der
Eschersheimer Gassen zuschen Henrichs zum Jungen seel. Wittwe und der
Bleiche und stosst hinden auf Wicker Frosch seel. Speicher. [Wahrschein-
lich ist dieser Garten der 1423 vorkommende Hof des Brand Klobelauch
auf der Eschenheimer Gassen, denn es verkauften diesen Garten des Brands
Erben im Jahr 1486. F.]

     [1494. Satzung Werner Dulings: garten in der nuwenstatt in der
Eschersheymer Gassen. Arch. V. 45.]

     Die Bed. R. von 1500 zählt auf der Eschersheimergasse an der West-
seite 15 und an der Ostseite 16 H.

     O. U. 1520. H. u. Hoff zum *roden Kopp* in der Eschersheimer
Strassen.

     — 1520. 2 H. und ein Garten dazwischen, nämlich ein Eckhuss,
und hinder Huss, und ist das Eckhuss in der Eschheymer Gassen gelegen
Fresslers Hoiff genannt, und stösset das Hinderhaus uff Conrad Schids
seel. Erben.

I.

Zwischen der Zeile und dem kleinen Stumpfegässchen.

Lit. D. No. 38. *Drei König*, vorher der *Schwabenhof*. Das Eck an der Zeile. [163])

„der Swebenhoff gelegen vff dem Ecke der Escherh. gasse au Adolff Klobelauch neben zu gein Wolffecke uber vnd stosse hinden an Gipel von Holtzhusen." J. B. von 1466.

„Hus und hof uf dem ecke der Eschersheimergassen gen Wolfsecke der Smytten uber genannt der Swebenhoff." S. G. P. von 1454.

„Hauss zu den drey Königen genannt, an der Gross Eschenheimergass dem Wolffs - Eck uber gelegen," Frf. Intell. Bl. von 1728. No. 108.

Das Haus gehörte 1668 Hrn. Matthias Merian, und war wenige Jahre zuvor noch die Herberge zu den drei Königen. [164]) Chr. II. 289.

Lit. D. No. 39.

Lit. D. No. 40. Das Eck am kleinen Stumpfegässchen.

---

[163]) Beedb. 1362. Der Schwebenhoff, darin erwähnt wird Lukart Sweben.

— 1365. Der Suebin hoff, dann lt. Luckard Suebin u. Gela ir Dochter.

S. P. 1370. Der Swebenhoff.

O. U. 1455. Husung, hoffe Stallung hinden u. vornen gelegen vor S. Catherinen Porten uff dem Ort der Eschersheimer Gassen an N. N. und gein S. Catherinen Kloster über.

— 1455. Hoff Scheuer Stalle und Garten — genannt *Eschpach*, gelegen in der Eschirsheimer Gassen zuschen Elseechens zur weisen Rosen sel. Kindern, und der alten Kaldebecherin. Desgleichen 1467.

— 1471. Hoffe genannt der Schwebenhoff — gelegin in der Nuwenstadt vff dem Ecke der Eschersheimer Gassen und stosst hinden vff N.

Sdt.-Rchg. de 1627. Haus zum Schwebenhof genannt, neben dem Rahmhof, bewohnt ein Bierbrauer, der darin braute.

[164]) Std.-Rchg. de 1592 u. 1594, Der Wirt zu den 3 Konigen.

Bürgerb. 1634. fit civis Joh. Raguet, Gasthalter zu den drey Königen.

II.

Zwischen dem kl. Stumpfegässchen und dem Gerlachsgässchen.

Lit. D. No. 41.   Das andere Eck an dem kl. Gässchen.
Seine Nummer ist ·in demselben zu suchen. [165])
Lit. D. No. 42.   Das Eck am Gerlachsgässchen.

III.

Zwischen dem Gerlachsgässchen und der kleinen Eschersheimergasse.

Lit. D. No. 48.   Das Eck am Gerlachsgässchen.
Lit. D. No. 49.   Der Fürst Thurn- und Taxische Hof.   Im
J. 1729 brachte der Fürst Anselm Franz von Thurn und Taxis
das Haus auf der grossen Eschersheimergasse durch einen Kauf
an sich [166]) und baute nachmals nach dem Grundriss eines ita-
lienischen Baumeisters den schönen Palast, der sich durch seinen majestätischen Eingang, seine Bogengänge und seine innere
Einrichtung einen ganz besonderen Vorzug erwarb.   Er stösst
von der Seite auf die kleine Eschersheimergasse, ohne jedoch
einen Ausgang daselbst zu haben.   Seine königliche Hoheit Karl,
Fürst Primas und Grossherzog von Frankfurt residiren nach
einer mit dem Fürsten von Taxis getroffenen Uebereinkunft
jedesmal, wenn Höchstdieselben hierher kommen, in diesem Hofe.
Von seiner Freiheit ist in D. Orths Anmerk. über die Frf. Reform. in der 3. Forts. S. 136 u. 534 nachzusehen.   Am 23. Dec. 1731
Abends nach 10 Uhr brannte es in einem Schornsteine. Chr. II,
813. (793.)   [Später bekanntlich Sitz des deutschen Bundestags.]

---

[165]) Das Thor zum Weidenhof auch in diesem Gässchen.

[166]) Den 25. März 1729 willigte hiesiger Rath durch einen mit dem
Fürsten Anselm Franz von Thurn und Taxis abgeschlossenen Vertrag darin
ein, dass dieser den auf der grossen Eschersheimer Gasse gelegenen und
zum Theile in die kleine Eschersh. Gasse gehenden *weissen Hof* nebst dem
anstossenden *Kutscherhof* erkaufen und bewohnen möge. vid. Frf. De-
duction gegen Hrn. Fürsten von Thurn u. Taxis de 1786. pag. 57. [Eigent-
lich Wiesenhof, vgl. Note 176.]

Lit. D. No. 50. Das Eck- und Backhaus an der kleinen Eschersheimergasse. Bei der nächtlichen Beschiesung der Stadt am .. Juli 1796 fiel eine Haubitz in's Dach und steckte dasselbe in Brand.

IV.

Zwischen der kl. Eschersheimergasse und dem Hammelsgässchen.

Lit. D. No. 136. Das Eck an der kl. Echersheimergasse.
Lit. D. No. 137. Das Eck am Hammelsgässchen.

V.

Zwischen dem Hammelsgässchen und dem Mohrengässchen.

Lit. D. No. 142. Das Eck am Hammelsgässchen, und dabei noch ein vorstehendes Eck.
Lit. D. No. 143.
Lit. D. No. 144. Das Eck am Mohrengässchen.

VI.

Zwischen dem Mohrengässchen und dem Bogengässchen.

Lit. D. No. 152. Das Eck am Mohrengässchen.
Lit. D. No. 153. Das Haus über dem Bogen.

VII.

Zwischen dem Bogengässchen und der Schlimmenmauer.

Lit. D. No. 157. Neben dem Hause über dem Bogen.
Lit. D. No. 158. Das Eck an der Schlimmenmauer. Ein grosses und prächtiges Gebäude von Stein erster Klasse, welches seinem noch lebenden Erbauer Herrn Mühlens wirklich Ehre macht. [1803] wurde der erste Stein dazu gelegt.
[Vordem hiess das Haus zum Fischborn.] [167])
[Im J. 1848 Wohnung des Erzherzogs Reichsverwesers und jetzt seit 1852 Local des Bürger-Vereins.]

---

167) *Bürgerbuch* 1358. Conrads von Fischebürnen Hus und Gesesse gelegin in der Nuwenstatt vor Eschirsheimer Porten.
O. U. 1361. H. u. Gesess in der Eschirsheimer Strazsen allirnest hindin an *Fischeborn.*

12*

VIII.

Zwischen der Schlimmenmauer und dem Eschersheimerthore.

Lit. D. No. 159. *Eschersheim.* Das Eck an der Schlimmen-mauer. Jetzt das *Senckenbergische Stift.*

Zinsbrief von 1394. *Fischeburns gesesze.*

Kaufbrief 1461. Das Eck uf dem *Molnerplane.*

Zinsbrief von 1462. Zwei husser hoffe und Schuwern by einander gelegin mit iren zugehorungen genant der *Fischborn* gelegen in der Eschersheimergassen zuschen Reynhart Mynnern und Hartmann Gryffen Schuwern.

O. U. von 1481. uf dem *Mollerplane*

Kaufbrief von 1492. Die besserung und recht eines huses, hofes, Schuwern und Stallo genant *Fischebornsgesesesz* in der Eschersheymer-gaszen gelegen uf dem ort. (Diese 5 Stellen betreffen das nunmehr von Hrn. Mühlens neuerbaute Haus D. 158, dessen Documente Herr Mühlens dem Verf. mittheilte. F.)

Sdt.-Rchg. do 1598. Iunkern Johann Mengershausen vnnd Hanns Jacoben Kaiben diejenige Almente, so zwischen iren beiden Behausungen vnd Gärten uff der Eschersheimer Gassen vornen gelegen, weil die Niemanden als ihnen beiden zu jren Wohnungen dienlich, eigenthümlich vnd one alle erschwerung verkaufft vmb 40 Reichsthaler, welche sie fürders mitt einander vertheilen mögen.

Lib. cens. B. M. V. Saec. XVI. It. i ferto vij β cedt. Mart. de quibusdam agris herbariis, modo facti sunt dealbatorium (eine Bleiche) sita lat. occidentali in der Eschersheymer Gassen, vna ex parte contigua horto dicto Selim versus Calbechergassen, ab alia vero parte versus Eschenheymer Porten, contigua domui et horto dictis *Eschersheym*: dat Danielis zum Jungen, modo Hieronymus zum Jungen. Reempti sunt 16 nov. 1609.

Aus allen diesen Nota-Nachrichten erhellt, dass auf der östlichen Seite der Eschersheimer Gasse oben am Thore sich ein freier Platz befand, der der *Mollner* Plan hiess und wie der Namen *Plan* beweisst, von nicht unbedeutender Grösse gewesen sein muss. An diesem stand der *Fischborn.* Wir können noch die Grösse dieses ehemaligen Platzes bestimmen. Zwischen dem von Günderodischen nun Mühlens'schen Hause Lit. D. No. 158 und dem daran stossenden Hause No. 157 befand sich eine schmale Almei, die bei dem Bau des *Mühlens'schen* Hauses aufhörte und zu demselben gezogen wurde. Das jetzt Mühlens'sche Haus durfte also nicht an das andre sich anschliessen, weil früher das andere freigestanden, wie dieses bei allen Almeien der Fall ist. Das jetzt Mühlens'sche Haus ist also jitu-

Auf der Nordseite.

Lit. D. N. 160. Der Eschersheimerthurm. [Vgl. Heft 1. S. 112.] [168])

Auf der Westseite.

NB. Die Häuser dieser Seite gehören zum untern Theile der neuen Stadt.[169])

I.

Zwischen dem Zwinger und dem Siebmachergässchen.

Lit. D. No. 161. Das *Zollhaus* und Eck am Zwinger. Wurde 1808 von dem Rechenciamte an den Meistbietenden verkauft. Vgl. Frf. Intell. Blatt No. 19 von gen. Jahr.

Lit. D. No. 162. [170])

Lit. D. No. 163.

---

geren Ursprungs, wie das andere und es geht klar hervor, dass dasselbe auf den alten Mollner-Plan vorgebaut ward. Dieser Plan also umfasste den ganzen Flächeninhalt dieses bedeutenden Hauses und muss demnach von ziemlicher Grösse gewesen sein. Sein Name lässt vermuthen, dass hier ein von Müllern getriebener Mehl- oder Fruchtmarkt gewesen. Dies bestätigt sich dadurch, dass noch 1540 eine Mehlwage bei der Eschersheimer Pforten sich befand. (Wahrscheinlich dieselbe, die später an die Bockenheimer Pforte verlegt ward und dort schon 1551 vorkommt.) F.

Zu No. 158 nachzusehen v. Ohlenschlagers Geschichte des siebenjähr. Kriegs im Mpt. bei meiner Sammlung über dies Haus. F.

[Vgl. das Haus zum Fischborn von C. Th. *Reiffenstein*, im Archiv für Frankf. Gesch. VI, 179. Es sind hier sämmtliche noch vorhandene Haus-Urkunden verzeichnet. Das Haus kommt 1742 zum Erstenmale mit dem Namen zum *grossen* Fischborn vor.]

[168]) [S. über diesen Thurm die Aufsätze des Herrn von *Cohausen* in d. Didaskalia No. 187 vom 7. Juli 1866, in Erbkam Zeitschrift für Bauwesen Berlin 1863 S. 71 und im Archiv N. F. IV. 21.]

[169]) Beedb. 1365. It. Gottfried in Wernher Wyssen Hoffe (in der Eschersheimergassen auf der Westseite ohnweit des Thores).

[170]) [Vgl. drei Urk. über das Haus neben dem Zollhaus in den Mittheil. des Vereins III. 243.]

Lit. D. No. 164. [S. Not. 171, Urk. von 1681.]

Lit. D. No. 165. [Rospach] [171])

Lit. D. No. 166. Curia domini Brunonis zum Brunnenfels. 1412. [Vgl. oben S. 163.]

---

[171]) S. G. Pr. 1461. Huss *Roispach* uff der Eschersheimer Gassen.

— 1468. H. zum Russpach nebst Garten in der Eschersh. Gass.

— 1476. H. Rospach in der Nuwenstadt.

O. U. — 1476. Schuwern und Garthin genant *Raispach* in der Nuwinstadt, hinder dem groissen Ramhoffe.

— 1484 Haus (Hof) Rospach in der Eschersheimer Gassen.

Laut O. U. von 1505 werden Ludwig und Blasius von Holzhausen Gebrüder, dann 1507 und 1515 Blasius, sowie 1537 nach Hamman's von Holzh. Tode *Justinian* v. Holzhausen von den Churfürsten Jacob (1505—1507) und Albrecht zu Mainz (1515—1537) mit diesem Hofe auf der Eschersheimer Gassen zu Fr. als Erblehen belehnt, wie solches Lehen laut dem Lehnbrief von 1505 und den folgenden von den Vorfahren des Churthums bereits empfangen und getragen worden war.

Laut O. U. 1539 befreit Churfürst Albrecht den Justinian von Holzhausen dieses Hofes wegen von dem Lehensverbande auf dessen vorgängige Bitte, weil der Hof in ein merkliches Abnehmen vnd Verwüstung kommen vnd was so geringschätzig worden, dass er ohne eine mergkliche Summe Geldes nicht wieder zu wesentlichem Bauwe und Besserunge gebracht werden möge.

(Die drei letzten Urkunden de 1515—1539 befinden sich bei den Haus-Documenten und dies beweist, dass jenes Lehen das hier erwähnte Haus betrifft. Dieses Haus war also eine Curia, ursprünglich ausser Frankfurt gelegen, die schon früher von Mainz zu Lehen ging. Wann und wie dies Lehen an die Familie von Holzhausen gekommen, erhellt nicht; dass aber 1559 dieses Haus schon zerfallen war, erweiset dessen hohes Alter. Soll dies nicht vielleicht die Curia des Klosters Lorsch bei Frankfurt gelegen gewesen sein, deren die Traditiones Laureshamensis erwähnen? [Cod. Laur. III. 213 in villa Franckenvurt mansus ingenualis.] Die eingesehenen Haus-documente erwähnen ferner: 1562 quittirt das Stift zu U. L. Fr. allhier über die Ablösung einer jährlichen Gülte von 4 fl. 1 ₰ und 1575 über die Ablösung einer Korngülde à 2 Achtel Korn dem Daniel zum Jungen (1562) und (1575) Vlrich Ieckel, beide als Eigenthümer des Hofes genannt der Rospacher Hof, wie es in beiden Urkunden heisst. Dass dieser verfallene Hof von Justinian und den nachfolgenden Eigenthümern nicht wieder erbauet worden, erweisst sich daraus, weil er in den Urkunden darüber von 1560 stets als ein Garten vorkommt. F.

Lit. D. No. 167.

Lit. D. No. 168. *Zur Gottesgnade.* [172]) Der Name steht mit
grossen goldenen Buchstaben über dem Thore geschrieben. Dessen wird im Testamente des Joh. Hartmann Beyer Med. Dr.
vom J. 1628 gedacht. Chr. II. 106. Am 30. März 1819 Abends
gegen 6 Uhr entstund hinten im Stall durch einen benachbarten Schornstein ein fürchterlicher Brand, welcher durch einen
starken Westwind sich auch über das Hinterhaus und Vorderhaus
ausbreitete, der Taxische Palast fing dreimal an zu brennen.
Alle benachbarten Spritzen eilten zu Hülfe, sogar von Homburg
Hanau und Darmstadt.

Lit. D. No. 169 wurde 1805 neu gebaut.

Lit. D. No. 170 ist seit 1804 ein neues Gebäude.

Std. Rchg. de 1563. Haus *Rossbach* uff der Eschenheimer Gassen.

Laut O. U. Ao 1681 verkauft Johann Martin von der Birghden, Nass.
Idsteinischer Rath an Joh. Max Rulandt eine Vorder- und Hinterbehausung
sammt Garten, einer Seits neben Philips Wilhelm von Gunterode Schöffen
anderseits neben Joh. Jacob Müller des Rathes (No. 164, das den Nachkommen dieses Müller denen von Mühlen, dann der Princess von Dessau,
jetzt Herrn Schwendel gehört) gelegen und hinten auf die Hospitalscheuer
stossend. [Vgl. Mittheil. des Vereins IV. 184 über die Familie von den
Birghden.] Aus diesem Kaufbrief erhellt, dass von den Birghden das Hinterhaus erst erbauet, das Vorderhaus aber unbedeutend gewesen. Im J.
168? baute Johann Max. Ruland das Vorderhaus auf die Gassen, wie es
noch 1828 stand, damit man seine Wohnung nach Bequemlichkeit vornen
hinaus haben könne. (S. Ruland, 20. 4.) F.

[Bereits am 26. April 1435 erhält Sifrid Welder, Bürger zu Frankfurt, von dem Churfürsten von Mainz erblehensweise den Hof in der Eschers-
Gasse und am 24. Juni 1459 empfängt ebenso Conrad Holzhusen diesen
Hof in der Esch-Gasse „gegen die Wiese" zu als Erblehen. Vgl. Samm-
lungen des hist. Vereins für Unterfranken zu Würzburg, 1 Abth. 341. 353.]

[172]) O. U. 1515. H — in der Eschenheimer Gassen zu der Gots Gnaden genannt, neben Johann zum Jungen, Ratgesellen, und neben Blasius
Holzhusern, Ratgesellen, stösst hinden an Clas von *Rückingen*, Ratgesellen, Schuer.

— 1527. Behusung, Hoffe und Garten in der Eschersheimergassen
sampt vier Zinsshäussern, zur Gottes Gnaden genannt — stöisst hinden der
Garten uff den *Ramhoff*.

Lit. D. No. 171.
Lit. D. No. 172.
Lit. D. No. 173.
Lit. D. No. 174 das Haus am Brunnen.
Lit. D. No. 175.
Lit. D. No. 176.
Lit. D. No. 177.
Lit. D. No. 178 das Eck am Siebmachersgässchen, welches im Jahr .... mit dem vorigen in ein Haus neu gebaut wurde.

II.

Zwischen dem Siebmachersgässchen und dem Paradeplatz.

Lit. D. No. 183 das Eck am Siebmachersgässchen.
Lit. D. No. 184. *Haynstein, Hanstein* oder *Hohenstein.* [173]) Am Hause steht in einem gemalten Schilde: Zum Handstein genannt. Dieser Name ist also fehlerhaft.
„Hus Haynstein in der Eschersheimergasse.“ S. G. P. von 1449.
„Hanstein in novo opido vico Eschirszheimergasz.“ L. V. de 1453. f. 53.
„Hus in der Eschersheimergass zwischen dem hus Wolfs-ecke und Hoenstein.“
Das Haus zahlte der Praesenz auf Joh. Baptiste 1 fl. Grund-zins, der vorher der Vikarie S. Jodoci gehörte.
Lit. D. No. 185. *Palmbaum.* Vor Zeiten zur *Olemühle.* [174]) Nun ein Gasthaus.

---

[173]) O. U. 1449. H. u. G. genannt Hanstein gelegen in der Eschers-heimer Gassen hinden an Wolfs Ecke und Hayl Gude.

[174]) O. U. 1447. Husung Stall und Gesess genannt zur Olen Molen — gelegen in der Eschersheimer Gassen.
— 1482. H. u. Stall — gelegen in der Eschersheimer Gassen zuschen den Husern Wullf-Eck und Honstein.
S. P. 1483. H. in der Eschersheimergasse zwischen dem H. Wolfs ecke und Hoenstein.

„zur Oley molen gelegen in der Escherszheiner gassen zuschen den gesessen Hanensteyn vnd Wolffsecken." J. B. von 1485.

Das Eck. S. Lit. E. No. 208 auf dem Paradeplatz.

Carlstädterhof. Gerhardus de Westvalia vicarius S. B. legirte der Vikarie S. Martini „iij sol. den. (in festo Decollat. S. Joh. Bapt.) de curia et fundo eiusdem Carlsteders hof sitis in novo opido frank. superiore parte vico dicto Eschersh. gazze, latere orientali infra vicos videlicet pecudum et Froschis gazze."

L. V. B. Saec. XIV. sub vic. S. Martini. In dem Vikariebuche von 1453, f. 94, wird er „curia Carlstedters hoff" genannt.

[Schafhof.] 1 Hun de domo sita in der Esszenheymer Gaszen in eym Zwerchgeszgen by Schicken Hoff an Hirbstein Metzler Schoffhoff hinder Wigel Offenbach, respiciente ad acquilonem, dat hanns barchenweber von Büdingen. R. C. cap. St. Catherin. in p. de 1477. f. 3. Lat. R. 4.

Der Hunden hus. [175]) Hus genannt der Hunden hus in der Eschersh. Gassen etc. S. G. P. von 1406.

Kunenhof. „ vj β den. et ij pulli de domo horreo curia et habitatione tota dictis der Cunenhoff in novo opido vico dicto Eschirszheymergasz latere occidentali circa portam eandem." 1452 f. 4.

„Kunnenhoff latere occidentali non longe a porta civitatis." R. C. de 1581 f. 58.

O. U. 165ᵃ. Behausung zur Ohleymül genannt uff der Escheiner Gassen neben N. auf einer und der Herberge zum Wolfseck anderseits wie auch hinden gelegen.

[175]) S. G. P. 1384. Der Hunen Hof in der Nuwenstadt.?

O. U. 1405. uf der Hunden Haus Hofechin und Gesesse in der Nuwenstadt in der Eschersheimer Gassen.

— 1406 erhellt, dass *Hund* ein Maurer (Murrer) war.

Zur Wiese.[176]) „ij marce de domibus — sitis *latere occiden-
tale* contigua domui zu den Wiesen“ 1452 f. 57.

„Hus, hof, Schure und garten zur wiesen in der Eschersheimer gassen neben einem Ekhus“ S. G. P. von 1483.

Butzbach.[177]) „Hus zur Bussbach in der Eschersheimergassen“ S. G. P. von 1468.

Rohrbrunnen
bei dem Eschersheimerthor.

Dieser Brunnen stand wider dem Eckhause Lit. D. No. 158
und dicht neben der Schlimmengasse; 1607 wurde der Anfang

---

[176]) Brgrbch. 1367. Contzen Huss uff der Wysen in der Nuwenstadt
gelegen in Eschyrsheimer Gassen.

S. G. P. 1370. Conze zur Wiesen.

— 1384—1386. Frau Bune zur Wiesen.

— 1385. H. und Hof zu der Wiesen in der Nuwenstadt. Ebenso 1387.

— 1386. Die Herberge zur Wiesen. Ebenso 1388 u. 1399.

— 1393. H. zur Wiesen.

O. U. 1409. H. Hof Stallung und Gesess in der Essersheimer Gass
in der Nuwenstadt *an der Wiesen.*

— — H. dabei gelegen genannt *zum Birnbaum.*

— 1413. Husunge und Gesesse mit Begriff und Zugehörunge gelegen
in der Nuwenstadt, da vor Contze *Heppenner* (Vgl. Note 162) ynne wo-
nete, gelegen hart an dem Gesesse zur Wiesen und darzu das Huseehen
gelegen obwendig des vorgenannten Gesesses besyt über den Weeg geiu
der Eschersheimer Porten wert.

— 1439. H. Hoffe Schure und Stallungen in der Eschersheimer gassen (cum pertinentiis) genannt *zur cleynen Wiesen.*

— 1607. Behausung sammt zweien daran liegenden Zinsshäussern,
Garten, Scheuern — auf der Eschenheimer Gassen, *zum Wiesenhof* ge-
nannt — neben N. Kutscher einer und N. Kutscher anderseits und seie die
Garten Mauer und Scheuner ein Anwender auf etliche Häuser der kleinen
Eschenheimer Gassen und liegen neben N. und N. zwischen welchen eine
Ein und Ausfahrt auf die Zeill statthabe und stosst der Garten auf das E.
Christophs zum Jungen Schöffen seel. Erben Garten der *wirthoff* genannt.
[Vgl. Note 166.]

[177]) S. G. P. 1398. Der Butzbacher H. in der Nuwenstadt.

mit Legung seiner Röhren gemacht, 1609 fing er an zu flieszen, und 1610 wurde ein steinerner Sarg zur Aufnahme seines Wassers gesetzt, der 12 Ohm und 5 Viertel hielt. Derselbe war oben mit einem eisernen zierlich gearbeiteten Kreuzgitter umfasst, weswegen man sein Wasser nicht anders als durch eingeschobene schmale Kendel erhalten konnte. An dem Brunnen befand sich folgende Schrift: Anno salutis 1607 Cal. Junii etc. S. Chr. II 8. Item I 9. Das neu zu erbauende grosse Eckhaus des Herrn Mühlens veranlasste im J. 1803 die Abschaffung dieses Brunnens, wofür jedoch ein neuer Röhrbrunnen hinter der Schlimmenmauer beim Senckenbergischen Garten errichtet wurde.

Oberer Junkerbrunnen.

Ein Name, der vor ungefähr 30 Jahren auf der Feuerbütte zu lesen war. Die Worte Junger Herr und Jungfrau waren Ehrenworte, die man vor Zeiten den Personen des niedern Adels, sowohl ledigen, als verehelichten Standes ohne Unterschied beilegte, und aus diesen entstanden die abgekürzten Worte Jungker und Jungfrau. Das erste wird bei den hiesigen Patriziern noch gehört, und wahrscheinlich gab ein solcher Patrizier als nächster Nachbar des Brunnens die Gelegenheit, ihn den Junkerbrunnen zu nennen. In der hiesigen Chronik I 543 kömmt dafür der *Geisbrunnen* vor; indem sie beim J. 1658 eines Brandes auf der Eschersheimergasse oben gegen dem Geiss-Brunnen über gedenket. Er scheint nun der *Fischbrunnen* zu heissen,[178] denn in dem Intell. Bl. von 1803 No. 49 wird gesagt, dass am Fischbrunnen in der grossen Eschersheimergasse Bauschutt unentgeldlich zu bekommen sei. Der Schutt rührte von dem Mühlens'schen Hause her, das gegen dem Brunnen über steht und damals neu aufgeführt wurde.[179]

---

[178] Vgl. Note 167. Der Fiszeborn im S. G. P. von 1361 scheint eher den Brunnen in der Fischergasse zu betreffen. F.

[179] Der Name *Junker*-Brunnen kommt von den Besitzern der nahgelegenen Häuser her, die alle Patriziern hiesiger Geschlechter gehörten. F.

Brunnen

wider dem Haus Lit. D. No. 1. Sein Name scheint in Vergessenheit gekommen zu sein, da sich auf der Feuerbütte keiner
befindet. Im Jahr 17.. ist er aus einem Ziehbrunnen in einen
bei der Erde gedeckten Pumpenbrunnen geändert worden. In
der Chr. II. 8 wird zwar beim Jahr 1440 Nachricht von einem
Born auf der Eschersheimergasse gegeben, man weiss aber nicht,
auf welchen dieselbe ihren Bezug hat.

Zwinger.

[Hierzu fehlt der Text.]
[Dieser Zwinger zog sich vom Eschersh. Thore an bis zum
Bockenheimer Thore hin. Als die Taubenhofgasse durchgebrochen wurde, zog man in dieser Gegend den Zwinger zu den
neu gebildeten Gärten der Häuser auf der Hochstrasse, und
führte anstatt des Zwingers eine Winkelstrasse bis zu der Kastenhospitalgasse. So entstand aus dem Reste des Zwingers und der
Winkelstrasse um 1857 die neue Taubenstrasse.]

Siebmachersgässchen.

Die grosse Eschersheimergasse zählet nach ihrer Abendseite
nur ein einziges Gässchen, das hinten geschlossen ist.[160] Man
heist es das Siebmachergässchen und dieser Name soll durch
einen Siebmacher aufgekommen sein, der gegen Ende des XVII.
Jahrhunderts in dem Gässchen wohnte. Alte Leute haben mich
dessen schon vor 40 Jahren versichert. In einem hiesigen Intell.
Blatte von 1778 No. 28 wird es das kleine Gässchen hinter dem
Wolfs-Ecke auf der grossen Eschersheimergasse beschrieben.

---

[160] It. 1 libr. den. legavit Hartradus dictus Zolph de domo matris
Jacobi servi cantoris, sita in novo opido inferiori parte vico prope vicum
Eschersheimer Gaszen, retro pistrinam Caldebachis. — Reg. Cens. fabr.

Häuser auf der Nordseite.

Lit. D. No. 179.
Lit. D. No. 180.

Auf der Westseite.

Lit. D. No. 181. Das Thor vom Wolfseck, welches das Gässchen schliesst.

Auf der Südseite.

Lit. D. No. 183. Das Haus hinten in der Ecke.

Denengasse.

Die Lage dieser dem Namen nach längst unbekannten Gasse lässt sich einzig aus den Worten des Baldemar erklären. Er sagt in seiner Beschreibung der Strassen von ihr: „opidum dividentis et Bogkinheymer gazze vnus (scil. transitus) ab oriente, et acie respiciente orientem et meridiem vici opidum dividentis ad occidentem Denen gazze." Der vicus dividens erstreckte sich von der alten Bockenheimer- oder nachmaligen Katharinenpforte bis zum Eschersheimer Thore, und deswegen wurde die Denengasse, welche bei dem Wolfseck an der Eschersheimergasse ihren Anfang nahm, und ihren Lauf gegen Westen nach der Bockenheimergasse richtete, als ein vicus transitus, oder als eine zwischen dem vicus dividens und der Bockenheimergasse durchziehende Gasse beschrieben. Die nördliche Seite des Paradeplatzes, und die darauf folgende Biebergasse machten demnach in der Mitte des XIV. Jahrhunderts die Denengasse aus.[181]

---

[181] O. U. 1343. II. uff dem Rossmarkte vor Buckinheimer Porten by Conrads Hobe von Glauburg.

— 1345. II. gelegen vor Buckinheimer Porten uff dem Blatze.

— 1519. II. vor St. Catharinen Pforten, genannt zum *kleinen Christoffel.*

Die Baldemarische Beschreibung könnte bei Manchem den Zweifel
erregen, ob nicht die Kalbächergasse auch noch zur Denengasse
gehört habe; indem sie der Biebergasse gegenüberliegt, und am
Ende auf die Bockenheimergasse stösst; aber der Zweifel wird
dadurch gehoben, dass die Kalbächergasse 1350 noch nicht existirte. Die Denengasse nahm nachmals auch den Namen von der
Eschersheimergasse an; denn in dem L. F. f. 124 befindet sich
eine Urkunde des hiesigen Officials von 1371. Fer. 3.·post Nicolai über 3 Schilling Pfennig und 2 Pullen, gelegen „Super
duobus jugeribus ortorum in novo opido franckenfurden. inferiori
parte retro curiam dictam Ramistederhoff infra vicos dictos
Eschershemer gaszo ac murum opidi predicti." Hier wird von
der Eschersheimergasse in der Mehrheit gesprochen, und die eine
davon wird in der folgenden Stelle die Denengasse genannt,
wo von dem nämlichen Zins und den zwei Morgen Garten
hinter dem Ramhofe die Rede ist. „iij sol. den. et duo pulli de
duobus jugeribus ortorum dicti schure sitis in novo opido frank.
inferiore parte retro Curiam Ramhof infra vicos Eschersh. et
Denengazze, et murum opidi prenotati." L. V. B. Saec. XIV.
Vic. VI.   ·

Paradeplatz.

Ein grosser viereckiger mit Planken und Lindenbäumen
umfasster Platz, dessen Bäume in doppelter Reihe gegen der
Zeile über eine angenehme Laube bilden. Er machte in ältern
Zeiten einen Theil des Rossmarktes aus, von dem ich unten noch
weitläufig reden werde. Anno 1361. fer. IV ante Margareta
V. verkiefen Heilwig von Kragkawe und Kuntzel „dem Cloister

Im XVI. Seculo werden die Häuser des jetzigen Parade-Platzes und
Heumarktes nicht mehr mit dem alten Namen Rossmarkt, sondern mit dem
Namen vor der Catharinen Pforte bezeichnet.

Diese *Denen - Gasse* wird auch zuweilen vicus Diezelonis Dene genannt, woraus erhellt, dass der Diezelo Dene ihr chemaliger Anwohner gewesen und dass von ihm der Name der Denengasse ursprünglich herrühren
müsse. [Vgl. No. 183.]

vnd Spital zu Sant Katherinen vnd zum heiligen krutze vff dem Rossmerckte by vns gelegen in der Nuwenstad" zwei Mark Geld jährlicher ewiger Gült so lange zu geniessen, als Catharina Cunhan eine Klosterjungfrau leben würde. L. T. f. 183.

Hier haben wir einen überzeugenden Beweis, dass die Gegend beim Katharinenkloster in früheren Zeiten der Rossmarkt hiess, und auf dem grossen Belagerungsplane von 1552 wird der Platz, von dem ich hier spreche, noch mit dem Namen Rossmarkt bezeichnet; dieser Name kam aber nachmals in Abgang, und man nannte den Platz den Heumarkt.[162) S. *Müller* Beschreibung der St. Frf. S. 29. Im J. 1712 wurde dieser Platz der Garnison zu einem Paradeplatz angewiesen, wo dieselbe sich am 27. Junius zum ersten Male versammelte, Chr. II, 543 und man nahm daher die Gelegenheit ihn Paradeplatz zu nennen. [Jetzt heisst er Schillerplatz.] Dass schon in älterer Zeit der Soldatengalgen auf diesem Platze gestanden, geben folgende Nachrichten zu erkennen: 1554 machte der Rath eine Verordnung: den Knechten (Kriegsknechten oder Soldaten) soll man ihren Lermenplatz auf dem Pfarrkirchhofe (dem Garküchenplatz oder Weckmarkte) und denen, welche sich mit einander balgen (in den Waffen üben) wollen, den Platz vor der S. Katherinenpforten, *da vorhin das Gericht gestanden,* benennen und anzeigen lassen. l. c. S. 501. Vermuthlich stand dieses Gericht zuerst in der Mitte des Platzes; es wurde nachmals an die Stelle versetzt, wo es auf dem Belagerungsplane von 1552 angezeigt wird. Denn dass dasselbe nicht abgekommen war, bezeugen die weiteren Nachrichten der Chronik S. 706, wo gemeldet wird, dass ein hiesiger Jude, der sich für einen Soldaten brauchen liess, 1635 als Verräther *an den Soldatengalgen vor der Katharinenpforte* sei aufgehangen und nach 12 Tagen wieder abgenommen worden. Im J. 1709, wie die Chronik S. 712 weiter meldet, wurde das Hochgericht an der Hauptwache, weil es sehr baufällig war, abgebrochen, und ein neues erbauet: 7 Eichbäume wurden im

---

162) Stdtrchg. de 1683. An das Zimmerhandwerk wegen des hohen Gerichts *off dem Heumarkt* auffzurichten verehrt 30 fl.

Sachsenhäuser Walde dazu gefället. Nun aber stand es nicht lange mehr, denn als im J. 1729 beschlossen war, eine neue Hauptwache aufzuführen, und dieselbe mehr gegen die Katharinenpforte über zu setzen; so wurde am 21. März der daselbst gestandene Galgen durch den Stöcker im Geheim wieder abgebrochen. Die nördlichen Häuser dieses Platzes gehörten 1350 zu der Denengasse, wie aus ihrer Beschreibung zu ersehen ist.

.

Häuser auf der Nordseite.

Lit. E. No. 203. [*Zum Frosch.*] *Zum grünen Frosch.* Curia Diezelonis Dene. [Auch zum *Siegen.*] Das Eck am Ramhofe.[163]

---

[163] In libro Testamentorum fol. 152 steht ein Brief (Urkunde) des hiesigen Officials (des St. Barth. Propstes) vom J. 1355. Es verkauften Henrich Wolff und Dyna uxor dem Stifte einen jährlichen Zins von 6 ℔ und 1 β hllr. nebst 2 Hünern. Ein Theil dieses Zinses à 2½ Mark fiel in festo St. Jacobi maj. „de duabus domibus et fundis earundem contiguis invicem et habitationi Dytzel dicti Dene, sitis infra muros novos dicti opidi ex oposito quasi porte antiqui dicti Bockenheimer Dor.“ Der übrige Zins à 31 β hller u. 2 Hüner wurden auf Lactare und Johannes Enthauptung gegeben: „de duabus domibus et fundis earundem sub vno tecto contiguis, sitis similiter infra muros novos supra dicti opidi in eadem riga (Reihe) cum domibus jam scriptis, sed aliqualiter versus occidentem distantibus posterioribus partibus earundem domorum curiam *Ramehof* dictam tangentibus.“ S. Würdtwein Dioc. mog. II, 590.

1355. Gerhards von Sygen Huss in der nuwen Stadt *an Dytzel Denen seel.* Hofe.

[1360 domus invicem habitationi quondam Ditzelonis dicti Denen. Würdtw. D. M. II, 677. S. auch Urk. von 1355, ib. 585.]

It. ½ marc legavit Rupelo in deme Ramhofe de domo contigua curie predicte in acio sita per heylm. Starkerad edificata extra muros. — Reg. cens. fabrice.

O. U. 1381. Hoff Husung und Gesess an dem Ramchoffe in der Nuwenstadt gelegin und etzwau waz Hennen Froysche's Snyders.

Beedbuch. 1390. It (Nuwenstatt) das Gotshus von Siegen.

— — It. des Wolfis Gotshus.

O. U. 1391. Hoeff 2 Huser Schure — genannt zum Froische gelegin in der Nuwenstadt zuschen dem Ramhoffe und Gerhards seel. Kinder von Siegen und etzwann Joh. *Froisches eines Snyders was.*

„Pars media ij marcarum den. de duabus domibus contiguis sitis in novo opido frank. inferiore parte vico dicto Denengazze, latere septentrionali, contiguis versus occidentem Curie seu habitationi Dyzelonis dicti Dene in acie respiciente meridiem et occidentem

---

S. G. P. 1396. H. zum Frosch in der Nuwenstadt.

— 1398. Der Hof zum Frosch in der Nuwenstadt.

— 1401. H. in der Nuwenstadt zwischen dem Ramhof und dem H. zum Frosch.

O. U. 1404 H. genannt *Siegen* in der Nuwenstatt.

— 1439. H. u. Gesesse gelegen in der Nuwenstatt zuschen der Hussunge *zum Frosch* und dem Dore, als man in den Ramhof geet.

Curia rane 1450 ward auch *zum Siegen* genannt, weil sich sein Besitzer Heyl Frosch (nicht Frosch, sondern Wolf von Siegen, sich meine Notata zu diesem Geschlecht. F.) von Siegen schrieb, dessen bei einer Scheuer im Weidengässchen S. 155 und dann auch unten beim Hof des Nicol. Schuhus gedacht wird.

1464. Jacobi ½ marca do 2 domibus contiguis quondam Diezelonis dicti Dene, sitis vico pecudum latere septemtr. quasi ex opposito claustri S. Katharine versus meridiem contiguis domui zum Frosch.

S. G. P. 1468. Zwei H. nebeneinander in der Nuwenstadt genannt zum Frosch an dem Ramhofe.

— 1470. H. uf dem Rossmarte hart an den Ramhof stossend.

— 1470. H. u. Stellchin — gelegen in der Nuwenstatt vor S. Catharinen Porten zuschen dem Hofe und Huse genannt *zum alden Frosch* und dem grossen Ramhofe.

— 1474. H. zum Froisch neben S. Katrinen. (An hic?)

Beed-R. von 1509 setzt in diese Gegend das „Wirthshaus zum Frosch."

O. U. 1509. H. zum Frosch in der Nuwenstadt am Ramhof.

— 1536. H. neben dem H. zum Frosch am Ramhof.

Zinsbuch 1581. „de domo Dietzelonis, contigua domui zum Frosch modo dictae zum Siegen."

Stdtrchg. de 1592 u. 1594. Der Wirt zum Frosch.

— de 1599. Peter Obin (Aubin?) Würt zum Frosch.

Mpt. XVII. Sec. H. zum Frosch neben dem Ramhof. Eckhaus *gegen dem Bären.*

1814 am 18. October dem Jahrestag der grossen Völkerschlacht bei Leipzig, durch welche Deutschland von dem französischen Joche wieder befreiet wurde, war die ganze Stadt beleuchtet und an diesem Hause war zu lesen: Man nennet mich *zum grünen Frosch* wer nicht vivat ruft, dem schmeiss ich auf die Gosch.

VI. 13

parvi vici" L. V. B. sub Vic. S. Mathiae. Das Haus wurde vor wenigen Jahren von H. Sorg neu gebauet, und 1810 von Sr. Königl. Hoheit dem Grossherzoge zur Wohnung eines Ministers gekauft, aber bald darauf auch wieder verkauft.

Lit. E. No. 204 hat ein Wappen über seinem Eingange.[164])

Lit. E. No. 205.[165])

Lit. E. No. 206. Eine Schmiede.[166]) Im von Holzhausischen Archive befindet sich eine Urkunde von 1573, darin das Haus *zur neuen Schmidt* neben dem Wolfseck vorkömmt. Das Haus scheint also nicht lange vor gedachtem Jahre eine Schmiede geworden zu sein.

Lit. E. No. 207. *Wolfseck.* Vor Zeiten mit dem folgenden ein Haus.

Lit. E. No. 208. *Wolfseck.* Das Eck an der grossen Eschersheimergasse, das ehemals mit dem vorigen ein Gasthaus gewesen.[187])

---

[164]) G. Br. 1536. H., Garten und Scheuer vor S. Katrinenpforten neben dem Haus zum Frosch einer und Friedrich Rohrbach andrerseits, stosst hinten auf den Ramhof, (nach neueren Gültbriefen war dies H. und Garten am *kleinen* Ramhof gelegen und gehörte dem Bierbrauer Landerodt.)

[185]) O. U. 1457. H. und Smytten gelegen in der Nuwenstadt vor S. Catharinen Porten zuschen den Gesessen *Wolfs-Ecke* und *Siegin*.

— 1489. H., Hoff und Stallunge — hinden und vorne in der Nuwenstatt vor S. Katharinen Porten zuschen dem Husse zum Frosche uff eyner und N. uff der andern Syten gelegen, genannt *Siegin*.

[166]) O. U. 1418. H., Scheuer und Gesess — genannt *zu der alden Lilien* in der Nuwenstatt gelegen.

Wsfrkl. Z. B. von 1480. Eschirssheymer Gasze H. mit einer Zugehor genannt *zu der Lilien* gelegen by der Eschirssheymer Gasze zuschen den H. zum Frosch und Wolfseck, gein S. Kathrinen über.

G. Br. 1546. Die Schmitten in der Nuwenstadt vor S. Cathrinenpforten bei Wolfseck gelegen.

O. U. 1573. H. — *zur neuen Schmitten* genannt gehörte dem Hufschmidt Nicol. Schwingheimer vor der Katharinen Pforten neben N. uff einer und der Behausung zum Wolfseck uff der andern Seiten gelegen stosst hinten auch auf itzt bemerkte Behausung zum Wolfseck.

[187]) Sdt. Bdbch. 1362. *Heinrichis Wolfis Hoff.*

„Hus das vorziten Heinrich Wolfs gewesen ist, uf dem
Orte (Ecke) an der Eschersheimergasse." S. G. P. von 1404.

„Hus Wolfsecke uf dem Eck der Eschersheimergassen."
Idem von 1407.

„der Wolffen hof" Idem von 1415.

Vermuthlich auch das Wolfseck.

Laut einer von dem Official der hiesigen Probstei im Jahr
1355 ausgefertigten Urkunde verkiefen Heinrich Wolff und Dyna
dem S. B. Stifte einen jährlichen Zins von 6 Pfund und 1 β

S. G. P. 1370. Der Wolffenhof.

O. U. 1386. Hoeff, Husunge, Stallunge, Schuren, Garthen und Gesesse — gelegen in der Nuwenstadt uff der Ecken der Eschersheimer Gassen, gein der Swebin über, genannt Heinrich Wolffes Hoeff.

— 1386. Hermann Wolfs hoff.

L. Cens. 1390. f. 67. Der Wolfin hof sita in novo opido Fr. inferiore
parte unam portam habens ad plateam dictam Haumark (Heumarkt) et
aliam ad vicum dictum Bogkenheymer Gass.

S. G. P. 1411. H. Wolfseck uf dem Eck der Eschersheimer Gassen.

— 1415. Der Wolffen Hof.

— 1434. Peter zum Wolfsecke.

— 1465. H. in der Nuwenstadt am Wolfsecke.

— Weissfr. Z. B. von 1480. Eschirssheymer Gasze. H. und ein Hofchin darfür und dan eyn Garthen mit eyner Schuern, das etwan ein Husung auch gewest ist, hinter deme vorgenannt Huso und Hofchin gelegen
und liegt dies allesamt in der Eschirssheymergassen uff der Siten gen Niedergang der Sonnen hinder Wolffeck auch neben eyn cleyn Geschin da
Peter Winken Stallung und Gehoffe sin Iugang hat zu der Eschirsheymer-
gassen, und stosst auch die obbeschrieben Schuer an das dor des Ingangs.
Garthin und Schuern ist ingezogen zu dem Gesesse zu Wolfeck, gibt
Eberhard Hufsmyt zu Wolfseck.

O. U. 1488. H. in der Eschersheimer Gassen zuschen dem Gesesse
Wolfs-Ecke und Gerharde von *Siegen*.

— 1549. H., Hof und Scheuer — Wolfs-Eck genannt am Eck der
Eschersheimer Gassen — stossen hinten auf einen ledigen Platz

— 1565. H. — Wolfs-Eck genannt mit — Stallung, Scheunen und
zweien Infarten — am Eck der Eschersheimer Gassen stosst hinten uff'
N und ein Allmend.

Sdtrchg de 1608. Wirt zum Wolfseck.

13*

Heller nebst 2 Hünern. Ein Theil dieses Zinses, nämlich 2 ¹/₂
Mark fielen in festo S. Jacobi maj „de duabus domibus et fundis earundem contiguis invicem et habitationi Dytzelonis dicti Dene
sitis infra muros novos dicti opidi ex oposito quasi porte antique
dicte Bockenheimer dor." Der hier vorkommende Heinrich
Wolff war ohne Zweifel der nämliche, von dem das S. G. P.
von 1404 spricht. Er besass das Eck an der Eschersheimergasse
und dasselbe wurde nach seinem Namen das Wolfseck, und in
Betracht seiner Nachkommenschaft auch der Wolffen Hof genannt. Die vorgedachten Zinshäuser standen neben dem Ecke
am Ramhof und folglich auch nahe bei seinem Hause. In der
gedruckten Relation von der Bestrafung der hiesigen Rebellen
im J. 1616 wird angemerkt, dass die kaiserl. Subdelegirten nach
vollendeter Execution in die Herberg zum Wolfseck gefahren,
und nach gehaltener Mahlzeit von da wieder aus der Stadt gefahren sind. Am 16. April 1617 wurde einer vom Adel, welcher
kurpfälzischer Rath war, von einem fränkischen Edelmanne im
Gasthof zum Wolfs-Eck erstochen, der deswegen am 21. October 1618 vor dem Römer enthauptet wurde. In der Chronik I,
498 wird diese Geschichte weitläufig erzählt; jedoch werden die
Namen der Unglücklichen verschwiegen. Laut einer geschriebenen Nachricht war der Thäter ein Herr von Thüngen, und der
Getödtete ein Herr von Eibleben. Am 18. Junius 1689 Morgens
zwischen 9 u. 10 Uhr fing es in dem Wirthshause zum Wolfseck in ¿einem Stalle durch eingelegtes Feuer an zu brennen.
Am 20. in der Nacht um 1 Uhr wollte das Feuer von Neuem
angehen. l. c. 544. Das Wolfseck scheint zu seiner Zeit ein be-
rühmtes Gasthaus gewesen zu sein. Es kömmt 1704 noch in
der Reihe der Gasthäuser vor; ist aber nun keines mehr. l. c. 433.

H. auf der Westseite.

Lit. E. No. 209. Das Eck an der Biebergasse. [*Roseneck*,
dann *zum schwarzen Bären*.][188]

---

[188] O. U. 1413. 3 Huser an einander gelegen in der Nuwenstatt gein

Lit. E. No. 210. Eine Schmiede.[189])'

Lit. E. No. 211. *Schwarzer Bock.*[190]) 1704. Jetzt à la ville de Paris, *zur Stadt Paris.* [Gewöhnlich Pariser Hof.] Ein Gast-

---

dem Frosche und auch der Hofstatt über, da vormals Gelingen Rulingen Huser stunden und stossen vornzu auch uff den Platz gein S. Katherinen.

— 1469. Husung und Hoff mit der Schuren — gelegen in der Nuwenstatt gein Peter Wincken über und sei genannt Russen-Ecke.

— 1472. 2 Huser — an eyn gelegen, deren eins ein *Smytten* sey, gein S. Catrinen und dem Frosche über gelegen, sodann ein Eckhuss genannt *Russen-Eck* one ein Huss by den vorigen 2 Husern, dartzu ein *Gottshuss,* eine Schuren, Stalle und Garten gelegen an dem itzund genannten Eckhusse. [Ueber dies Gotteshaus s. *Kriegk* Bürgerthum S. 121.]

S. G. P. 1474. H. gen S. Catrinen und dem H. zum Frosch über, und das Eck-H. Rosenecke neben obigem H.

O. U. 1494. H., Schure, Hoff und Garthen an eynander — in der Nuwenstatt, genannt Russen Ecke, gein dem Frosche über neben Joist Lichtysen Hufschmitt.

— 1561. H. — *zum Bern* genannt vor der Catharinen Pforten.

— 1618. Eckbehausung zum Bern genannt vor der Cathrinen Pforten neben N. Hufschmied gelegen, stosst hinten an das Hauss zum Bockh.

— 1626 Schmiedbehausung — vor der Catharinen Porten neben der Behausung zum Bock einer, und dem *Farbhaus zum Bern* anderseits stosse hinden an gedachte Behausung zum Bockh.

Mpt. XVII. Sec. II. *zum schwarzen Bern* bei der Cathrinenpforten. Dies Haus führt nach der schriftlichen Versicherung des Eigenthümers Herrn Lemmo nach den alten Kaufbriefen den Namen: *zum schwarzen Bären.* Sein älterer Name ist aber Rosen- oder Russenecke. [S. auch Note 183.]

[1780. Schwarzer Bär an der Hauptwacht. Mittheil. des Vereins III, 244.]

[189]) Nach dem Brande des schwarzen Bocks ward diese Schmiede mit dem Gasthaus zum Bock vereinigt, beide zusammen gebaut und die Schmiede hörte ganz und gar darin auf. F.

[190]) Lib. cens. B. M. V. Saec. XVI. It. IX marc. cedunt nativit. Joh. B. de curia dicta Wolffen de Siegen totaque habitatione sita ante portam Coenobii S. Catharinae latere occidentali, quo itur versus Bokkenheymer Porten, contigua reteriori exitu domui et curiae dictae Niedenauwe, habentem etiam a retro exitum lateralem versus et ex opposito domus dictae zum Frosch et etiam versus dem Wullenweber Ramhofe, et curia ista vocatur modo zum Bock.

haus. Am 18. Juli 1809 Morgens um 7 Uhr entstand ein Brand, welcher das ganze Dach zu Grunde richtete, und übrigens das ganze Haus noch sehr beschädigte. Dasselbe wurde einsweilen mit Brettern verwahrt, bis es im folgenden Jahre ein neues Dach erhielt. Zu gleicher Zeit verschwand der Name zum schwarzen Bock auf dem Schilde, und es nahm die Aufschrift à la ville de Paris dafür an.

Lit. No. 212. Gasthaus *zum Trauben.* Frf. Intell. Bl. von 1801, No. 66. In der Chronik I, 433 wird es das Gasthaus zum Wein-Trauben beim J. 1704 genannt. [Früher *zum Pflug.*][191])

Lit. E. No. 213. *Zum grünen Kleeblatt.*[192])

Lit. E. No. 214. Das Eck am Steinwege, eine Schmiede.

Auf der Südseite.

Die *Hauptwacht.* Diese stand auf dem Garküchenplatze, bis sie im J. 1691 auf den Heumarkt vor die Katharinenpforte ver-

---

O. U. 1507. H., Hoff und Stallunge genannt *zum Bocke* by St. Cathariuen neben dem Hoff zu *Niedenauwe.*

— 1517. H. auf dem Rossmarckt, zum Bock genannt.

[Schwarzer Bock. s. Mitth. III, 244.]

[191]) Sdt. Rchg. de 1592 u. 1594. Der Wirt *zum Pflug* zahlt Wein-Akzise.

O. U. 1593. Hinder Behausung zum Pflug sammt der neuen Behausung darin — vor der Catherinen Pforten neben N. einer und der Behausung zum Bock anderseits.

— 1593. Behausung — vor der Catharinen Pforten neben N. einer und der Behausung zum Pflug genannt anderseits gelegen, stosst hinten uf die Behausung zum weissen Schwan.

— 1594. H. — uffm Steinweg neben dem H. zum Pflug genannt — stosst hinten auch uff das H. zum Pflug.

[192]) O. U. 1447. H. u. Gesess, genannt zum Grunen Klee, gelegen in der Nuwenstadt gein St. Catharinen Kirchen über.

— 1537. H. zum grünen Klee vor S. Catharinen Porten neben Hans Brommen Scabini seel. Hoffe.

Mpt. XVII. Sec. H. *zum grünen Klee* vor der Catharinenpforten neben dem Pflug.

setzt wurde. Chr. II, 568. Im J. 1729 wurde beschlossen, eine
neue Hauptwacht zu bauen, und weil sie mehr gegen der Katharinenpforte über stehen sollte, als die alte, musste der Soldatengalgen abgebrochen werden. Am 20. April g. J. wurde der
erste Stein gelegt, am 8. Juli aber eine kupferne Platte mit einer
Inschrift in die im breiten Pfeiler gehaune Höhlung eingesen-
ket. Die Inschrift ist in der Chronik II, 544 zu lesen. Bei der
Fortsetzung des Baues nahm man Fehler wahr, die wieder ver-
bessert werden mussten, und daher kam es, dass erst am 9. Jun.
1730 der Kranz aufgesteckt werden konnte, und die Wacht nicht
eher, als am 21. Sept. ihren ersten Einzug hielt. Das Gebäude
fällt gut in die Augen, und wären seine Schwibbogen, auf welchen ein allzugrosses Dachwerk ruhet, von einer etwas gleich-
mässigeren Höhe, so würde aller Tadel wegfallen. Ueber und
unter der Erde sind auch Gefängnisse angebracht. In den unterirdischen werden die grossen Verbrecher und zur Nachtzeit auch
die Schanzer aufbewahrt. An der westlichen Seite der Hauptwacht stand ehemals ein grosser hölzerner Esel, welcher mit
Blei gedeckt und mit grauer Oelfarbe angestrichen war. Auf ihm
mussten die Soldaten und zuweilen auch liederliche Weibsleute
zur öffentlichen Beschimpfung sitzen, bis er um's J. 1765 wieder
abgeschafft wurde.

Rohrbrunnen
gegen der Zeile über.

An dessen Stelle erblickt man auf dem Belagerungsplan von
1552 und auch noch auf dem ältern Merianischen Stadtplan
einen Ziehbrunnen, von dem wir weiter keine Kenntniss haben.
Das S. G. P. von 1401 spricht zwar von einem Borne uf dem
Rossmerte;[193] ob aber dieser, oder ein anderer daselbst gemeinet sei, lässt sich nicht entscheiden. Im J. 1731 wurde mit Bewilligung des Raths an dem Orto ein Röhrbrunnen errichtet, mit
der in Stein gehauenen Schrift: Nobilissimi Senatus Permissu etc.

---

[193] S. G. P. 1401. H. uf dem Rossmarkte gen dem Born über.

S. Müller's Beschr. S. 31. Diese Schrift aber ist nicht mehr vorhanden. Oben auf dem Brunnen steht ein einfacher Adler, und
vor demselben ein grosser steinerner Sarg, aus welchem den Tag
über die Pferde getränkt werden.[194]) [Dieser Brunnen ist jetzt
von der Ostseite auf die Nordseite verlegt worden.]

Brunnen
bei der Hauptwacht.

Dieser Brunnen steht zwischen der Hauptwacht und den
westlichen Planken des Paradeplatzes.[195]) Er wurde wahrscheinlich in neueren Zeiten gegraben, und erhielt erst vor wenigen
Jahren zur Verschönerung des Platzes eine oben mit einer Urne
gezierte Pumpensäule.

Biebergasse.

Wir reden hier von der Gasse, die zwischen dem Rahmhofe
und dem Komödienplatze gelegen ist und folglich mit der Stumpfengasse gleiches Namens auf der Friedbergergasse keine Verbindung haben kann. Der Name ist auf dem angeschlagenen
schwarzen Bleche zu lesen, der vermuthlich in der ersten Hälfte
des XV. Jahrhunderts durch den Bieberbrunnen entstanden ist·
Vorher machte diese Gasse einen Theil der Denengasse aus,
die ich kurz zuvor beschrieben habe.

---

[194]) Er scheint ehemals auch der Bieferborn geheissen zu haben, und
anfänglich der St. Catharinen-Born. F.

Sdt. Rechg. de 1439. It. 1 ß vmb eyn Holtz zu eym Swengel über
saut Catrinen born.

It. — für 3 Holtzer zum S. Katrinen borne.

[195]) Lt. Sdt. Rchg. de 1587. Den grossen Bronnen vor der Catharinen
Pforten uff dem Platz zu fegen.

— 1603. Zum neuen Bronnen vor der Catharinen Pforten gab man
wegen des Marstals anstatt eines Zulags zu einem Grundbawe 4 fl.

H. auf der Südseite.

Das Eck. S. Lit. E. Nr. 195 auf dem Komödienplatze.
Lit. E. No. 196. Thor und Hintergebäude vom weissen
Schwanen auf dem Steinwege.
Lit. E. No. 201.
Lit. E. No. 200.
Das Hinterhaus vom schwarzen Bock auf dem Paradeplatz,
daran ein Schild mit dem J. 1698 gemalet ist.
Das Eck. S. E. No. 209 auf dem Paradeplatze.

H. auf der Nordseite.

Lit. E. No. 197 neben dem Komödienhause.
Lit. E. No. 198.
Lit. E. No. 199. Vermuthlich der *kleine Rahmhof*.[196]) 1432
versetzte „Sprungelheintze weber ein Rame in dem cleynen
Ramhofe bei dem bieferborn hinder Jacob von Steden Ramen
gelegen" J. B. von 1432.

1437 versetzte Henne grefe weber Hennen Culen Sohne die
Besserung und Rechte zwoer Rahmen gelegen in dem cleinen
Ramehoffe nest dem Born, derselbe Ramehoff gelegen sy in der
Nuwenstad uff der bivergass." J. B. g. J.

„cleine Ramehoff mit der husunge gelegen in der Nuwenstad in der Bievergassen neben dem Kastenmeister zu eyner
syten vnd Clesen Rosz" J. B. 1445. Auch das S. G. P. von
1437 setzt die Häuser zum kl. Rahmhof und zum Kastenmeister
neben einander. Der hintere Theil des kleinen Rahmhofs wurde
nachmals zu dem grossen Rahmhofe gezogen, wie es der Augenschein gibt.

---

[196]) S. G. P. 1439. H. zum kleinen Ramhof und zum Kastenmeister
liegen neben einander.
— 1463. H. zum kleinen Ramhof in der Bibergasse neben dem H. zum
Kastenmeister.

Lit. E. No. 200. Das Eck vom grossen Rahmhofe, vermuthlich *zum Kastenmeister*. [197]) S. vorher. Es war ein Brauhaus, welches 1637 am 24. Mai mit allem Zugehör abbrannte. Chr. I, 543. Laut der Herbstmessrelation sollen 2 Häuser, einiges Vieh und zwei Menschen mit verunglückt sein. Am 26. April 1704 brannte es abermals ab, worauf der Einwohner, Namens Thüring, das Haus von Stein aufbaute. l. c. S. 545. Es hörte 1804 auf ein Brauhaus zu sein.

Zum Gienaffen. „zum gienaffen gelegen in der Nuwenstad vff der Bievergassz." J. B. von 1437. Da wir zwei Biebergassen in der neuen Stadt haben, so bleibt die Lage dieses Hauses noch zweifelhaft. [Gehört auf S. 65] [198])

.

---

[197]) S. G. P. 1415. Girlach zum Kastenmeister.
— 1461. H. in der Nuwenstadt by dem Castmeister.
— 1470. H. hart am Kastenmeister für der Bornheimer Porten.
[198]) O. U. 1435. H. Gesess gelegen in der Biefergassen by dem Bieferborn zuschen N. und dem Husse genannt zum Gynaffen.
S. G. P. 1437. H. zum Gynaffen in der Nuwenstadt.
G. Br. 1500. H. in der Byfergasse genannt zum Geinaffen.
O. U. 1480. Wfr. Kloster Zinsbuch: *Nuwe Stadt Friedberger Gasse:* Huser und eyne Bleich genannt zu den Genaffen gelegen by dem Bieferborn uf der Siten gegen Uffgang der Sonnen geyn Jungel Blumen vbir.
— 1489. 2 H. Hoff u. Garten zum Ginaffen genannt neben Hentzchin Ferber.
— 1522. 3 H. und ein Garten — aneinander gelegen in der Biebergassen neben dem Gesess zum *Ginaffen* und neben N. und neben der *deutschen Herren Hoff* uff der andern Syten. (Diese Stelle beweisst, dass das Haus zum Gienaffe in die Biebergasse an der Friedberger Strasse gehört. F.)
— 1526. H. u. Gertechin — genannt zum Gynaffen uff der Biebergassen gelegen neben der Bleich und Doktor Philipp Siegwein stossen hinden uff die Bleich und Doctor Siegwin.

Gässchen am Rahmhofe.

Der Hof des Dietzelo Dene, welcher nun das östliche Eck
neben dem Thore des Rahmhofes ist, wird: „in acie respiciente
meridiem et occidentem parvi vici" beschrieben und hieraus ist
klar abzunehmen, dass der schmale Eingang in den Rahmhof
vor Zeiten eine Gasse war. Sie war also die nämliche, welche
Baldemar als die einzige Stumpfgasse auf der nördlichen Seite
der Denengasse beschrieb, und von der er sagte, dass sie sich
gegen Norden in mehrere Gassen theile, die aber nun alle verschwunden sind. Der Rath vereinigte nachmals diese kleine
Gasse mit dem Rahmhofe, und liess ihren Eingang mit einem
Thore verwahren.

Rahmhof, kleiner Rahmhof[199])

vorher der *Rahmstätterhof;* sonst auch der *Rathshof.* [200]) Schon
in der Mitte des XIV. Jahrhunderts waren die Wollenweber im

---

[199]) *Ramhof* bedeutet stets einen verschlossenen Ort, in welchem
die Wollenweber ihre Tuch-Ramen aufspannten. Frühzeitig bereits wurde
von einer solchen Rahmen der Platz, worauf sie aufgespannt wurde, gleich-
falls *Rame* genannt, daher 1291 verkauft Herr Ulman, Gertrude uxor
hiesige Bürger unam ramam in qua panni extenduntur que vulgariter sie
nuncupatur, retro domum quam inhabitamus sitam .... Guden C. D. I, 849.
Dagegen wird 1323 in einer Wetzlarischen Urkunde erwähnt eine Gülte
„de quodam Tentorio, proprie dicto ein Rame, sito prope domum etc." F.

[200]) S. G. P. 1339. Ruyle imme Ramhobe.

O. U. 1342. H. hinder dem ramhofe.

— 1355. *Wilrdtwein* Dioc. mog. II, 590. [S. oben Note 183.]

S. G. P. 1355. Gotzwin in dem Ramhove.

Im Beedbuche der Nuwenstadt de 1359 heisst es: Nota. In der No-
rimberger Hoff. It. der Norinberger Hoff. It. der *Rahmhoff.* It. der
Froyschen Hoff.

S. G. P. 1361. Henne in dem Ramhofe.

O. U. 1361. domus et horreum sitae extra muros antiquos Francof.
retro dem raymhobe.

S. G. P. 1367. Götze in dem Ramhofe.

— 1381. H. by dem Ramehofe.

— 1388. H. Hof, Stallung, Schur, gnt. der Ramhoff.

nutzniesslichen Besitze dieses Hofes. [201]) Sie hatten ihn unter
sich vertheilt, und die Plätze, darauf ihre Rahmen standen, hiessen die Rahmstätte. Daher der Rahmstätterhof, [202]) welcher nach-

---

S. G. P. 1401. II. in der Nuwenstadt zwischen dem Ramhof und dem
II. zum Frosch.

O. U. 1414. (Rahmhof betreff.) ein Ramen in Herten von Glauburg
Hofe.

— 1416. (Denselben betreff.) ein Ramen in Herten von Glauburgs
Rahmhofe in der Nuwenstadt.

Lt. Stdt.-Rchnbch. de 1440 hat es by dem Ramhoffe gebrannt.

O. U. 1449. H. Hoff, Schure u. Garten — gelegen in der neuen
Stadt hinder dem *grossen Ramhofe* zuschen der Jungfrauen zu S. Catherinen Husunge und *Gudechin Wyssen* zum Wydel Garten, *genannt Gissu-
bels Garten*.

NB. Unter dem öfters vorkommenden Ausdrucke: *Hinder dem grossen Ramhofe* sind wahrscheinlich alle Häuser der Biebergasse vom grossen
Ramenhofe bis an die Taubenhofgasse zu verstehen, da der, welcher von
der S. Catherinen Pforten herauskommt, diese Häuser hinter dem grossen
Ramhofe liegen sieht. Sollte nicht dieser Garten, welcher hier fraglich ist,
das nachherige *Waysenhaus* (das jetzige Comoedien-Haus und Marstall)
sein, welcher von seiner früheren Besitzerin, der Wyssen, den Namen bei-
behielt?

O. U. 1483. Dieselbe Stelle nur mit der Veränderung und Doktor
Ludwigen zum Paradiese Garten, genannt zum Gissubel. F.

— 1493. Garten, Huss und Schuren genannt der *Ramgart*, in
der Nuwenstatt gelegen, stossen neben und oben an den Ramhof, und zur
andern Seyten mit der Muren uff die Gassen gein Jörg Blumen (Schöffen)
Speicher über.

Lt. Stdt.-Rchnbch. de 1514 wird eines newen Bawes der Weber im
Rahmhofe unter den Baubesichtigung-Gebühren erwähnt.

— de 1596 wird in der Gassen beim Ramhof ein neuer Brunnen
von der Nachbarschaft gebaut, wozu der Rath 16 fl. steuert.

Vgl. noch Noten 206. 210. 216.

[20]) Bei der Zunahme der Fabrikation von Tüchern bot ohne Zweifel der alte Rahmhof in der jetzigen Papageigasse keinen hinlänglichen
Raum mehr an, und musste er in die Neustadt verlegt werden. Jm 14ten
Seculo und noch später scheint sich der jetzige grosse Rahmhof bis an
das *weisse Haus* (jetziges Komödien- und Marstall) erstreckt und dieses
dazu gehört zu haben.

[202]) Beedb. 1365. It. Contze Ramsteddir Beckir (Solv. 14 ₰) wohnt
in diesem gleichnamigen Hofe zunächst Henne Born.

mals in den Rahmhof abgekürzt wurde. Dass der Hof den
Wollenwebern nicht eigenthümlich gehörte, schliesse ich daraus,
weil sie nur die Oberbesserung und das Recht ihrer Rahmen
verpfändeten, nicht aber den Grund und Boden. Zum andern,
weil in dem S. G. P. von 1479 ein Haus „in der Nuwenstad
ubir (ober) dem bieferborn, neben des rades hof" beschrieben
wird, der kein anderer, als der Rahmhof war, und der auch
noch wirklich zu den Stadtgütern gehört. Was ich bisher gesagt habe, erhielt seine Bestätigung aus den Nachrichten, die
ich bei der Denengasse und der Biebergasse mitgetheilt habe.
In einem Insatzbriefe von 1455 Feria tertia post Mathei Apost.
fand ich, dass ein Weber, Namens Diele Sybolt „eyn Rame
in dem grossen Ramchoff" als Unterpfand verschrieb. Vermuthlich lagen der grosse und der kleine Rahmhof neben einander, und wurden zuletzt mit einander vereiniget. Vielleicht
machte die Gegend hinter dem Komödienhaus, wo sich nun der
Marstall befindet, den grossen Rahmhof aus. Von dem alten
Rahmhofe ist bei der Papageigasse nachzusehen. Gegen die
Nachricht der Chronik II, 814. (794.), dass 18 Meister des Wol-
lenweberhandwerks den ganzen Platz im J. 1574 unter sich vertheilt haben, erregen folgende Ereignisse [203] einen gegründeten

---

Brgrbuch 1366 Huss und Gesess in der Nuwenstadt gein S. Catherinen vber etzwane was Ramestedders.
O. U. 1371. H. u. Gesess gelegin in der Nuwenstadt uff dem Rossmarkte by Ramsteder.
— 1371. Contze Ramsteder Petr. uxor verpfänden domum et habitationem sitam in nova civitate prope domum Heylen Stenben.
— 1373. H. gelegen in der Nuwenstad zuschen Meister Bechtolde
dem Smede und dem Huss da *Ramstedder* yune saz.

[203] Lt. Stdt.-Rchg. de 1620 erhalten die von Glauburgischen Erben
vom Rathe zu Zins (jährlich) 30 fl. von Rahmhofe, weil die Soldaten rundt
Burgerschaft bis dahero darinnen jhren Vffzug gehalten. (Parade?)
— de 1622. (Noch immer der vom Rathe denselben von Gl. Erben
bezahlte Zins à 15 fl.)
— de 1622. Den Erben des Schöffen Herrn Hieronynus von Glauburg kauft der Rath ab vmb 1050 fl. (750 Rchsthlr. in Specie) *den Rahm-
hofgarten mit Zugehör.*

Zweifel: 1562 zur Zeit der Kaiserwahl wurde der Viehmarkt in den Rahmhof verlegt. l. c. S. 52; dann 1565, 1568 und 1573 wurden öffentliche Schiessen darin gehalten. Chr. I, 506, 508 u. 509. II, 723. Anno 1573, als der Stadt Gefahr drohte, wurden die Bürger daselbst gemustert. Chr. I, 352.

Sonst war der Rahmhof der Ort, wo sich die Soldaten täglich zur Parade versammelten, und die Strafen der militärischen Zucht ausgetheilt wurden. Vgl. Müller Beschr. S. 41.

[Vgl. ausführliche Nachrichten in den Blättern aus dem Niedgau 1870, S. 49.]

Gebäude im Rahmhofe.

Der *Kornspeicher.* Ein sehr langes Gebäude auf der östlichen Seite des Rahmhofs, welches im J. 1666 aufgeführt wurde und 25,000 fl. kostete! Chr. II, 757. In demselben wurde oben das Korn und unten das Mehl für die Garnison aufbewahret. Im J. 180. wurden die Postwägen aus dem Taxischen Hofe in den Rahmhof versetzt und das Gebäude erhielt nun eine andere Einrichtung, unten für die Bureaux der Postwägen und oben für Wohnungen einiger Post-Officianten.

Das *Zeughaus.* Auch ein langes Gebäude gegen dem vorigen über, das im J. 1667 erbauet wurde. Chr. II, 26. In demselben hing noch oben am Boden und an den Wänden eine Menge ganzer Harnische, welche die Bürger vor Alters anlegten, wenn sie gegen den Feind auszogen. Unter den Kanonen befand sich auch eine hölzerne mit eisernen Ringen, welche noch vom Schwedenkriege herrührte. Der in Frankreich entstandene

---

Lt. Stdt.-Rchg. de 1639 zahlen dem Rath vom Ramhofe die Ferber 20 fl. und die Tuchbereiter 60 fl. Zins im Jahr. F.

Ao. 1704 als wegen französischer Kriegsgefahr das im holländischen Sold gestandene Hessen-Casselische Regiment, unter Commando des Obersten von Reckenroth, am 4. Januar zur Besatzung aufgenommen wurde, schwur es im Ramhofe, und gab den beiden Bürgermeistern und Zeugherren Handgelöbniss. Chr. I, 412 und II, 3, 2. 1408.

Revolutionskrieg hatte die Folge, dass die Stadt um all ihr Geschütz kam, und was von Waffen noch übrig geblieben war, musste zur Bestreitung der Kriegskosten verkauft werden. Von der Zeit an steht dieses Zeughaus ganz leer. Die übrigen Gebäude des Hofes bestehen aus Remisen.

Bieberbrunnen.

Dieser war bis zum Jahr 1777 ein offener Ziehbrunnen, der beinah mitten in der Strasse stand. Dazumals wurde er der Erde gleich gedeckt und seine Pumpe wider die Mauer vom weisen Schwanen gesetzt. Bebirborn. S. P. 1361.

Komödienplatz.

Der breite viereckige Platz, welcher der Bockenheimergasse gegen der Rossallee über an der Seite liegt. Er gehörte in älteren Zeiten zu dem grossen Bezirke des Rossmarktes, in den neuern Zeiten aber nannte man ihn den *Leiterplatz*, indem ihm die neueren Zinsbücher des Leonhardsstifts diesen Namen beilegen. Er diente lange Zeit zu einem Zimmerplatze, daher er auch in den hiesigen Intelligenz-Blättern von 1725 No. 48 und 50, und dann von 1749 No. 91 der *Zimmerplatz am heissen Stein* genannt wird. [204] Als ich im J. 1760 hierher kam, war der Platz mit Bäumen besetzt, und von einer Planke umgeben. Man hörte die Gegend gewöhnlich an der Kastanienallee neu-

---

[204] O. U. 1632. Behausung uff dem Zimmerplatz uff der Bockenheimer Gassen.

— 1643. Behausung uff dem Zimmerplatz neben N. Zimmermann einer und N. anderseits gelegen, stosst hinten an die Herberg zum Schwan.

— 1657. Behausung uff der Kalbächer Gassen — stosst hinten uff den Zimmer Platz.

Stdt.-Allmdbch. de 1688. Allment No. 51 uff der Bockenheimer Gassen uff dem Zimmer Platz, und stossen fast alle Häuser der Kalbächer Gass darauf.

— de 1688. S. No. 52. Allment auff das die Häusser in der Kalbächergassen hinden darauf stossen.

nen. Auf dem Ecke dieses Platzes gegen dem heissen Stein über
befanden sich drei kleine Häuschen: das Mitterstübchen, das
Wagenspannerstübchen, und das Spritzenhaus des .. Quartiers.
Nach der Erbauung des neuen Schauspielhauses, vor welchem
sich öfters viele Wägen versammeln, sah man die Nothwendig-
keit ein, denselben mehr Raum zu verschaffen. Die Bäume
wurden also umgehauen,. und im J. 1782, wie aus einem Bau-
amts-Publikatum vom 26. Juli wahrzunehmen ist, wurden auch
die gedachten Häuschen niedergerissen. Um diese Zeit fing
man an, die Gegend den Komödienplatz zu nennen. Ums
J. 1808 wurden die Steine mit den Ketten gesetzt, damit die
Abends aus dem Schauspielhause gehenden Leute gegen die
vielen hin- und herfahrenden Wägen Schutz erhielten.

Häuser auf der Nordseite.

Lit. E. No. 181. *Weisse Haus*, jetzt das Schauspiel- oder
Komödienhaus auf dem Ecke der Taubengasse. Eine bürger-
liche Handschrift theilt von diesem Hause folgende Bemerkung
mit: Das sogenannte weisse Haus [205] an der Kastanien-Allee
wurde von dem Rathe erkauft, um an seiner Stelle ein neues
Gebäude für die Stadtbibliothek zu errichten. Es blieb von der
Zeit an lange Jahre unbewohnt stehen, und verfiel in sich selbst;
bis endlich der Rath im J. 1780 den Schluss fasste ein öffentliches Stadtschauspielhaus erbauen zu lassen. Man fand keinen
schicklicheren Platz dazu, als eben das weisse Haus, welches
noch in dem nämlichen Jahre niedergerissen wurde. Man machte
auch sogleich den Anfang mit der Erbauung des neuen Schauspielhauses, welches, oben mit dem Stadtwappen gezieret, nun
den Vorübergehenden einen majestätischen Anblick darbietet.
Im J. 1785 am 17. April Morgens nach 2 Uhr kam im Komödienhause in dem Zimmer des Directors Grossmann Feuer aus,
welches gänzlich ausbrannte. Durch schleunige Hülfe wurde
dem Feuer Einhalt gethan und das Theater noch erhalten. Herr

---

[205] Stdt.-Allmendbch. de 1688. Allemend in der Tollgassen — einer
Seits der Bleichgarten und das weise Haus anderseits.

Grossmann wurde ganz betäubt und an verschiedenen Gliedern verletzt herausgetragen.

Lit. E. No. 181. A. *Drache* oder *Drachenfels.* [206]) Das doppelte Eck zwischen der Tauben- und Kastenhospitalgasse, welches zum Theil in der Kalbächergasse steht.

„Item viginti novem sol. hallen. cedunt de et super domo et eius fundo — dictis zum Drachen in nova civitate in acie vici dicti Caldebechergasse intrando dextro latere" L. C. S S. M. et G. de 1412 f. 31.

„hus neben dem hus Drachenfels uf dem Kaldebecher Orte" S. G. P. von 1422.

„Hus zum Drachen in der Kaldebechergass". Dasselbe von 1481.

Auf der Westseite.

Lit. E. No. 185. B. *Zu den drei Hasen.* Das Eck an der Kalbächergasse und Hammels- oder Taubengasse.

Lit. E. No. 186. Wird in dem Zins-Register von S. Leonhard das Haus neben den drei Hasen auf dem Leiterplatz

---

[206]) Beedbuch de 1380. Neustadt: der *Drachinfelshoff* (der Lage nach hier).

O. U. 1396 in der Nuwenstadt uff Drachenfels Hofe.

— 1401. Der Drachenfelser Hof in der Nuwenstadt vor der Bockenheimer Porten in der Caldebecher Gasse an den Ramhoff stossend. (Prusse a.)

S. G. P. 1407. H. Drachenfels in der Nuwenstadt.

G. Br. 1408. H. Drachenfels gen dem Ramhof über.

O. U. 1415. H. Drachenfels gen dem Ramhofe uber.

— 1510. Hans Blumen Hof an der Caldebecher Gass, als man in den Taubenhof geht. (Blume K. 4.) F.

[Dies Haus wurde zu Anfang des vorigen Jahrhunderts von Johann Maximilian v. Lersner und seiner Ehefrau Anna Salome gebornen Kraft erkauft: er hat auch wohl das Hauptgebäude erbaut, da es über dem Eingang das Lersner'sche Wappen zeigte. Er starb 1732 und seine Wittwe prälegirte in ihrem Testamente diese Besitzung ihrer Tochter Johanna Rebecca, verheirathet mit dem Major Friedrich August von Grod. Deren Sohn war Carl Ludwig von Groote, wie nun der Name geschrieben wurde, und dessen Erben haben das Haus sammt anstossendem Garten und Hofraum nebst weiteren Gebäulichkeiten, bezeichnet 181a—d, im Jahre 1860 an die Stadt verkauft. Seitdem ist auch das Lersner'sche Wappen beseitigt.]

VI. 14

beschrieben. Auch die Beschreibung der zwei folgenden Häuser lautet auf dem Leiterplatz.

Lit. E. No. 187 ⎫
Lit. E. No. 188 ⎭ die beiden Häuser bilden nun ein Haus.

Lit. E. No. 189. [Wird in Urk. von 1714 und 1736 beschrieben: auf dem kleinen Zimmerplatz gelegen hinten auf den neuen Bau stossend. Vgl. Mittheil. IV.]

Lit. E. No. 190.

Das Eck. S. Lit. E. No. 57 auf der Bockenheimergasse.

Auf der Ostseite.

Das Eck. S. Lit. E. No. 191. Der *Heissenstein* zum Schwanen verbauet, auf dem Steinwege. [Vgl. dort die Belege.]

Lit. E. No. 192.

Lit. E. No. 193. A.

Lit. E. No. 193. B.

Lit. E. No. 194.

Lit. E. No. 195 das Eck an der Biebergasse. [207])

Weisse Lilienbrunnen.

Oder der Brunnen an der weissen Lilie. [208]) Er steht neben dem Ecke der Bockenheimergasse und hat von dem gegenüberstehenden Eckhause zur weissen Lilie den Namen erhalten. Er war bis zum Jahre 1796 ein offener Ziehbrunnen, nun aber erhielt er eine zierliche Pumpensäule, auf welche ein Blumentopf mit einer vergoldeten Lilie gesetzt wurde. Die Kosten betrugen 942 fl. 30 kr.

---

[207]) Stdt.-Rchnbch. de 1601. Der Rath gibt die Gerechtigkeit zweier Farbkessel auf das Eckhaus vffm Rossmarkt hinder dem weissen Schwan für 16 Gulden.

[206]) Stdt.-Rchnbch. de 1390. It. — vmb xiiij Stücke Bockinheymer Quader vnd — vmb ij huffen neuer steyne zum Borne vff der Almende by der Lilien vff dem Rossemarkte.

Taubengasse.

Sie hat ihren Eingang neben dem Komödienhause, und ist hinten vom Taubenhofe geschlossen. [209]) Unter diesem Namen ist sie den Leuten am meisten bekannt, wird aber in einem Bauamts-Publicatum vom 27. Sept. 1776 und noch anderswo die Hammelsgasse genannt. Wenn ihrer ohne Namen gedacht wird, so heisst sie die Gasse hinter dem weissen Hause, hinter dem Marstall, hinter dem Komödienhause, oder auch am Taubenhofe. [210]) Baldemar wusste noch nichts von ihr, er würde sie sonst in seine Beschreibung der Strassen von 1350 gewiss aufgenommen haben. Sie war also damals noch eine unbebaute Gegend, und diese Wahrheit wird durch den Belagerungsplan von 1562 bestätiget, der an ihrer Stelle einen blosen Weg anzeigt, der zwischen den Gärten nach einem hinten gelegenen Hofe durchging, und vornen geschlossen war.

H. auf der Westseite.

Lit. E. No. 182. *Taubenhof, kleiner Taubenhof,* [211]) ein Haus und Bleichgarten. Frf. Intell. Bl. von 1800 No. 95 und von 1805 No. 46.

---

[209]) [Jetzt heisst sie *Taubenhofgasse* und hat einen Ausgang auf die neue Taubenstrasse erhalten.]

[210]) O. U. 1466. Scheuer und Gertchin gelegen in der Nuwenstadt in der Gassen, die da gelegin sy hinder der Kaldebächer Gassen zuschen N. und dem grossen Rahmehofe.

[211]) O. U. 1450. Dubenhoff in der Nuwenstadt gelegen zuschen N. N. und der Stedte rink muren.

S. G. P. 1452. H. Hof und Garten in der Nuwenstadt by dem Dubenhofe.

O. U. 1462. H. u. Garten in der Caldebechergassen genannt der Duphussgarten stosst hinten auf die Stadt Mauer.

— 1484. Hof und Garten in der Nuwenstadt gnt. der dubenhoff.

G. Br. 1510. Haus, Hof, Spycher und Garten genannt der *Dubenhoff* am Ende gegen unser Stede-Muren gelegen, als man by *Hansen Blomen Hof* hinder geht neben Conrads von Gelnhausen seel. Erben, stoisst

Auf der Nordseite.

Lit. E. No. 183. A. Der *Hospitalhof*, [212]) sonst der *Tauben-hof*, der *grosse Taubenhof*. [Von der Taube im Siegel des Hospitals genannt?] Es gehört dem Hospital zum h. Geist, und besteht nun grösstentheils aus Remisen, die vom Hospitalpflegamte vermiethet werden. Am 26. Juni 1723 Abends um 6 Uhr schlug das Gewitter in den Taubenhof und zündete. Das Feuer wurde sogleich gelöscht. Chr. II, 769. „der dubenhof in der Nuwinstad" S. G. P. von 1452.

Auf der Ostseite.

Lit. E. No. 183. B.
Lit. E. No. 184.
Der *Marstall* hinter dem Komödienhause. [213]) (S. das von Ohlenschlager'sche Manuscr. in meiner Sammlung. F.)

Auf dem Luginsland.

Eine Gegend, die der Kalbächergasse nördlich an der Seite lag und sich hinten bis an die Stadtmauer erstreckte. [214]) Ihre Benennung rührte ohne Zweifel von einem Thurme der Stadtmauer her, welcher der Luginsland hiess; indem man die Thürme

---

uff einer Siten uff die Caldebecher Gass, und uff der andern Siten gein der Eschirsheimergassen uff die Bleich.

O. U. 1510 wird Hans Blumen hof an der Caldebecher Gasse, als man in den Taubenhof gehet, in einem Kaufbrief erwähnt.

[Urk. von 1406. 1452. 1564. 1607 in den Mittheil. IV.]

[212]) In dem Hospitalshofe hinter dem Marstall. Fr. Nchr. Bltt. de 1799 No. 37.

Hinter dem Komoedienhause im Hospitalhofe. Fr. N. Bltt. de 1803, No. 102.

[213]) In einer Publication vom 3. August 1752 wird schon des neuen Marstalls gedacht. Frkfrtr. Nachr. Blatt.

[214]) Stdtrchg. de 1552 — für Schuwer vnd Garten mit allen Zugehörung im Lug ins Land, zwischen Bastian Cleen und Jacob Humbrachts Erben gelegen, gibt der Rath zu eigen erkaufend 300 fl.

durch besondere ihnen beigelegte Namen von einander zu unterscheiden suchte. [215] In der Nähe des Bockenheimerthores befand sich zwar auch ein Thurm dieses Namens; aber vielleicht nannte man den einen den grossen, den andern den kleinen Luginsland, oder der Unterschied konnte auch durch andere Beiworte angezeigt werden. Den Namen der Gegend bestätigen folgende Nachrichten: Henne von Breideloch versetzte Adam Wissen die Besserung und Recht eines Hauses, Hofes und einer Scheuer „gelegen in der Nuwestad uff luge in das lant in der Caldebechergassen" J. B. von 1444.

„Hus in der Nuwenstad uf lugesland in der Caldebecher gassen" S. G. P. von 1467.

Ein weitere Bestätigung dessen, was ich bisher behauptet habe, ist aus den Nachrichten vom Luginsland bei dem Bockenheimerthore herzuholen.

Kalbächergasse.

Wird in den Zinsbüchern die *Caldebechergasse* geschrieben und zieht von dem Komödienplatze an der Kastenhofgasse

---

Stdtrchg. de 1555. Des Rats Heuschener in der Bockenheimer Gassen (alibi im Lug in's Land).

S. G. P. 1421. Garten in der Nuwenstadt by Luge in daz Lant.

— 1452. H. in der Nuwenstadt uf Luge in das Land by der Bockenheimer Gassen.

— 1501. 2 H. und Gertchin in der Nuwenstadt in dem Luge in das Land gelegen.

[215] In einer Note zum städtischen Einnahmebuch de 1348, die Zahlung der Maurerarbeit für den Bau in der Neuen Stadt betr., heisst es: lt. *vm den Thorn den man heizset Luge in das Land* den folleuder zu machen vbir erden.

Stdt.-Rechnbch. de 1374. 4 ₰ eyme Wechter (der 14 Nachtwechter) vff Lug ins Land.

— 1375 desgleichen.

O. U. 1444. H. und Hof und Schuer in der Nuwenstadt auf Luge in das Land in der Kaldenbechergassen zwischen Adam Wissen hof und Ulrich Apteker stosst hinten an Hermann Oppenheimer's seel. Garten.

vorbei nach der Bockenheimer Gasse. [216]) In der Baldemar'schen
Beschreibung de 1350 wird ihrer noch nicht gedacht, sie existirte also dazumalen noch nicht, und ebensowenig auch die
zwischen ihr und der Bockenheimer Gasse stehenden Gebäude,

---

[216]) In dem Beedbuche de 1362 kommen nach der Folge der Beedpflichtigen mehrere Personen alle von Kaldebach in der Gegend der jetzigen Kaldebächer Gasse wohnhaft vor, woher dieselben vielleicht den Namen
erhalten.

Beedb. 1390. Nota die Kaldebacher Gass. (als Directorium im Beedgang) dann: (der vorletzte in derselben) „It. Heintz von Wetsflar in Jung-
her Brunnenhoffe;" dann (der letzte) „It. Kune im Ramehove"; dann folgt
weiter: nota: der Ramhov (als Directorium). F.

S. G. P. 1414.   Garten in der Caldebechergasse in der Nuwenstadt.

Insatzbr. 1426.   Ein Hauss, Hof und Schure gelegen in der Nuwen-
stadt mit Namen das Haus vorn zu in der Caldebechergassen und die
Schure dahinden stossende an die Rebstockergassen. (Sollte nicht die
Rebstockgasse der Anfang der jetzigen Meisengasse gewesen sein?) F.

S. G. P. 1444.   Die Caldebechergasse.

O. U. 1456.   H. in der Nuwenstatt in der Caldenbecher Gassen stosst
hinten auf Engel Froschen Hof (Rathgesellen).

— 1459.   H. u. Hoffehin — gelegen in der Kaldebecher Gassen uff
dem Ecke gein dem *Fingerlin* uber zuschen N. und dem Drachen.

— 1481.   H. in der Kaldebechergassen. gen Steffanshennen . seel.
Speicher über.

Stdt.-Rchnbch. de 1489.   It. xxiiij fl. hat geben Johann von Meln-
heym für ein Almey in der Kaldebechergassen zuschen Johann Schaffe-
ners seel. Spiechern und Wolf Hennen Schuren des alden, stoisst hinten
vff sin Johann von Melnheyms Garten.

Lib. cens. B. M. V. Saeculi XVI. It. $\frac{1}{2}$ marca cedit decollat. Joh. B.
de domo et horto dictis *Kalbächer*, quae habitatio quondam fuit Decani
ecclesiae nostrae (id est B. M. V.) sita lat. occidentali in der Kalbechergassen orientem et septentrionem respiciens, dat Oiger Melem filius senioris, modo dat Christoffel Völker, modo dat Rupertus Oiger.

Ibid.   It. 1 marca iiij β cedunt paschae de horto et granario et de
domo quondam Wintheri, Decani ecclesiae nostrae (i. e. B. M. V.) in vico
praedicto (Kalbächergassen) contigua eidem curiae (Kalbächer) retro dem
Ramenhoff et ab alis latere contigua granario lapideo Wickeri Frosch: dat
Procurator hospitii S. Spiritus.

O. U. 1539.   Huss in der Kaldenbacher Gasse stosst hinten auf den
Pul in der Bockenheimer Gasse.

durch deren Aufrichtung sie allererst ihre Entstehung erhalten
konnte. Wahrscheinlich aber hat sich diese noch vor Ende
des 14. Jahrhunderts zugetragen; indem das Haus zum Drachen
schon in den Zinsbüchern von 1412 in acie vici dicti Caldebechergasse beschrieben wird. In einem Zinsbuche von 1426
heisst es schon die Kaltebechergasze und *Rebestöckergasse*. In
zwei Zinsbüchern S. Barth. von den Jahren 1428 et 1423 sind
folgende Stellen nicht ausser Acht zu lassen: „de domo sita
inferiori parte vici occidentali die *nogaszen*“ und „de domo sita
in inferiori vici occidentali die *nagassen*.“ Bei der letzten wird
noch der Name Kaldebergergasse (soll Kaldebechergasse heissen) auf dem Rande beigesetzt, welches auf eine nicht unge-
gründete Vermuthung leitet, man habe die Gasse anfänglich die
No=Nuve=Neugasse genannt. Dass in einem Zinsbuche einer
andern Kirche von 1412 schon der Name Kaldenbechergasse
zum Vorschein kommt, kann der gefassten Vermuthung nicht
im Wege stehen, indem ich öfters bemerkt habe, dass unsere
Zinsbücher Namen, die bereits gänzlich erloschen waren, noch
lange Zeit beibehielten, ehe sie sich zur Annahme der neuen
bequemten. Die Ursache hiervon lag ohne Zweifel in dem Gedanken, man müsse eine genaue Uebereinstimmung der Zinsbücher mit den Urkunden zu erhalten suchen.

O. U. 1545. Eckhaus in der *Kalbacher Gassen uff dem Rossmarkt*.

— 1546. Speicher sammt einer Schewern hinten daran — in der Kalbecher Gassen neben einem Speicher dem gemeinsamen Kasten allhier zuständig uff einer und einer Allmey uff der andern Seite gelegen.

— 1575. Speicher sammt Haus Hoff und Garten in der Kalbecher
Gassen neben ein Haus dem gemeinen Kasten allhier gehörig.

— 1594. Eck Scheuer, Hoff und Garten an einander in der Kalbecher Gassen stosse unden mit dem Eingang uff die Rossmert und oben
uff ein gemeine Weeg hinder der Stadt Mauer.

Mnspt. XVII. Sec. *Glauburger Hoff* auf der Callbecher Gass neben
dem Rame Hof gegen dem Rossmarkt (scheint das Haus Drachenfels zu
sein). F.

Häuser
auf der Südseite. [217])

Lit. E. No. 156.   Doppeltes Eck an der Sauallee.
No. 159.
No. 160.
No. 163.   Diese letzten vier Häuser haben Hinter-
häuser.

Lit. E. No. 165.
No. 166.
No. 168.
No. 171.
No. 172 steht über dem Bogen des neuen Brauhauses.
No. 173.
No. 176 neben dem Hause zu den 3 Haasen. Lit. E.
No. 185.

Häuser
auf der Nordseite.

I.

Zwischen der Hammelsgasse (Taubengasse) u. der Tollgasse (Kastenhofgasse).

Lit. E. No. 181. A. (Drache vermuthlich) Ein doppeltes
Eck. [Vgl. S. 209 oben und Note 206.]

II.

Zwischen der Meisengasse und Tollgasse.

Lit. E. No. 157. u. 158. Eck an der Meisengasse. (*Ziegen-
bock* 1578.)

---

217) Zinsbuch de 1452. domus latere orientali habens fontem partim
in se.

— 1711. Den 28. Dec. des Nachts um 2 Uhr ist in der Kahlbächer-
gasse das Schreinershaus mit 8 Personen abgebrannt. Ms. Hunger.

Lit. E. No. 161 neben den beiden vorigen.

No. 162.

No. 164.

No. 167. Backhaus[216]) neben 164.

No. 169 neben demselben Backhaus.

No. 170.

No. 174.

No. 175. Das Eck an der Tollgasse.

III.

Zwischen der Toll- und Hammelsgasse.

Lit. E. No. 181. A. S. oben. [Wiederholung von I, aus Versehen.]

Meisengasse.

Eine erst in den neueren Zeiten aus Gärten entstandene Gasse; indem auf dem Belagerungsplane von 1552 von ihr noch keine Spur wahrzunehmen ist. Sie hat ihren Eingang am untern Ende der Kalbächergasse, und stösst hinten auf den Zwinger. [Hiess früher die *Rebstockergasse*. Der neue Name schreibt sich wohl von einem Anwohner her.]

Häuser auf der Ostseite.

Das Eck. S. E. No. 158 in der Kalbächergasse.

Lit. E. No. 141.

Lit. E. No. 142.

Lit. E. No. 143.

Lit. E. No. 144. Dieses Haus steht hinter dem vorigen.

Lit. E. No. 145.

Lit. E. No. 146.

Lit. E. No. 147. A.

---

[216]) Stdtrchg de 1591 ein neues Backhaus in der Kalbechergassen mit 8 fl. Backrechtgeld erworben.

Lit. E. No. 147. B.
Lit. E. No. 148.
Lit. E. No. 149.
Lit. E. No. 150. A. Das Eck am Zwinger.

Auf der Westseite.

Lit. E. No. 150. B. Das andere Eck am Zwinger, welches einen grossen Garten in der Gasse neben sich liegen hat.
Lit. E. No. 151. Des Herrn von Leonhardi Lagerhaus.
Lit. E. No. 140. B. Die *Rossmühle*. [219]) Das Eck bei der Bockenheimergasse. Sie wurde als eine grossherzogliche Domaine 1811 verkauft (Frf. Intell. Bl. von g. J. No. 75) und neugebauet.

Säumarkt.

In der ältern Vorzeit, wo Frankfurt noch durch seine grossen Viehmärkte berühmt war, sah man auch den Schweinen, wie dem Rindvieho und den Pferden, ihren Platz angewiesen. Derselbe begriff die nördliche Gegend der Bockenheimergasse von dem Kaiserbrunnen bis an den Rossmarkt (Komödienplatz), wurde aber durch die am Ende des XIV. Jahrhunderts zwischen der Kalbächer- und Bockenheimergasse erbauten Häuser in engere Grenzen zurückgewiesen. In einem alten Verzeichnisse von Grundzinsen, die das Antoniterkloster in Höchst jährlich in Frankfurt erheben liess, wird das Haus Landau „vff dem Sewmerth" beschrieben. Dieser Name erhält auch seine Bestätigung

---

[219]) Stdt.-Rchnbch de 1350. It. von Holtz vnd Bort zur Rozmühlen 22 ♃ (Ob hierher gehörig?)
Als Nachricht nur: *Stdt.-Rchbch. de 1410* Wurde von einem Speyerer Mühlarzte eine Rossmühle gemacht, nachdem vorher ein Heidelberger Mollenmacher hier war, um einzusehen, ob man Mühlen, wie auf dem Neckar, auch hier anbringen könne, welch letzteres jedoch nicht geschah, weil es wieder reuete.

aus einer Sakristeirechnung unserer Kirche von 1527, worin es heisst: „Item ix ₰ Decollacionis Joh. dat hans wollebin vff dem Sewmark." Und in dem Zinsbuche von 1405 f. 2 wird für den deutschen Namen der lateinische Forum porcorum gesetzt. Der

Stdt.-Rchnbch. 1436. Es wird Molter von der Rossemoln verkauft.
— de 1499. It. xix ₰ iij hllr. für das Banyer vff dem *suwemürt* für malen, eyn elen duch und iiij firtel rot schechtern vnd die stange.
— 1569. Zins von der Ratsbehausung an der *Rossmühle* — (? ob nicht am Holzgraben ?)
1591 wird vom Rate die Behausung an der *Rossmühle* vff der Bockenheimergassen um 650 fl. verkauft.
— 1617. Der Rath lässt ein neues Mühlwerk vff der Bockenheimer-Gassen bei der Rossmühle stehend für 92 fl. fertigen.
— 1504. Zinss vom Gulden Lewen-Gertchin in der Luge in das Lant, daruff der Rat itzunt ein Rossmühlen zu machen in Uebung ist.
— 1504. Es wird Peter von Frankfurt, ein Schlosser in Mainz, hierher berufen, um eine Rossmühle anzulegen.
— 1505. It. 125 fl. geben Christian Folkern, Scheffen zu Frankfurt für die Besserung und Recht der Husung, Hof und Schuren mit irem Begriff — in der Bockenheymer Gass vff dem Orte gein dem Pfuhle uber, der etwanne Catharinen Marstallerin, darnach Gisen des Benders gewest ist, do uff der Rat itzunt ein Rossenmohle zu setzen und machen zu lassen willens ist.
G. Br. 1505. Zwei Häuser und Garten uf der Bockenheimer Gassen neben der *Rossmilhl* nebst dem Gange neben dem Radt, das vor ihrem Garten gewesen und nun eine Bleiche und Placken worden.
O. U. 1505. Placken Garten in der Bockenheimer Gassen neben Jacob Hellern (Schöffen) uff einer und uff die Ross Mühl uff der andern Seyten stossend.
Stdt.-Rchgn. 1507 wird die Rossmühle als (schon) erbaut erwähnt in den Stadt-Rchg.
— de 1508. verkauft der Rath wieder den Gulden Lewen Garten im Lug ins Land an Kleenhenne.
O. U. 1528. 2 Huser und Garten genannt die *Bleich* vff der Bocken-heymer Gassen gegen dem *Born* vber gelegen neben der *Rossmole* uff eyner und N. vff der andern Syten und stösst hinten uff Jacobs Heller seelig Spicher.
O. U. 1533. II. — in der *obern* Bockenheimer Gassen der *Bleich* über.
Lt. Stdt.-Rchg. de 1537 gehört die Rossmühle noch dem Rathe.

Säuborn, die Säuwede und die Säuallee sind Benennungen, welche durch diesen Markt früher oder später veranlasst wurden.

Kastenhospital Gasse (oder Tollgasse).[220]

Häuser auf der Westseite.

Lit. E. No. 176 neben dem Eck No. 175.

No. 177.

No. 178.

No. 179. *Kasten-Spital*.[221] mit einem Durchgang in die Meisengasse, welcher Abends geschlossen wird.

No. 180. Doppelt Eck. Beyer's Bleichgarten.

Häuser auf der Ostseite.

Lit. E. No. 181. B. Das Eck am Zwinger.

No. 181. A. Das von Grode'sche Hinterhaus. [Vgl. Note 206.]

Bockenheimer Pfuhl
oder die Sauwede.

Die Gegenden, wo ehemals die Viehmärkte gehalten wurden, waren allenthalben mit Wasserbehältern versehen, die man Pfuhle oder Weden nannte. Diese waren für das Vieh an heissen Sommertagen unentbehrlich. Ein solcher Wasserbehälter befand sich auch auf der Bockenheimergasse, und zwar in der breitern Gegend, die vormals für den Säumarkt bestimmt war. Derselbe wird in dem S. G. P. von 1399 und 1409 „der Pule

---

G. Br. 1511. H. neben der *Rossmühlen* in der Bockenheimer Gassen.

Lt. Stdt.-Rchg. de 1634 waren von der *Rossmühle* in zwei Büchsen eingekommen 16 fl. 5 ß 6 d. (Ob hierher gehörig?)

Mpt. XVII. Sec. Die *Rossmühl* auf der Bockenheimer Gass.

[220] Dieselbe geht der bereits beschriebenen Meisengasse vor. Sie wird in einem Zeitungs-Avertissement auch Kastenamtsgasse genannt.

[221] Vgl. *Behrends* S. 240. 246. Beyerbach Sammlung Band 7 S. 1448. Es wurde früher das *Narrenhaus* genannt. Chr. II, 777 (1687.) Narrenhaus olim dicta Chr. I, II, 57 u. II, II, 56.

in der Redilnheimergassen" und in dem nämlichen Protokolle
von 1417 „der grosse Pul in der Bockenheimerstrassen" genannt. In dem Vikariebuche von 1453 S. 148 wird eines „ber-
benheintz by dem Bockinheymer phule" gedacht, und ein Zinsregister des Antoniter-Klosters in Höchst von beinah gleichem
Alter spricht bei den hier zu erhebenden Zinsen von einem,
Namens Wigel, dass er „by der Sewede (Säuwede)" wohne. Der
Belagerungsplan von 1552 zeigt diese Wede, wiewohl etwas
undeutlich an. Sie wurde im J. 1614 ausgefüllet, wie die Chr. II,
25 bezeugt, und der Platz wurde nachmals auf der alten Wede
oder auf dem Pfuhle genannt. [222]

[222]) *Bürgerbuch* de 1362. Huss das gelegen ist in der Nuwenstadt
uff dem Pule *da man etzwanne uber die Lude richtete.*

(Hier ist von dem Bockenheimer Pfuhle ohne Zweifel die Rede. Es
erhellt daraus, dass die Gerichtsstätte vor der letzteren Erweiterung der
Stadt auf dem Platze derselben stand und nachher, als die Stadt mit der
letzten Mauer umgeben war, erst weiter vor das Bockenheimer Thor hin-
ausgesetzt wurde, wo jetzo der Zimmerplatz ist, an welch letzterem Orte
sie sich noch in den neuesten Zeiten an der Chaussee nach Höchst befand.
Diese Stelle wurde zu einem Pfuhle ausgegraben und da die Häuser in
dieser Gegend *by dem Pule* catexochen genannt wurden, so ist die Frage,
ob dies nicht der älteste Pfuhl (Wede) der Neustadt sei? Obige Stelle
scheint zu beweisen, dass dieser Pfuhl damals 1362 noch nicht lange eingerichtet war. Diese Urkunde gibt an, dass auf dem besagten Hause ein
Malter Korngülte gelegen. Das deutet darauf, dass diese ganze Gegend
erst wenige Generationen zuvor vom Ackerland zu einer Strasse gemacht
worden. F.)

(Obs. rec. Dies bestätigt sich aus der Vergleichung mit anderen
Weden, selbst die an der Peters-Kirche wird 1373 die neue Wede genannt. F.)

S. G. P. 1398. Die Bekern uf dem Pule.

— 1399. H. in Redelnheimergasse gen dem Pule uber.

— 1401. Das Orthus gen dem Pule in der Nuwenstadt an Gipel
Hedorn Hofe.

— 1409. Hof in der Nuwenstadt bei dem grossen Pule gelegen.

Säuallee.

Die breitere Gegend der Bockenheimergasse zwischen dem
Kaiserbrunnen und der Kalbächergasse ist noch jedem unter
diesem Namen bekannt. Sie gehörte vor alten Zeiten zu dem
Saumarkte und die daselbst im J. 1614 ausgefüllte Wede gab

S. G. P. 1409. Hus in der Redelnheimer Gasse by dem Pule.

— 1417. H. in der Nuwenstadt by dem grossen Pul in der Bockenheimergassen.

— 1446. Hus uf dem Pule in der Bockenheimergassen. Ebenso 1447.

O. U. 1450. H., Hof, Schure und Gertechin gelegen in der Bocken-
heimer Gassen uff dem Orte by dem Pule, genannt der *Kochshoff* zuschen
Jeckel zu Swanau und der gemeynen Gassen daselbst, und hinden uff
Heinrich Goltsteins Erben stossend. Ebenso auch O. U. 1472.

S. G. P. 1452. H. in der Nuwenstadt, gen dem Pule über.

— 1457. H. in der Nuwenstadt in der Bockenheimergasse uf dem
Pfule.

— 1460. Backhus in der Bockenheimergasse by dem Pfule.

— 1470. Zwei H. in der Bockenheimer Gasse uf den Pful stossend.

G. Br. 1477. H. in der Bockenheimer Gasse by dem Pfule.

Wfrkl. Z. B. von 1480. Bockenheymer Gasse: H. uf der Siten gen
Mittage zuschen Michelshennen und eym Eck H. gericht gen Pfule über.

Stadt-Rehg. de 1512 — Backhuss vff der Bockenheymer Gassen am
Ort by dem Pfule.

— 1513 als die Wede an der Bockenheymer Pforten by dem Heissensteine gemergelt ist worden, 67 Tage, den Tag 4 β pr. Karn also Sa. 13 fl. 8 β.

— de 1513. Diese Weede wurde vorher durch ein Wasserrad *aus-
geschöpft*, das 6 Knechte 49 Tage lang getreten.

O. U. 1539. H. — in der Kaldenbächer Gassen neben N. uff einer
und N. auf der andern Syten gelegen, stosst hinten auf den Pfuhl in der
Bockenheimer Gassen.

— 1576. H. — uff der Bockenheimer Gassen — stosst hinden uff
die Wedt.

Stadt-Rehg. de 1587. Neues Backhauss auf der Bockenheimer Gassen gegen der Weeth vber.

O. U. 1632. Neuerbautes Hauss uffm Platz uff der Bockenheimer
Gassen.

— 1654. Behaussung auff der Bockenheimer Gassen an der alten
Weede.

Vgl. Florian S. 293. Alte Weed, in der Gasse nach dem Rothenhof.

die Veranlassung, dass man sie nachmals auf der alten Wede nannte. In den neuern Zeiten wurde der Platz mit Bäumen besetzt, und erhielt dadurch den Namen der Säuallee. Anno 1790 vor dem Wahltage Kaisers Leopold II. wurden die Bäume umgehauen, weil auf dem Platze ein grosses Haus von Brettern für die französischen Schauspieler aufgebauet werden musste. Nach der Zeit wurden keine Bäume mehr gepflanzet.

— — -

Strohschnittergässchen.

Ein nicht tiefes Gässchen zwischen der Kalbächer- und der Bockenheimergasse, welches von der Säuallee seinen Eingang hat, und hinten bei der Mauer des Kühhornhofs sich endiget. Nach der Versicherung alter Leute soll sein Name von einem Strohschnitter herrühren, der ohngefähr in den zwanziger Jahren des letzt abgewichenen Jahrhunderts in dem Gässchen wohnte. Des Namens wird in dem hiesigen Intell. Blatte von 1794 No. 91 gedacht.

Häuser auf der Nordseite.

Lit. E. No. 153 hinten im Ecke wider der Mauer, Eingangs linker Hand.

Lit. E. No. 154.

Lit. E. No. 155. Eckhaus, Eingangs rechter Hand, füllt das Gässchen aus und gehört auf die Säuallee. Die hohe Mauer vom neuen Brauhause schliesst das Gässchen.

Gässchen beim Kaiserbrunnen.

Ein ganz unbedeutendes Stumpfengässchen auf der nördlichen Seite der grossen Bockenheimergasse zwischen den Häusern Lit. E. No. 135 und 137. [Aber s. Note 236] Es ist eigentlich die Ausfahrt des Hofes Lit. E. No. 136, auf welchen es führt.

Häuser.

Lit. E. No. 136. Ein grosser Hof, über dessen Thorbogen
noch zwei alte Wappen zu sehen sind. [223]) Herr Bolongaro, ein
durch seinen Tabakshandel und die bei Höchst aufgeführten
grossen Gebäude berühmter Mann, kief 1800 diesen Hof und
vermehrte seine Gebäulichkeiten durch ansehnliche Lagerhäuser,
um seinen Tabak darin unterzubringen. [Dies scheint eine Ver-
wechslung mit dem Tabakshof Lit. E. No. 131 zu sein, denn
der Hof Lit. E. No. 136 diente meines Wissens nicht zur Ta-
baksniederlage, sondern hiess der *Kaiserhof* und bildet jetzt die
nach der Hochstrasse führende Kaiserhofstrasse.]

---

[223]) Die Bede-Rolle von 1509 setzt in diese Gegend der Bockenheimergasse *den Hellers Hof.* Ich halte dies für denselben Hof, da über
dessen Thorbogen noch das Hellerische Wappen zu sehen ist. Die Bed-
rolle zählt von da zum Thore 12 Häuser.

O. U. 1578. Garten uff der Bockenheimer Gassen neben Joh. Anting
und einer Scheuer zum *Hellershoff* gehörig, anderseits.

Mpt. XXVI. Sec. Der *Hellerhoff* auf der Bockenheimer Gasse. F.

An einer andern Stelle bringt Herr von Fichard folgende Belege bei:

Beedbuch 13·5. Nota (als Directorium beim Beedgang) Jungherr
Damen Hoff von Prunheim. It. Arnold daselbis einer. Item Hedwig in der
Frauwenhoff zu Schönenstein.

— 1380. It. Junker Winther von Redilnheim (in der Gegend der
Bockenheimer Gassen auf der Südseite wohnend.)

und bemerkt dazu: Dieser Hof, der jetzt der *Kaiserhof* heisst, ist also
der *alte Hellers Hof* und da die Heller erst im 15. Saeculo und zwar
in der letzten Hälfte desselben hier im grossen Flor standen, so kann er
diesen nicht früher gehört haben, noch früher nach ihrem Namen genannt
worden sein. Die beiden Wappen über dem Thor sind näher zu unter-
suchen. Wenn das eine das Hellersche Wappen ist, so scheint das andere
das der Frau dieses Hellers zu sein, woraus sich noch bestimmter ergeben
müsste, wann dieser Hof den Hellern gehört. Ich halte bestimmt dafür,
dass dieser Hof derselbe sei, der dem Damo von Prunheim gehörte. Dieser
Hof, unstreitig älter als die Ummaurung der Neustadt, lag an der Strasse
nach Bockenheim. Diese scheint demnach anfangs auf der Nordseite be-
deutend weiter gewesen zu sein wie jetzt, und durch das Vorrücken der
Häuser ward diese um so vieles schmaler, als die jetzige Länge des Gässchens von der Strasse bis zum Eingang in den Kaiserhof beträgt.

Nördlicher Zwinger bei dem Bockenheimerthore.

[Der Text fehlt.]

Zwinger gegen dem vorigen über.

[Der Text fehlt.]

Bockenheimergasse.

Baldemar bestimmt 1350 den Lauf dieser Gasse von der Pforte der alten Stadt, oder von der alten Bockenheimerpforte neben dem Katharinenkloster, bis zur Pforte der neuen Stadt, welche damals auch schon die Bockenheimerpforte genannt wurde. Man legte in der Zeitfolge dieser Pforte den Namen der Rödelheimerpforte bei, und die Bockenheimergasse ward nun auch die *Rödelheimergasse* genannt; aber diese Benennungen erhielten, wie es scheint, keinen allgemeinen Beifall, indem sie nur äusserst selten vorkommen, und sie gingen desswegen bald wieder in Vergessenheit über. Die eine halbe Stunde und eine Stunde von hier gelegenen Ortschaften Bockenheim und Rödelheim veranlassten diese Namen.[224]) Die Beiworte Alt und Gross zeigen

---

[221]) O. U. 1344. domum curiam et habitationem sitam ad ortos versus *Brunheim.*

— 1360. H. daz gelegen ist in der nuwenstadt zu F. an der Porten, da man uz ridet und get gein Redelnheim und ist daz dritte H. an Meyster Bertoldes H. des Smydes.

— 1397. Des Henne von Holzhusen Hof in der Reddelnheimer Gasse

— 1399. H. in der Reddelnheimer Gassen an der Smytten gein Henne von Holzhausen Hof über.

S. P. 1399. Haus in der Redelnheimer Gassen an der Smitten, das ehemals *Winther* von *Roedilnheim* gewest ist.

S. G. P. 1406. Die Redelnheimer Gasse in der Nuwenstadt. Ebenso 1438.

zuweilen den Unterschied zwischen ihr und der kleinen Bockenheimergasse an. Die Säuallee und der Steinweg sind zwar Theile der alten Bockenheimergasse, da aber dieselben sich nunmehr durch eigene Namen auszeichnen, so habe ich ihnen auch besondere Plätze in ihrer Beschreibung angewiesen. Das S. G. P. von 1437 spricht von einem „flecken uf dem brand in der Redelnheimer Gassen". Ich schliesse daher, dass eine Gegend durch's Feuer verwüstet lange Zeit unbebaut geblieben ist, und dadurch den Namen auf dem Brand erhalten hat.[225]

S. G. P. 1421. Schuwer in der Nuwenstadt in der Gassen by der Reddelnheimer Gassen.

— 1463. H. in der Nuwenstadt by der Reddelnheimer Porten.

O. U. 1481. Backhuss in der Bockenheimer Gassen inne gelegen genannt Marpurg.

— 1486. H. — gelegen inne der Bockenheimer Gassen im Lug in's Land zuschen dem Huse zur *Hohen Eich* und Johann Commez (nebst Garten).

— 1516. H., Hoff u. Schure — in der Bockenheimer Gassen gelegen neben Sifrit Knoblauchen (Ratgesellen) uff einer, und Madern von Husenstamm uff der andern Syten, stoisst hinden uff die *Klappergassen*.

Stdt-Rehg de 1563. Es wird auch der Zwinger bei der Bockenheimer Pforten einem Seiler verlehnt.

— 1602. Backgerechtigkeit für das Haus *im Keller* uff der Bockenheimer Gassen concess. 8 fl.

L. C. 1636. „1 fl. Jacobi de domo auf der Bockenheimer Gassen zum Steinern Haus. (Curia quondam Nicolai dicti zum Steynenhuss 1452 im L. C. vorkommend.)

Mpt. XVII. Sec. H. *zum weissen Ross* auf der Bockenheimer Gass.

[225] Stdt.-Rehg. de 1434. It. Sabb. ante Quasimodog. xxxij ꝟ vi ₰ hun wir ussgebin als gekostet hat, das fure und brand zu leschen vnd zu warthen nacht und tag etwa lange zyt und wasser mit Leidefassen zuzufuren in der Nuwenstadt in der Bockenheimer Gassen.

O. U. de 1417. Auf dem Brand in der Neuenstatt.

S. G. P. 1466. H. in der Bockenheimer Gasse auf dem Brand. (S. Weiss v. L. 19, 2. u. 3. F.)

— 1466. H. uff dem Brand in der Bockenheimer Gasse.

O. U. 1475. Ein Garten und Hänschin und etwann 3 Hofstetten — dann einen neuen Flecken, das etwann auch eine Hofstatt gewesen, wo jetzt das grosse Thor stehe, neben — N. in der Neuenstadt uff dem Brand gelegen. —

Häuser

auf der Südseite.

I. Zwischen der Rossallee und der Gasse nach dem Rothenhofe.

Das Eck. S. Lit. E. No. 56 bei der Rossallee.

Lit. E. No. 63. *Frankenstein.*[226]) „Hus Frankenstein in der Nuwenstadt uf dem Rossmerte." S. G. P. von 1458.

Stdt.-Rechenbuch von 1495. Den Buwemeistern einen nuwen Buwe zu beschen uff dem Brande.

[226]) O. U. 1444. Haus und Gesesse — genannt Frankenstein gelegen in der Nuwenstatt uff dem Rossmarkte zuschen Meckeln zur alten Wagen und Guden etzwann ehlich Hussfr. Eluscchin Winstichers seel.

— 1446. In der Nuwenstadt in der Bockenh. Gassen gein dem Hofe genannt Frankenstein über.

— 1449. f. 2. pt. dominic. trinitatis verkauft Meckel zu der alten Waagen ehliche Hussfrauwe Epchius von Prunheim und Crafft ihr Son 25 Achtel Korngülte gelegen uff dem Hoffe, Huss und Garten — genannt Frankenstein, gelegen in der Bockenheimergassen an Cunen zu Lichtenstein Hofe und hinden uff die Lilien stossende und stossen uff den andern Hoff auch genannt Frankenstein, do nun Eberhard Könunwe wonet.

S. G. P. 1460. H. Frankenstein uff dem Rossmerte.

O. U. 1463. Hof, Husung u. Garten hinten und fornen genannt Frankenstein gelegen in der Nuwenstatt an eyme Ende mit der *Hove Porten* in der Bockenheimer Gassen gein Hans Offsteyn's Hoffe über neben Frauen Konen zu Lichtenstein und der Lilien; und am andern Ende uff dem Rossmerkt, mit dem Zinsshuse auch neben Fr. Konen zu Lichtenstein gelegen.

— 1505. H. gelegen uff dem Rossmert neben dem H. Frankenstein uff einer und Clare Johann Glauburg (Schöffen sel.) Wittwe.

— 1539. Behausung — zum Frankenstein genannt auf dem Rossmarkt neben N. uff — stoisst hinten auf Humbrechts (Claus) Erben.

Mpt. XVII. Sec. H. *Frankenstein* auf dem Rossmarkt.

Der Hof Frankenstein scheint auf dem Rossmarkt an der jetzigen Allee gelegen und hinden auf die Bockenheimergasse gegangen zu sein; er wurde, wie erhellet, später getheilet und jeder Theil behielt den alten Namen.

15*

Kleiner Frankenstein. (Neben der Lilie.) S. Post-A.-Z. von 1818 No. 299.

Lit. E. No. 64. *Herzogs Saal.*[227])

Lit. E. No. 65. Das Eck, wo man nach dem Rothenhof geht.[228])

II.

Zwischen der Gasse nach dem Rothenhof und dem Luginsland.

Lit. E. No. 113. Das doppelte Eck gegen dem vorigen über Ein Backhaus.

„Bakhus in der bokenheimergass by dem pule." S. G. P. von 1460. Es wird 1644, als es ganz abbrannte, gegen der alten Wede über beschrieben. Chr. I, 543. (*Florian* 293.)

Lit. E. No. 112. B.

Lit. E. No. 112. A.

Lit. E. No. 111. Ein Backhaus.

Lit. E. No. 110.

Lit. E. No. 109. *Zum goldenen Hirsch.*

Lit. E. No. 108.

Lit. E. No. 107. Ein Backhaus.

Lit. E. No. 106.

Lit. E. No. 105. *Zur Hoffnung.* War bis zum J. 1790 ein Brauhaus.[229]) Es wurde damals von einem Perückenmacher Georg Christian Seitz gekauft, der im folgenden Jahr das hohe steinerne Gebäude an die Stelle des alten hölzernen Hauses setzte. Der Sockel und die Altan wurden aus alten Grabsteinen verfertigt, die vorher in der St. Barthol. Kirche lagen. Bei der Be-

---

227) Ex. cop. Urk. de 1474. Der *grosse Bockenheymer Hoff* hinden an Frankenstein stossend, bestehend aus Hoff, Huss, Scheuwer, Garten, Kellerhuss. — Ebenda auch: *der Bockenheymer Hof by dem Pule.*

228) O U. 1470. II. in der Bockenheimer Gassen als man by dem Pule hinder geet, do Hirman Appenheimer's Hofe hinden herussen get.

229) Stadt-Rchg. de 1616. Newe Bierbraugerechtigkeit des Hauses zur Hoffnung genannt uff der Bockenheimer Gassen.

schiessung der Stadt im J. 1796 hatte der Bauherr das Unglück, im Gefängnisse auf der Konstablerwacht von einer Haubitze erschlagen zu werden.

Lit. E. No. 104.

Lit. E. No. 103.

Lit. E. No. 102. *Weisser Ochs.*[230]) War ein Brauhaus, welches 1805 aufhörte. Am 31. Dec. 1719 in der Nacht gerieth die Malzdörre in Brand, die jedoch ohne sonderlichen Schaden wieder gelöscht wurde. Chr. II, 811 (791).

Lit. E. No. 101.

Lit. E. No. 100.

Lit. E. No. 99. Das Eck am Luginsland.

III.

Zwischen dem Luginsland und dem Zwinger.

Lit. E. No. 98. *Scharfeneck.* Ein dreifaches Eck und Brauhaus. Das Wohnhaus steht gegen dem Bockenheimerthore oder der ehemaligen Mehlwaage über.[231])

Auf der Westseite.

Lit. E. N. 97 A. Die alte *Bockenheimerpforte*, welche, nachdem sie lange geschlossen war, wieder geöffnet wurde, und nun das Mainzerthor heisst. [S. Heft 1, S. 115.] [232])

Auf der Nordseite.

I. Zwischen dem Zwinger und dem Gässchen beim Kaiserbrunnen.

Lit. E. No. 119. Das doppelte Eck zwischen der Bockenheimergasse und dem Antheshof, gegen dem Thore über.

---

[230]) Die Beedrolle von 1509 setzt auf diese Seite der Bockenheimer Gasse das fünfte Haus vom Thor aufwärts „Jerg Schotten Hof."

[231]) O. U. 1575. II., Hof und Scheuer in der Bockenheimer Gassen

Lit. E. No. 120.[233])

Lit. E. No. 121. Unter diesem Hause befindet sich ein offener Bogengang nach dem Antheshof hinter der Stadtmauer.[234])

Lit. E. No. 122.

Lit. E. No. 123.

Lit. E. No. 124.

Lit. E. No. 125.

Lit. E. No. 126.

Lit. E. No. 127.

Lit. E. No. 128.

Lit. E. No. 129.

Lit. E. No. 130. [Jetzt 129/130, der *Mainzer Hof.*]

Lit. E. No. 131. *Strassburger Hof,* sonst der Tabakshof
und dermalen im *Wiener Hof.* Nach der Versicherung eines
glaubwürdigen Mannes kömmt der erste Name in den alten Haus-
dokumenten vor. Im letztabgewichenen Jahrhundert, wo sich ein
grosses Tabaksmagazin darin befand, wurde er von demselben

---

am Eck gegen der *Mehlwagen uber* — stosst hinten gegen die Stadtmauer zu uff ein gemein Gass.

232) Eine Vorder- und Hinder-Behausung auf der grossen Bockenheimer Gasse Lit. E. No. 97 C. neben dem Scharfeneck u. Zollhaus. S. Frf.
Nachr. Blatt de 1803 No. 22.

233) In dieser Gegend muss der alte *Gutleuthof* gewesen sein, wie
alle Zeugnisse beweisen. Vgl. S. 232.

234) Antheshof an der Säustego (Thurnstego). [Er ist mit L. E. No.
118 bezeichnet und dazu gehören die Häuser L. E. No. 116 u. 117.]

235) Lit. E. No. 131. Der Tabackshof auf der Gr. Bockenheimerstrassen. Intellbl. 1813. No. 2.

236) *Güsschen* am Tabackshofe ein ganz unbedeutendes Sackgässchen, auf der östlichen Seite der grossen Bockenheimer Gasse zwischen den
Häusern Lit. E. No. 135 u. 137, welches wenige Schritte von seinem Eingange durch den Tabackshof geschlossen ist. [Dies ist nicht richtig, es muss
wohl heissen: zwischen den Häusern E. 130 und 132, denn der Verfasser
bezeichnet oben S. 224 das Gässchen zwischen 135 und 137 richtig als das
am Kaiserbrunnen. An Stelle dieses Gässchens und des Tabackshofs befindet sich jetzt die kleine Hochstrasse.]

der Tabakshof[235]) genannt. 1797 legte ihm sein Besitzer Hr. Frank, welcher in dessen Garten eine Wirthschaft anfing, den Namen im Wienerhof bei.[236]) Wie der alte Name möchte entstanden sein, darüber ist bei dem . . . . nachzuschen.

Lit. E. No. 132. A.
Lit. E. No. 132. B.
Lit. E. No. 133. A.
Lit. E. No. 133. B.
Lit. E. No. 134.
Lit. E. No. 135. Das Eck am Gässchen.

II.

Zwischen dem Gässchen beim Kaiserbrunnen und der Meisengasse.

Lit. E. No. 137. Das Eck am Gässchen. Vor demselben steht der Kaiserbrunnen.

Lit. E. No. 138 war bis zum J. 1616 der Schuhmacher Zunftstube.

Lit. E. No. 139.
Lit. E. No. 140.

Das Thor und Eck von der Rossmühle. S. in der Meisengasse.

III.

Zwischen der Kalbächergasse und der Bockenheimergasse
bei der Säuallee.

Lit. E. No. 152. Das Eck am Strohschnittergässchen Eingangs linker Hand. Neben demselben befindet sich nach der Kalbächergasse hin eine Almei.

Lit. E. No. 155. Das andere Eck an gedachtem Gässchen.

IV.

Zwischen der Säuallee und dem Komödienplatz.

Lit. E. No. 62. Das Eck an der Säuallee.
Lit. E. No. 61.
Lit. E. No. 60. Zu S. Jacob.[237])

---

[237]) Zu St. Jacob auf der Bockenheimer Gasse bei Hr. Chirurg Löw 1782. 1749.

Lit. E. No. 59. *Kuhhornshof*. Dermalen das *Brauhaus* im neuen Baue. Vermuthlich war dieser Hof ehemals der Wohnort des adelichen Geschlechts der Kuhorn, und er erhielt von ihm den Namen, gleichwie dessen Maierhof vor dem Eschersheimerthor der Kuhhornshof genannt wurde. Am 23. Mai 1586 starb Bernhard Kuhorn und mit ihm erlosch hier sein Geschlecht. Am 17. Sept. 1593 entstand in dem Kuhhornshof ein starker Brand, wodurch von 11 bis 2 Uhr in der Nacht 13 Häuser und Scheuern eingeäschert und noch 9 beschädiget wurden. Dabei verunglückten 2 Menschen, 9 Pferde und anderes Vieh. Chr. I, 541.

Als das Brauhaus zum Vogelgesang in der Schnurgasse 17. . aufhörte, wurde nachmals die Braugerechtigkeit in den Kuhhornshof verlegt und derselbe fing nun an, das Brauhaus im neuen Baue genannt zu werden. Von einer Vermuthung wird unten beim Ziegelhof Nachricht ertheilt.

Lit. E. No. 58. S. beim folgenden Haus.

Lit. E. No. 57. *Zum kleinen Eck*. Das Eck am Komödienplatz, welches 1799 neu gebaut wurde, und damals das vorige Haus zu sich nahm. [238])

Lit. E. No. 56. Das Eck am Komödienplatz wurde 1800 neugebaut.

[*Der guten Leute Hof.*] In dem Beedbuch von 1354 kommt sub ortulanis oder zu den Gärten vor: der guden Lude Hof (unverbeddit). In dem Beedbuche der neuen Stadt von 1359 steht dicht an der Rödelheimer Pforte: It. die guten Lude, und auf dieselben folgen: It. Conrads Hoff von Gynheim. It. der Zygelhoff. It. Hartmundes Hof von Gynheim. It. der Bornhoff. It. der Brunenhoff, als der letzte vor dem Directorio: Nota Henne Brun. [239]) Der alte Gutleuthof lag also zu allernächst an der Bockenheimer Pforte. F. [Vgl. auch Heft 5, S. 188.)

----

[238]) L. G. P. 1481. Eckhus in der Bockenheimer Gasse gen der weissen Lilien über.

O. U. 1595. Eckhaus uff der Bockenheimer Gasse gegen der Weissen Lilien über.

[239]) Im Beedbuche de 1362 kommt vor von der Rödelheimer Porten

Ziegelhof.[240]) „Hus in der Nuwenstadt in der Kaldebechir-
gasse hinder dem Ziegelhof." S. G. P. von 1399.

„Zygelhof uf der Bockenheinergasse." J. B. von 1448.

„XV ʒ den. de domo et horreo Wentzeln Carpentarii de
Erlebach iuxta curiam Conradi Lewinsteyn dicta Ziegelhoff."
L. C. de 1452, f. 58. (Diese Stelle steht unter der Rubrik Kal-
debechergasz.)

---

aus auf der Nordseite der Bockenheimer Gasse: Item der guten Lude Hof.
Item Merklins Hof. Item Nuwer Contzen Hof von Gynheim. Item Kulen Hof
von Sossenheim. Item Erwin Ferwers Hof. Item Zygelhof. Nach diesen ent-
fernter der *Burnenhof* (wohl der zunächst an dem heutigen Kaiserbrunnen
gelegene Hof).

Lt. Beedbuch de 1380 kommen nach der guden Lute Hoff, der von
verschiedenen Parthieen bewohnt gewesen zu sein scheint, obgleich nicht
unmittelbar: Item der Bumeistern Hoff. Item H. Johannis Hoff von Holzhusen. Item Zygelhoff. — Zwischen dem Zygelhoff und dem Drachenfelser-
hoff liegt auch Eberhardt Isenmengers Hoff.

[240]) O. U. 1370. Conrads zu Lewenstein Hof, der da ist gelegen *zum
Garten* by Herrmann Klobelauchs Hofe.

— 1450. Der Ziegelhof in der Bockenheimer Gassen.

— 1450. Der Ziegelhof — gelegen am Pulle in der Bockenheimer Gassen.

— 1461. Scheuer in der Nuwenstadt gen dem grossen Pule über
stossend einerseits an die Rebstocksgasse, anderseits an den Ziegelhof.
(Daraus erhellt ganz deutlich, dass der Ziegelhof auf der Nordseite der
Bockenheimer Gasse zwischen der Meisengasse und dem Thor gelegen
haben muss. Ich halte dafür, dass er ganz oder zum Theil an der Stelle
des jetzigen Mappes'schen Hauses (die Bleiche) gestanden. F.)

— 1473. Der Ziegelhof in der Nuwenstadt in der Bockenheimer
Gassen.

Stadt-Rechenbuch de 1481. It. v fl. hat bezahlt Henne Husenstamm
vmb eyn fleckelchin der Gemeyne an sine Thore sins Hoff's genannt der
Zigelhoff.

S. G. P. und O. U. 1489. Der Ziegelhof in der Caldebechergasse.

Stdtrb. 1505. Arnolden Zygelhoff uff dem Steyn Weeg. (Ob nicht
zu Sachsenhausen?)

O. U. 1531. H. — in der Bockenheimer Gassen neben der Bleich, genannt der Ziegelhoff und N. uff der andern Seite.

— 1550. H. sammt einem Gärtlein hinten daran — in der Caldebecher
Gassen neben N. und der *Bleich zum Ziegelhof* genannt.

„die Zigelschuwer in der Bokinheimergasse." S. G. P. von 1462.

Ich vermuthe, dass der Ziegelhof derjenige Hof war, der von seinen Besitzern der Kühhornshof genannt wurde, und der auch noch wirklich ein Thor hinten in die Kalbächergasse hat.

Curia Conradi Lewenstein. 1452. Siehe vorher.

Niedenau.[241] „Hus und Hof Nydenauwe in der Bockenheimergass" S. G. P. von 1472.

Landau, zuvor Hollerbaum. „XV ₰ de domo nuncupata Landaw uff deme Sew marth." (Säumarkte) Neben auf den Rand setzte eine etwas jüngere Hand: „Landaw alias zum Hollerbawm ist eyn bleich uff dem Sew marth" R. C. Antonit. in Höchst. Saec. XV. exeuntis.

[*Gambächer.*] 6 ₰ 6 hllr. vom Hause auf der Bockenheimer Gassen, Weiss, modo Gambächer genannt, aufm Pful, modo die Herren von Holzhausen. Lib. cens. B. M. V. No. 55. [Der Verf. bezieht diese Stelle auf Lit. E. No. 136 — wohl nicht richtig.]

---

241) S. G. P. Henne der zu Nydenuw sass.

O. U. 1456. Backhuss und Hofechin hinden daran — gelegen in der Nuwenstadt in der Bockenheimer Gassen zuschen dem Husse genannt Nydenauwe und Clas Zwyg Snyder.

— 1470. H. und Stallung — genannt *Nydenuwe* gelegen in der Nuwenstadt vor S. Catharinen Porten in der Bockenheimer Gassen zuschen Hufschmied Wygand von Buchsecke und eym Backhuse und stosst hinden mit dem Hofte uff N.

S. G. P. 1479. H. Nydenauwe in der Nuwenstadt by S. Catrinenkirchen gelegen.

Lib. cens. B. M. V. Saec. XVI. It. ½ marca ij ₰ cedunt. decollat Joh. de domo Vlrici Fabri, contigua domui aciali in der Bockenheymer Gassen, lat. septentr. apud curiam dictam Niedenauwe.

O. U. 1506. H. u. Hofgut Nydenuwe zu F. in der Nuwenstadt.

— 1564. H. — *Niedenawe* genannt vor Sant Catharinen Pforten stosst hinten uff die beide Häuser zum *Schwan* und zum *Bock.*

Das Haus *Nydenawe* hat demnach auf dem Steinweg rechts wenn man zum Bockenheimer Thore geht und zwar nicht weit von dem Eck des jetzigen Paradeplatzes gelegen. F.

[*Holzhausen-Hof.*] In dem Beedbuch von 1385 kommt Johann von Holzhusen Hof auf der Reddnh. Gasse vor. In einem Gültbriefe des S. Barth. Stifts von 1402 wird ein Zinshof beschrieben: gelegen in der Nuwenstatt in der Reddehnh. Gassen zuschen Johann von Holzhusen und Katrinen Roseln von Bockenheim.

[*Hedernhof.*] O. U. 1539. Der Hedernhoff in der Bockenh. Gassen neben dem Hus zur Lilien genannt uf einer und Antoniens zum Jungen uf der andern Seiten gelegen, stosse auch auf Claus Humbrechts Erben.

[Die Bockenheimer Gasse war, ehe sie in die Ringmauern der Stadt eingezogen wurde, eine alte Landstrasse, an der Gärten und Höfe zumeist der reicheren Bürger lagen. Daher werden in den ältern Beedbüchern in dieser Strasse so viele Höfe aufgeführt, welche erst allmählig theils in kleinere Hausplätze zerlegt, theils in Nebenstrassen verwandelt wurden. Den in Note 239 gegebenen Auszügen aus den Beedbüchern von 1362 und 1380 hat Herr von Fichard noch folgende beigefügt:] In dem Beedbuch de 1359 der Nuwenstadt kommen vor: It. die Smiede uff dem Rossmarkt (liegt nach dem Gange der Beedherrn an dem Komödienplatz zwischen den 3 Haasen und der Bockenheimer Gasse), dann folgen (nicht unmittelbar folgende benannte Höfe): Item der Zolpenhoff. It. Metze Zeyncken gein Herrn Gryffensteins Hoff über. Item N. N. an Gryffensteins Hoff. Jt. des N. zur Brotschen Hoff. Item Heintzen Rebstocks Hof by dem Pfule (NB. Von diesem Hofe bekam ohnfehlbar die Rebestockergasse ihren Namen).

Im Beedbuch von 1365 kommen vor: Nota der Frauen Hoffe und Husse zu Schonenstein (als Directorium). It. Peter in des Hoff zur Brotschen. It. Fritze Stuler in des Bumeysters Hoffe. It. Johannes Hoff von Holzhusen. It. Gysse von Wynand Schurgen Hoffe. Item Walther Stralenbergers Hovemann. It. Clawes Clauber in Brunnenhoffe. It. Metze von Husen in Drachenfelss Hoffe. It. Arnold in Junghern Damen hoffe von Brunheim.

Kaiserbrunnen.

Er steht auf der nördlichen Seite der Bockenheimergasse,
und zwar in der Gegend, wo ehemals die Säumärkte gehalten
wurden. Man kann daher als sicher annehmen, dass es der Säuborn gewesen ist, den die Chr. in II. 8 beim J. 1439 bemerkt,
und vor die Bockenheimerpforte (Katharinenpforte) gesetzt hat.[242])
Sein Alter aber übertrifft bei weitem das hier angegebene Jahr.
Die Kälte seines Wassers ist durch das blosse Gefühl viel merk-
licher als bei den meisten übrigen Brunnen. S. Behrends Einwohner in Frft. S. 158. Und in dieser Eigenschaft mag vielleicht
die Ursache liegen, dass Kaiser Karl VII., als er in die 3 Jahre
hier residirte, sein Trinkwasser an diesem Brunnen holen liess.
Viele Leute wollen behaupten, dass er dadurch den Namen des
Kaisersbrunnen erhalten habe; allein sie irren sich, denn schon
in dem Zinsbuche von 1637, S. 32 wird der „Kaiserbrun auff'
der Buckenheimer gass" gefunden. Auch gedenket der Herr von
Lersner in seiner im J. 1706 gedruckten Chronik S. 8 des Kai-
serbrunnens auf der Bockenheimergass. Da Volkssagen meistens
nicht ganz ohne Grund sind, so möchte vielleicht ein älterer
Kaiser sich schon seines Wassers bedient haben, und dadurch
den Anlass zu seines Namens Aenderung gegeben haben.[243])
Anno 1614 wurde der Brunnen erweitert (Chr. II, 25). 1782
nahm man ihm seine Schaalen, deckte ihn bei der Erde, und
errichtete eine Pumpensäule, die das Bildniss Kaisers Karl VII.
zum Aufsatze erhielt; wahrscheinlich desswegen, weil man der
irrigen Meinung war, sein Name sei durch diesen Kaiser entstanden. Nach der von H. J. Behrends angestellten Unter-
suchung ist sein Wasser eines der schwersten, indem ein Schop-

---

242) Stdt-Allmd. Bch. de 1638. Allmend No. 53. Vorn am Lug in's
Land; hinten einem Beckern über und einerseits des Eckhauses; ferner Allmend No. 54 uff der Bockenheimergassen — gegen dem Kaiserbrunnen über
neben einem Becker.

243) Der Kaiser-Brunnen, sowie der Kaiser-Hof scheinen von einem
zu Ende des XVI. Saeculi gelebt habenden Eigenthümer dieses Hofes den
Namen erhalten zu haben. F.

penmass 6909$^{1}/_{2}$ Gran wiegt. Sein Bodensatz ist weiss, und dessen Schwere beträgt an Erde 5$^{1}/_{2}$, und an Salz 6$^{1}/_{2}$ Gran. L. c. S. 18 u. 22. Am 13. Mai 1744 Morgens zwischen 2 u. 3 Uhr fiel Anna Maria Laubin in den Kaiserbrunnen und ertrank darin. Ms. Ant. Hunger civis.

Auf dem Steinweg.

Eine Benennung, die dem obern Theile der Bockenheimergasse zwischen dem Komödien- und dem Paradeplatze zukömmt.[244]) Als das Pflaster in den Städten aufkam, nannte man die mit Steinen belegten Gassen Steinwege oder Steingassen. Also liest man in den Auszügen der Frankenbergischen Chronik in Ayrmanni Sylloge Anectod. T. I, p. 637: „Desgleichen waren durch alle Gassen in der Stadt gute Steinwege, und uf dem Markt und in der Mittelgassen da waren keine Miststetten, sondern die zwo Gassen waren gantz und gar Steinwege an allen Enden durchaus". Man behielt nachmals bei denjenigen Gassen, bei welchen man den Anfang mit Legung des Pflasters gemacht hatte, diese Namen vorzüglich bei und daher trifft man

---

[244]) O. U. 1341. duc domiculae et ortus sitae uf dem Steinwege prope der Furstere Hus.

— 1353. Hof und gesesse gelegin uff dem Steinwege, Pedir Eckemanns Eyden etswanne knecht der dutschen Herrn.

— 1362. Zwei Huser gelegin in der Nuwenstadt vor Bockinheimer Porten in dem Gessechin, da man den Steinweg über geht, hinter den Brunnen, genant die *Kuwer's Gasse*.

S. G. P. 1442. H. und Garten uf dem Steinwege.

Der Name Steinweg scheint mir älter wie die Strasse und den alten gepflasterten Weg zu bezeichnen, der in's Gebirg führte und bei der Ummanerung der Neustadt bis an die jetzige Bockenheimer Pforte zur Neustadt gezogen wurde. F.

auch in den meisten Städten noch Steingassen oder Steinwege
an. Analogisch zu schliessen war also unser Steinweg diejenige
Gegend, welche vor allen andern Gegenden der neuern Stadt
zuerst gepflastert wurde. Obschon der Name auf dem angeschlagenen Bleche zu lesen ist, so hört man doch die Bockenheimergasse mehr, als diesen nennen.

Häuser auf der Nordseite.

Lit. E. No. 214. *Kleeblatt.* Eine Schmiede und das Eck
am Paradeplatze. (S. beim folg. Haus.)

Lit. E. No. 215. *Kleeblatt.* [245] Ein Backhaus, vorher eine
Schmiede. „20 ₰ de domibus zum Klebladt ante portam S. Ca-
tharine latere septentrionali contiguis in acie versus orientem"
R. C. de 1586. Dieser Zins wurde noch von unserem Stifte auf
Cathedra Petri erhoben. „3 fl. 8 ₰ Zinss von der schmitten zum
Kleeblatt gegen dem roden schwehrt vber vff der Bokemergass.
1644". Neben auf dem Rande steht: „ist itzundt ein Backhauss
neben der Schmitten". Z. B. des Liebfraustifts.

Lit. E. No. 216.

Lit. E. No. 217. *Kleiner Engel.*

Lit. E. No. 218.

---

[245] O. U. 1437. Orthus genannt *Worms Eck* gelegen in der Nuwen
Stadt gein S. Catharinen über zuschen dem Gesesse zum *grünen Klee* und
Jost Smydt.

Wfrkl. Zb. von 1480. *Bockenheimer Gass.* II. gein S. Cathrin ober
in der Bockenheimer Gassen uff der Siten gen Mitternacht neben Bilgerins
Smytten gelegen und gein dem Backhuse zu dem *Strauss* vber.

O. U. 1503. Eckhuss genannt *Worm Ecke* vor S. Catharinen Porten
gein dem Backhuse uff dem Ecke neben N. dem Weyner uff einer und Bil-
gerin dem Hufschmitt uff der andern Syten.

— 1599. H. *Wurmbs Eck* auf dem Steinweg vor der Catharinen
Porten.

R. C. S. Leonh. Sacc. XV. f. 20. 1 lib. hall. de domo extra portam
S. Katherine dicta *czum grünkle.*

Ib. 1644. 20 ₰ Zinss de domo dicta *zum grünen Klee* vor der Katharinen Pforten (quam vidua Keck inhabitat).

1743. Auf dem Steinweg in der *grünen Aue.*

Lit. E. No. 219. Ein Backhaus. [246])

Lit. E. No. 220. Wurde 1719 zum weissen Schwanen gezogen.

Lit. E. No. 221. *Weisser Schwan.* [247]) Ein vornehmer Gasthof, und seit 1791 das Eck am Komödienplatze. Der Besitzer Herr Fay liess in gedachtem Jahre den Schwan mit noch zwei dazu gekauften Häusern niederreissen und an ihre Stelle kam ein prächtiges steinernes Gebäude von der ersten Schönheit zu stehen. Der Hof stösst hinten auf die Biebergasse, wo er auch ein Thor hat. Vor ungefähr 20 Jahren befanden sich noch die kais. Postwägen mit der Expedition darin, bis dieselben in den taxischen Hof verlegt wurden.

„Item vna marca cedit de et super curia, domibus, tota habitacione et earum fundis zum Swanen hinder deme alden Heiszenstein in nova civitate sitis, quam legavit nobis quondam dominus Johannes hunc capellanus Curie leprosorum". L. C. S. S. M. et G. de 1412. f. 20.

„j marck de Curia et domo dicta zum Schwan in nova civitate in vico Bockheymergaszen". R. C. S. Leonardi de 1636.

---

[246]) S. G. P. 1457. Backhus in der Nuwenstadt an dem Huss zum Swanen.

[247]) G. Br. 1371. H. in der Neuenstadt in der Bockenheimer Gaszen neben dem Hofe zum Swanen gelegen.

O. U. Wssfr. 1371. In der Nuwenstadt in der Bockinheimer Gassen, da man uf das Rozmerkede get uf eime H. geleg. zuschen dem Hofe zum Swanen und Henne Widdergiis.

O. U. 1455. H. in der Nuwenstadt vor St. Catherin Porten in der Bockenheimer Gassen zuschen N. und dem Hofe zum Swanen.

S. G. P. 1455. Hof zum Swanen in der Nuwenstadt, daran sind zwei Gärten.

— 1458. Der Hof zum Swanen in der Nuwenstadt. Ebenso 1459.

G. Br. 1476. Gesess zum Swanen by dem alten Heissenstein gelegen.

O. U. 1497. Hoff — uff dem Rossemert an dem Heissenstein, by dem Pfule gelegen, genannt zum Swane.

Stdtrchg. de 1592 u. 1594. Der Wirt zum weysen Schwanen.

Windecken. [248]) War ein Backhaus zwischen dem weissen
Schwan und dem Ecke Heissenstein, das schon seit langer Zeit
mit dem Schwanen vereinigt war.

„Hus wyndecken zwischen dem huz zum Heissenstein und
zum Swanen". S. G. P. von 1405.

„Backhus by dem Hus zum Heissenstein in der Nuwenstadt". Idem von 1457.

Das ehemalige Eck *Heissenstein.* [249]). S. Lit. E. No. 191 auf

---

[248]) Brgrbch. de 1368. Huss und Gesesse Windeckin uff dem Rossmarkt.

S. G. P. 1399. Backhus an dem H. Windecken gelegen.

— 1406. H. und Hof in der Nuwenstadt genannt Windecken und
der heisse Stein (beide Häuser waren also schon damals vereiniget).

[249]) S. G. P. 1390. Else ufme Heissensteine.

— 1396. Wernher ufme Heissensteine.

— 1407. H. Heissenstein in der Neuwenstadt.

— 1410. Bechte zum Heissenstein.

— 1412. Richwin uf dem Heissenstein.

O. U. 1412. Alter Heissenstein.

S. G. P. 1413. Henchin by dem Heusenstein.

— 1430. Clas zum alten Heissenstein. Ebenso 1434.

— 1432. Henne zum alten Heissenstein.

S. P. 1454. H. zum alten Heissenstein vor Bockenheimer porten.

Beedb. 1463. Der Heisenstein neben dem Schwanen wird der *alte
Heisenstein* genannt.

O. U. 1483. Huser — genannt zum Heissenstein inne der Nuwenstatt inne der Bockenheimer Gassen gelegen.

Beed-R. von 1509 der Heyssenstein.

O. U. 1544. H. — zum *clainen Heissenstein* genannt uff dem Rossmarkt — stosst hinten uff die Herberge zum weisen Schwanen. (Ebenso
auch 1550 nur irrig Kornmarkt.)

— 1596. H. zum *kleinen Heissenstein* genannt — uffm Steinweg
neben dem *grossen Heissenstein* — stosst hinten uff die Herberg zum
weisen Schwanen.

Mpt. XVII. Sec. H. Heisenstein vor der Catrinpforte neben dem
Schwan in der Nuwenstadt gen dem Weidenbusch über, zuvor genannt
Windecken

dem Komödienplatze. [250]) [Da in dem Hause zum (alten) Heissenstein ein öffentliches Spiel betrieben wurde, bis es 1410 in das neue Haus zum Heissenstein verlegt wurde, so haben der Verfasser und Herr von Fichard die nachfolgenden Stellen anbemerkt, womit oben S. 172. 210. zu vergleichen ist.]

S. G. P. 1361. Jekil in dem Spielhuss.

— 1362. Das Spillhus.

— 1362. Koutzel by dem Spielhuss.

Stdt.-Rchng. de 1397. It. han wir empfangen 8 Gulden von Heintzen Herdan, von Wernher von Ortenberg und Wasmude iren Gesellen von Weinkauf von dem Spele vff dem Heissensteyn.

— 1381. *Einnahme.* It. han wir entpfangen C Gulden von Wernher vff dem Heyssensteyne vnd sinen gesellen von der neisten vergangenen Messe (Sabb. anti Gall.)

— 1382. Desgleichen C Gulden in der alden Messe von denselben Gesellen Wernher und Wasmude.

— 1382 ditto C Gulden in der Fasten Messen.

— 1382. It. Henne Morhard vnde Henne Craft der junge hant uns (NB. zur Einnahme) geantwortet XX Gulden von dem Drentzelbreden in dieser alten Messe.

— 1382. It. vns sind von den Drentzelbredern in dieser Fasten Messe XX Gulden worden.

— 1383. It. Sabb. ante Viti et Modesti han wir entpfangen von Heintzen Herdan, Wasmude vnd Wernher vff dem Heyssensteyne 200 Gulden von dem ersten jar, also sye von nuwes daz Spelampt bestanden han, als daz eigentlich geschrieben stet in dem Buche, da der Stedte Gefelle ynne stehen.

It. 200 Gulden in der andern Messe desselben Jares.

— 1384. Desgleichen XX fl. hievon (von *dem* Drentzelbrede).

— 1385. do. (aber) 50 fl. und 50 fl. in den beiden Messen.

— 1385. It. 400 fl. von 2 Jahren Pacht vom Heissensteyn.

— 1386. (auch hier heisst es *Drenzelbrett*).

— 1387. (do. 50 fl. und wieder *Drentzelbrede*).

— 1387. It. C Gulden XXV Gulden hand uns Heintze Herdan, Wernher und Wassmude vff dem Heyssensteyne gegebin ir erstes von dem Heyssensteyne von der alten Messe neist vergangen.

— 1388. ditto 125 fl. von denselben für die Fastenmesse vergangen.

---

[250]) Es war 1789 zum Schwanen gezogen und 1791 nebst noch einem andern Haus zum Schwanen vereiniget.

Stdt.-Rchng. de 1391. ditto 200 fl. von einer Messe und 240 fl. von
der andern Messe, welche letztere von des Heyssensteyns wegen Jacob
Klobelauch der Junge, Junge Frosch vnd Johann Kranich ablieferten.

— 1391. han wir von Hennen Craft entpfangen C Gulden als er dem
Rade gegebin hat von des *Drentzilbreds* wegen *wiss* und *svarz*, als er
das vier Jare bestanden hat vnd datzu alle Messe L Gulden davon gebin sal.

— 1393. Von denselben 3 Herren [Klobelauch, Frosch und Kranich]
240 fl. Pacht von einer Messe und 300 fl. von Heinz Herdan von der andern
folgenden Messe.

— 1394. 283 fl. vom Heisenstein durch Heintzen Herdan entpfangen
von der alten Messe.

It. 16 fl. iiij ₰ hat vns (derselbe) — von der nesten alden Messe.
It. 200 fl. u. 69 fl. von demselben von der nesten Fastenmesse.

— 1396. It. 496 fl. von der alden Messe.

It. Sabbatho ante Bonifacii C Gulden xix Gulden an Golde vnd
xiij Gulden an losen Thornosen vnd xxvij ₰ losen Heller etc. — von
Werners wegen vff dem Heisensteyn entpfangen.

It. Sabb. post conversionem Pauli han uns N.N. nach Wernhers
Tode geantwurtet vom Heisenstein als sie hinter ihm funden 40 fl. an Gold
xxi Grossen vnd 1 ₰ hllr. vnd einen zweifeldigen silbernen Koph und eine
silberne Schaalen etc. die N.N. dem Wernher vff dem Heissenstein virsasst
hatte.

It. VC Gulden mynner 7 fl. han wir entpfangen von der nesten
fasten Messe von Heussensteyn. (Es wurden jedesmal die Knechte vor
der Ablieferung salarirt und alle Kosten vorher berichtiget, worunter diese
Messe v Gulden vmb vii M. [7000] worfel waren.)

(Wernher vff dem Heissensteyn erhielt wochentlich 2 fl. Besoldung.)

It. 50 Gulden han wir gegebin Heinrich vnd Ludewigen Wyssen
Gebrudern, daz sie abegelassen vnd vierzogin han vff die Wettunge als
Lotze zum Wydel vnd Wernher vff dem Heisensteyn mit eyn vor Zyden
getan han vnd für die Briefe zu brechin als darnber gegeben waren.

(Es beweisst sich aus allen diesen Stellen, dass das Spiel auf dem Heissensteyn für Rechnung des Rathes und der Stadt betrieben ward.)

O. U. Ao. 1397 verlehnt Gerlach von Rödelheim Edelknecht dem
Rathe das Gesesse zum Heissenstein auf 7 Jahre vm 100 fl.

Std.-Rehnbch. de 1397. It. vom Heissenstein han wir zu der Zyt,
als Fürsten, Herren und Stedte vff den Sonntag Jubilate nach Ostern acht
Tage hie waren entpfangen: CCC Gulden und LXVI Gulden vnd davon
han wir wiederum genommen xv Gulden vnd die zu Husszinse gegeben etc.
und ii ₰ hllr. vmb worful. [i. e. Würfel.]

It. xxxiiij Gulden han wir entpfangen vom Heissenstein als die Fürsten und Herren zu St. Jacobsdage hie waren.

(Mehrere Einnahmen folgen nun nach und nach vom Heissenstein.)
Stdt.-Rehnbch. de 1397. It. iij Gulden iiij Grossen den Knechten
des Heissensteins, zu warten zu sant Jacobs Tage als die Fürsten hie
waren.

It. i ū zv Bodenlohn nach worffeln gein Spire zum Spiel vff dem
Heissensteyn.

It. C Gulden Gerlach von Redelnheim vnd seiner Hussfrauen vnd
irme sune von dem Heissenstein, daz wir den vii Jare haben sollin, die
Michaheli nest vergangen angingen. (Sabb. pt. Lucie.)

— 1398. (500 fl. vom Heissenstein nebst 63 fl. bezahlter Kosten.
600 fl. nebst 70 fl. 12 ₰ bezahlter Kosten, worunter vii Gulden für 10,000
Wurffel.)

— 1399. (799 fl. uber 68 fl. Kosten, darunter x fl. umb Wurffel.
748 fl. 8 hllr. über 71 fl. 11 ₰ Kosten.)

— 1400. (100 fl. minus vi ₰ — von dem spiele vff dem Heyssenstein zu S. Urban's Tag als die Fürsten hie waren.)

— 1401. (381¹⁄₂ fl. nach Abzug der Verwaltungskosten —)

Stdt.-Rehnbch. Ausgabe 1401. It. vij Gulden Heinzen Hexstadt sinc
ersten halben Jarzins von sinne Huse, den Heisenstein vnd Spiel darinnen
zu halten vnd ging die Zyt an von der nest vergangenen Fasten Messe.
(Es ward also ein anderes Haus gemiethet und nicht das Haus, sondern
das Hauptwürfelspiel scheint Heissenstein geheissen zu haben, wie in Mainz
derselbe Fall war.)

Stdt.-Rehnbch. de 1406. It. 6¹⁄₂ fl. Clemens Appenheimer sinen halben Jarzins vmb den Heissenstein von der nesten Messe — (NB. desgleichen 6¹⁄₂ fl. von der alten Messe folgen nach.)

— 1408. (Noch Einnahmen vom Heisenstein und dem Spiele.)

It. ipsa die purificationis Marie C ū 36 ū xii ₰ han wir entpfangen
vom Heisenstein, als unser Herr der König vnd die Fürsten zum achtzehn-
den Tage hie waren.

Ausgabe. It. vj Gulden — Clemens Appenheimer von der vergangenen Messe zu Zinse von dem Heissensteine, welche in der vergangenen
Messe abzuslaen versehen waren.

— 1411. Die eigene Administration des Heisenstein und die Einnahmen hiervon währen noch fort.

Ueber des *Rathes Spielverbot.* Senkenberg sel. I, 58.

Vgl. Chr. II, 551 (1432) vom starken Gebrauch der Würfel; dann
II, 558 (1514) und II, 770 (1589).

Vgl. Orth Anmerkg. 3 Forts. pag. 513. — Zusätze 154. (S. 513.)

Häuser auf der Südseite.

Lit. E. No. 222. *Weidebusch.* [251]) Das Eck an der Töpfergasse, und ein vornehmes Gasthaus. Es kömmt in der Chronik I, 433 beim J. 1704 schon als Gasthaus vor.

Lit. E. No. 223. *Zum alten Schwaben.* [252]) Ein Gasthaus, was 1704 schon war. Chr. I, 433.

„Wernher Swabs hof in der Nuwenstadt neben dem H. zum Widenbosch." S. G. P. von 1405.

„Hus zum alten Swaben neben dem H. zum Widenbosch in der Nuwenstadt vor S. Catrinenporten." S. G. P. von 1482.

---

[251]) O. U. 1411. Henne Wydenbusch Cath. ux. verpfändet sein Theil des Hofes in der Nuwenstadt, gein dem *Heisenstein* uber gelegin, seinem Bruder Christoph.

— 1448. Husunge, Hof u. Gesesse hinden und vorne, genannt zum *alden Hoffe*, gelegen in der Nuwenstadt gein dem alten Heissenstein uber. (Dieser Urkunde zufolge verkaufen Joist Widenbusch und Elsa uxor eine Gülde auf diesem Hause. Sollte der Namen *„zum alden Hoffe"* nicht der frühere Namen des Hauses zum Weidenbusch gewesen sein? Doch führte dieses auch damals schon den Namen Weidenbusch. Es stösst hinten an Meckelnhoff zur alten Waage. F.)

S. G. P. 1453. H. zum Widenbusch in der Nuwenstedt.

Lib. cens. B. M. V. Saec. XVI. It. iij marcae cedunt nativ. Mariae — de curia et tota habitatione aciali dicta *Weidenbusch*, in der Bockenheimer Gassen an dem Rossemerkt, latere meridionali, orientem et septentrionem respiciente, ex opposito curiae dictae zum Heissenstein.

[252]) S. G. P. 1340. Ulricus Swab.

— 1368. Wirner Swab.

— 1401. Wernher Swab.

O. U. 1469. H. Hoff Stallunge und Schuwer genannt zum alten Swaben gelegen in der Nuwenstadt in der Bockenheymer Gassen — und stosst hinten uff Crafft von Swappach, zur alden Wagen.

— 1482. H. zum alten Swaben in der Nuwenstatt.

— 1482. H. Hoff und Stallung — gelegin in der Nuwenstatt vor S. Catherinen Porten genannt zum alten Schwaben neben dem Gesesse zum Widdenbusch und N. uff der andern Syten und stosse hinden uff der Vogden Erben.

Lt. Stdt.-Rehg. de 1600 zahlt Johann Wöber *zum alten Schwaben* Vngelt ständig.

Lit. E. No. 224 *Zwei rothe Schwerter.*[253]) Ein Gasthaus.
Wird 1644 bei dem gegen ihm über stehenden Hause Kleeblatt
das rothe Schwert genannt.

Lit. E. No. 225. Das *gelbe Hänchen.* Es wurde 1799 neu
gebauet.

Das Eck. S. Lit. E. No. 226 auf dem Heumarkte.

[*Questenhof.*] [254])
[*Wasmudshof.*]

Der südliche Zwinger neben dem Bockenheimer nun Mainzerthor.

1605 wurde ein neues Thor in dem Zwinger ohngefähr ...
Schritt von der Bockenheimer Gasse zwischen der Stadtmauer
und dem Ecke Lit. E. No. 65 erbauet und das alte Thor wurde
geschlossen. Von der Zeit an ging alle Passage durch den
Zwinger, und man sah ihn als einen Theil der Bockenheimergasse an. Aber nun hat die Gegend von neuem eine beträcht-
liche Veränderung erlitten: das alte Thor wurde 1810 wieder
geöffnet, und das neue im Zwinger bald darauf abgebrochen. [255])

---

[253]) O. U. 1495. H. Hoff Schuren vnd Gesesse zum Swert genannt
— gelegen in der Nuwenstatt by S. Kathrinen.
Lt. Stdt.-Rchg. de 1592 u. 1594. Der Wirt zum rothen Schwert.
— 1642. Behausung uff der Bockenheimer Gassen neben dem *rothen
Schwerd* etc. (Letzteres war nach derselben Urkunde ein Wirthshaus.)
Stdt.-Almdbch. de 1688. Allment, gegen dem rothen Schwert uber,
so hinten bis uff den Bock und Trauben stösst.

[254]) O. U. 1370. Der *Questen Gesesse* in der Nuwenstadt.
— 1384. Der *Questenhof*, an *Wasmudshof* gein Heinz Herdans
hof uber in der Nuwenstadt, der gelegen ist *an dem Heissenstein.*

[255]) Vgl. Heft I, S. 116.
S. G. P. Die Gasse bei Redelnheimer Pforten.

Einige geringe hinten im Luginslande wider die Stadtmauer stehende Gebäude verhindern noch zur Zeit den Durchgang in den übrigen nach dem Galgenthore ziehenden Zwinger.

Häuser auf der Ostseite.

I.

Zwischen dem Orte, wo das Thor gestanden, und der kleinen Bockenheimergasse.

Lit. E. No. 95. Das Eck an der kleinen Bockenheimergasse.

II.

Zwischen der kleinen und der grossen Bockenheimergasse.

Lit. E. No. 97. A. Das ehemalige Bockenheimer Thor.

Lit. E. No. 97. B. Das alte Zollhaus auf dem Ecke der kleinen Bockenheimergasse.

Lit. E. No. 97. C. Neben dem vorigen.

Ein Haus ohne Nummer, welches zu dem Hause E. No. 97 in der kleinen Bockenheimergasse gehört.

Lit. E. No. 98. Gehört zu dem Ecke der grossen Bockenheimergasse.

Auf der Westseite.

Die Stadtmauer und wider derselben die Mehlwage, welche sonst die Bockenheimer Mehlwage pflegt genannt zu werden. Neben ihr steht das im J. 1810 erbaute Uhrhäusschen.

Im Luginsland.

Das schmale zwischen der grossen und kleinen Bockenheimergasse und neben dem Brauhause Scharfeneck durchlaufende Gässchen ist bei seinem Eingange mit der Aufschrift im Luginsland bezeichnet. Die Leute nennen es daher das Luginsland-

gässchen; den folgenden breiten Theil aber bis zu der Dreifroschgasse und von da bis hinter die Stadtmauer im Luginsland. [256]) Dasselbe nahm anfänglich die Gegend zwischen der
Bockenheimergasse und der Stadtmauer in einem weiten Umfange ein, bis es nachmals durch Häuser und Gärten geschmälert wurde und sich zum Theile unter dem Namen neuer Gassen
verlor. Auf einem alten stiftischen Zinsbuche in Lat. B II ☉
No. 3 steht auswendig „Dat Guda relicta Henchin augspurgern
in der hindergassen gein luge jnsz lant". Auch fand ich in
einem Insatzbriefe von 1451 ein Haus „gelegen in der nuwenstad vff luge in daz land by der Bokenheimer gassen". Das
Wort Lugen, welches bei uns veraltet ist, aber in Schwaben
noch gehört wird, hiess so viel als schauen oder sehen. Man
nannte daher vor Alters die Warten oder Wachtthürme Luginsland; weil man von ihnen das umher gelegene Land weit
übersehen und auskundschaften konnte. S. Wachter in glossario germ. Das Chronicon Elwangense S. 456 sagt: Kaiser Friedrich
habe seinen Sohn Heinrich, weil er in Deutschland Aufruhr
gegen ihn angerichtet, bei Worms gefangen genommen und
etliche Tage in dem grossen Thurm der Lug ins Land geheissen verwahrt. Und Crusius in Annal. Saev. T. III, S. 510
meldet, dass 1498 der Thurm Lug ins Land zu Augsburg durch
den Blitz in Asche sei gelegt worden. Auch hier auf der Stadtmauer nächst bei dem Bockenheimerthore befand sich ein Thurm

---

[256]) O. U. 1455. 2 H. und Scheuren eynander gelegen in der Bockenheimer Gassen an Walther von Schwarzenberg den alden unsern Mit Scheffen u. Ratgesell uff der Eckin des Gesechins als man zu Luge in das
Land gee.

— 1488. Hoff und Scheuer gelegen in der Bockenheimer Gasse
neben N. uff eyner und uff der andern Syten uff die gemeine Gasse genannt *Lug ins Land*.

Stdt.-Rehnbch. de 1495. Den Buwemeistern ein neuwe Buwe zu beschen inne Luge in das Lant, Jacob Nuhusen.

1739. Ein Garten sammt dazu gehöriger Behausung im Lugins
Land neben dem von Holtzhausischen Bleichgarten und der Seilerbahn
sonst Conrad de Rohn zuständig.

dieses Namens, von dem man nachmals die Gegend im Luginsland nannte. In einer Baurechnung der Stadtmauer von 139.
wird dieses Thurmes gedacht. Derselbe sollte vielleicht das
Andenken eines alten daselbst im Felde gestandenen und bei
Erbauung der Stadtmauer abgebrochenen Thurmes erhalten.
Die Namen Lubesland, Luisland, Luwigsland, und endlich gar
Ludwigsland stimmen mit dem Alterthum nicht überein, und
sind deswegen auch als unächte Namen der neuern Zeiten zu
betrachten.[257]   •

Häuser auf der Ostseite.

Lit. E. No. 73.   Das Eck an der Dreifroschgasse.

Häuser auf der Westseite.

Zwischen der Dreifroschgasse und der Brunnengasse.

Lit. E. No. 74.   Eck an der Brunnengasse.

Lit. E. No. 75 im Luginsland neben der kleinen Bockenheimer Gasse. Fr. Nachricht. Bl. de 1792 No. 60.

Lit. E. No. 76.

Dreifroschgasse.

Auf dem angeschlagenen Bleche ist dieser Name zu lesen,
der aber von den Leuten gemeiniglich in die Froschgasse abgekürzt wird. So wird z. B. in dem Intell. Blatte von 1788
No. 5 eine Behausung in der Froschgasse hinter dem rothen
Hofe angezeiget. Sie hat bei gedachtem Hofe ihren Eingang,
und verliert sich hinten im Luginsland, wo sie grössten Theils
noch unverbauet ist. Sie war in Betracht der Brunnengasse
der andere vicus impertransibilis ab oriente in occidentem des

---

[257] [Vgl. auch S. 212 über die auf dem Luginsland genannte Gegend an der Kalbächergasse.]

Baldemars; weil dieser alle Gassen, die sich hinten in dem Zwinger mündeten, als Stumpfegässchen betrachtete. [256]) [Sie heisst jetzt Neue Rothhofgasse.]

H. auf der Südseite.

Der rothe Hof.   Siehe am Junghof. [259])

Lit. E. No. 69. } neben dem Rothen Hofe, gehören einem
Lit. E. No. 70. } Herrn.

Lit. E. No. 71. Haus und Bleichgarten. [Jetzt mit sechs Häusern verbaut.]

Lit. E. No. 72. Daran lehnt sich ein (Bruckerischer) Weingarten, welcher das Eck und Ende der Gasse hinten im Luginsland ist.

Auf der Nordseite.

I.

Zwischen der Stadtmauer und der Gasse im Luginsland.

Ein grosser Garten von der Stadtmauer bis an das Eck, Lit. E. No. 73. [Der von Praunheim Hof, zuletzt dem Dr. Klees gehörig, jetzt Theil der Schwager'schen Brauerei.]

II.

Zwischen der Gasse im Luginsland und der Gasse nach dem rothen Hofe.

Alle Häuser auf dieser Seite sind in der Brunnengasse bezeichnet. [Es sind Lit. E. No. 78. 79. 68.]

---

[256]) Die Beed-Rolle von 1509 setzt in diese Gegend „Bokemer Gasse, Lug ins Land, *Zween Höfe Jorg Froschen.* Ob nicht aus dem früher daselbst eingemauerten Froschischen Wappen der Name der drei Frosch Gasse entstanden? Siehe ein ähnliches Beispiel bei der Muschelgasse. Ferner befindet sich im Beedbuche de 1362: *Heyle Froschis Hof* in der Gegend der Eschburner Gassen angegeben, welches obige Vermuthung bestärkt. Das Beedb. von 1365 sagt: lt. Contze Geysse in Heylen Froschen Hoffe.

[259]) O. U. 1584. 29. April verkaufen zwei hiesige Burgersfrauen Mutter und Tochter N. N. an Margarethen Newhaussin, Herrn *Heinrich*

Brunnengasse.

Ist zwischen der Dreifroschgasse und der kleinen Bockenheimergasse gelegen; ist aber nicht so lang als diese, indem sie nicht weiter als bis an die Gasse im Luginsland läuft. Sie hat, wie Baldemar bezeugt, 1350 schon gestanden, und hat späterhin von ihrem Brunnen den Namen der Brunnengasse erhalten.

Häuser auf der Südseite.

[Lit. E. No. 94. Eck am Luginsland.]
[Lit. E. No. 77.]
[Lit. E. No. 91. Hinterhaus.]
[Lit. E. No. 90.]
[Lit. E. No. 80. Hinterhaus.]
[Lit. E. No. 89. Hinterhaus.]
[Lit. E. No. 81.]
[Lit. E. No· 86. Hinterhaus.]

Auf der Nordseite.

[Lit. E. No. 78b. Das Eck am Luginsland.]
[Lit. E. No. 78.]
[Lit. E. No. 79.]
[Lit. E. No. 68. *Zum Hirschchen.* Das Eck an der jetzigen alten Rothhofgasse.]
[Der Verfasser hat hierzu keinen Text gegeben. Jetzt wird diese Gasse übrigens *Kettenstrasse* genannt.]

Ludwigsbrunnen.

So steht sein Name auf den Feuerbütten geschrieben; ob aber der Brunnen gleich anfänglich also geheissen hat, daran

---

Kellners Doktors und Stadtadvokaten Hausfrau (die damaligen Besitzer des Rothenhofes) ein Gärtlein, sambt einen halben Brunnen vnnd zweien Zinsehäussern daran — im Lug ins Landt neben vnserm des Rathes Speicher vff einer vnd obbemeldeten Hrn. Kellner uff der andern Seiten, stosst hinden auch uff denselben vnd vorn uff die gemeine Gassen.

ist sehr zu zweifeln. Er steht in der Gegend des alten Luginsland vor dem Hause Lit. E. No. 91 und ich glaube deswegen,
dass man ihn bei seiner Entstehung den Luginslandborn genannt
hat. Dieser Name wurde nachmals in den Luginsborn oder Lugis-
brunnen abgekürzt und aus diesem entwickelte sich zuletzt der
falsche Name Ludwigsbrunnen. [260])

Kleine Bockenheimergasse.

Die Baldemar'sche Beschreibung der Strassen zeigt in einer
Gegend neben der Bockenheimergasse nur zwei Gassen an, wo
sich gegenwärtig drei befinden. Die dritte, oder die kleine
Bockenheimergasse, ist also erst nach dem J. 1350 entstanden
als die südlichen Häuser der grossen Bockenheimergasse erbauet
wurden. [261]) Ich habe anderswo schon die Bemerkung gemacht,
und zum Theil auch erwiesen, dass die kleineren Gassen, welche
die Namen der grösseren tragen, alle aus den späteren Zeiten

---

[260]) Stdt.-Rchbuch de 1415. It. — vj und iij stücke Bockenheimer
grossen Steine zu dem Born in der Nuwenstadt by Luge in das Lant by
der von Praunheim hoffe (jetzt Herr Dr. Klees) zu eine Gescheltze.

— 1576 den Brunnen im Lug ins Land bei des Rats Hewscheuer zu
fegen.

[261]) Herr Battonn weiss sich die Sache nicht anders zu erklären, als
dass die Häuser zwischen der Brunnengasse und der kleinen Bockenheimergasse in der Mitte des XIV. Seculi noch nicht gestanden haben, folglich
beide Gassen dazumalen nur eine, aber sehr breite Gasse ausmachten, die
mit der Dreifroschgasse die zwei Gassen des Baldemar waren. In späteren
Zeiten wurde nach seiner Meinung der allzubreite Raum der ersten durch
eine neue Anlage von Häusern getrennt und die Entstehung zweier Gassen
war eine natürliche Folge dieser Trennung; die eine, weil sie der Bockenheimergasse an der Seite lag, wurde die kleine Bockenheimer Gasse genannt, die andere erhielte den Namen der Brunnengasse. Baldemar sah
alle Gassen, die in die Zwinger liefen, als Stumpfegasse an, deswegen
setzte er auch die zwei Gassen, die zu seiner Zeit in der Gegend existir-
ten, unter die vicos impertransibiles. F.

herrühren. Der westliche Theil dieser Gasse wird von der Gasse: im Luginsland, durchschnitten und endiget sich nicht weit davon im Zwinger nächst beim Bockenheimerthore.

H. auf der Südseite.

Lit. E. No. 68. *Im Hirschchen*, auf der kleinen Bockenheimer Gasse. Frftr. Nachr. Blatt de 1804, No. 92, 1. Beilage. [Dieses Haus bildet das doppelte Eck von der Dreifrosch- und Brunnengasse mit der Hauptfaçade nach der alten Rothhofgasse, gehört also nicht hierher; vgl. unten S. 255].

[Ausser diesem Eintrag und einer Rand-Note [262]) ist in dem Manuscript von den Häusern dieser Gasse nichts weiter enthalten. Auf der Südseite derselben stehen aber nach dem Ecke der alten Rothhofgasse Lit. E. No. 83 die Häuser Lit. E. No. 84—91, dann das Hinterhaus von Lit. E. No. 77 in der Brunnengasse, weiter Lit. E. No. 92, und 94, das Eck am Luginsland und zuletzt Lit. E. No. 96a. Auf der Nordseite dagegen stehen, von der alten Rothhofgasse anfangend, die Hinterhäuser der Behausungen Lit. E. No. 112, 110, 108 auf der grossen Bockenheimergasse, dann das jetzt mit drei Häusern besetzte Areal Lit. E. No. 95, weiter die Hinterbehausung von Lit. E. No. 105, das Haus Lit. E. No. 93, die Hinterbehausung von Lit. E. No. 102, 100, 99, 98, und zuletzt das Haus Lit. E. No. 97.]

Gasse nach dem rothen Hofe.

Diese namenlose Gasse hat auf der Südseite der grossen Bockenheimergasse gegen der Säuallee über ihren Eingang und endiget sich hinten bei dem rothen Hofe und der Dreifroschgasse. In dem Zinsbuche der Kirche der h. Marie und Georg von 1412 wird sie beschrieben: „vicus dirigens von deme pule

---

[262]) *Steinern Haus* auf der kleinen Bockenheimer Gasse oder im sogenannten Lug ins Land, gibt 1 fl. Zins Jacobi fällig zur Präsenz: (wie der Eigenthümer Bachmann Renten Visirer dem Herrn Battonn sel. mittheilte, ohngefähr das 5to Haus von unten herauf linker Hand. F.)

in der Redelnheimergassen circa pistrinam." Der Pfuhl in der
Rödel- oder Bockenheimergasse heisst nun die Säuallee, und das
Eck gegen derselben über ist noch wirklich ein Backhaus. In
einem andern Zinsbuche der nämlichen Kirche von 1536 finden
wir eine Stelle, die diese Gasse wieder auf eine andere Art
beschreibt. Ich will sie ganz hierher setzen. „j ℔ hllr. de nova
domo in vico transversali in der Bockheymer gassen sinistri lateris in opposito dem phul, cum itur Lug ins Landt". Die
Worte, wo man in das Luginsland geht, wurden darum gesetzt,
weil man aus dieser Gasse durch die Dreifroschgasse und noch
zwei andere Gassen hinten in das Luginsland kommt. [262a]

[Herr von Fichard hat hierbei bemerkt, dass eine *Eschbor-
nergasse* in der Gegend der Bockenheimergasse öfters in den
Urkunden und Beedbüchern vorkomme. In dem Beedbuche der
Nuwenstadt von 1361 heisst es dirigendo: Nota die Escheburner
Gasse (folgend nach dem Jung- und Stosshofe). In dem Stadt-
beedbuche de 1362 kommt die Escheburner Gasse nach der
Folge der Beedpflichtigen am Eingang der Bockenheimer Gasse
vom Rossmarkt her auf der Südseite derselben vor, und als
Einwohner derselben werden Gertrud Rorichen von Esseburnen
und Hartwin von Esseburnen aufgeführt. Im Beedbuche der
Nuwenstatt de 1363 folgen folgende Directorialbenennungen
beim Gang der Beedhebung: Nota hinden an Heylen Froschs
Dor an. — Nota. An Arnolt Schurgen an die Escheburner Gas-
sen. Nota an Redelnheimer Pforten an. Nota an Henne Burne.
Nota an Faud von Westirfeld. Obwohl sich nun die Lage der
Strasse hiernach und nach den Urkundenstellen [263] nicht genau

---

[262a] G. Br. 1470. H. in der Bockenheymer Gassen als man by dem
phule hinder geet da Hirmann Appenheimers hofe hinden her usser geet.

[263] S. P. 1367. 1370. Die Esseborner Gasse.

— 1371. H. Schure und Hof gelegen in der Nuwenstatt an Brunnen
Dochter in der Escheburner Gassen etc.

— 1374. H. in der Escheburner Gassin vorn an dem Orte in der
Nuwenstatt, dass Gude von Steinbach waz.

— 1399. H. in der Eschebornergasse in der Nuwen Stadt.

— 1418. H. Hoff und Stallung in der Nuwen Stadt in der Eschebornergasse.

bestimmen lasse, vermuthete Herr von Fichard doch, dass es die nach dem rothen Hofe führende Strasse sei, von welcher Battonn keinen Namen anzuführen wisse. Und an einer andern Stelle spricht er diese Vermuthung als Gewissheit aus, — wie ich glaube mit vollem Recht.]

[Am Ende dieser Gasse stand der rothe Hof und es war in der Regel der Durchgang durch denselben zum Junghof gestattet. Jetzt ist der Hof niedergelegt und durch ihn die Gasse durchgeführt worden bis auf die neu angelegte Junghofstrasse: sie wird jetzt die alte Rothhofstrasse genannt.]

Häuser auf der Ostseite.

Das Eck. S. Lit. E. No. 65 auf der grossen Bockenheimergasse.

Der grosse Hinterbau von Lit. E. No. 64 auf gedachter Gasse.

Lit. E. No. 66.

Auf der Südseite.

Lit. E. No. 67. Der rothe Hof in der Ecke zwischen dem vorigen Hause und der Dreifroschgasse. S. am Junghofe.

Gltbrf. 1428 ein Haus, Hof und Schuer gelegen in der Nuwenstadt in der Eschborner Gassen.

S. P. 1431. Die Eschbornergasse.

— 1444. Hof Schuren und Garten gelegen in der Eschborper Gassen neben Wycker Frosch Scheffen vnd Rosechin Dubeners Erben.

— 1452. H. gelegen in der Nuwenstadt in der Eschborner Gassen zuschen Joh. Leidermann und Johann Prussen, Radgesellen.

— 1468. 2 H. nebeneinander gelegen in der Nuwen Stadt in der Bockenheimer Gassen vorn zu gein dem Pfule über zuschen Orten Landecker und N. N. und stosse hinden in die Eschborner Gassen.

— 1471. Husschin — gelegen in der Escheborner Gassen by Luge in das Land.

— 1480. H. in der Eschebornergasse im Luge ins Land.

— 1489. H. in der Eschborner Gassen an dem Lug in das Land.

Auf der Westseite.

I.

Zwischen der Dreifroschgasse und der Brunnengasse.

Lit. E. No. 68. *Hirschchen.* Das Eck an der Dreifroschgasse, und seit 1789 auch an der Brunnengasse. Es war ein
Brauhaus, bis es in gedachtem Jahre mit dem Nebenhause neu
gebauet wurde. „Tredecim solidi cum tribus hallen. in nova
civitate de et super domo parvo orreo (horreo) sibi contiguo et
eorum fundis sitis in vico dirigenti von deme pule in der redelnheimergassen circa pistrinam linialiter dextro latere et est pos-
terior domus acialis eiusdem vici qui pertransiri non potest ex
opposito Curie Arnoldi zu liechtinsteyn“. L. C. S. M. et G. de 1412,
f. 8. [Vgl. oben S. 252].

Lit. E. No. 69. War das Eck an der Brunnengasse, das
1789 mit dem Hirschchen vereiniget wurde.

II.

Zwischen der Brunnengasse und der kleinen Bockenheimergasse.

Lit. E. No. 82. Das Eck an der Brunnengasse.
Haus ohne Nummer.
Das Eck. S. Lit. E. No. 83 in der kleinen Bockenheimergasse.

Curia Arnoldi zu Lichtenstein. 1412. Dieser Hof stand gegen
dem Ecke zum Hirschchen über. S. bei E. 68. Vielleicht war
er der rothe Hof.

Rossallee.

Die offene Gegend zwischen dem heutigen Rossmarkt und
der Bockenheimergasse pflegt die Rossallee oder auch nur die
Allee genannt zu werden. Sie bildet ein langes Viereck, das
alle übrigen Plätze der Stadt an Grösse und durch die in der
Mitte gepflanzte Lindenallee auch an Schönheit weit übertrifft.

In der Allee sind allenthalben steinerne Bänke angebracht, und
aufrecht stehende Steine mit Ketten beschützen sie gegen jede
von aussen zu besorgende Beschädigung. Dass die Gegend von
Alters her zum Rossmarkte gehörte, bezeugt die beim Hause
zur weissen Lilie mitgetheilte Nachricht, auch werde ich dieses
bei der Beschreibung des Rossmarktes noch besonders zu erwei-
sen suchen. Nachdem man die Gegend durch eine am 9. März 1712
angelegte Allee von Kastanienbäumen verschönert sah (Chr. II, 27.)
kam für sie der Name Rossmarkt in Abgang, und man nannte
anfänglich dieselbe nach der Gattung der Bäume an der Kastanien-Allee; wie solche Benennung in dem Intell. Blatte von
1727 No. 7 gefunden wird, allwo ein Haus auf dem Rossmarkte
gegen den neuen Häusern über nächst der Kastanien-Allee zum
Verkaufe angeboten wird. Auch wird der Kastanienallee auf
dem Rossmarkte oder bei den neuen Häusern in den Intell.
Blättern von 1732, 1740 und 1742 noch gedacht; aber 1745 wurden statt der Kastanienbäume, weil sie vielleicht wegen Alter
abgängig waren, Lindenbäume gepflanzet, und die Gegend fing
nun an, an der Lindenallee zu heissen. Diese Benennung ist in
Intell. Blättern von 1745, 1749 und 1751 gefunden, für welche aber
auch in dem oben gemeldeten Blatte von 1749 die Benennung „an der
neuen Allee" vorkommt. Gegenwärtig hören diese Benennungen
auf, und man hört die Gegend nicht anders als an der Rossallee, oder nur an der Allee nennen. [Jetzt der Götheplatz.]
Statt der Planken, welche sonst die Allee umgaben, wurden
nachmals Steine mit Ketten gesetzt. Wo übrigens der Gegend
an oder unter den neuen Häusern gedacht wird, da muss allemal die östliche Seite des Platzes verstanden werden.

H. auf der Westseite.

Das Eck beim Junghof. S. daselbst.
Lit. E. No. 46, wo der Brunnen. [264]

---

[264] It. $\frac{1}{2}$ marca — de habitatione tota quondam Petri de Offinheim,
sita in novo opido frankf. inferiori parte, foro equorum seu platea dicta
Rossmertig, latere occidentali infra vicos Mentzer et Bogkinheimer Gassen
contigua domui site in acie, respiciens orientem et meridiem lateris prenotati. Reg. cens. fabric.

Lit. E. No. 47. *Goldnes Ross.* Ein Gast- und Kaffechaus.
Es war vor ungefähr 40 Jahren noch ein Brauhaus, war 1781
schon neu gebaut.

Lit. E. No. 48. *Zum rothen Hause.* Mit diesem Namen
wird es in dem neuesten Zinsbuche des Liebfrauenstifts belegt. [265]
„3 fl. zinss vom Roden haus prope Salmenstein vff dem Ross-
markh" R. C. S. Leonardi de 1644. Das Haus wurde zu der
reformirten Kirche gezogen. Vgl. F. I, 1. (1536) II, 7. 1. (1493).

Salmenstein. 1644. Ein Name, der durch das vorige Haus
bekannt wurde. Vielleicht führte das goldene Ross damals diesen Namen.

Rother Thurm. [266] Unter diesem Namen wird ein Haus in
der Gegend des Rossmarktes an der Linden-Allee beschrieben.
S. Intell. Blatt von 1749. Ich vermuthe, dass es das vorher
gedachte rothe Haus war.

Lit. E. No. 49. Das Haus hörte durch den Bau der reformirten Kirche auf.

Die reformirte Kirche. [267]

Lit. E. No. 50.

---

[265] G. Br. 1493. Das rothe Hus uf dem Rossmerkt. Ebenso 1531.

O. U. 1493. Das rothe Haus auf dem Rossmarkt neben Michael
Schwarzenberger gelegen.

Lib. cens. B. M. V. Saec. XVI. It. i ferto cedit nativit. Joh. B. de
domo Syfridi Fabri, sita uff dem Rossmarkt latere occidentali, respiciente
orientem et nunc est area contigua domui dictae *zum Rodenhauss* infra
S. Maternum et Bockenheymergassen.

O. U. 1508. Haus Hof Schure u. Garten genant das Rodbuss uff dem
Rossmarkt gelegen neben Walter Schwarzenbergers Hof etc.

G. Br. 1536. Das rothe Haus mit seiner Zugehorung auf dem Rossmarkt.

O. U. 1542. Behausung zum Rothen Haus gnt. uffm Rossmarkt.

— 1590. H. Garten u. Stall aneinander uffm Rossmarkt — stosst
hinten auf den Rothen Hof.

[266] O. U. 1658. Behausung auf dem Rossmarkt neben *rothen Thurm.*

[267] Auf dem Platze, wo jetzt diese Kirche steht, waren 2 Häuser
befindlich, die abgebrochen und nur bis zum Erdgeschosse wieder aufge-
baut, eine lange Reihe von Jahren hindurch eine Ruine bildeten. Sie ge-

Lit. E. No. 51.
Lit. E. No. 52.
Lit. E. No. 53.
Lit. E. No. 54.

Lit. E. No. 55. Fussherberg *zur weissen Lilie, zu den drei Lilien.* [268]) In einer Urkunde von 1407 geschieht Meldung von zwei Häusern: „in der Nuwenstat vff dem Roszmerkte vff der Syten neben der Lilien". L. r. S. f. 20. — „zur lilien uf dem rosmerte" S. G. P. von 1463.

Das Eck. S. Lit. E. No. 56 auf der Bockenheimergasse.

Häuser auf der Ostseite
oder die sogenannten neuen Häuser. [269])

Lit. E. No. No. 232. Die Heu- oder Güterwage. Das dop-

---

hörten einen Hofkammerrath (ob nicht Commerzienrath, auf der grossen Bleiche zu Mainz) Pfeiffer zu Mainz oder Höchst, der über diesen Bau in einen mehrere Dezennien hindurch währenden Prozess verwickelt war. Sie wurden nach ihm die Pfeifferschen Häuser genannt, bis endlich die reformirte Gemeinde diesen Platz kaufte. F.

[268]) Beedbuch 1400. It. zur Lielien (dem Beedgange nach dasselbe Haus hier).

Insatzbf. de 1430. H. zur Lilien vff der ecken gelegen in der Nuwenstadt in der Bockenheimer Gassen.

Stdt.-Rchenbch de 1463. It. xx ß hat nu bezalt Heintz zum Vluer um daz Huss zur Lilien, als jme daz vormals also virkaufft wart.

O. U. 1467. H. zur Lilien auf dem Rossmarkte uf dem Orte der Bockenheimer Gassen.

S. G. 1481. Eckhuss in der Bockinheimer Gassen gen der weissen Lilien über.

O. U. 1487. H. — gelegin in der Bockenheimer Gassen uff dem Ort gein dem Gesess zur wissen Lilien über neben N. und einem Flecken der itzunt zu St. Leonhard gehorende.

— 1491. H. — uff dem Rossmarkt genant *zum kleinen Clee* neben dem Gesess *zur Lilien* und N.

— 1503. H. zur weissen Lilien geuannt uf dem Rossmarkt ein Eckhuss.

— 1563. Eckhaus uffm Rossmarkt zur weissen Lilgen genannt.

[269]) An Stelle der jetzigen neuen Häuser waren sonst Steinmetzenhütten, sie finden sich noch vorgestellt im theatro europaeo und zwar bei

pelte Eck zwischen der Rossallee und der Töpfergasse. [Wurde 1826 neu erbaut. F.]

Lit. E. No. 233.
Lit. E. No. 234.
Lit. E. No. 235.
Lit. E. No. 236.
Lit. E. No. 237.
Lit. E. No. 238. *Mittelbau.* Frf. Intell. Bl. von 1824. No. 8.
Lit. E. No. 239.
Lit. E. No. 240.
Lit. E. No. 241.
Lit. E. No. 242.
Lit. E. No. 243.
Lit. E. No. 244. Das doppelte Eck gegen dem Komödienplatz über.

Brunnen an der Allee.

Dieser Brunnen steht zwischen dem goldnen Ross und der Gasse, wo man zum Junghof geht, und zwar wider dem Ecke gedachter Gasse. Er war ein offener Ziehbrunnen bis er im

---

der Vorstellung eines Carrossells, das auf dem Rossmarkt während der Krönung Kaisers Leopold I. gegeben ward. F.

Stdt.-Rchg. v. 1615 — Zins von zwei Steinmetzenhütten uffm Rossmarkt.

— 1619 noch desgleichen.

Lt. Sdtrchg. do 1650/1651 waren noch verpachtete Steinmetzenhütten auf dem Rossmarkt, deren Pächter den Namen zufolge sich endlich in den 1660ger Jahren Häuser daselbst bauten und Grundzins davon bezahlen, dagegen die Steinmetzenhütten nicht mehr als verzinst mit Jahr-Miethe erscheinen.

Stdt.-Rchg. v. 1650—1660. Es werden mehrere Neubauten auf dem Rossmarkt beim Pfuhlhof von Steinmetzen, Zimmerleuten etc. erwähnt, die der Stadt Grundzins jährlich fortgeben.

Schon 1676 u. 1682 die neuen Häuser. Chr. II, 777. I, 526.

J. 1770 eine Pumpensäule erhielt, woran die Schrift zu lesen
ist: Die Stadt und beide Nachbarn haben mich erbaut.

Töpfergasse.

Sonst in dem Volkstone die Dippengasse. Ihre Entstehung
fällt in die neuesten Zeiten, und zwar in die Jahre 1660 und
1661, als die sogenannten neuen Häuser auf dem Rossmarkt,
wo vorher die Steinmetzen- und andere Hütten gestanden, zu
erbauen angefangen wurden. Chr. I, 28. Die Gasse ist demnach als ein abgerissener Theil des Rossmarktes zu betrachten.
Weil sie nicht sehr gangbar war, und auch das Fuhrwesen ihrer
gänzlich entbehren konnte, indem alle ihre Häuser doppelte
Eingänge haben, so fand man für den in Messzeiten zu halten-
den Töpfermarkt keinen schicklicheren Platz, als eben diese Gasse,
und sie erhielt von solchem Markte den Namen die Töpfergasse.
Sie wurde 1787 gepflastert und im folgenden Jahre wurde der
Töpfermarkt auf das Klapperfeld verlegt.[270]) Man siehe die hiesigen Intell. Blätter von 1788 No. 76 und 78. Ihre Häuser sind
einer Seits die neuen Häuser bei der Rossallee, anderer Seits
stossen die beiden Eckhäussr der Pfuhlhof und der Weidenbusch
an einander.

Auf dem Heumarkte.

Eine Benennung, welche in der ersten Hälfte des letztabgewichenen Jahrhunderts noch dem Paradeplatz und der gegen
über nach dem Rossmarkte sich hinziehenden Gegend gemein-
schaftlich zukam; nachmals aber auf die letzte allein sich ein-
schränkte. Der Name Hauwmarck (Heumarkt) zeigt sich schon
1390 bei der Wolfin Hofe unter den Häusern auf dem Stein-

---

[270]) Weil das Schauspielhaus der Grund war, wozu man eine Strasse
mehr erzielen wollte. F.

wege. Man schrieb späterhin Uf dem Heumerte oder in foro
foenario. Nun wird die Benennung auf dem Heumarkte, oder
auf dem alten Heumarkt wenig mehr gehört, und man pflegt
die vordere Gegend lieber am goldnen Brunnen, oder an der
Hauptwache zu nennen. [271]) Der Platz gehörte in den ersten
Zeiten zu dem grossen Bezirke des Rossmarktes, und der alte
Hirschgraben lag ihm an der Seite. Er machte längst demselben einen Theil der Mainzergasse aus, welche sich von der
äussern Bockenheimer- oder Katharinenpforte über den Rossmarkt, und durch die Galgengasse bis an die Galgenpforte erstreckte, wie aus der Baldemar'schen Beschreibung von 1350 zu
ersehen ist. Anno 1583 wurde der Hirschgraben ausgefüllt, und
1584 wurden die Häuser auf demselben von der Katharinenpforte
bis zum Weissfrauenkloster zu erbauen angefangen. Damals
erhielt also die südliche Seite dieses Platzes ihre ersten Häuser.
Chr. I, 25. Als die Bürgerschaft im J. 1612 um einen Kornmarkt anhielt, ersuchte der Magistrat die benachbarten Herrschaften und Unterthanen, welche Frucht verkaufen wollten,
dieselbe jedesmal auf den Samstag vor der Katharinenpforte
bei der Heuwage zu verkaufen. Chr. I, 516. Dieser Markt
kam aber, wie es scheint, nicht zu Stande, oder er muss nur
von kurzer Dauer gewesen sein, denn in dem Bürgervergleichs-
entwurfe von 1714 heisst es: und weil die Bürger einen besonderen Platz zum Kornmarkt verlanget: so soll der Platz am
guldenen Brunnen, gegen der Heuwage uber, dazu eingerichtet,
und alles was zur Aufrichtung eines solchen Marktes und dessen
zum Besten des gemeinen Wesens gereichenden Unterhalte zu-
länglich, veranstaltet werden." Orth Abhandl. von den Frankf.
Messen S. 284. Aber auch diesmal hatte das Bestreben, wieder einen Kornmarkt zu errichten, eben so wenig, als das erstemal, den gewünschten Erfolg gehabt. Anno 1728 wurde bei
Rathe beschlossen, den nach und nach in Abgang gekommenen
Kornmarkt wieder herzustellen. Man ersuchte demnach die

---

[271]) Das S. 269 angeführte Document de 1361 erweisst wie auch die
folgende Beschreibung des Rossmarktes dieses Gesagte.

benachbarten Herrschaften, Beamten und Unterthanen, ihre zu verkaufenden Früchten an den zwei Markttägen hierher zu bringen, und wies ihnen den gepflasterten Ort an der Katharinenpforte bei der Heuwage an. Beyerbach Samml. IV, 756. In einer Rathsverordnung von 1774 wurde befohlen, das Korn und andre Früchte an keinem anderen Orte, als auf dem gewöhnlichen Markte vor der Katharinenpforte zu verkaufen. L. c. S. 750. Dass der Platz dadurch den Namen des neuen Kornmarktes erhielt, ist aus der erneuerten Feuerordnung von 1784 abzunehmen, welche noch einem Theile der Maurer- und Steinmetzenmeister sammt ihren Gesellen befiehlt, auf dem neuen Kornmarkte an der Heuwage sich zu versammeln. L. c. I, 128. Dieser Name ging aber eben so bald wieder vorüber, als der Kornmarkt, der nie von Bedeutung war, weswegen auch der Platz in einem Intell. Blatte von 1765 nur der Hafer- und Strohmarkt genannt wurde.

H. auf der Südseite.

Der alte *Marstall*, welcher neben der äusseren Katharinenpforte stand, und dessen beim J. 1621 in der Chronik II, 708 und noch anderswo gedacht wird.[272] Am 13. Januar 1752 liess das Rechenciamt bekannt machen, dass der Rath entschlossen sei, den alten Marstall an den Meistbietenden ganz oder theilweis zu verkaufen, und zu dem Ende sollten auch der Thurm (die äussere Katharinenpforte) und die da herumstehenden Läden alle hinweggeschafft werden. Der öffentliche Verkauf hatte hierauf am 16. Februar statt, wie aus einem Publicatum vom 7. Februar 1752 zu ersehen ist.

[Burger-Custodie.][273]

---

[272] O. U. 1536. H. — zwischen St. Catharinen Pforten neben N. uff einer und Unserm Marstall uff der andern Syten.

Stadtr. 1659. Kram am Mahrstall zwischen der Catharinen Pforten. — 1671. — Corps de Garde. Chr. II, 26.

[273] Gefängniss bei St. Catharinen Pforte. II, 819. (799) Anno 1549 angelegt; auch bürgerliches Gefängniss beim Marstall 1598. II, 25.

Die alte *Reitschule.* Diese befand sich bei dem Marstalle s. Müllers Beschr. der St. Frf. S. 42.

Die grosse *Heuwage* [274]), auf welcher auch allerhand Güter und schwere Kaufmannswaaren gewogen wurden (Müller l. c.), wurde 1578 am 13. Jänner neben dem Thore am Marstall aufgerichtet (Chr. II. 25), aber 1752 wieder abgeschafft, indem in einem Intell. Blatte von dem nämlichen Jahre ein Hebwerk in der alten Heuwage zum Verkaufe angeboten wurde. Nachdem nun diese Gebäude alle verkauft und niedergerissen waren, erhoben sich über ihren verwüsteten Stätten zwei grosse Häuser, die nun eine Zierde der Gegend sind.

Lit. F. No. 98. Der *neue Bau*, das grosse und sehr schöne steinerne Eckhaus gegen der Katharinenpforte über, wo zuvor der Marstall und die Reitschule gestanden. Herr Belli, ein katholischer Spezereihändler, machte mit diesem Baue im J. 1753 den Anfang, zu welchem der Kurmainzische Hofschreiner Hermann den Riss verfertiget hatte.

Lit. F. No. 99. Auch ein schönes Haus von Stein, welches um das J. 1753 auf die Stelle der alten Heuwage erbauet wurde. Es steht mit dem vorigen nicht in gerader Linie, indem es sich rückwärts nach dem Hirschgraben wendet.

Lapicidarum ergastulum oder das Steinmetzen - Gefängniss befand sich nach der aus den zum Jungen'schen Annalen vorher angeführten Stelle nächst bei der Catharinen-Pforte und war vermuthlich ein Stadtgefängniss, das nur von den Steinmetzen, weil sie in dieser Gegend ihre Hütten hatten, seinen Namen zur Bezeichnung durch die Gegend erhielte. Diese Hütten wurden 1582 oder kurz vorher in die Gegend versetzt, wohin nachmals die neuen Häuser an der Allee erbaut wurden (in der Töpfergasse).

Laden unter der Burger Custodie oder Catharinen Pforte. Privileg. Francf. 2. December 1733.

Der Laden unter der Burger Custodie oder Catharinen-Pforte. 1733 8. Decbr. Frfr. Nchr. Bltt. No. 101.

[274]) Lt. *Stdtrchg. de 1632* erscheint zum erstenmale alljährliche Gebühr von der *Waszeraich,* die der *Heuwieger* mit 2 fl. bezahlt.

Lt. Stdt. Rchng. de 1579 wurde die neue Heuwage vor St. Catharinen Pforten mit der Fuhrwage in der Stadt Wage verglichen und probirt.

Lit. F. No. 100. A. War vormals ein lutherisches Pfarrhaus.

Lit. F. No. 101.

Lit. F. No. 102. [*Pelikan.*] [275])

Lit. F. No. 103. Der *Englische Hof.* Ein Gasthof vom ersten Range. Hr. N. Lippert erhielt ums J. 1798 die Gastgerechtigkeit und führte darauf ein prachtvolles steinernes Gebäude von vier Stockwerken auf, zu welchem ein Stück Garten von der goldenen Kette genommen wurde. [276])

H. auf der Westseite.

Lit. E. No. 226. Das Eck am Steinwege, welches vor Zeiten ein Backhaus war. S. beim folg. Haus. [*Zur goldnen Luft.*] [277])

Lit. E. No. 227. *Strauss.* [276]) „vij ß de domo Drutmanni dicta zum Struss sita in opposito dem Marstall bey Sandt

---

[275]) *Stdtrchg. de 1605.* Grundzins jährl. 19 ß 33 h. vom *Pelikan* zahlt Herr Johann Bodegger und neben daran Sebastian de Neville jährlich 6 fl. 9 ß.

Stdt. Rchg. de 1653. — Haus Pelikan am Rossmarkt.

Das *Haus Pelikan* ist ohne Zweifel das jetzt Herrn Jakob Gontard gehörige Haus, auf welchem oben ein Pelikan zu ersehen ist. F.

[276]) Dies ist irrig, sondern es wurde dazu der hintere Garten von dem Haus zum Mittelbau genommen; der vordere Platz gehörte ehemals ganz zur goldnen Kette und wurde von Herrn Gogel, dem Besitzer der goldnen Kette, an Herrn Lippert verkauft. F.

[277]) O. U. 1516. H. u. Gesess uff dem Eck der Bockenheimer Gassen neben Kilian Hufschmitt und N. gelegen, zur *gulden Lufft* genannt.

— 1524. Eck- und Backhus gegen S. Catharinen Pforten über, als man in die Bockenheimer Gasse gehet uff die ling hand gelegen, genannt in der guldnen Lufft neben N. und einer Smytten.

— 1530. H. vor S. Catharinen Pforte neben dem Backhaus zur guldenen Lufft.

— 1581. Eckhaus — zur gulden Lufft genannt vor S. Cathrinen Pforten uff dem Steinweeg.

[276b]) S. G. P. 1386. H. zum Strusze.

Kathereyn apud pistrinam in acie cum itur in die Bockemmer-
gassen." R. C. S. Leonardi de 1536.

„i ℔ v ₰ — de parva domo dicta zum Struss in nova
civitate inter pistrinam (in) acie Bockheymergassen et fabricam
in opposito dem Hyrtzgraben." Ibid.

Lit. E. No. 228. Eine Schmiede. 1536 fabrica. S. vorher. [279])

Lit. E. No. 229. *Der goldne Brunnen.* In einer Handschrift von 1662 Domus ad aureum fontem in foro foenario.
Er kömmt in dem Intell. Blatte von 1725 No. 102 als ein Brau-
und Gasthaus vor; ist aber seit ohngefähr 15 Jahren kein Brauhaus mehr. [260])

Lit. E. No. 230. *Zum grossen Reifenberg* [vordem *Nydecken.*] [261]) Das Eck auf dem Heumarkte. Johann Faust von

---

[279]) S. G. P. 1438. Ein Smytten uf dem Rossmarkt.

[260]) [Ohne Angabe der Zeit etc.] H. u. Hof — genannt *Soutzberg* (?)
gelegen uff dem Rossmarkt gein S. Cathrinen Porten über zuschen dem
Gesesse *Ryffenberg* und eym Huss, daz itzunt Wigel von Buchseck Hufschmitt inne habe.

[261]) O. U. de 1390 uf dem Hofe in der Nuwenstadt uf dem Orte by
dem Pfuhl da man uf den Rossmerket geet, der Hrn. Hamanns von Holzhausen was dem Gott gnad, und do inne itzt wonet Wernher zu den
guten Luden.

— 1390. Eckhuss genant Nidenecke uff dem Rossmarkt gein S.
Catherinen Kirchen neben N.

— 1438. Hof in der Nuwenstadt uf dem Orte by dem Pfule, da
man uf den Rossmarkt get, der Hern Hammans von Holzhusen was dem
Gott genade und do inne wonet *Werner zu den guten Luden*, gibt jetzt
Johannes von Ryffenberg.

— 1451. H. Hoff u. Schuren — genannt Ryffenberg gelegen in der
Nuwenstadt vor S. Catharinen Porten uff dem Orte gein dem Pule und
neben Voit Hennchin (dem Pfuhlhof) und hinden an die zur alten Waage
stossende. (Laut dieses Gültbriefes war Besitzer gedachten Hauses Johann
vom Nuwenhayn den man nennet *von Ryffenberg*, welcher also diesem
Haus den Namen gegeben hat.)

— 1454. H. Hof u. Gesesse — gelegen vor St. Catharinen Porten
uff dem Ecke gein dem Pule über, das vormals genannt sy *Nydecken* und

Aschaffenburg, welcher 1561 Anna Brommin heurathete, wohnte auf dem Rossmarkte im Hause zum Reifenberg, welches er von Weickart Bromm um 3300 fl. kief. Chr. II, 225. Das Haus wurde von II . . . . . . neugebaut. Gegenwärtig befindet sich das Casino darin und über demselben haben die Freimaurer ihre Loge. Zwischen diesem Hause und dem Pfuhlhofe lag der Garten, in welchem der vormals so berühmte Haselnussbaum stand, dessen Höhe und Breite die grössten Eichbäume übertraf. [262]) Seine Höhe betrug bis zu den Aesten 36 und von den Aesten bis an die Spitze 51, oder im Ganzen 87 Werkschuh. Die Dicke in der Rundung aber mass 5 und eine halbe Frankfurter Elle. Anno 1658 hielt Kaiser Leopold I. etlichemal Tafel unter diesem Baume, wie solches an einem Steine unter dem Baume eingehauen war. Im J. 1607 stand dieser Baum noch. Chr. I, 553. Müller Beschr. S. 46. Einige wollen behaupten, dieser merkwürdige Baum habe in einem Garten auf der Galgengasse gestanden. [263])

---

nu *Ryffenberg* und liege hinden daran die Husunge, Hof und Schuren die der *zur alden Waage* syn.

    Mpt. XVII. Sec.   *H. Reiffenberg* vor der Cathrinenpforten, da Scholier inne wohnet in der Neustadt.

    S. Faust von Aschaffenburg 6. 4. u. Chr. II, 213 ad annum 1384.

    [262]) Besitzer des Gartens, wo die Hasselstaude stand, waren 1658 Jacob du Fay und 1706 von Campoing, beide Kaufleute.

    [263]) [Hier stand noch in früherer Zeit ein Zollhaus.] *Stdt. Rchnbch. de 1495.* It. (Sub rubro in margine: Zollhuss vff dem Rossemert.) XLV Gulden geben Fridrichen Faut für eyn Huss als er abgebrochen hait als er buwen lassen hait an und neben das Gesesse Riffenbergk vnd der Rat dasselbe Huss vff den Graben by Hannsen smits Hus setzen lassen hait, in meinunge hinfür des Rades Freunden *denselben Flecken* in der Messe zum Zolle vff zu heben zu gibrauchen.

    Lt Stdt. Rchg de 1626. Schmiedrecht auf des N. N. Schlossers Haus vor der Katharinen Pforten, die alte *Sackträgerstube* genannt, — kostet nebst Feuerrecht: 9 fl. 17 β 6 Hllr.

    Hierher mag auch die *Kornmotterstube* gehören, die 1664 erwähnt wird.

Ein Haus ohne Nummer zwischen dem vorigen und dem Pfuhlhof. [264])

Eckhaus (der Pfuhlhof).

Der Stock vor der Katharinenpforte bei dem Marstalle.

Dessen wird 1637 in der Chronik II, 707. gedacht. Ein solcher Stock stand auch vor der Bornheimerpforte bei St. Martha. Ich glaube deswegen, dass diese Stöcke die Schandpfähle oder Pranger waren, woran die Verbrecher am Halseisen zur öffentlichen Schau ausgestellt wurden, und dass von diesen Stöcken oder auch dem veralteten Zeitworte Stöcken (an den Pfahl winden, in Eisen und Bande legen) derjenige, welcher das richterliche Urtheil vollzog, der Stöcker genannt wurde, welche Benennung noch heutigen Tages dem Oberknecht des Wasenmeisters zukömmt. S. Wachter in Glossario germ. voc. Stock et Stöcken. [285])

Trillerhäuschen auf dem Heumarkte.

War ein rundes, durchsichtiges, und von aufrecht stehenden schmalen Balken zusammen gesetztes Häuschen unter einem Dache, welches herumgedrehet werden konnte. Leute, die sich gewisser Vergehungen schuldig machten, wurden zur Strafe in dasselbe eingesperrt und alsdann so geschwind als möglich herumgedrehet, bis sie taumelnd niederfielen und Alles von sich gaben. Das Häuschen wurde zur Bestrafung der Felddiebe 1691 gesetzt, und ein Schäfer war der erste, welcher darin getrillert wurde, weil er sich nicht wollte warnen lassen, seine

---

[264]) Es gehörte ehemals zu dem vorigen, wurde aber davon losgerissen, von Herrn Lutterott erkauft und neuerbaut. F.

[285]) [Stock bedeutet aber auch Gefängniss, vgl. Mittheil. I. 293, und so wird hier der Stock wohl mit dem oben Note 273 gedachten Gefängnisse zusammenhängen.]

Schafe auf der Contrescarpe zu weiden. Es stand auf dem
Heumarkte nicht weit vom Steinwege entfernt, und wurde bald
nach der Mitte des letzt abgewichenen Jahrhunderts wieder abgeschafft.

Rossmarkt.

Die Mitte zwischen dem Viehmarkte (der Zeile) und dem
Säumarkte machte diejenige Gegend aus, wo ehemals die Ross-
märkte gehalten wurden. Sie nahm von denselben den Namen
an, und war anfänglich von einem sehr weiten Umfange, bis
sie bei dem weiteren Anbaue der neuen Stadt in mehrere
Plätze vertheilt wurde, die nach und nach auch andere Namen
erhielten. [266]) Solche sind der Heumarkt, der Paradeplatz und

---

[266]) O. U. „i marca — extra muros, novo opido, foro equorum
domo contigua ramhof." (L. Scr. V. No. 43. Baldemar inter census
februarii.)

Testament der Dylie Selzern von 1346, worin es heisst: Item
unam marcam den. supra domo, divisa a quadam ibidem contigua ante
portam Buckinheim, in loco, in quo sermones ad populum pascali tempore
fiunt, seu fieri consueverunt, est sita. [Ungewiss ist es, ob diese Stelle
auf den Rossmarkt passt. F) Siehe auch Chron. II, II, 4. (1416) und III,
4. (1347.)

O. U. 1347. In Fr. Hilla Wissen Testament heisst's: die brudere
die da wonent in Conrad Huss von *Lewensteyn* zu den Garten vor Bockenheymer dor.

— 1358. Contze Pulre et ux. verkaufen ihr aldes huss, hoff, Wohnung und Gesess in der Nuwenstatt vor Bockenheimer porten uf dem rossmerkete uf dem Orte an Metzen *Liebestein* hove.

— 1359. H. u. Gesesse gelegen uff dem Rossmerkete in der nuwen
Stadt, mit Namen genannt: *zur Lynegin.*

— 1359. 2 Huser gelegin uff dem Rossmerkete genannt *Span-
heim.*

der Komödienplatz. [267]) Baldemar sagt in seiner Beschreibung
der Strassen von 1350 bei den vicis transitus novi oppidi in-
ferioris partis: „Mentzer et Bogkenheymer gazze unus: forum
equorum a meridie ad septentrionem et ad denen gazzen ten-
dens." Die Mainzergasse, von der hier die Rede ist, nahm bei
der Bockenheimer- oder Katharinenpforte ihren Anfang, und
hatte den Hirschgraben an der Seite, bis sie von der Galgengasse aufgenommen wurde. [268]) Zwischen der Mainzergasse nun
und der Bockenheimergasse war der Rossmarkt der einzige
vicus transitus, und hieraus folgt, dass damals die *Häuser zwischen* dem Steinwege und dem Heumarkte noch nicht erbauet
waren. Hätten diese schon gestanden, so hätte der Heumarkt
auch einen vicus transitus der gemeldeten Gassen ausgemacht und

---

Das Beedbuch de 1359 über die Nuwestatt beginnt an Herrn Gypeln
seel. Husere an von Holzhusen und geht am Rossmarkt die Galgengasse
hinaus.

— 1379. H. u. Gesesse, gelegen in der Nuwenstadt uff dem Rossmerkete genaud zum *Steinbocke.*

— Beedbuch 1380. Hierin werden auffallend viele *Rossduscher*
als in der Gegend der Galgengasse und des Rossmarkts wohnend erwähnt.

— 1438. H. Hoff Scheuer und Garten in der Nuwenstatt uff dem
Rossmarkt uf dem Ort, genannt *Bapts Hoff.*

Vgl. Orth's Anmerkungen I. Fortsetz. S. 670. No. 2. Rossh. Ordg.
de 1708.

[267]) Auch *Ochsenmarkt,* s. Orth p. 511.

[268]) In der ersten Bearbeitung sagt Battonn: und zog längs den
Hirschgraben hinab bis zur Galgenpforte. Dass aber der Heumarkt wirklich ein Theil des Rossmarkts gewesen, dieses veroffenbart sich uns aus
einer Magistrats-Urkunde de 1361, welche das nächst bei dem Heumarkt
stehende Katharinen-Kloster auf den Rossmarkt setzte. Herr von Fichard
bemerkt dazu: Dass das grössere Quadrat zwischen dem Paradeplatz, Steinweg, Rossmarkt und Heumarkt, sowie das kleinere zwischen dem Paradeplatz, Steinweg, Komödienplatz und Biebergasse spätere Anbaue waren,
die auf den alten Rossmarkt gesetzt wurden, ist ganz ersichtlich; der Steinweg oder die alte gepflasterte Strasse nach der jetzigen Bockenheimer
früher Rödelheimer Pforte ward gewiss zuerst mit Häusern besetzt, deren
Hintergebäude und Gärten die Bildung jener Quadrate veranlassten.

Baldemar würde desselben gewiss auch gedacht, oder wenigstens den Rossmarkt nicht für den einzigen vicum transitus der Gegend angegeben haben.

Laut der Baldemar'schen Beschreibung erstreckte sich der Rossmarkt auch über die Bockenheimergasse bis zu der Denengasse, welche von dem Wolfseck bei der grossen Eschersheimergasse durch die Biebergasse und die Kalbächergasse lief. Der Paradeplatz und der Komödienplatz gehörten folglich auch noch zu dem alten Rossmarkt. In der letzten Hälfte des XVII. Jahrhunderts litt der Rossmarkt an seiner Grösse abermal einen Verlust, indem ein Theil desselben durch den Anbau der neuen Häuser in eine Gasse überging. Ungeachtet seiner vielen von Zeit zu Zeit erlittenen Schmälerungen blieb er dennoch der grösste von allen offenen Plätzen. Allenthalben umgeben ihn prächtige Gebäude, und seine schöne Allee von Lindenbäumen [289]) macht ihn zu dem angenehmsten Aufenthaltsorte. Die Schreibarten seines Namens im Alterthume sind gar verschieden. Man liest Roszmertig, Roszmarthe, Roszmerte, Roszmart u. s. w. Den Namen Perde marct fand ich in dem einzigen Zinsbuche von 1390. S. 108. In lateinischen Handschriften hiess er gewöhnlich Forum equorum und zuweilen auch Forum pecudum equorum, oder Forum equinum und Forum equarium. Eben so barbarisch, als die letzten, lauten die Benennungen Forum Rosmorum in den Zinsbüchern von 1413,

---

[289]) Stdt. Rchnbch de 1484. It. vi ₰ den sacktregern von einer linden zu breiden vff dem Rossmerte.

— 1486. It. xiiij hllr. umb ein Karrn miste die Linden zu düngen vff dem Rossmart.

— 1489. It. iiij ₰ für Druden (Stangen) zu den Linden vff dem Rossemart kommen.

It. vij ₰ iiij hllr. für iij Tage dem Meister der die Linden gebreit hait vff dem Rossemart. (Er war von Bonames besonders hieher beschieden.)

— 1492. Die Linden vff dem Rossemart by dem Pfuhle.

— 1500. It. i ₰ für Eychen reydel zu den Linden vff dem Rossebohel kommen. (Wahrscheinlich vff dem Rossepfuhle? doch kommt in derselben Rechnung auch noch mehr Bohel vor.) [S. Note 290.]

1433 und 1438 und Forum Rosmarum in einem andern von
1428. Von Turnieren und Ringelrennen, welche in alten Zeiten
auf dem Rossmarkte gehalten wurden, geben Senckenberg Sel.
II, 43. und die Chronik I, 174 und 213 einige Nachrichten.
Von tragischen Ereignissen auf diesem Platze aber liefert uns
die Hinrichtung des Vinzenz Fettmilch und der übrigen Rebellen
ein vorzügliches Beispiel. Chr. II. 513.

Häuser.

I. Zwischen der Gasse nach dem Hirschgraben und der Galgengasse.

Lit. E. No. 1. *Kranich*, *Kranichhof*, jetzt das von Kron-
stättische und von Hynsperg'sche adeliche Damenstift. [290])
O. U. 1470. II. zum Kranichshoffe genannt, mit seiner
Zubehörunge uf dem Rossmarkt *neben dem Hirschgraben* einer

---

[290]) Beedbuch de 1320. Neuwe Stadt. It. der Franwen Hoff zum
Craniche. (Von diesem Hofe abwärts nach dem Guldin Thurm kommen
vier Hausbewohner vor.)

Stdt. Rehnbch de 1500. Der Rath kauft vmb dusent Gulden vnnd
xxv fl. von Smitten sel. Kinder den Hoff, Husunge und Stelle mit Inbegriff
Rechten vnd Zugehörungen, genannt der *Kranichhoff* in der nuwen statt
gelegen uff dem *Rossebohel* vff dem Ort neben der Stadt Burggraben vff
eyner Seite, stösst neben an Johannen Hanen — vnd der Rath verkauft
diesen Hof wieder, jedoch nur auf lebenslänglich, an den Hauptmann
Eberhart von Huseustamm vmb 400 fl. die er aber auch gleich wieder in
diesen Hoffe zu verbuwen hatte. Diese Stelle beweisst, dass man den
neuen Rossmarkt nach dem Vorbilde des alten Rossmarktes oder jetzigen
Liebfrauenbergs, *Rossebuehel* nannte.

Die Beedrolle von 1509 nennt den Kranichhof Juncker Eberhards
von Husenstamm Hof. (S. Heusenstam 4, 4.)

Aus der Beschreibung dieses Hauses und des folgenden zum grossen
Christophel erhellt, dass der Kranichhof den Namen von dem Geschlechte
zum Kranich erhalten, das gleich andern Geschlechterfamilien hier in der
Neustadt ihren Mayerhof hatte. (S. Kranich 5.) F.

1764 liesen sich Kaiser Franz I. mit Joseph dem römischen König
gefallen darin Hoflager zu halten.

S. Orths Zusätze p. 124.

und Jacob Knoblauch anderseits, stosst hinten auch auf den Hirschgraben.

O. U. 1491. H. Hoff und Garten uff dem Rossmarkt gelegen genannt der Kranighoff neben Balthasar Blumen uff einer und uff der andern Syten gegen unserer Stedte Hirtzgraben.

O. U. 1502. Der Kranigshof auf dem Rossmarkt gelegen.

O. U. 1552. H. z. Kranichhoff.

O. U. 1560. Behausung zum *Kranchshoff* genannt — uff dem Rossmarkt neben dem Hirschgraben uff einer und Jacob Knoblauch anderseits gelegen stosst hinden uff den Hirschgraben.

Lit. E. No. 2. [*Zum Christoffel.*] [291]) Ein sehr ansehnliches steinernes Gebäude von vier Stockwerken, welches 1798 gebauet wurde.

II. Zwischen der Galgengasse und der Gasse am Junghof.

Lit. E. No. 39. [*Zum Bock.*] [292]) Das Eck an der Galgengasse. Es war ein schmales Haus, das 1804 mit der daran gestandenen Maternus-Kapelle und dem Rosszolle niedergerissen wurde. H. Doctor Zeitmann liess ein prächtiges vierstockigtes Gebäude von Stein an ihre Stellen setzen.

---

[291]) Beedbuch de 1380. Contze Furfunke (der Folge nach der Besitzer dieses Hauses zum Furfunken.)

O. U. 1403. H. gelegen in der Nuwenstatt uff dem Rossemarkte zuschen dem Huse genannt Feurfunken und Gipeln Kranch (des Rats).

O. U. 1543. H. u. Garten — zum alten *Christoffel* genannt uff dem Rossmarkt neben dem *Kranigshof* uff einer und dem Haus zum *Feuerfunken* genannt, stosst hinten uff den Hirtzgraben.

O. U. 1555. H. zum Christoffel ufm Rossmarkt.

O. U. 1570. H. zum alden Christoffen in der Vorstatt uff dem Rossmarkt.

O. U. 1575. H. zum Christoffel uff dem Rossmarkt.

Stdt. Rchg. de 1616. Neues Schmiederecht für die Behausung vor der Catharinen Pforten gelegen und zum grossen Christoffel genannt.

[292]) O. U. 1541. H. zum *Pock* bei S. Madern.

Man. XVII Seculi. H. zum Bock liegt bey St. Madern.

Maternus Kapelle. Zwischen dem Eck und dem Rosszoll. [293]).

S. P. 1393. Der Flecken do die Kirche zu S. Madern uff stet.

— 1393. Ein Mark Zins uf der Kirche zu S. Madern ufm Rossmarte.

— 1395. Der Flecken do S. Madern's Kirche stand.

— 1397. Der Flecken do S. Madern uff gebauwet soll werden, auf diese legt Herr Thomas Vicar S. Marie et Georgii einen Kommer für 5 Mrk. versessen und 1 Mrk. ewigen Zins.

— 1405. S. Maderns Kirche soll verkauft werden von den Kämmerern zu U. L. Frauen wegen eines darauf haftenden Kommer.

— 1417. Die Kämmerer zu U. L. Frauen thun einen Kommer uf S. Maderns Kirchen und ihrer Zugehörung von .3 Mrk. und 3 ₰ heller ewiger Gülte 8 Jahre versessenen Zins und den Gerichtsschaden.

O. U. 1474. Hof gelegen in der Nuwenstadt inner der Galgengasse gegen S. Maderns Kirchhof über.

---

[293]) Missethäter bekamen hier das h. Sakrament. II., 2690. (1506.) Vgl. auch Würdtwein Diplomat. Mogunt. II, 561. In der Chronik II, 514 wird sie im J. 1614 die *kleine Capelle* genannt neben dem Rosszolle zu S. Matern. Sie (stehet noch und) musste in dem französischen Revolutionskriege, so lange die Preussen hier waren, ihnen zu einer Wachtstube dienen, neben in dem Rosszoll aber wurden die von ihnen gefangenen Franzosen aufbewahrt.

Kirchhof von S. Matern Folgende Stelle aus dem Zinsbuche S. Mariae et Georgii de 1412 fol. 60. beweist, dass auch die Materns-Capelle ihren eigenen Kirchhof hatte: „Item una marca sita est super capella et cimiterio Sancti Materni in novo opido Frankf. que dudum fuerunt due domus prout in littera sub sigillo opidanorum de Frankf. continetur.

Am 8. März 1804 wurde von der Stadt das an der Materns Capelle gelegene Pfarrhaus (E. No. 40.) nebst der Capelle selbst und dem dahinter gelegenen *Almend (Kirchhof?)* zum Neubau versteigert, einschliesslich des Hauses (Eckhauses) No. 39 an der grossen Gallengasse.

O. U. 1486. Hoff genannt der *Keltterhof* mit Huss, Schur, Garten hinter St. Madern uff dem Rossmarkt gelegen, gehört dem Clas von Rückingen.

O. U. 1489. Das *Kelterhaus* mit dem Garten daran hinter S. Madern bei den Rossmarkt.

(Ueber die Maternus Kapelle ist meine Beschreibung des Geschlechtes der Becker besonders nachzusehen. F.) [294])

[Der Verfasser gibt keinen Text bezüglich der Maternus Kapelle, fügt aber statt dessen folgende Nachrichten bei.]

De Capella S. Materni.

Ao. 1315. S. Materni Episcopi fanum in foro equino inchoatur. *Annal. Reip. Fr.*

Ao. 1473. Sacellum S. Mat. Ep. in foro equario positum, ex imis fundamentis erexit et fundavit N. N. — Secundo innovatum est et dotatum a novo per Hartmannum Becker Scabinum anno 1473 fer. post. Domin. Palmarum. — Habet altare quod dedicatum est in honorem S. S. Trinitatis, B. M. V. S. Thomae Apost. S. Stephani, S. Laurentii, S. Georgii Magni, S. Materni Confessoris et S. Mar. Magdalenae, cujus altaris collatio ad Hennen von Glauburg et senatum scabinorum pertinet. T. I. collect. *Phil. Schurgae,* pag. 389. Florian. p. 262.

Ex Mpt. Rühl. Ums Jahr 1340 hat ein frommer Burger eine Capelle auf dem Rossmarkt zu Ehren S. Matern zu stiften

---

[294] Bürgerbuch 1353—1410. Huss und eine Schure vor dem Ramhofe in der nuwen Stadt genannt zum *roten Schildt.* (Ob hier unter Ramhof nicht der alte Ramhof oder jetzige *Rothehof* zu verstehen ist?)

O. U. 1487. Der Ermele Hus by S. Madern zum roten Schilde genannt.

Stdt. Rchg. de 1567. S. Maderns Kirche und das Kalmay Haus, betreff.

Stdt. Rchg. de 1570. Hans Konrad Satler hat derowegen, dass jme vergünstigt worden, seinen newen Bau hinder S. Madern zu zimmern, zu Zinse geben 12 ß.

— 1574. Den Bronnen an S. Madern zu fegen zahlt der Rath den halben Theil 11 ß.

angefangen und ist darüber so verarmt, dass er an den Bettel-
stab gerathen, ehe sie noch zum erwünschten Ende gebracht
war, und als 1342 der Main sich fast durch die ganze Stadt
ergossen, hat sich der Rath verlobt, zu ewigen Zeiten auf
S. Marien-Magdalenen-Tag eine Prozession zu halten und den
Anfang bei den weissen Frauen zu machen und dann eine Sta-
tion zu S. Matern mit dem h. Sakrament zu halten. Weil aber
diese Stiftung lang also liegen blieb und sonst Niemand gewesen, der solchen Bau anfertigen wollen und selbiger von Jahr
zu Jahr mehr und mehr verfallen, also dass man gedachte Prozession nicht wohl darin halten können und viel Schalkheit darin vorgegangen, als hat wohl länger denn 100 Jahre hernach
Hartmann Becker, ein Schöff und Patrizier, sich daran gemacht
und diese Capell der Pfarrkirche S. Barthol. anno 1453 (alibi
1473) abgekaufft und mit Erlaubniss Erzbischofs Diether von
Mainz diese Capelle vollendet, auch selbige weihen lassen zu
Ehren St. Trinitatis, B. M. V. S. Thom. ap. S. Steph., S. Laur.,
S. Georgii Magni et Materni et Mar. Magd. 1454 d. 29. Novbr.
Er hat auch gestiftet vor die Kaufleuth, so da herumb mit vielen Pferden handeln, zu einer Bruderschaft, dass täglich zu
ewigen Zeiten eine Messe des Morgens früh da gehalten werden
sollte und mit reichlichen Einkünften versorget und verordnet,
dass jederzeit der älteste Schöff und einer von Glauburg Pfleger
sein sollten. Ao. 1473 ist Henne von Glauburg Pfleger gewesen.
Zu solcher Kirche hat der Rath Herrn Hartmann Becker sechs
Haufen Stein gegeben 1453.

Das Einkommen der Kapelle war erstlich der 12te Theil des
Zehenden zu Oberwöllstadt, 45 Achtel Korn vor 3 Priester, alle
Tage eine Messe darin zu singen, jedem des Jahres 15 Achtel.
It. fallen 30 Achtel Korn zu Bockenheim von 3 Huben Landes,
10 Achtel Korn zu Dorfelden von 34 Morgen Landes. Item
60 ℔ Heller weniger 4 ₰ und 2 Gänse von 6 Morgen Wiesen zu
Dorfelden. It. 5¼ Morgen Wiesen zu Eschersheim dem Glöck-
ner. Ex. literis Fundat. apud S. Barthol.

Ao. 1473. Capella S. Materni in foro Equorum restaurata
et novis censibus ditior reddita ab II. Becker Patritio et Scabino. Collatores fuerunt Scabini et senior ex prosapia Glaubur-

gerorum Patritia. Reditus jam valerant annuatim 100 fl. Ex Chronic. Francof. *Latomi* Mpt. (Cfr. Chron. Lersn. I, II, 89 ad anno 1454.) Orth's Anm. zur Reform. I, 181.

Ao. 1454. Hartmann Becker impetrat à Theoder. Archiep. ut capellam in foro equorum sitam, ante 50 annos inchoatam et censibus oneratam et desertam reficere et censibus liberare queat, dotans 21 Achtel Siliginis, habens jus patronatus et refecit eam in honorem S. Trinitatis (wie oben). *Ex notit. Archiv. famil. de Holtzhusen.*

Ao. 1404 wurde die Capell ad S. Maternum auf dem Rossmarkt gebauet. Es ist dasjenige Eckhaus, wo man vom Rossmarkt zur rechten Seiten zur Galgengasse gehet. Diese hatte hernach 1454 Hartmann Becker renovirt. Die Herren von Glauburg sind Collatores davon gewesen. Ex Mpto. cod. B. M. V. in Monte pag. 106.

Lit. E. No. 40. Der *Rosszoll.* [295]) Dieses Haus stand neben der Matern-Kapelle, wo sich vorher deren Kirchhof befand. Es war das Haus, in welchem der Zoll von den Pferden entrichtet wurde, und obschon es der Rath nachmals zu einem lutherischen Pfarrhaus bestimmte, so behielt es doch den Namen vom Rosszolle bei. S. Schudt jüd. Merkw. 4. Th. 2 Contin. S. 18. Als Vinzenz Fettmilch und noch andere Rebellen im J. 1615 auf dem Rossmarkte gerichtet wurden, befanden sich

---

[295]) Stdt.-Rchg. de 1588. Das *Rosszollhaus* ist oben zur Wirthschaft verpachtet.

Stdt.-Allmdbch. de 1688. Allment hinter dem Rosszoll, zieht bis gegen das weisse Ross (in der Gallengasse) und geht dort heraus.

Beide S. Matern u. Rosszoll sollten sammt dem hinter denselben herziehenden Allment schon am 18. Juli 1798 an den Meistbietenden verkauft werden und wurden zu 24,000 fl. zum ersten Gebot eingesetzt. Bauamts Publication de 8. Juni 1798. Fr. Nachr. Blatt de 1798. 15. Juni in der Beilage No. 50 — wurden aber erst 1804 am 18. Januar verkauft, Fr. N. Blatt g. J. No. 3, darauf gleich abgebrochen und wurde an deren Stelle von Herrn Schöff Zeitmann das 4stöckige steinerne Haus gebauet.

die kaiserl. Commissarii in dem Rosszolle, und den Verbrechern wurden oben von den Fenstern, welche mit schwarzem Tuche behangen waren, ihr Todes-Urtheil abgelesen. Chr. II, 513. Herr Pfarrer und Consistorialrath Reichart war der letzte Bewohner des Hauses. Dasselbe wurde 1804 abgebrochen und nachmals mit dem Eck an der Galgengasse vereinigt.

Lit. E. No. 41. *Bär. Goldner Bär*[296]), seit 1782 neu gebauet. [Später *Guttenberg.*]

„Hus und Schure zum gulden bern uf dem rosmerte" S. G. P. von 1445.

„Zum gulden Berne gelegen vff dem Roszmart zuschen sant Madernes Kirchen vnd Sifrid Burggraven" J. B. von 1445.

Lit. E. No. 42. *Gelbes Haus.* Das Eck, wo man nach dem Junghof geht.

III. Bei der Töpfergasse.

Lit. E. No. 231. Der *Pfuhlhof,*[297]) oder der Hof an dem Pfuhle, weil sich der Rosspfuhl gegen ihm über befand. Es ist das Eck an der Töpfergasse gegen der Heuwage über; vor der

---

[296]) O. U. 1448. 2 Nuwe Huser, Hof, Schure daran, hinden und vornen uff dem Rossmarkt gelegen in der Nuwen Stadt genant zum guldnen Berne zuschen S. Madernes Kirchen und Sifried zum Burggraven Scheffen auch an den letzten hinten stossend.

G. Br. 1480 ein nuwes hus mit hof stellen und zugehorungen genant zum Berne hart an S. Maderns Kirchen.

Mpt. XVII. Seculi. H. *Guttenberg* der Hengsberger hus auf dem Rossmarkt. (Ob dasselbe, da ich vermuthe, dass das Haus, welches ehemals der Familie von Hengsberg gehörte, das Haus Lit. E. No. 42 sei? F.)

1743 logirte der K. Principal Commissarius Joseph Wilh. Ernst Fürst zu Fürstenberg in dem goldnen Bären (modo Städelsches Institut.) [Jetzt dem Herrn Antiquar J. Baer gehörig.]

[297]) O. U. 1351. H. gelegin *zum Garten* an Hamanns hobe von Holzhausen.

Nuwenstätter Beedbuch de 1359. Hier heisst es nach dem Directorio Nota an Foyt an vnd waz der Hoff Herrn Cunrads von Glauburg. Item Foyt von Westirfeld. It. Henne Foyt Styffson. It. Hennen Hoff von Spire. It. Hn. Jungen seel. Hoff. It. Heinrich Wolff Hoff. It. Henne Junge in Heylen Hoffe zum Swanen.

Erbauung der neuen Häuser aber war er das Eck vom Rossmarkte. Er gehörte unter die ältesten Höfe der neuen Stadt,
dessen in einem Dokumente von 1358 schon gedacht wird. [298])
Die adeliche Familie von Holzhausen besitzt ihn gegenwärtig
als ihr Stammhaus. [299])

Haus zwischen dem vorigen und dem folgenden Ecke ohne
Nummer, dasselbe wurde 1816 zum Weidenbusch gekauft, und
durch einen neuen Bau mit demselben vereiniget.

(Hieran schliesst sich das Eck Haus Reiffenberg, vgl. S. 265.)

Schwert. „Hus zum Swerte uf dem Roszmerte" S. G. P.
von 1395.

„Hus uf dem Rosmerte neben dem hus zum Swerte gen dem
Borne ubir." Idem von 1409.

1365. It. Foyt von Westirfeld.

O. U. 1384. Hof des Foyten von Meyren gelegen am Eck am Rossmarkt.

— 1387. H. in der Nuwenstadt uf der Ecken uf dem Rosmarkte,
da Werner Foid seel. inne sass.

— 1389. 2 Hoffe — gelegin in der Nuwenstadt und der waz einer
etzwann des alden Voygts — so was der andre etzwanne Hans Monsper-
ger und ligen beide uff dem Rossemerkete.

— 1393. Faudes seel. Hof uf dem Rossmerte in der Nuwenstad.

— 1430. Wernher Voigt seel. H. neben dem Ramhof der *Mons-
perger Hof* genannt.

G. Br. 1470. Hof, Haus, Scheuer und Garten in der Nuwenstadt uf
dem Rossmerthe uf dem Orte genannt Foyds Hof.

Beed-R. von 1509. Friedrich Foyt's Hus, modo der Pfuhlhof.

Stdt.-Rchng. de 1636. Martin Ernst Wirth im Pfuelhoff wird erst
ein solcher.

Mpt. 1661 ward der Pfuhlhof von Achilles Ludwig v. Glauburg neu
erbaut.

[298]) S. Chr. II, 2. 2. (1358). Vgl. noch I, 358. (1705 den 1. Novbr.)
II, 565. (17 . .) Fürstin von Usingen. vid. Solennit. funebral pag. 5.

[299]) NB. Im J. 1793 verkaufte Herr von Holzhausen die hinten an
den Weidenbusch stossende Scheuer des Pfuhlhofes, die zur Seite an der
Töpfergasse stand dem Wirth zum Weidenbusch, welcher letztere auch
18.. den ganzen Pfuhlhof von Herrn von Holzhausen erkaufte. F.

Bischofsheim. [300]) „Hus Bischofsheim ufme Rosmerte." S. G. *
P. von 1396.

Gross Kleeberg. [301]) „Hus zum groszen Cleberg ufme Rosz-
mert." S. G. P. von 1395 u. 1406. „Cleeberg in nova civitate
uff dem roszmerte. L. C. S.S. M. et G. de 1412. f. 59. (wohl
Lit. E. No. 42. F.)

Mönchsbergerhof. „der Monchsberger hof uf dem Rossmerte." S. G. P. von 1417.

Liedernheim. 1506, als zwei Schiessen vor Stahl und Büchsen vor dem Galgenthore gehalten wurden, und demselben viele
Fürsten, Grafen, Herren und Städte beiwohnten, stand vor dem
Hause Liedernheim auf dem Rossmarkte ein Glückshafen von
200 fl. Chr. I, 805. II, 1. (1438.)

Wölfchen auf dem Rossmarkte. 1698. l. c. S. 357.

Brunnen
auf dem Rossmarkte.

Aus einem Mpt. der hiesigen Stadtbibliothek No. 19. A.
von 1624 ist zu ersehen, dass im J. 1610 ein Springbrunnen
auf dem Rossmarkte angerichtet wurde. [302]) Derselbe stand hart
an der Rosswede, bis er 1710 wegen Baufälligkeit abgebrochen
werden musste. Chr. II, 27. Sein Sarg hielt 15 Fuder 4 Ohm
3 Viertel (Chr. I, 9.) und wie das eine Cunibertsche Mpt. S. 231
berichtet, befanden sich über demselben 4 Seepferde mit 8 Del-

---

[300]) S. G. P. 1394. H. Bischovesheim.

[301]) Reg. cens. fabric. It. ¹/₂ marcam den. legavit Jutta pistrix dicta
Hartmudi de domo dicta *Cleberg* sita in novo opido inferiori parte foro
equorum seu platea dicta Rossemertig, latere occidentali infra vicos dictos
Meintzer et Bockinheimer Gasze propius vico Mentzergasze iam notati.

O. U. 1361. II. u. Gesess in der Neuwenstad gelegin uff dem Rossemerkete genannt Cleberg.

S. G. P. 1406. H. Cleberg uf dem Rossmarkt in der Nuwenstadt.

[302]) *Stadt-Rchnbch de 1389.* It. — vmb steine zum Borne vff dem
Rossemerkte.

— 1394. It. xxx ß vmb Bockenheimer Quadersteine zum Borne vff
dem Rossemerkete.

phinen mit einem Adler oben in der Höhe. Am 24. Nov. 1684 warf der Sturmwind an diesem Brunnen eine grosse Linde um, woraus ich vermuthe, dass er gleich Anfangs mit Lindenbäumen umpflanzet wurde. l. c. S. 526. Am 4. Mai 1711 beschloss der Rath, den Brunnen zu mehrerer Zierde der Stadt mitten auf den Rossmarkt zu setzen, und noch an dem nämlichen Tage wurde mit Grabung des Fundaments der Anfang gemacht. Chr. II, 27. Der neue Brunnen erhielt statt der vorigen Figuren das Bildniss des Hercules und des Antheus, welche auf Delphinen ruhen, wobei die Verse in Stein eingehauen sind:

Est hominis Delphinus amans vehit omne per aequor,
Hunc qui legitime munia jussa subit.

Am 6. März 1726 tanzte ein Knabe von 5 Jahren auf dem Brunnen, welcher wegen der Kälte noch gedeckt war. Indessen brach das Brett und der Knabe fiel in das Wasser und ertrank. l. c. S. 827. (807.)

Maternusbrunnen.

Sein Standort war neben der Maternus-Kapelle, und er erhielt daher auch von ihr den Namen. Es war ein gedeckter Ziehbrunnen, wurde aber wenig mehr gebraucht. Von seinem Alter lässt sich nichts Gewisses behaupten. Die Chronik sagt zwar II, 7, dass der Born auf dem Rossmarkte im J. 1417 sei gemacht worden. Allein da zu selbiger Zeit noch mehrere Plätze, die auch Brunnen haben, zu dem Rossmarkte gehörten, so lässt sich die in der Chronik mitgetheilte Nachricht nicht mit Sicherheit auf diesen Brunnen anwenden. In einem Bauamts-Publicatum vom 8. Jan. 1798, worin die Maternus-Kapelle mit den zwei Nebenhäusern zum Verkaufe angeboten wurde, lautete die achte Bedingung: „Kann der an der Pfarr-Behausung befindliche Brunnen von dem Käufer, wenn er seine Behausung neu aufführen lässt, innerhalb des Gebäudes als sein erlangtes Eigenthum eingeschlossen werden." Als die alten Gebäude im J. [1804] niedergerissen wurden, verlor sich zu gleicher Zeit auch der Brunnen aus unsern Augen.

Rosswede.

Auch die Rossschwemme und in ältern Zeiten der Rosspfuhl.[303]) Sie wurde 1465 gegraben. Chr. II, 22. Anno 1607 beschloss der Rath, sie ausfüllen zu lassen, weil sie mit vielem Unrathe angefüllet, einen sehr üblen Geruch ausdünstete; er änderte aber den Schluss bald wieder und befahl den Bauherren, die Wede mit Mauerwerk und Schlägen also zu versehen, damit man dieselbe in Feuersnoth gebrauchen könne. l. c. S. 25. Von dieser Zeit an war also die Wede mit einer Mauer umfasst, in der sich drei breite Oeffnungen befanden. Neben der mittelsten gegen dem Pfuhlhof über stand die Wasseraich, welche uns J. 1632 von Junker Achilles von Hynsperg, einem grossen Künstler, angegeben wurde. Chr. I, 27. In dem Aicherhäuschen war eine Röhre angebracht, aus welcher die Wede immer einen Zufluss von frischem Wasser erhielt, das nachmals durch einen unterirdischen Kanal in die grosse Andaue floss. Die Fuhrleute, welche täglich ihre Pferde darin abschwemmten, hatten sonst die Gewohnheit, dass sie ihre Kameraden, wenn sie dass erste mal hierher kamen, auf eine mit einem Pferde bespannte Schleife setzten, und mit ihnen in die Wede rannten, und sie dreimal im Wasser herum, und dann wieder in das Wirthshaus führten, wo dieses sogenannte Hünseln mit einem Trunke beschlossen wurde. Bei der Oeffnung der Wede stand ein Stock, und wenn der Fuhrmann, welcher die Schleife führte, an denselben anstiess, so war der Neuling von der Wasserfahrt befreit. l. c. S. 472. Im J. 1716 fand man beim Fegen der Wede 5 Menschenköpfe, aber weiter keine Gebeine mehr. l. c. II, Th., 825 (805). Diese Wede wurde 1790 am Ende des Jahres ausgefüllet und der Platz im folgenden Jahre geplastert. Sie stand gegen dem Pfuhlhof über, und nahte sich den Häusern so sehr, dass zwischen ihr und der goldnen Kette nur ein schma-

---

303) S. P. 1409. der grosse Pul in der Nuwenstadt.

S. G. P. 1444. H. by der Wede.

— 1445. H. gelegen hinter der Wede. Ebenso 1460.

ler Gang übrig blieb. Derselbe wurde vor ungefähr 40 Jahren mit Thüren von eisernen Gerämsen versehen, die Abends geschlossen wurden, um dem nächtlichen Unfuge daselbst zu steuern.

Am Junghofe, oder auch Rothenhofe.

Eine Stumpfegasse auf dem Rossmarkte zwischen der Galgengasse und der Bockenheimergasse. Sie ist in ihrem Eingange etwas schmal, breitet sich aber hinten viel weiter aus. [304])

Baldemar wusste noch nichts von ihr, sie scheint aber doch kurz nach dem J. 1350 entstanden zu sein. Die hintere Gegend des Junghofes wird *hinter dem Jungwall* genannt. [Zuletzt hiess man diesen Platz „an den Höfen."]

Häuser auf der Westseite.

Lit. E. No. 43. Der *Stosshof*. [305]) Curia Heilmanni Stossen. In dem S. G. P. von 1361 kömmt schon der Stossishof neben Junge Wesselers hof vor. ii marce den. de curia Heil Stoszen

---

[304]) Der *Jung-* und *Stosshof* lagen ehemals auf dem Rossmarkt, der auf diese Seite hin viel weiter hinausgegangen zu sein scheint. Wie S. Maderns-Kapelle erbauet wurde, scheint diese Anfangs einzeln dagestanden zu haben. Bald darauf mögen aber die neben derselben stehenden Häuser vorgebaut worden sein, wobei der Zugang zu dem Jung- und Stosshofe offen erhalten werden musste und die befragte Strasse entstand. Warum ich hier nur diese beiden Höfe und nicht den rothen Hof nenne, davon siehe bei dem *Rothen Hof*. Wie weit die Reihe dieser Häuser bei S. Madern vorgerückt worden, davon scheint mir das weisse Ross das Maas zu sein. Sie rückten um so viel nach dem Platz vor, als das weisse Ross zurücksteht. F.

[305]) O. U. 1318. Heile Stoz u. Catharine ux. versetzen feria quarta ante Exsurgo iren Hob der gelegen ist *zum Garten* an *Jungen Wesselers Hob*.

1357 in vigil. B. Matthie Ap. verkaufen Heile Stoss Katrine ux. eine Gülte auf ihrem Hof, Haus und Gesess in der Nuwenstadt uf dem Rossmerte gelegen an Junge Weyseler. (F. II, 2, 2. 1357)

sita in nova opido Frank. inferiore parte vico seu platea dictis
forum equorum seu perde marct latere occidentali infra vicos
dictos Bogkenheimer et Mentzer gasze quasi in medio." L. C.
de 1390. f. 188. Der Heilmann Stoss war Zweifels ohne der
Mann, von dem der Hof noch den Namen führt. Am 11. Aug.
1708 um halb ein Uhr nach Mitternacht entstand in diesem
Hofe ein Feuer, welches das Bauer von Eiseneckische Hinterhaus im Junghofe ergriff, und selbiges plötzlich in Asche legte.
Chr. II, 778.

Lit. E. No. 44. Der *Junghof*.[306]) Er wird in dem S. G. P.
von 1361 der „Junge Wesselers hof in der Nuwenstadt" genannt,
und von diesem scheint durch eine Abkürzung der Name Junghof entstanden zu sein. Neben ihm war laut des nämlichen
Protokolls der Stossishof (Stosshof) gelegen. Johann von Glauburg war 1406 der Besitzer des Hofes, von dem er auch der

S. G. P. 1387. Stoyses Hof.

Beede-Rolle von 1509. Friedrich Foyts Hof, 2 W. der Stosshof.

O. U. 1548. H. Stall, Scheuer und Hof hinten daran — der Stosshof genannt uf dem Rossmarkt neben dem Junghof uff einer und Danielen
von Hinspurg uff der andern Seiten gelegen, stosst hinten uff bemelten
Junghof.

[306]) O. U. 1360. *Junge* Wessler versetzt sin Husere, Hof und Gesesse in der Nuwenstadt gelegin, den Garten, und was darzu gehöret, in der
Nuwenstadt darbei belegin. (Er hiess *Jung* und war ein Wechsler, camp-
sor, siehe meine Nachricht über die *Jungen von Friedberg*. F.)

S. G. P. 1361. Junge Wesselers Hof in der Nuwenstadt, der *Stos-*
sishof neben vorbenanntem Hof.

Beedbuch 1365. It. Junge Wesseler.

O. U. 1439. H. Hofe Stalle und Garthen — hinden und vornen in
der Nuwenstadt gelegen, genannt der Jungen Hof.

— 1507. Behusung, Speicher, Hoiff und Garthen genannt der Junghof uff dem Rossmarg gelegen neben Clas Humbrechts Erben uff eyner
und uff der andern Syten neben Weycker Knobelauch.

Die Beedrolle von 1509 setzt in diese Gegend: Junker Wiker Knob-
lochs Hof, welchen ich für den Junghof halte.

Lt. Stdt.-Rchg. de 1531 haben 56 fl. (57 ₰ 4 ♂) geliebert die Scheffen — vnd Ratsgesellen —, als sie die Almey by dem Junghoiff vff dem
Roissemerkte folgenden, Cathrinen Heidtinn, Henrich Borgelern vnd Conradt Stemmelern verkaufft.

Glauburger Hof genannt wurde. In gedachtem Jahre und 1360 hielt der Rath sein gewöhnliches Hirschgelag darin. [307]) Chr. I, 472. Nachmals besassen ihn die Weissen von Limpurg, und zufolge einer Nachricht im von Holzhausischen Archive verkief 1439 Johann Weiss von Limpurg den Junghof auf dem Rossmarkte um 450 fl. Vermuthlich geschah der Verkauf an Hartmann Becker, der auch gleich den vorigen ein Patrizier war, und 1466 den Junghof besass. Chr. II, 218. Im J. 1708 waren die Bauer von Eiseneck die Besitzer, wie bei Gelegenheit eines Brandes im Stosshof bemerkt wurde. Nun gehört er einem Herrn von Bienenthal. Ueber dem Thorbogen befinden sich noch zwei Wappen mit der Jahrzahl 1566. Der Hof enthält einen sehr grossen Raum, und ist mit vielen Gebäuden besetzt, in deren einem die Reformirten im J. 1759 und 1788 ihren Gottesdienst hielten. S. des Hrn. P. Hausknecht Abschieds-Predigt. Auch wurden lange Jahre die Schauspiele darin gehalten, bis endlich die Stadt ihr eigenes Komödienhaus erhielt.

Auf der Nordseite.

Ein niedriger Bau zwischen dem Junghof und dem Thore des Rothenhofs, der vor Zeiten ein Stall war, und zum Junghof gehört. [308])

O. U. 1582, 16. Januar stellt Johann Adolff von Glauburg eine Urkunde aus, da zwischen seinem Hoff, der *Junghoff* genannt und seines Schwagers des Schöffen Georg Neuhaussen Garten, *etwann der Rothhoff* genannt, ein Gass oder Winkel befindlich sei, die zum Junghoff gehör, und durch eine Wandt oder Planken von beiden Höfen abgesondert sei, wovon (der Planke nämlich) die eine Hälfte gegen (den Rothen Hoff) *Neuhausens* Garten und Wohnhaus *diesem,* die andere Hälfte aber gegen den *Jungkwall* dem von Glauburg gehöre, so bekenne er, da sein Schwager den ihm gehörigen Theil der Planke in eine Mauer umändern lasse, dass letzterem diese Mauer allein zustehe.

[307]) Stdt.-Rchnbch. de 1492. Wurde in Johann von Glauburgs Garten (der Junghof) der alljährliche Hirsch mit allen Beamten verzehrt.

[308]) O. U. 1537. H. u. Stallung — uff dem Rossmarkt neben dem *Rotenhof* und einer gemeinen Gassen gelegen stosst hinden uff den *Junghof.*

„der Stall vor dem Junghofe uf dem rossmerte zwischen Hermann Appenheimers hof genant der ramhof und Sifried Burggrafe gelegen." S. G. P. von 1346. Der Rahmhof heisst nun der Rothehof, und der Sifrid Burggraf bewohnte das Haus gegen über, welches vornen von dem Rossmarkte bis hinten an den Stosshof reichet. S. E. No. 42.

Lit. E. No. 67. Der *Rothehof,* [309]) vorher *Ramhof,* [310]) wel-

***

[309]) Der Rothehof hatte in der frühern Zeit keinen Ausgang auf den Rossmarkt hin und war durch eine Mauer mit Zinnen von dieser Seite geschlossen, wie der Merian'sche Grundriss beweist. Der einzige Haupteingang dieses Hofes war das jetzige hintere Thor nach der Bockenheimer Strasse zu, wesshalb dieser Hof auch bei den Beedgängen und anderen Urkunden stets zur Bockenheimer Strasse und nicht zum Rossmarkt gerechnet wurde. Die obenerwähnte Mauer nach dem Rossmarkt hin scheint erst niedergerissen und der Ausgang eröffnet worden zu sein, wie das später von Herrn Geh. Rath Löhrle bewohnte Haus in den 1740iger Jahren erbaut ward. F.

[310]) Urk. von 1375 in Senckenberg Select 1, 110, worin des Rahmhofes in der Nuwenstatt erwähnt wird.

O. U. 1398 (desgleichen bereits früher in 1380 und 90r Jahren) Hoff Huss, Schure — gelegen in der Nuwenstatt genannt der *Ramhof* gelegen an Hennen Wissen, hinder Jacob zum Nuwenhusse.

O. U. 1434. Holzhaus. Archiv. Es verkauft Hermann von Appinheim im alten Ramhof sesshaft einen Hof und Garten auf dem Rossmarkt an Krafft von Schwalbach (Kraft von Schwabbach).

— 1437. Der alte Ramhof in der Nuwenstadt uff dem Rossmarkt neben dem H. zur Lilien.

— 1437. H. Hof und Garten gnt. der alte Ramhof in der Nuwenstatt uf dem Rossmarkt darinnen Hermann Appenheimer der Zeit wonet, zwischen Henne Weiss zum Hirtzhorn und dem H. zur Lilien, Sifrids zum Burggrafen Hof über.

Unter den Hausdocumenten des Rothen Hofs befindet sich folgendes:

O. U. 1497 eyn alte verfallene Schuren und ein wuste Flecklin daran in der Nuwenstadt by der Bockinheimer Porten in dem Luge in das Lannt gelegen neben Clasen Humbrecht uff einer vnad Hansen Engelender golt smidt uff der andern Siten stoiss hinden uff den vorgenannten Clasen Humbrecht. (Ist in der Dreifroschgasse, wahrscheinlich gegen Ende desselben auf der Seite des Rothen Hofs, welcher damals dem Clas Humbrecht gehörte, wie aus einer andern Urkunde ersichtlich und erweisst, wie weit der Rothe Hof in dieser Strasse gegangen.)

cher hinten auf die Dreifroschgasse stösst. Ihn besass 1436
Hermann Appenheim, der vermuthlich von dem Patrizierge-
schlechte dieses Namens abstammte. S. bei dem vorigen Hofe.
[Er hiess auch der *Ginheimer* Hof.] [311])

Lit. E. No. 45. Das Eck gegen der Rossallee über.

Gasse zwischen dem Hirschgraben und dem Rossmarkte.

Eine zur Zeit noch namenlose Gasse, deren Entstehung mit
den auf dem Hirschgraben erbauten Häusern gleichzeitig ist,
und folglich ihr Alter das Jahr 1582 nicht übersteigt. Die
Häuser dieser Gasse werden in ihren Kaufbriefen nicht
anders als am Rossmarkte beschrieben. [Heisst jetzt „am Salz-
haus."]

H. auf der Nordseite.

Lit. F. No. 104. *Goldne Kette.* [312]) Das Eck am Rossmarkte.

O. U. 1500. Zweyhe Schaffestalle mit iren Furchriffen vnd Zugehorungen in dem Luge in das Laut zwischen Johann Gulden lewen genannt
Eungellender uff eyner vnndt Clausen Humbrechten — uff der andern syten
und stoisst hinden an den gedachten Clausen. (Die Schafställe verkauft
Clas Humbrecht laut einer andern Urkunde desselben Jahres an Johann
von Liech, Metzeler, der ihm dagegen einen Gültbrief darauf ausstellte,
woraus der vorstehende Auszug de 1500 genommen ist.) F.

Vgl. Chron. II, 817 (1414.) I, 1. (1536.)

[311]) O. U. 1390. *Ginheimers Hof* in der Nuwenstatt, der nun Clas
Appenheimers Kinde.

— 1438. Heunen Ginheimers Hof in der Nuwenstatt, der nu ist
Clas Appenheimers Kinde.

Mpt. XVII. Sec. Ginheimerhoff uf der Galgengasse am Eck.

Ohne Zweifel ist dies der jetzige Rothehof, da Hermann Appenheimer, einer der Söhne des Clas Appenheimer, als Besitzer des Rothenhofs
1390 vorkommt. S. meine Genealogie der Appenheimer. F.

[312]) Mpt. XVII. Sec. H. *zur goldnen Kette* auf dem Rossmarkt
gen der Weedt.

Lit. F. No. 105. *Mittelbau.* Diesen Namen führt das Haus, weil es in der Mitte der drei Häuser steht.

Das Eck. S. Lit. F. No. 76 auf dem kleinen Hirschgraben.

Auf der Südseite.

Lit. F. No. 106. *Goldner Ring.* [313]) Das Haus neben dem Kronstättischen Stifte, das anfänglich ein Eck war.

Lit. F. No. 107. *Goldner Ring.* Ein von dem vorigen Hause abgerissener Theil, wie aus den Haus-Dokumenten zu ersehen ist.

Lit. F. No. 108. [314])

Lit. F. No. 109. Das Eck am grossen Hirschgraben. [315])

---

[313]) In einer Rathsquittung de 1596 über abgelösste Grundzinse à 21 fl. 9 ₰ wird das H. zum goldnen Ring „auf unserem Hirschgraben neben einem Allment gelegen" benannt.

Allmendbuch de 1685. Ein Allmend neben dem gulden Ring und zwischen der Frau Stephanie von Cronstetten bei dem Rossmarkt und ist ein Adler am Thor oben in Stein gehauen, hatte einen Ausgang auf den Rossmarkt. (In Betreff dieses zum Hirschgraben-Garten gezogenen Allmends war 1738 noch Streitigkeit.)

Laut Stadtrchng. 1594 zahlte Mathes von Hensberg Grundzins von seinem Haus auf dem Hirschgraben. (Ist der goldne Ring, in dessen Besitz dieser Mathes von H. gewesen, wie ich aus den Hausdokumenten ersehen. F.)

[314]) O. U. 1627. 3 verschiedene Häuser und Wohnungen von einander — uff dem Hirschgraben neben Mathes von Hynsberg einer und Adam Adlern anderseits gelegen stossen hinten an den *Hirschgarten* (des weissen Hirsches Garten).

— 1643. Behausung mit Garten daran am Rossmarkt neben dem gulden Ring.

[315]) Die Beederolle von 1509 nennt das H. neben dem Kranichshof das *Zollhaus* und fängt mit diesem die Neustadt an, und zählt sodann die Häuser weiter nach der Galgengasse zu. Es scheint also das Zollhaus der alten Guldenpforte gewesen und die daran stossenden Häuser F. 107. 8. 9. scheinen erst später erbaut zu sein. F.

Gasse neben dem Kronstättischen Stifte.   .

(Darunter scheint der Herr Verfasser seel. die Almei zu
verstehen, die ehemals von dem Kutscherhofe neben dem weissen Hirsch bis auf den Rossmarkt vorne herausging und noch
auf dem Plane de 1552 sich zeigt. Sie ward später eine geschlossene Almend und ist nun mit dem Hof und Garten des
Kronstättischen Stiftes vereinigt.) F.

Schlesingergasse.

Sie ist eine Stumpfengasse, die oben in der Galgengasse
neben dem doppelten Ecke zum weissen Rosse ihren Eingang
hat, und hinten, ehe sie den Zwinger erreicht, von einem Garten
geschlossen wird. [316]) Baldemar kannte sie schon; denn er sagt
in seiner Beschreibung von 1350 bei den vicis inpertransibilibus:

---

[316]) O. U. 1454. Hof, Husunge, Schure u. Garten in der Nuwenstatt
hinter St. Maderns-Kirchen *die Gassen hinder* zuschen Hartmann Beckers
und Gerbrechtis von Glauburg Garten

— 1579. Garten sampt einem Haus darinnen — in der Gassen hinder S. Matern-Kirchen — stosst hinten gen unser Stadt Mauer zu uff einen
gemeinen Weeg.

— 1614. Platz 10 Ruden haltend sampt einer darauf neuerbauten
Eckbehausung — *im Schlesinger Eck* genannt in der neuen Schlessinger-
gassen.

ibid. Platz 10 Ruden haltend samt einer darauf neuerbauten Behausung uff der Galgengasse in der neuen Schlesinger Gassen neben dem vor-
bemerkten Eckhause — stosst ebenfalls hinten auf Junker Joh. Mengers-
hausen.

ibid. Platz 9½ Ruden haltend sampt einer darauf neuerbauten Behausung *zum Schweitzerberg* genannt uff der Galgengasse in der neuen
Schlessingergass gelegen stosse vornen uff gedachte neuen Gass einerseits
neben der *Maternsgasse*, anderseits an N.; stosse hinten auf Junker Joh.
Mengershausen.

„Mentzergazze latere septentrionali unus." Dass die Galgengasse damals die Mainzergasse geheissen hat, wird noch besonders gezeigt werden, und dass die Schlesingergasse auf der
nördlichen Seite der Galgengasse ihren Eingang hat, gibt der
Augenschein zu erkennen. Wir nehmen auch aus dem Belagerungsplane von 1552 ab, dass ihre nördliche Seite damals noch
grössten Theils von Gebäuden entblösset war. Ihr Name scheint
von dem Schlesingerhofe herzurühren, und ich vermuthe, dass
sie anfänglich die Schlesingerhofgasse geheissen hat. Die Ab-
kürzungen der Namen waren hier nichts Ungewöhnliches.

Häuser auf der Südseite.

I. Zwischen dem Ecke zum weissen Rosse und der kl. Galgengasse.

Lit. E. No. 30. Das Eck an der kleinen Galgengasse.
[Schlesinger Eck?] [317])

II. Zwischen der kleinen Galgengasse und dem Zwinger.

Das Eck am Zwinger in der grossen Galgengasse Lit. E.

O. U. 1616 lediger Platz mit sinen umfangenen Mauern 10 Ruden
haltend uff der *neuen Galgengasse* neben Caspar Osterling — stosst hinten
auf Junker Johann Mengershausen.
— 1619 eine neu so zu zwei unterschiedlichen Wohnungen gebaute
Eckbehausung sampt einem Garten daran auf der Schlesinger Gassen neben
Nicol. Rouseln Maurern einer und der *Maternusgassen* anderseits, stosst
hinten an das *weise Ross*.
Unter der Materngasse scheint der vordere Theil der Schlesingergasse von dem Eingange bei dem weisen Ross zu rechnen verstanden zu
werden. Wahrscheinlich war dieser vordere Theil die ältere schon dem
Baldemar bekannte Strasse, um das Jahr 1612 scheint diese alte Strasse
bis an die Stadtmauer hin verlängert worden zu sein, und letzterer Zu-
wachs den Namen der neuen Schlesinger Gasse erhalten zu haben. Der
Name „*Schlesinger Gasse*" ward endlich der ganzen Strasse zu Theil. F.
(Doch vgl. Nota 331)
[317]) Dies scheint das in der O. U. 1614 als das Schlesinger Eck dem
Schlesinger Hof gegenüber beschriebene Haus zu sein und davon den Namen erhalten zu haben, wie das bei mehrern Häusern der Fall war.

VI. 19

No. 12 und das Haus No. 13 haben hier Hintergebäude, die nicht nummerirt sind.

Das *weisse Schlösschen*. Dieses ist ein neugebautes Haus, und zwar das Hinterhaus von No. 12.

Auf der Nordseite.

Lit. E. No. 31. Steht hinten in der Ecke.

Lit. E. No. 32. Bleichgarten mit Wappen und der Jahrzahl 1674 über·dem Thore.

Lit. E. No. 33. *Schlesingerhof.*

·Lit. E. No. 34.

Lit. E. No. 35.

Lit. E. No. 36. Das Pfarrhaus der reformirten Gemeinde gegen der kleinen Galgengasse über.

Lit. E. No. 37. Der reformirten Gemeinde gehörig.

Lit. E. No. 38.

Zum *hintern Löwen* in der Schlesingergasse. Frf. Intell. Blatt von 1756. Der Bewohner war Hieronymus von Hilten.

B r u n n e n

in der Schlesingergasse.

[Ein Text dazu ist nicht vorhanden.] [316]

---

[316] Mpt. XVII. Sec. Der *Biberbronnen* auf der Galgengasse neben dem Hellfant.

Kleine Galgengasse.

Man wird sie in dem grossen Belagerungsplane von 1552
noch nicht in der Gestalt einer Gasse wahrnehmen, wohl aber
einen Hof an ihrer Stelle finden, der inwendig schon mit Häusern gleich einer Gasse besetzt war. Man öffnete nachmals den
Hof an beiden Seiten, indem man vorne bei der Galgengasse
die Mauer mit dem Thore niederriss und ihm hinten bei der
Schlesingergasse durch den Abbruch eines Hauses eine Oeffnung
verschaffte. Auf solche Weise entstand die neue Gasse, der
man den Namen von der grösseren (der Galgengasse) beilegte,
der sich aber nun nach ihrem Beispiele in die kleine Gallengasse verändert hat. [Vgl. Note 331.]

H. auf der Westseite.

Das Eck. S. Lit. E. No. 15 auf der Galgengasse.
Lit. E. No. 19.
Lit. E. No. 20.
Lit. E. No. 21.
Lit. E. No. 22.
Lit. E. No. 23.
Lit. E. No. 24 ⎫
Lit. E. No. 26 ⎬ Nun ein Haus.
Lit. E. No. 27.
Lit. E. No. 28. Das Eck an der Schlesingergasse, wo der
Brunnen angebaut ist.

Auf der Ostseite.

Das Eck. S. Lit. E. No. 16 auf der grossen Galgengasse.
Lit. E. No. 25. *Goldner Elephant.*[319]) S. Frf. Int. Bl. von
1804 No. 23.
Lit. E. No. 29. Neben dem Ecke No. 30 der Schlesingergasse.

---

[319]) O. U. 1487. II. Scheuer und Garten zum Elefanten auf der Galgengasse.

Mpt. XVII. Sec. II. zum Elephant auf der Galgengass.

Ib. II. zum Helffand auf der Galgengasse.

Mainzergasse.

Auch in der neuen Stadt befand sich in der Mitte des XIV.
Jahrhunderts eine Mainzergasse, die mit jener in der alten Stadt
nicht darf verwechselt werden. Baldemar setzt sie unter die
Hauptstrassen des untern Theils der neuen Stadt und sagt von
ihr: „Mentzergazze a porta antiqui opidi dicta Bogkinheymer
dor ad portam novi opidi dictam Mentzer seu Galgin porten“.
Sie nahm also bei der äussern Bockenheimer- oder nachmaligen
Katharinenpforte ihren Anfang, zog neben dem Hirschgraben
vorbei, und durch die Galgengasse bis an das unlängst nieder-
gerissene alte Galgenthor. Der Name erlosch gegen Ende des
XIV. Jahrhunderts wieder, wo der obere Theil sich mit dem
Heumarkte und der mittlere mit dem Rossmarkte vereinigte,
der untere aber den Namen der Galgengasse annahm.

Galgengasse, jetzt Gallengasse.

Oder grosse Galgengasse. [320]) Der letzte Name wird zuweilen gehört, um sie von der kleinen Galgengasse zu unterscheiden. Sie machte in den ersten Zeiten ihrer Entstehung
einen Theil der Mainzergasse aus, wie ich kurz vorher gezeigt

---

[320]) S. G. P. 1393. Der Becker in der Galgengasse. Ebenso 1395.
Zinsbuch S. Bartholom. de 1452. S. 59: in foro equorum latere occidentali infra vicos dictos Bockinheymer et Galgengasze.
O. U. 1458. Hoff gelegen in der Nuwenstadt in der Galgengasse
gein St. Maderns Capellen uber zuschen Jacobs zu Schwanau und Barteln
Rossduscher und stosse uff unserer Stedte Burggraben (gehört zur Südseite der Galgengasse, s. auch O. U. 1372: Platzchin Wiesen gelegen in
dem Burggrabin.)
— 1493. Hoff Garten und Schuwer in der Galgengasse neben Katrinen Appenheimern zum Ulner und Johann von Ruckingen und Christian
Fulcker, stosst hinten uff unser Stedte Hirtzgraben.
Mpt. de Sacello S. Nicolai p. 4. 1571 kommt noch *Galgengasse* vor.

habe und da das Mainzerthor von dem nahen Hochgerichte 1350 auch schon den Namen des Galgenthors angenommen hatte, so verwechselte nachmals auch die Mainzergasse ihren Namen mit der Galgengasse. Das Missverständniss, welches durch die Gleichheit der Namen zweier Thore und zweier Gassen nicht allemal zu verhüten war, konnte die Abänderung ihres Namens gar leicht veranlassen. In dem Schöffengerichts-Protokolle von 1395 wird der Galgengasse bereits gedacht; aber dieser Name missfiel endlich ihren Anwohnern, und sie veränderten ihn in dem letzt abgewichenen Jahrhunderte in die Gallengasse. Eines sucht nun das andere zu überreden, die Gasse habe diesen Namen von dem St. Gallusbrunnen angenommen, allein mit dem Namen des Brunnens hat es eben die Beschaffenheit, wie mit dem Namen der Gasse.

[Ein Theil der Gallengasse wurde *auf der Schindergruben* genannt, wie dies die Stadt-Beedebücher von 1361 und 1362 beweisen.] [321]

[Auch die Gallengasse war ehe sie zur Stadt gezogen wurde eine Landstrasse gleich der Bockenheimergasse und so lagen auch an ihr viele grosse Höfe und Gärten, [322] welche sich namentlich in den älteren Beedbüchern verzeichnet finden.] [323]

---

[321] Stdt.-Rchg. de 1357. It. viij ℔ 1 Schill. an den Weeg von Henne selgen Hofe zum Wyddel vor der Schindergrub also verre als es die Stadt ruret.

Stadtbeedbuch de 1362 besagt als Abtheilung der Nuwenstatt auf der *Schindergruben.* (Nicht weit davon ist das Haus zum Fuerfunken.)

[322] [Mit dem Namen der Gärten wird die Gegend vor den Thoren der Stadt bezeichnet (Vgl. Heft 1, S. 135.): so 1298 curia in ortis extra muros fr. (C. D. 319) und 1360 area infra muros novi opidi alias zu den Garten. (Würdtw. D. M. II, 677.) Daher ging diese Benennung auch auf die Vorstädte über. Die Stadt Cassel hatte z. B. schon 1300 Vorstädte, die man Garthusen nannte: 1314 apud civitatem ad garthusen, 1331 Syfridus ortulanus in garthusen ante valvam. Der ortulanus ist daher nicht Gärtner, sondern der Vorstädter im Gegensatz des opidanus. Zeitschr. für Hess. Gesch. N. F. II, 277.]

[323] Im Beedbuch de 1339 kommen vor in der Nuwenstatt von dem Haus zum Furfunken an bis an die Galgenpforte folgende Höfe: Item des Dylen Hoff zu Nuwenburg. It. des Gypeln Hoff zum Heldinbergen. Item

Häuser auf der Südseite.

Lit. E. No. 3. *Feuerfunken.*[324]) Das Eck beim Rossmarkte. In demselben logirte Kaiser Franz I.³ bei seiner Krönung im J. 1745 und waren das Dr. Ortische und das Stephan v. Kronstättische Haus auf dem Rossmarkte dazu durchgebrochen.

Lit. E. No. 4. *Feuerfunken.* Der ehemalige Besitzer des Hauses Herr Hofrath Goy versicherte mich, dass sein Haus die

---

Meister Gernants Hoff zum Steine. It. Alheid Froyschen Hoff. Dann *nach der Galgenpforte* kommen: It. des Swalbenhenne Hoff. It. Johann Wyssen Hoff (nur 2 dazwischen). It. Sifriden Hoff zum Paradiese (nur 1 dazwischen). It. der Gynheimern Hoff. It. *Hartmunds Hoff* zum Römer. (Mehrere dazwischen, endlich) It. Lesenbergers Hoff. It. Gotzen Zans Hoff. It. Heyls Stossen Hoff.

Im Beedbuch der Nuwenstatt de 1361 heisst es: (dirigendo) Nota *die Nuwe Stadt uff der Schindegruben.* Das erste Haus Johannes Diener von Holtzhusen, das 9. Heinze Fürfunken, das 23. It. Henne in Sifrids Huss zum Paradiese, das 26. It. Hartmundis Hoff zum Römer. Dann folgen weiter: It. Junge Wesselers Hoff. It. Heile Stoss. Dann Nota die Esseburner Gasse.

Im Beedbuche de 1363 der Nuwenstatt heisst es ferner: (dirigendo) Nota uff der *Schindergruben* (darauf folgt die ganze Galgengasse; das ist also der südliche Theil des Rossmarkts) dann folgt It. der Froyschen Hoff oder der Jungfrauwen Alheiden Froyschen Hoff, dann It. Henne Cremer uff der Galgenporten. It. Ortwin in Johann Wizsen Hoffe. It. Hartmudes Hoff zum Römer. It. Heile Stoss. It. Kiderchin Jungen.

Das Beedbuch von 1365 erwähnt in der *Nuwestatt Galgengasse:* It. Else in Frauwen Metze Froischen Hoffe. It. Clemers Schwester in Frauwen Elheid Froischen Hoffe.

Die Beedrolle von 1509 zählt die Häuser der Südseite der Galgengasse also auf: Haus — Haus — Jacob Nuhus Hof. — Heilmann Stralenbergers Hof. — Christian Fulkers Hof. — Die zwei Knoblauchshöfe. — Johannes Rückingen Hof. — Conrad Schiden Hof. — Henrichs vom Rhin Hof. — Haus.

³²⁴) 1359. Item Heinrich Fürfunken von Ysenach, fit civis It. Bürgerbuch de 1352/1400.

O. U. 1369. Dominica pt. Epph. domini verpfänden Heinrich *Fürfunken* und Cather. ux. ihr Hus Hoff und Gesesse gelegen in der Nuwenstadt da dyselben itzund ynne wonnet an N. N.

Backgerechtigkeit habe. Das S. G. P. von 1393 spricht von einem Backhause in der Galgasse (Galgengasse) und dieses scheint das nämliche gewesen zu sein.

Lit. E. No. 5.

Lit. E. No. 6.

Lit. E. No. 7. A. Das Haus der Patrizier-Familie von Adlersflicht. [325])

Lit. E. No. 7. B. (von Stallburg).

Lit. E. No. 8.

Lit. E. No. 9. Soll nach einer Privatnachricht das Haus *zur Danne* heissen.

„Hus zur Dannen in der Galgengass." S. G. P. von 1437.

Lit. E. No. 10. Im *Mohrengarten.* [326]) Frf. Intell. Blatt

O. U. 1398. H. zum Feuerfunken auf dem Rossmarkt. do. 1394 als Hoff benannt. S. Neuhaus 7, 4. F.

— 1432. H. Hof Schure — gelegen in der Nuwenstatt *an dem Fuerfunken* und Scheffen Siefried Burggrave.

— 1493. H. Hoff Schuer u. Garten uff dem Rossmarkt Sant Madern uber gelegen genannt zum Fuerfunken neben Balsar Blumen und Arnolt Glauburger.

— 1566. Eckhaus uffm Rossmarkt samt Schuwern und Garten an einander zum Feuerfunken genannt neben Doctors Adolf von Glauburgs (des Rathes) Erben — stosst hinten uff den Hirschgraben.

Mpt. XVII. Sec. H. zum Furfunck auf dem Rossmarkt an der Galgengasse gen dem Ecke gen S. Madern über.

[325]) Nach der Versicherung des Eigenthümers des Herrn Schöffen von Adlersflicht führt dieses Haus den Namen zum *heiligen Grab* und soll ehemals ein Kloster? gewesen sein. Vermuthlich gehörte es einem Kloster und folgendes möchte hierher passen.

O. U. 1390. Hof in der Nuwenstatt in der Galgengasse, der jtzunt ist den Frauen zum Throne und etzwanne Peter Kissels waz.

[326]) O. U. 1454. H. Hoff Schure und Garten gelegen in der Galgengassen an dem Zollhuss by der Galgenporten und an Reilen Snabel zum Uner und an unser Stedte Muren und läge der Garten neben Greden von Spyer und an Sifried Fulcker unseren Radgesellen und uff der andern Seiten an der Stedte Muren und stosse hinden uff den Burggraben.

— 1358. Hoff in der Gassen, da man ussgeet zur Galgen Porten

von 1803 No. 14. Dieser Name ist in dem vorigen Jahrhundert entstanden, als einer Namens Mohr hinten im Garten Wein zapfte. [Iliess früher zum *Kameelthier*.] [327])

Lit. E. No. 11. Das alte *Zollhaus*, in welchem sich die Thurmstiege befand. Ueber dessen Thüre steht ein Schild mit dem Frf. Adler und zu beiden Seiten sind die Buchstaben V. D. M. I. Æ. eingehauen, welche Luthers Symbolum: verbum Domini manet in æternum anzeigen sollen, das auch an einem Hause unter der Katharinenpforte mit goldenen Buchstaben, und an einem andern auf dem Hirschgraben ehedem zu sehen war. S. Schudt jüd. Merkw. IV. Th. II. Contin. S. 26. Dieses Zollhaus wurde 1808 von der Stadt verkauft (und mit dem Mohrengarten vereinigt. F.) Frf. Intell. Bl. vom g. J. No. 97.

Auf der Westseite.

Das Galgenthor, welches 1808 abgebrochen wurde. Zugleich wurde auch die Allee umgehauen. (S. Heft I, S. 119.)

Auf der Nordseite.

I.

Zwischen dem Zwinger und der kleinen Galgengasse.

Lit. E. No. 12. Das Eck am Zwinger, das 1717 neu gebauet wurde. Es schliesst hinten die Schlesingergasse. [328])

---

neben Siefrieds zum Paradiese Hoff. (NB. Letzterer Hof wird in mehreren Urkunden aus der letzten Hälfte des 14. Seculi erwähnt.) — Diese Stelle gehört zur Nordseite siehe weiter unten.

Mpt. XVII. Sec. Mohrengarten auf der Galgengass.

[327]) Lib. cens. B. M. V. Sec. XVI. It. iij marcae cedunt nativ. Marie de curia horreo, horto ac tota habitatione in der Galgengassen, sita latere septentrionali, dicta *Puler* et est 3tia curia a porta dicta Galgenporten, contigua curiae dictae zum Kammelthiere habens a retro exitum in vico non pertransibili — reemptus est hic census 5. April 1584.

O. U. 1449. Hof und Garten auf der Galgengassen neben dem Hof zum Kammelthier gelegen.

Mpt. XVII. Seculi. II. zum Kammelthier in der Galgengasse.

[328]) Beedb. It. Hintze Hülsheimer in der Swalbechern Hoff (neben der Galgenporte.)

Lit. E. No. 13. Hat hinten in der Schlesingergasse ein Gebäude stehen. [329])

Lit. E. No. 14.

Lit. E. No. 15. Das Eck an der kleinen Galgengasse, wider welches der sogenannte S. Gallus Brunnen angebauet ist.

II.

Zwischen der kl. Galgengasse und dem Eingange der Schlesingergasse.

Lit. E. No. 16. Das Eck an der kleinen Galgengasse. [330]) Der *Preussenhof.* „der Prussen hof in der Galgengass" S. G. P. von 1469. Vermuthlich gehörte dieser Hof dem adlichen Geschlecht der Preussen, das 1467 hier ausgestorben ist. Oder soll er vielleicht durch die preussischen Kaufleute, welche sich in Messzeiten darin aufhielten, den Namen erhalten haben?

Lit. E. No. 17.

Lit. E. No. 18. *Weisses Ross.* [331]) Das doppelte Eck beim Eingange der Schlesingergasse, welches der adlichen Familie von Glauburg gehört.

---

[329]) Die Beedrolle von 1509 nennt das zweite Haus dieser Seite von der Pforte anzufangen, den *Hof zu Lewenstein.*

[330]) Die Beedrolle von 1509 nennt das fünfte Haus dieser Seite von der Pforte an „*Frau Ursulen Hof.*" Dass dasselbe der *Preussenhof* gewesen, beweist das Wappen derer Preuss über dem Thorbogen. S. Preuss, 3, 3. F.

[331]) O. U. 1538. Haus — uff dem Rossmargkt neben S. Materns Kirche gelegen stosst hinten auch an diese Kirche, *zum weisen Ross* genannt. (Es scheint, wie aus der Beschreibung einiger Stellen bei der Schlesingergasse erhellt, die Schlesingergasse nur bis gegen die kleine Galgengasse hin von ihrem Eingange bei dem weissen Ross an zu rechnen sich erstreckt zu haben. Der hinter derselben befindliche Raum gehörte vermuthlich zur Materns Kirche und ward, da nach der Reformation diese Kirche ausser Gebrauch kam und Stadteigenthum wurde, zu einer Strasse angelegt, welche eine Verlängerung der alten Strasse bis an die Stadtmauer oder den Zwinger hin bildete. Die alte Strasse wurde die Materns-Gasse, die neuere die Schlesingergasse genannt. Vgl. S. 289. Daher erklärt es sich, warum das *weisse Ross* 1538, ehe diese Strassen-Veränderung vorging, als neben liegend und hinten auf stossend an die Maternskirche erscheint. F.

Nachschrift. Nach dem Belagerungsplane von 1552 war der andere Theil der jetzigen Schlesingergasse noch nicht geöffnet, sondern es bildete

„Der hof mit dem thurne in der Galgengasse." S. G. P.
von 1395. [332])

    [Der *Eigilhof*.] [333])

    [Der *Galgenhof*.] [334])

---

die Materns-Kirche durch zusammenhängende Häuser eine Strassen-Reihe
mit dem jetzigen weissen Ross. Erst ums Jahr 1612 scheint diese Strasse
im Ganzen durchgebrochen und der vordere Theil, wie oben erwähnt, die
Materns-Gasse, der hintere Theil die neue Schlesingergasse genannt worden zu sein. Es wäre also die Frage, ob die kleine Galgengasse, die auch
1552 noch nicht durchbrochen war, nicht früherhin als ein Gang zu dem
Schlesingerhof die Schlesingergasse genannt worden sei, worauf die neu
im Winkel sich biegende jetzige Schlesinger-Gasse oder der hintere Theil
derselben die neue Schlesinger Gasse genannt ward. Der vicus inpertran-
sibilis, den Baldemar regione septentrionali der alten Mentzer, jetzigen
grossen Galgengasse angibt, war demnach nicht der Eingang der jetzigen
Schlesinger Gasse, wie Battonn l. c. annimmt, sondern ohne Zweifel jener
erwähnte Gang nach dem Schlesingerhofe, aus dem später die kleine Galgengasse entstand. F.

    Stdtrchg. de 1577, die Stadt vermiethet an Georg Meiers Kinder zum
weissen Ross einen leeren Plackin hintern weissen Ross.

    — de 1592 u. 94. Der Wirt zum weissen Ross.

    O. U. 1621. Herberg zum weissen Ross — uff der Galgengasse
neben der Behausung zum Elephanten gelegen stosst hinten uff eine gemeine Gassen.

    [332]) Das S. G. P. von 1395 enthält folgende Stelle: „Drei Höfe in
der Galgengasse mit Nahmen — der Hof mit dem Thurn — der andere
nehste Hof daran, der dritte Hof". Nach dem Belagerungsplane von 1552
so wie nach dem Merian'schen scheint mir der erste dieser Höfe, das von
Adlerflichtische Haus zu sein. Lit. E. No. 7. F.

    [333]) Bürgerbuch 1367. Heinrich Reckenhuss hinter dem *Eygilhoffe*
in der Nuwenstadt.

    O. U. 1377. H. u. Hoff des Ritters Jacob Flemmyngs seel. in der
Neustadt einerseits an Wigands Hoff zu Swanauwe, anderseit auf die
Gasse gen dem Huss, das Rebstock gebuwet, an dem *Eygilhoffe*. (Des
Wigands zu Swanauwe Hoff lag uff der grossen Galgengasse laut Urkunde
de 1377.)

    [334]) Lt. Stdt.-Rchg. de 1561 war der *Galgenhoff* an den Rath gülte-
pflichtig.

    Mpt. XVII. Sec. *Galgenhof* auf der Galgengasse war lang den
Schwarzenbergern.

[*Zum wilden Mann.*] [335])
[*Zur Schindgruben.*] [336])
[*Claus von Rückingen Hof.*] [337])
[Urkunden über die du Fay'sche Behausung in Mittb. III, 241.]

St. Gallus Brunnen.

Derselbe befindet sich auf der grossen Galgengasse wider dem Eckhause der kleinen Galgengasse Lit. E. No. 15. Auf dem grossen Belagerungsplane von 1552 wird er noch nicht angezeigt, auf dem Merianischen Stadtplane von 16.. aber wird er als ein offener Ziehbrunnen abgebildet. Er hat anfänglich der Galgengässerbrunnen geheissen, und für diesen ist nachmals der abgekürzte Name Galgenbrunnen aufgekommen. Aber seinen Nachbarn gefiel solcher Name nicht mehr, und sie änderten ihn in den Namen Gallenbrunnen. Ja, da sie 1783 eine Veränderung mit dem Brunnen vornahmen, liessen sie das Bildniss des heil. Abtes Gallus von Stein auf den Pumpenstock setzen und manche hegen nun die irrige Meinung, diese Gasse habe schon von langen Zeiten her von diesem Heiligen die Gallengasse geheissen. Am 25. Juni 1708, als die Nachbarn in der kleinen Galgengasse den Brunnen selbst fegten, brach das Seil, und der Mann, der an dem Eimer stand, wurde mit demselben hinuntergerissen und blieb auf der Stelle todt. Chr. II, 824. (804.)

---

335) Wfrklstr. Zinsbuch de 1480: *Galgengasse.* II., Hoff, Stall, Garten genannt zu dem *wilden Mann* und ist auch etwan geheissen zuerst zu dem *Rintzfuss* und auch *die Schindgrube* gelegen bei S. Matern uff der Siten gen Mittag an dem Rossmerth.

0. U. 1499. 2 II. aneynander, gelegen uff dem Rossmarkt mitsamt einem Garten und Hoff — genannt eins *zum wilden Mann* und das andere *zum Rodenschild.*

— 1499. II. genannt *zum wilden·Mann*, gelegen uff dem Rossmarkt neben Conrad Nuhuser einer und N. anderseits.

336) S. G. P. 1412. II. — genannt zur Schindgruben.

337) Die Beederolle von 1509 nennt das siebente Haus der Nordseite von der Pforte an „Clas v. Rückingen Hof.“ [Dieser Claus versetzt 1486 seinen Hof genannt der Kelterhof hinder S. Madern uff dem Rossmarkt gelegen. S. Dr. Steitz Melanchthons und Luther Herbergen. S. 12.]

Zwinger neben dem alten Galgenthor.

Der nördliche Zwinger, welcher hinten in die Dreifroschgasse seinen Ausgang hat, besteht grösstentheils noch aus Gärten. An der Thüre eines solchen Gartens befinden sich die Wappen von Frosch und von Damm[336]) und zwischen diesen die
Jahrzahl 15.. Das Eckhaus, welches 1811 auf dem Platz der
daselbst gestandenen Stadtmauer und der Wasseraiche zu stehen
kam, verschafft nun dem Zwinger in seinem Eingange das Ansehen einer Gasse. [Dieser Galluszwinger, früher Stangengasse
genannt, führt jetzt von der Gallengasse bis zur neuen Junghofstrasse den Namen der neuen Schlesingergasse.]

Der südliche Zwinger war schon seit dem XVI. Jahrhundert nicht mehr gangbar; indem er damals durch das neben dem
Galgenthore erbaute Zollhaus geschlossen wurde. Er als Zwinger der neuen Stadt erstreckte sich nicht weiter, als bis an die
Mauer der alten Stadt hinter dem Weissfrauenkloster.

Im Gänsegarten.

War die Gegend, hinter dem Weissfrauenkloster zwischen
den Gräben der alten und der neuen Stadt gelegen. Das Baldemar'sche Vikariebuch aus der Mitte des XIV. Jahrhunderts sagt
uns dieses bei der Vikarie der h. Dorothea in folgender Stelle:
„xj sol. hall. de . . . ortorum (hortorum) sitis in novo opido Frank.
inferiore parte infra fossatum antiquum et novum opidi loco
dicto jn deme Gense gewthin retro Penitentes“. Eine ähnliche
Stelle befindet sich in einem beinahe eben so alten, aber abgängigen Vikariebuche bei der Vikarie des h. Nicolaus: „v sol.
den. le. (levium) et ij parus de curly sito in dem Gensegartin
retro penitentes infra antiquum fossatum et novum.“ Unter dem
alten Stadtgraben ist hier der Hirschgraben zu verstehen, und
unter dem neuen der Graben vor dem Galgenthore. Wenn ich

---

336) Dies ist der Ausgang des Junghofes auf den Zwinger. F.

also dem Gänsegarten seinen Platz hinter dem Weissfrauenkloster zwischen den Häusern des grossen Hirschgrabens und der Galgengasse anweise, so glaube ich nicht zu irren.

Gassen und Häuser

unbekannter Lage.

Suasengasse. In Necrol. Ser. II, No. 2 kommen vor Gisilbertus in *Suasingazzen* V. Kal. Novembr. Secul. XIII. Wigardus pistor in *Suasengazen* II. Kal. Januar.

Hoc opus ob visus defectum quamvis imperfectum Praenobili Clarissimo et Eruditissimo Domino Joanni Carolo de Fichard, dicto Baur ab Eyseneck, hujatis Patricio et Scabino d. d. d. Servus addictissimus Georgius Battonn Consili. Eccles. actualis et Collegiatae nunc extinctae ad S. Bartholomaeum Custos.

Anno 1822.

Register.

(Die Namen der Häuser sind mit *Cursivschrift* gedruckt.)

A.

	Seite
Ackermannsborn	77
Ackermannshof	114
Allee	256
Almei	17. 26
Altegasse	60
Armenhaus	47
Ausfahrender Zins	91

B.

	Seite
Bär, schwarzer	196
Bau, neuer	262
Bieber	70
Bieberbrunnen	76. 290
Biebergasse	80. 200
Bienengasse	66. 82
Bischofsheim	279
Blatterhaus	48
Blaue Tauben	90. 151. 60
Bleiche, alte	76
Bleichgarten, grosser	11
Bock	198. 272
Bockenheimergasse	225
„ „ kleine	251
„ hof	228

	Seite
Bockenheimerpfuhl	220
„ pforte	229
Bogengässchen	167
Boppenborn	18
Bornheimergasse	9. 52
Bornheimerpforte, unter der	83
Bornheimer Wede	5
Brachtsthurm	21
Brauhaus	232
Brauhaus, neues	4
Braunfels, kleiner	57
Breitegasse	9
Breitewall, am	18
Brunnen, goldner	265
Bürger-Hospital	150
Burger-Custodie	261

C.

	Seite
Caldebachergasse	213
Cäppe (pullus)	13
Carlstädterhof	185
Christoffel	272
Christophel, grosser	12
Custersgasse	165
Custorshof	166

D.

Danne, zur 295
Darmstädter Hof 110
Denengasse 189
Drache 209. 216
Drachenfels 209
Drei Hasen 209
Drei Könige 117. 177
Drei schwedische Kronen . . 82
Dreifroschgasse 248
Drenzelbrett 241
Dutschenfeld 69

E.

Eberhardsgässchen 80
Eck, kleines 232
Egkemannshof 75
Eiche 76
Eigilhof 298
Eisenhammer 58
Elende Herberge 84
Elephant 58
   „ goldner 291
Elephantengasse 60
   „ gässchen 64
Elkenbach 24
Engel, kleiner 238
Englischer Hof 264
Englisches Haus 47
Eschborner Gasse 253
Eschersheim 180
Eschersheimergasse 175
   „ kleine . . 158
   „ neue . . 159
   „ thurm . . . 181
Essighaus 54

F.

Falke, weisser 109
Farbhaus, grosses 141
Felsenbrunnen 161
Feuerfunken 294
Findelhaus 84

Fischborn 179
Franckenstein 227
Freiplätze 3
Friedberger Gasse 66
   „ Pforte 62
Fröhlicher Mann 72
Frosch (grüner) 192
Froschgasse . . . 147. 155. 248

G.

Gänsegarten 92. 300
   „ graben 91
Gärtnerstrasse 78
   „ Zunftstube 68
Galgengasse, grosse 292
   „ kleine 292
Galgenhof 298
Gallengasse 291
Gallusbrunnen 299
   „ zwinger 300
Gambächer 234
Gans, goldne 108
Geisbrunnen 51. 187
Geist, alter 13
   „ heiliger 144
Gelbes Haus 152. 277
Gerlachsgässchen 158
Gerlachshof 158
Gienaffe 202
Giesshaus 93
Ginheimer Hof 286
Glocke 144
Goldne Kette 286
   „ Luft 264
Goldner Bär 277
   „ Brunnen 265
   „ Ring 287
Gottesgnade, zur 183
Gotteshaus von Siegen . . . 192
Grab, zum heiligen . . . 295
Greifenbrunnen 161
Greiff, weisser 109

	Seite
Grünaffe	82
Grüne Hand	151
Grüner Hof	126
Gutleuthof	232
Guttenberg	277

H.

	Seite
Haberbreigässchen	66
Hünchen, gelbes	245
Hüringshaus	167
Hammelsgässchen	162
Hammelsgässer Hof . . .	53
Hammelsgasse . . . . . 52.	116
Hanstein	184
Hasselnussbaum, grosser . .	266
Hasengasse	94
Hauptwacht	198
Hausspitz	166
Hedernhof	235
Heissenstein . . . . 210.	240
Hellerhof	224
Herzogssaal	228
Heumarkt	260
Heuwage . . . . . . 258.	263
Hildeburg, Garten	24
Hinter der Rose	146
Hinter der Schlimmenmauer .	147
Hirsch	4
„ *gelber*	68
„ *goldner*	228
„ *kleiner*	76
Hirschapotheke	126
Hirschchen . . . 250. 252.	255
Hirscheck	89
Hirschgraben	95
Hirschkopf	174
„ *lauf*	174
„ *sprung*	90
Hoffnung, zur	228
Holdermannsborn	78
Hollerbaum . . . . 109.	234
Holzgraben	95

	Seite
Holzhausenhof	235
Holzhausisches Gässchen . .	29
Hospitalhof	212
Hundenhaus	185

J.

	Seite
S. Jacob	232
Judenstall, am	30
Junghof	283
Junkerbrunnen	187

K.

	Seite
Kaiser, alter	159
Kaiserbrunnen	236
„ gässchen	233
Kaiserhof	224
Kalbächergasse	213
Kalengasse	155
Kameelthier	296
Kanne	38
Kanone, zur	70
Karlsstrasse	175
Kastenhospitalgasse . . .	220
Kastenmeister . . . . 67.	202
Kastenspital	220
Katharinenborn	200
„ gasse	170
„ kirche	113
„ kloster	113
„ pforte	169
Katzenpfortengasse . . .	152
Kelterhaus . . . . 38.	274
„ *hof*	274
Kernerplan	134
Kette, goldne	286
Kirchgassse	134
Klapper	38
Klapperfeld	40
„ gasse	34
Klee, grüner . . . . 198.	238
Kleeblatt . . . . . 198.	238
Kleeberg	279
Kleine Eschersheimergasse .	158

	Seite
Komet	160
Komödienplatz	207
Konstablerwacht	84. 128
Krämerstube	89`
Kranich	271
Kreutzgasse	19
Krone	73
Kuhhornshof	232
Kuh	144
Kuhbrunnen	33
Kuhgasse	31
Kunenhof	185
Kutscherhof	72
Kuwers Haus	33

L.

Lämmerbrunnen	145
Lämmergarten	143
Lamm, schwarzes	113
Landau	234
Landgraf	29
Lazaretgarten	43
Leiterplatz	207
Liedernheim	279
Lilie	194
„ *weisse*	258
Lilien, drei.	258
Lindenborn	21
Litzengasse	21
Löwe, hinterer	290
„ *weisser*	107
Löwenstein	227
Ludwigsbrunnen	250
Lünnen, zum grünen	128
Luginsland	212. 246

M.

Mainzergasse	292
Mainzer Hof	230
Marstall	262
Martha, St.	45

	Seite
Maternusbrunnen	280
„ gasse	289
„ kapelle	273
Mehlwage	246
Meisengasse	217
Mittelbau	259. 287
Mittelbrunnen	79
Mohrengässchen	162
Mohrengarten	295
Molnerplan	180
Mönchsbergerhof	279

N.

Nentwinhof	145
Neueneck	126
Neuerbau	232. 263
Niedenau	234
Niedriges Haus	126
Nogasse	215
Nydeck	265

O.

Ochs, rother	141
„ *weisser*	229
Oelmühle	13. 184
Ortulani	293

P.

Palmbaum	184
Paradeplatz	190
Pariser Hof	197
Pelican	264
„ *kleiner.*	161
Pestilenzhaus	47
Petersgasse	66
Peterskirche	134
Pfandhausgässchen	132
Pfau, goldner.	58
Pflüger	106
Pflug	106. 198

VI.   20

	Seite
Pfuhlhof	277
Plätzen, auf den	16
Porzellanhof	36
Preussenhof	297

Q.

Questenhof	245

R.

Rade, zum	150
Radgasse	152
Rahmhof	203. 285
„ kleiner	75. 201
Rahmstätterhof	204
Rathshof	203
Rebstockergasse	217
Rechneigraben	43
Reformirte Kirche	257
Reichsapfel	71
„ krone	73
Reifenberg	265
Reineck'scher Garten	94
Reitschule	263
Reitschule, zur	36
Rieneck	36
Rindsfuss	299
Ring, goldner	287
Ritter, grosser	13
Ritterbrunnen	29
„ gasse	26
Rödelheimer Gasse	225
Römer, kleiner	47
Römischer Kaiser	108
Rohrbach'scher Garten	13
Rose	108
Rosenbrunnen	130
Roseneck	196
Ross, goldnes	257
„ weisses	297
Rossallee	255
Rossebobel	271

	Seite
Rossmarkt	268
„ mühle	218
„ wede	281
Rosszoll	276
Rothe Hof	285
Rother Thurm	257
Rothes Haus	113. 257
„ Schild	274
Rückingen, Hof des Claus von	299
Ruffiansgässchen	7

S.

Sächsischer Hof	141
Salmenstein	257
Salzmagazin	99
Salzhaus, am	286
Samaritan'scher Brunnen	78
Sandhof	111
Säuallee	222
„ markt	218
„ wede	220
Seehafen	141
Senckenbergisches Stift	180
Siebmachergässchen	188
Siegen, zum	192
Sonne, zur	39
„ goldne	106
Spiel auf dem Heissenstein	172.210.241
Spiess	166
Spiessgasse	162
Spital	145
Spitalbrauhaus	37
Spitalgarten	44
„ Speicher	37
Stadt Karlsruhe	68
„ Kassel	71
„ Ulm	143
Stadtbackhaus	99
Stüdel'scher Hof	8
Stein-Dach	16
Steingraben	95

	Seite
Steinweg, auf dem	237
Stelz, goldene.	38
Stelzengasse	34
Stock bei dem Marstall	267
Stosshof.	282
Strassburger Hof	267
Strauss	264
Strohschnittergässchen	223
Suasengazze.	301

Sch.

Schäfergarten	140
Schäfergasse	133
Schäferhof.	141
Scharfeneck	229
Schauspielhaus	208
Schiedegasse	169
Schiedepfuhl	131
Schieferstein	64
Schiessgraben	96
Schiesshaus.	100
Schindergrube, auf der	293
Schindgrube	299
Schlesinger Eck	289
Schlosingergasse	288
Schlesingerhof	290
Schlimmengasse	147
Schlösschen, weisses	290
Schmiede, neue	194
Schnelle	56
Schnepfenstein	106
Schubenstuck, Garten	24
Schützenstube	88
Schultheissenhof.	11
Schumpengässchen	165
Schwab, alter.	244
Schwabenhof	177
Schwan, goldner	69
„ *weisser.*	239
Schweitzerberg	288
Schwert	278
Schwerter, zwei rothe	245

T.

Tabackshof.	230
Tannenhirsch.	142
Tanzplan.	1
„ gässchen	5
Tanzschiffe	3
Tauben, blaue	151
Taubengasse	211
Taubenhof.	211, 212
Thiergarten	72, 143
Throne, Hof der Frauen von	295
Thurn, Hof mit dem	298
Thurn und Taxischer Hof	178
Töpfergasse.	260
Tollgasse	220
Traube	198
Treppchen	59
Trillerhäuschen	267
Türkenschuss	128

U.

Ullner	74
Unter der Katharinenpforte	169
Urbans Gelag	14

V.

Vicus dividens.	169
Viehhof.	112
Viehmarkt	101
Vilbeler Gasse.	55

W.

Wallbrun'sches Lehen	44
Wallfisch	161
Wasen, auf dem	19
Wasmudshof.	245
Wede	220
„ alte.	5
„ auf dem Viehmarkt	132
„ bei St. Peter	55

	Seite
Wede, Bornheimer.	5
Weide, zur.	116
Weidenbrunnen	157
Weidenbusch	244
„ *hof.*	116
Weidgässchen	155
Weisse Lilienbrunnen	210
Weisser Schwan	239
Weisses Haus	208
Wellenscheuer	62
Wiener Hof	230
Wiese, zur	186
Wiesenhof	186
Wilder Mann	299
Windecken	240
Wölfchen	279
Wolfseck	194
Worms Eck	238
Wormserhof	12

Z.

	Seite
Zeile	101
Zeughaus	84. 128
Ziegelhof	39. 233
Ziegenbock.	216
Zimmergraben	91
„ platz	207
Zitronenbaum	58
Zoll, alter	62
Zollhaus	181. 296
Zwei Schweitzer	72
Zwei Schwerter	90
Zuchthaus	50
Zwinger am Allerheiligenthor	6
„ „ Bockenheimerthor	245
„ „ Galgenthor	300
„ „ Friedbergerthor	59